高等教育财经类核心课程系列教材

高等院校应用技能型精品规划教材

税法

Tax Law

（第二版）

应用·技能·案例·实训

李 贺 陈 平◎主 编

石玉洁 赵 丹◎副主编

（视频版）

上海财经大学出版社

图书在版编目(CIP)数据

税法:应用·技能·案例·实训/李贺,陈平主编.—2版.—上海:上海财经大学出版社,2021.1

高等教育财经类核心课程系列教材

高等院校应用技能型精品规划教材

ISBN 978-7-5642-3671-7/F·3671

Ⅰ.①税… Ⅱ.①李…②陈… Ⅲ.①税法-中国-高等学校-教材 Ⅳ.①D922.22

中国版本图书馆CIP数据核字(2020)第205061号

□ 责任编辑 汝 涛
□ 书籍设计 贺加贝

税 法

——应用·技能·案例·实训

(第二版)

李 贺 陈 平 ◎主 编

石玉洁 赵 丹 ◎副主编

上海财经大学出版社出版发行

(上海市中山北一路369号 邮编200083)

网 址:http://www.sufep.com

电子邮箱:webmaster@sufep.com

全国新华书店经销

上海华业装璜印刷厂有限公司印刷装订

2021年1月第2版 2023年1月第2次印刷

787mm×1092mm 1/16 20.5印张 525千字

印数:7 001—7 500 定价:52.00元

第二版前言

税法是国家法律体系的重要组成部分，是调整税收关系的法律规范的总称。我国《宪法》第 56 条规定："中华人民共和国公民有依照法律纳税的义务。"当今社会，税收正越来越深刻地影响着人们的经济生活。在税收实践中，征税主体应依法征税，纳税主体应依法纳税。税法有着系统、完备的理论，但税法又是一门实践性很强的学科。本书重视塑造读者系统、扎实的理论基础，同时兼顾实践应用对税法学科知识的需求。为了适应新形势下高等院校转型、培养应用型财务人才的需求，本书遵循"以应用为目的，以够用为原则"，系统地介绍了税法的基本原理、基本技能及基本方法，以最新的实训内容体现知识点的具体应用。对此，根据"项目导向、任务驱动、实操技能"课程体系的要求，我们组织了"双师型"教师及行业企业人员，凭借多年的教学经验和企业税务实践修订了这本富媒体·智能化应用技能型教材，使之更紧跟政策并贴近实际工作岗位。富媒体·智能化教材实现了传统纸质教材与数字技术的融合，通过二维码建立链接，将视频、图文和试题库等富媒体资源呈现给学生；从教材内容的选取整合来看，实现了技能教育与产业发展的融合，注重专业教学内容与职业能力培养的有效对接；从教材的教学使用过程来说，实现了线下自主与线上互动的融合，学生可以在有网络支持的任何地方自主完成预习、巩固、复习等。

本书兼顾"就业导向"和"生涯导向"，紧紧围绕我国"经济发展新常态"下高等教育和应用技能型人才培养的目标，依照"原理先行、实务跟进、案例同步、实践到位"的原则，全面展开税法内涵，坚持创新创业和改革的精神，体现新的课程体系、新的教学内容和教学方法，以提高学生整体素质为基础，以能力为本位，兼顾知识教育、技能教育和能力教育，力求做到：从项目引导出发，提出问题，引入含义，设计情境，详尽解读。本书共涵盖 9 个项目、45 项任务；在结构安排上，采用"项目引领、任务驱动、实操技能"的编写方式，力求结构严谨、层次分明；在表述安排上，力求语言平实凝练、通俗易懂；在内容安排上，尽可能考虑到财经类专业不同层次的不同需求，课后的应知和应会考核结合每个项目的内容与技能要求而编写，以使读者在学习每一项目内容时做到有的放矢，增强学习效果。

根据培养高等教育和应用技能型院校人才的需要，本书力求体现如下特色：

1. 结构合理，体系规范。作为教科书，本书在内容上特别注意吸收最新的税法改革与实践，按理论与实务兼顾的原则设置教学内容。全书针对高等教育和应用技能型院校教学课程的特点，将内容庞杂的基础知识系统性地呈现出来，力求做到"必需、够用"原则，体系科学规范，内容简明实用。

2. 与时俱进，紧跟动态。根据税法课程体系和思路，立足于我国税法改革的现实基础，本着理论联系实际的原则，系统全面地阐述了增值税、消费税、企业所得税、个人所得税、关税、船舶吨税、资源税、城镇土地使用税、耕地占用税、土地增值税、房产税、车船税、契税、印花税、车辆购置税、环境保护税、烟叶税、教育费附加、文化事业建设费等，广泛吸收和反映了当今国内外的最新研究成果，及时反映当今我国税法改革的进程和内容，最新政策截至2020年12月底。本书内容将不断更新，更新的内容将在前言下方的"税法专栏"二维码中展现。

3. 突出应用，实操技能。本书从高等教育和应用技能型院校的教学规律出发，与实际接轨，介绍了最新的税法发展和改革动态、理论知识和教学案例，在注重必要理论的同时，强调实际应用；在本次修订中添加了企业所得税、个人所得税涉及的申报表单，促使内容更贴近实际；主要引导学生"学中做"和"做中学"，一边学理论，一边将理论知识加以应用，实现理论和实际应用一体化，做到学思用贯通，知信行统一。

4. 栏目丰富，形式生动。本书栏目形式丰富多样，每个项目均设有"知识目标""技能目标""素质目标""项目引例""做中学""应知考核""应会考核""项目实训""实训报告"等栏目，并添加了二维码视频和解析等，充分体现富媒体特色，教材的应知考核、应会考核和项目实训，使得学生对所学的内容达到学以致用，丰富了教材内容与知识体系，也为教师教学和学生更好地掌握知识内容提供了首尾呼应、层层递进的可操作性教学方法。

5. 课证融合，双证融通。本书能满足读者对税法基础知识学习的基本需要，为适应国务院人力资源和社会保障行政部门组织制定职业标准，实行"1＋X"证书制度，夯实学生可持续发展基础，鼓励院校学生在获得学历证书的同时，积极取得多类职业技能等级证书，拓展就业创业本领，缓解结构性就业矛盾；鉴于此，本书与会计师、税务师资格证书考试相衔接，做到考证对接、课证融合。

6. 职业素养，素质教育。为体现高等教育和应用技能型教育的特色，我们力求在内容上有所突破，激发学生的学习兴趣和学习热情，设计适合学生掌握的考核要点，以培养和提高学生在特定业务情境中分析问题、解决问题的能力，从而强化学生的职业道德素质。

7. 课程资源，配套上网。为了配合课堂教学，编者精心设计和制作了教师课件、习题参考答案、课程教学大纲、学习指南与习题指导、模拟试卷等实现网上运行。鉴于税法课程的实践性较强和教材篇幅的限制，我们仅在教材中的重要部分添加了税法表单，并为教师提供其他纳税业务最新的电子表单，充分发挥网络课程资源的作用，探索课堂教学和网络教育有机结合的新途径。

本书由李贺、陈平主编，石玉洁、赵丹副主编。李明明、赵昂、李虹、美荣、李林海、王玉春、李洪福7人负责全书教学资源包的制作以及写作过程中的资料收集整理。本书适用于高等教育和应用型教育层次的会计、审计、财务管理、资产评估、财政学、税务学、投资理财等财经类专业学生使用，也可作为自学考试和社会从业人员的业务学习辅助教材。另外，本书配有最新税法改革的姊妹书籍——《税务会计》《纳税实务》等。

本书得到了校企合作单位和出版单位的大力支持，以及参考文献中的作者们的贡献，谨此一并表示衷心的感谢！本书在编写过程中参阅了参考文献中的教材、著作、法律、法规、网站等资料，由于编写时间仓促，加之编者水平有限，书中难免存在一些不足之处，恳请专家、学者批评指正，以便我们不断地更新、改进与完善。

	视频	视频	视频
[QR]	[QR]	[QR]	[QR]
内容更新 与修订	说文解税	2 分钟看懂政府 工作报告的 涉税干货	3 分钟看懂 高校毕业生创业 就业优惠政策

视频	视频		
[QR]	[QR]	[QR]	[QR]
3 分钟带你 了解纳税信用	便民办税春风 行动进行时，税务 部门准备这么干！	关于海南自由 贸易港的关税 通知	税法专栏

编 者

2020 年 10 月

目 录

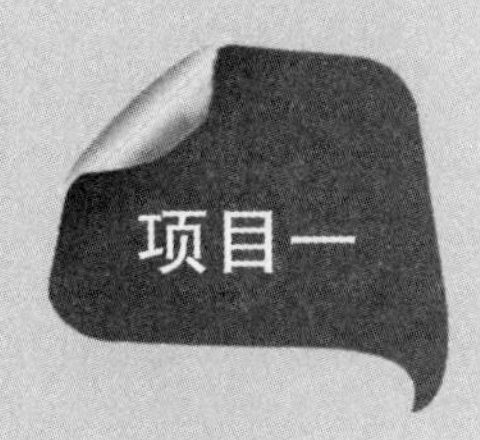

税法基本原理

○ **知识目标:**

理解:税收、税法、税收法律关系的概念;税法的原则;税法与其他法律的关系。

熟知:税收的特征、职能;税法的渊源、适用范围和解释;税收法律关系的产生、变更、消灭。

掌握:税法的分类、作用;税收法律关系的构成要素;税法要素;税法的制定与实施;税法体系与税收管理体制。

○ **技能目标:**

能够充分认识税法在社会主义市场经济中的地位和作用,熟悉并掌握税法各要素的内涵及相互关系,把握好各级税收立法权和执法权及执法、守法的基本要求。

○ **素质目标:**

运用所学的税法基本原理和知识研究相关案例,培养和提高学生在特定业务情境中分析问题与决策设计的能力;结合行业规范或标准,运用税法知识分析行为的善恶,强化学生的职业道德素质。

○ **项目引例:**

票面金额缩水　偷逃税款受罚

汤原县正阳乡某村村民王某购买农用车时本想少缴车辆购置税,没想到聪明反被聪明误,他不但补缴了应交税款,而且被国税部门处以 1 000 元罚款。

原来,王某到县城某汽车贸易公司购买一辆农用车,准备跑运输。在与售车人员讨价还价后,这辆农用车以 3.67 万元的价格成交。正准备付款开票时,王某提出发票上销售价格开成 2.5 万元,以便在挂牌时少缴 1 000 元车辆购置税。这家汽车贸易公司同意了他的要求。

2020 年 4 月,汤原县国税局在对这家汽车贸易公司进行专项检查时,获知王某购车时少开发票金额的事。检查人员立即找到王某,对其进行询问。在检查人员的追问下,王某承认了少开发票、偷逃车辆购置税的违法事实。汤原县国税局对王某进行了批评教育,责令其补缴所偷逃的 1 000 元车辆购置税,同时依法对其处以所偷税额 1 倍的罚款。这家汽车贸易公司也受到了相应处罚。

请问:该案例中税收法律关系的主体、客体和对象是什么?税务机关的职权有哪些?

○ **知识精讲：**

任务一　税收与税法

一、税收概述

（一）税收的概念

马克思指出：赋税是政府机器的经济基础，而不是其他任何东西。国家存在的经济体现就是捐税。列宁也说过：所谓赋税，就是国家不付任何报酬而向居民取得东西。

税收是国家为满足社会公共需要，凭借公共权力，按照法律所规定的标准和程序，参与国民收入分配，强制地、无偿地取得财政收入的一种方式。

（二）税收的特征

税收的特征是指税收所具有的无偿性、固定性和强制性，也称作税收的"三性"。

1. 无偿性

税收的无偿性是指国家征税后，税款即成为国家的财政收入，国家不向纳税人支付任何直接的报酬。税收的无偿性具有以下两层含义：

第一，税收所体现的政府与经济活动主体之间的利益关系是一种互利关系，即政府一方面向经济活动主体提供和平、秩序和便利，另一方面向经济活动主体征税；经济活动主体一方面向政府纳税，另一方面享受政府提供的和平、秩序和便利。因此，两者的关系是一种互利关系。

第二，政府与各个经济活动主体之间的互利关系并不像商品的等价交换那样是一种完全对等的互利关系，而是一种不完全对等的互利关系，即纳税多的经济活动主体并不必然享受较大的利益，纳税少的经济活动主体也不必然享受较小的利益。

2. 固定性

税收的固定性是指国家在征税之前，以法律形式预先确定征税对象、征收标准、征税方法等基本内容，除国家特定权力机构外，任何单位与个人都不能随意改变。税收只有具备固定性，生产者才能从长远出发安排自己的生产经营活动，消费者才能从长远出发安排自己的消费活动，经济才能持续发展，社会才能不断进步。

3. 强制性

税收的强制性是指国家凭借政治权力，通过法律形式强制参与经济活动主体的收入分配，而非纳税人的自愿缴纳。具体来说，任何纳税主体都必须依法纳税，任何征税机关都必须依法征税，否则就要受到法律制裁。

（三）税收职能

我国现阶段的税收职能主要包括收入手段和调节手段两个方面。

1. 收入手段职能

收入手段职能是指税收所具有的取得财政收入、满足政府执行职能物质需要的能动性。我国现阶段，税收占财政收入的比重高达90%，究其原因，主要是税收比其他政府收入形式具有如下优越性：

（1）来源广泛。由于政府的公共职能惠及所有的经济活动主体，所有经济活动主体都有义务向政府纳税，因此，相对于租金、利润和行政收费等政府收入来源形式，税收的来源广泛。

(2)数额确定。税收是按事先确定的范围和标准征收的，因此，相对于国家取得财政收入的其他形式，以税收形式取得财政收入的数额更具有确定性。

(3)占有永久。相对于以公债形式取得的收入到期需要还本付息，以税收形式形成的收入，政府可以永久性占有和支配。

2. 调节手段职能

调节手段职能是指税收所具有的调节经济活动与社会生活、实现经济发展与社会进步的能动性。具体来说有如下几层含义：

(1)调节资源配置。在市场经济体制下，资源的配置是以市场调节为基础的，但由于不完全竞争等原因，完全由市场调节的资源配置无法达到资源配置的理想状态，这就需要政府对资源配置进行必要的调节。政府调节资源配置的手段主要有三种：一是法律手段，如《反不正当竞争法》；二是行政手段，如行政许可；三是经济手段，如财政政策、信贷政策等。税收是政府执行财政政策的重要手段，在调节产业结构、区域经济结构等方面具有其他经济手段所不可替代的作用。

(2)调节收入分配。在市场经济条件下，收入的分配主要是以要素的贡献为依据的。由于初始条件不均等，要素的禀赋存在差异，完全以要素的贡献为依据进行收入分配并不符合社会公认的公平状态，这就需要政府对收入分配进行必要的调节。政府调节收入分配的手段有三种：一是法律手段，如劳动者的最低工资制度；二是行政手段，如农产品价格支持政策；三是经济手段，如制定累进的所得税制。政府在运用经济手段调节收入分配时，必然将税收作为重要的杠杆。

(3)调节经济总量。税收在调节总供给上，主要是通过税收对资源开发、劳动供给、资本形成和技术进步等的影响，调节经济供给总量；税收在调节总需求上，主要是通过税收调节总消费、总投资和出口总额，达到调节总需求的目的。

二、税法概述

(一)税法的概念

税法是国家制定的用以调整国家与纳税人之间在征纳方面的权利和义务关系的法律规范的总称。税法的本质是正确处理国家与纳税人之间因税收而产生的税收法律关系和社会关系。既要保证国家的税收收入，也要保护纳税人的权利，两者缺一不可。税法体现为法律这一规范形式，是税收制度的核心内容。

税法有广义和狭义之分。从广义上讲，税法是各种税收法律规范的总和。从立法层次上讲，它既包括由国家最高权力机关——全国人民代表大会及其常务委员会——正式制定的税收法律，也包括国家最高行政机关——国务院——制定的税收法规、由省级人民代表大会制定的地方性税收法规以及有关政府部门制定的税收规章等。从狭义上讲，税法指的是经国家最高权力机关正式立法的税收法律。

(二)税法原则

税法原则包括税法基本原则和税法适用原则。

1. 税法基本原则

税法基本原则是统领所有税收规范的根本准则，是包括税收立法、执法、司法在内的一切税收活动所必须遵守的。其中,税收法定原则是税法基本原则的核心。

从法理学角度分析,税法基本原则可以概括为税收法律主义、税收公平主义、税收合作信赖主义和实质课税原则。

(1)税收法律主义。它又称税收法定主义或税收法定性原则,是指税收的征收和缴纳必须基于法律的规定进行。没有法律依据,国家就不能征税,任何人就不得被要求纳税。任何税收行为必须具备法律依据,税收立法与执法只能在法律的授权下进行,税务机关不能在没有法律依据的情况下征收税款。需要特别指出的是,这里所指的法律仅限于国家立法机关制定的法律,不包括行政法规;对税收法律的解释应该从严,不得扩大解释,不得类推适用。税收法律主义的要求是双向的:一方面,它要求纳税人必须依法纳税;另一方面,课税只能在法律的授权下进行,超越法律规定的课税是违法和无效的。在现代社会,税收法律主义的功能偏重于保持税法的稳定性与可预测性。税收法律主义可以概括为课税要素法定、课税要素明确和依法稽征三个具体原则。

①课税要素法定原则,即课税要素必须由法律直接规定。课税要素不仅包括纳税人、征税对象、税率、税收优惠,而且包括征税基本程序和税务争议的解决办法等。课税要素的基本内容应由法律直接规定,实施细则等仅是补充。以行政立法形式通过的税收法规、规章,如果没有税收法律作为依据或者违反了税收法律的规定都是无效的。

②课税要素明确原则,即有关课税要素的规定必须尽量明确而不出现歧义、矛盾,在基本内容上不出现漏洞。同时,出于适当保留税务执法机关的自由裁量权、便于征收管理、协调税法体系的目的和立法技术上的要求,有时在税法中作出较模糊的规定是难免的,一般并不认为这是对税收法律主义的违背,但是这种模糊的规定必须受到限制。另外,经过法律解释含义仍不确切的概念也是不能在税法中成立的;否则,课税要素明确原则就失去了存在的价值。

③依法稽征原则,即税务行政机关必须严格依据法律的规定稽核征收,而无权变动法定课税要素和法定征收程序。这一原则包含依法定课税要素稽征和依法定征收程序稽征两个方面。依法稽征原则的适用事实上也受到一定的限制,这主要是由税收法律主义与其他税法原则的冲突和稽征技术上的困难造成的。但是,无论如何,其根本目的必须是提高税务行政效率,方便纳税人缴税,解决稽征技术上的困难,而不是对税法的规避。

(2)税收公平主义。它是近代法的基本原理——平等性原则——在课税思想上的具体体现。与其他税法原则相比,税收公平主义渗入了更多的社会要求。一般认为,经济上的税收公平最基本的含义是:税收负担必须根据纳税人的负担能力分配,负担能力相等,税负相同;负担能力不等,税负不同(用收入指标、财产或消费水平指标确定负担能力)。法律上的税收公平主义与经济上的税收公平较为接近,其基本思想内涵是相通的。两者的区别是:一是经济上的税收公平是作为一种经济理论提出来的,可以作为制定税法的参考,但是对政府与纳税人尚不具备强制性的约束力。二是经济上的税收公平主要是从税收负担带来的经济后果上考虑,而法律上的税收公平主义不仅要考虑税收负担的合理分配,而且要从税收立法、执法、司法各个方面考虑。三是法律上的税收公平主义是有具体法律制度予以保障的,如行政复议制度、行政诉讼制度体现了税收公平主义精神。

(3)税收合作信赖主义。它也称公众信任原则,在很大程度上汲取了民法“诚实信用”原则的合理思想,认为税收征纳双方的关系就主流来看是相互信赖、相互合作的,而不是对抗的。税务机关用行政处罚手段强制征税也是基于双方的合作关系,目的是提醒纳税人与税务机关合作，自觉纳税。税收合作信赖主义与税收法律主义存在一定的冲突，因此，许多国家税法在适用这一原则时作了一定的限制。首先，税务机关的合作信赖表示应是正式的，纳税人不能把税务人员个人私下的表示误认为是税务机关的决定，不能要求引用税收合作信赖主义少缴税。其次，对纳税人的信赖必须值得保护。如果税务机关的错误表示是基于纳税人方面隐瞒事实或报告虚假作出的，则对纳税人的信赖不值得保护。最后，纳税人必须信赖税务机关并据此做出某种纳税行为。也就是说，纳税人已经构成对税务机关表示的信赖，但没有据此做出某种纳税行为，或者这种信赖与其纳税行为没有因果关系，也不能引用税收合作信赖主义。

(4)实质课税原则。它是指应根据纳税人的真实负担能力决定纳税人的税负，不能仅考核其表面上是否符合课税要件。之所以提出这一原则，是因为纳税人是否满足课税要件，其外在形式与内在真实之间往往会因一些客观因素或纳税人的刻意伪装而产生差异。例如，纳税人转移定价而减少计税所得，税务机关根据该原则有权重新估定计税价格，并据以计算应纳税额。实质课税原则的意义在于防止纳税人避税与偷税，增强税法适用的公正性。

2. 税法适用原则

税法适用原则是指税务行政机关和司法机关运用税收法律规范解决具体问题所必须遵循的准则。税法适用原则在一定程度上体现税法的立法原则，但相比之下，税法适用原则含有更多的法律技术性准则，更为具体化。

(1)法律优位原则。它也称行政立法不得抵触法律原则，在税法中的作用主要体现在处理不同等级税法的关系上。

(2)法律不溯及既往原则。它是绝大多数国家所遵循的法律程序技术原则。在税法领域坚持这一原则，目的在于维护税法的稳定性和可预测性，使纳税人能在知道纳税结果的前提下作出相应的经济决策，这样，税收的调节作用才会较为有效；否则，就会违背税收法律主义和税收合作信赖主义，对纳税人也是不公平的。有的国家在处理税法的溯及力问题时，还坚持有利溯及原则。

(3)新法优于旧法原则。它也称后法优于先法原则，是指新法、旧法对于同一事项有不同规定时，新法的效力优于旧法。新法优于旧法原则的适用，以新法生效实施为标志。新法优于旧法原则在税法中普遍运用，但是当新税法与旧税法处于普通法与特别法的关系时，以及某些程序性税法引用“实体从旧、程序从新原则”时，可以例外。

(4)特别法优于普通法原则。其含义为：对同一事项，两部法律分别订有一般和特别规定时，特别规定的效力高于一般规定的效力。特别法优于普通法原则打破了税法效力等级的限制，即居于特别法地位级别较低的税法，其效力可以高于作为普通法的级别较高的税法。例如，2001 年版《中华人民共和国税收征收管理法》(以下简称《税收征管法》)是由全国人大常委会通过的，而《中华人民共和国行政处罚法》是由全国人大通过的，两者对于行政处罚的追溯时效有 5 年和 2 年两种不同规定。按照特别法优于普通法原则，在税务行政处罚过程中应当遵循 5 年的追溯时效。

(5)实体从旧、程序从新原则。其含义包括两个方面：一是实体税法不具备溯及力；二是程序性税法在特定条件下具备一定的溯及力。新程序性税法主要涉及税款征收方式的改变，其效力发生时间的适当提前，并不构成对纳税人权利的侵犯，也不违背税收合作信赖主义。

(6)程序优于实体原则。它是关于税收争讼法的原则，其基本含义为：在诉讼发生时，税收程序法优于税收实体法适用。适用这一原则，是为了确保国家课税权的实现，不因争议的发生而影响税款及时、足额入库。例如，《税收征管法》规定，纳税人、扣缴义务人、纳税担保人同税务机关在纳税上发生争议时，必须先依照税务机关的纳税决定缴纳税款及滞纳金或者提供相应的担保，然后可以依法申请行政复议。

三、税法的渊源、适用范围和解释

（一）税法的渊源

法律的渊源又称法源，一般是指法的效力来源，即根据法的效力来源而表现的法的不同形式。税法的渊源也就是与税法有关的法的存在形式。税法的渊源主要是成文法。税法的渊源有国内税法渊源，如宪法、法律、法规、规章等；有国际税法渊源，如税收协定、国际公约等。在有些国家，判例法也成为税法的渊源。

1. 宪法

宪法是每个民主国家最根本的法的渊源，其地位和效力是最高的。宪法规定了国家的性质、任务、基本制度，国家主要立法、司法、行政机关的组成、任期、权限，公民的基本权利和义务等根本问题。宪法作为税法的渊源表现在两个方面：①直接渊源，即宪法中关于税收的直接规定。各个国家一般都将税收列入宪法，作出或多或少的规定，《中华人民共和国宪法》（以下简称《宪法》）也在第 56 条规定公民有依法纳税的义务。②间接渊源，即宪法中的各项原则规定，在税收立法、司法、执法中必须严格遵循，不得违背。《宪法》确定的经济制度、分配制度、社会制度、民族区域自治政策、司法原则、公民的权利和义务，在现行税法体系中都有较为充分的体现。

2. 税收法律

这是指由享有国家立法权的国家最高权力机关，依照法律程序制定的规范性税收文件，其法律地位和效力仅次于宪法。在联邦制国家和部分单一制国家，由于税收立法权的分工和分税制的实行，税收法律形成了由中央立法机关立法的中央税法体系和由地方立法机关立法的地方税法体系。

3. 税收法规

这是指由国家最高行政机关制定的规范性税收文件。在我国，由地方立法机关制定的规范性税收文件也属于税收法规。税收法规的效力低于正式税收法律。我国税收法规的形式主要有税收条例、暂行条例、实施细则以及其他具有规范性内容的税收文件。在现阶段，税收法规是我国税收立法的主要形式。随着我国税收立法体制的完善，我国实体税法的整体法律层次应有所提高，大部分税种的征收应采用正式法律形式。

4. 税收规章

这是指有权的国家最高税务行政机关为执行税法制定的规范性文件，是税法的具体化，其作用在于使税法具有可操作性。税收规章的法律效力虽低于税收法规，但也是广义上税法的组成部分，属于税法的渊源。

5. 国际条约和国际惯例

（1）国际条约。国际条约是指一国作为国际法主体同外国缔结的双边、多边协议和其他具有条约、协定性质的文件。条约生效后，根据“条约必须遵守”的国际惯例，对缔约国就具有法律上的约束力，因而国际条约也是税法的渊源。国际条约的名称很多，如条约、公约、合约、协定、宣言、公报、议定书、宪章等。

(2)国际惯例。国际惯例是指以国际法院等各种国际裁决机构的判例所体现或确认的国际法规则和国际交往中形成的共同遵守的不成文的习惯。国际惯例是国际条约的补充。

(二)税法的适用范围

税法的适用范围即税法的效力，是指税法在什么地方、什么时间、对什么人具有法律效力。税法的效力范围表现为空间效力、时间效力和对人的效力。

1. 税法的空间效力

这是指税法在特定地域内发生效力。我国税法的空间效力主要包括两种情况：一是在全国范围内有效。由全国人民代表大会及其常务委员会制定的税收法律，由国务院制定的税收行政法规，由财政部、国家税务总局制定的税收行政规章以及具有普遍约束力的税务行政命令，在除个别特殊地区外的全国范围内有效。这里所谓的“个别特殊地区”，主要指中国香港、中国澳门、中国台湾等。二是在地方范围内有效。这也包括两种情况：①在特定的管辖区域有效，如由地方立法机关或政府依法制定的地方性税收法规、规章、具有普遍约束力的税收行政命令，在其管辖区域内有效；②在特定的地区有效，如由全国人民代表大会及其常务委员会、国务院、财政部、国家税务总局制定的具有特别法性质的税收法律、税收法规、税收规章和具有普遍约束力的税收行政命令在特定地区(如经济特区，老、少、边、穷地区)有效。

2. 税法的时间效力

这是指税法何时开始生效、何时终止效力和有无溯及力的问题。

(1)税法的生效。在我国，税法的生效分为三种情况：①税法通过一段时间后生效。其优点在于可以使广大纳税人和执法人员事先学习、了解和掌握该税法的具体内容，便于其得到准确贯彻和执行。②税法自通过发布之日起生效。这种方式可以兼顾税法实施的及时性与准确性，目前大多采用这种方式。③税法公布后授权地方政府自行确定实施日期。这种税法生效方式实质上是将税收管理权限下放给地方政府。

(2)税法的失效。税法的失效表明其法律约束力的终止，通常有三种类型：①以新税法代替旧税法，即以在新税法中规定的生效日期为旧税法的失效日期。这是最常见的形式。②直接宣布废止某项税法。③税法本身规定废止日期，届时税法自动失效。

(3)有无溯及力的问题。这是指一部新税法实施后，对其实施之前纳税人的行为如何适用。我国及许多国家坚持不溯及既往的原则。

3. 税法对人的效力

在处理税法对人的效力时，国际上通行的原则有三个：①属人主义原则，凡是本国的公民或居民，不管其身居国内或国外，都要受本国税法的管辖。②属地主义原则，凡是本国领域内的法人和个人，不管其身份如何，都适用本国税法。③属人、属地相结合原则，我国税法采用这一原则。凡我国公民、在我国居住的外籍人员，以及在我国注册登记的法人或虽未在我国设立机构、场所，但有来源于我国收入的外国企业、公司、经济组织等，均适用我国税法。

(三)税法解释

税法解释是指法定解释，即有法定解释权的国家机关，在法律赋予的权限内，对有关税法或其条文进行的解释。对税法的解释有广义和狭义两种理解。广义的税法解释包括立法解释、行政解释和司法解释；狭义的税法解释仅指行政解释，特别是征税机关的解释。税法解释可以按解释权限和解释尺度划分。

1. 按解释权限划分，可分为立法解释、行政解释、司法解释

(1)立法解释，是指税收立法机构对所设立税法的正式解释，包括全国人民代表大会及其常务委员会对税收法律作出的解释、有关行政机关和地方立法机关对相应税收法规作出的解释。税收立法解释还包括事前解释和事后解释。事前解释通常包含在税法正文或附则中，事后解释是指税法在实际执行和适用时产生疑问而由制定税法的机关所作出的解释。税收立法解释与被解释的税法具有同等法律效力。

(2)行政解释，也称税法执法解释，是指国家税务行政机关按照法律的授权，在执法过程中对税收法律、法规、规章如何具体应用所作的解释。税法的行政解释在行政执法中一般具有普遍的约束力。

(3)司法解释，是指最高司法机关对如何具体办理税务刑事案件和税务行政诉讼案件所作的具体解释或正式规定。它又分为由最高人民法院作出的司法解释、由最高人民检察院作出的检察解释，以及由最高人民法院和最高人民检察院联合作出的共同解释。司法解释具有法的效力，可以作为办案和适用法律、法规的依据。

2. 按解释尺度划分，可分为字面解释、限制解释、扩大解释

(1)字面解释，是指严格按照税法条文的字面含义所作的解释。

(2)限制解释，是对税法条文所进行的窄于其字面含义的解释。

(3)扩大解释，是指对税法条文所进行的宽于其字面含义的解释，如印花税的征税范围。

税法解释是税法顺利运行的必要保证，它对税收执法、解决税收法律纠纷都是必不可少的。

四、税法的分类

(一)按照税法基本内容和效力的不同，可分为税收基本法和税收普通法

(1)税收基本法是税法体系的主体和核心，在税法体系中起着税收母法的作用。其基本内容一般包括：税收制度的性质、税务管理机构、税收立法与管理权限、纳税人的基本权利与义务、税收征收范围(税种)等。我国政务院1950年发布的《全国税政实施要则》就具有税收基本法的性质。

(2)税收普通法是根据税收基本法的原则，对税收基本法规定的事项分别立法并实施，如《个人所得税法》《税收征管法》等。我国目前还没有制定统一的税收基本法。随着我国税收法制建设的发展和完善，将研究制定税收基本法。

(二)按照税法功能作用的不同，可分为税收实体法和税收程序法

(1)税收实体法主要是指确定税种立法，具体规定各税种的征收对象、征收范围、税目、税率、纳税地点等。例如，《企业所得税法》《个人所得税法》就属于税收实体法。

(2)税收程序法是指税务管理方面的法律，主要包括税收管理法、纳税程序法、发票管理法、税务机关组织法、税务争议处理法等。《税收征管法》就属于税收程序法。

(三)按照税法征收对象的不同，可分为对流转额课税的税法，对所得额课税的税法，对财产、行为课税的税法，对自然资源课税的税法

(1)对流转额课税的税法，主要包括增值税、消费税、关税等税法。[①] 这类税法的特点是与商品生产、流通、消费有密切关系。对什么商品征税、税率多高，这些对商品经济活动都有直接的影响，易于发挥对经济的宏观调控作用。

---

① 自2006年1月1日起废除农业税；自2016年5月1日起全面实施“营改增”，营业税正式退出历史舞台。

(2)对所得额课税的税法,主要包括企业所得税、个人所得税等税法。其特点是可以直接调节纳税人收入,发挥其公平税负、调整分配关系的作用。

(3)对财产、行为课税的税法,主要是对财产的价值或某种行为课税,包括房产税、车船税、印花税、契税、车辆购置税等税法。

(4)对自然资源课税的税法,主要是为保护和合理使用国家自然资源而课征的税。我国现行的资源税、城镇土地使用税、土地增值税等税种均属于资源税的范畴。

(四)按照税收收入归属和征管管辖权限的不同,可分为中央(收入)税法和地方(收入)税法

(1)中央税是指由中央政府征收、管理和支配的税收,主要包括关税、消费税、车辆购置税。

(2)地方税是与中央税相对应的,是根据国家财政管理体制的规定,由中央统一立法或地方自行立法开征,由省和省以下地方政府负责征收管理,税款为地方财政固定收入的各种税的总称,主要包括车船税、房产税、土地增值税。

(3)中央地方共享税即由中央和地方共同管理和使用的税种,主要包括增值税、资源税、企业所得税、印花税。

(五)按照税法效力的不同,可分为税收法律、税收法规、税收规章

(1)税收法律是指享有国家立法权的国家最高权力机关,依照法律程序制定的规范性税收文件。我国税收法律是由全国人民代表大会及其常务委员会制定的,其法律地位和法律效力仅次于宪法而高于税收法规、规章。

(2)税收法规是指国家最高行政机关、地方立法机关根据其职权或国家最高权力机关的授权,依据宪法和税收法律,通过一定法律程序制定的规范性税收文件。我国目前税法体系的主要组成部分是税收法规,包括由国务院制定的税收行政法规和由地方立法机关制定的地方税收法规两部分,其具体形式主要是条例或暂行条例。税收法规的效力低于宪法、税收法律而高于税收规章。

(3)税收规章是指国家税收管理职能部门、地方政府根据其职权和国家最高行政机关的授权,依据有关法律、法规制定的规范性税收文件。在我国,税收规章具体是指财政部、国家税务总局、海关总署以及地方政府在其权限内制定的有关税收的办法、规则、规定,如《税务行政复议规则》《税务代理试行办法》等。税收规章可以增强税法的灵活性和可操作性,但其法律效力较低。一般情况下,税收规章不作为税收司法的直接依据,而只具有参考性的效力。

(六)按照主权国家行使税收管辖权的不同,可分为国内税法、国际税法、外国税法等

(1)国内税法是指一国在其税收管辖权范围内调整税收分配过程中形成的权利和义务关系的法律规范的总称,是由国家最高权力机关和经由授权或依法律规定的国家行政机关制定的税收法律、法规、规章等规范性文件。其效力范围在地域上和对人上,均以国家税收管辖权所能达到的管辖范围为准。我们通常所说的税法即指国内税法。

(2)国际税法是指调整国家与国家之间税收权益分配的法律规范的总称,包括政府间的双边或多边税收协定、关税互惠公约、联合国范本和国际税收惯例等。其内容涉及税收管辖权的确定、税收抵免以及无差别待遇、最惠国待遇等。国际税法是国际法的特殊组成部分,一旦得到一国政府和立法机关的法律承认,国际税法的效力就高于国内税法。

(3)外国税法是指本国以外各个国家制定的税收法律规范。

五、税法的作用

(一)税法的规范作用

税法的规范作用是指税法调整、规范人们行为的作用,具体分为以下五个方面:

1. 指引作用

这是指法作为一种行为规范,为人们提供了一定的行为模式,设定了一定的标准,指示或者引导人们可以这样行为、应当这样行为或者不得这样行为。它有两种表现形式:可以选择的指引和不可以选择的指引。可以选择的指引是指人们对法的规范所指引的行为模式有选择余地,法允许人们自行决定是这样行为还是那样行为,在法允许选择的范围内,行为人的选择均为合法,法通过肯定的、有利于行为人的后果实现有选择的指引的价值。通常情况下,授权性规范代表有选择的指引。不可以选择的指引也称确定的指引,是指人们必须根据法的规范指引而行为,包括作为和不作为。一般来说,义务性规范代表确定的指引,是不可以选择的指引。税法的指引作用表现为税法的制定为人们的行为提供一个模式、标准和方向,即起到指引作用。

2. 评价作用

这是指法具有的判断、衡量他人行为是否合法,以及违法性质和程度的作用。法是一种行为规则,具有评价功能,是评判行为的标准和尺度,代表了一定的价值观念和价值取向。评判人的行为,有许多标准和尺度,如道德的、宗教的、政治的、习俗的等。法作为一种独特的标准和尺度,体现了国家意志。与其他社会规范相比,法具有概括性、强制性和稳定性的特点,其评判更明确、更具体、更有社会性。这就决定了法成为评价人们行为、维护社会秩序、促进社会进步的工具。法的评价作用制约和规范人们的一切社会活动,影响人们的思维和行为,对保障法的实施、建设法治国家具有积极意义。税法的评价作用表现为税法作为法律规范,具有判断、衡量人们的行为是否合法的作用。

3. 预测作用

这是指人们可以根据法来事先估计、预见其所实施的行为是无效行为还是有效行为,国家将对该行为采取什么态度,行为人可能承担什么样的后果。法的预测作用可以告诫、提醒行为人实施合法和有效的行为,帮助行为人判断他人将要实施的行为以及该行为对自己的影响,从而正确处理一定的社会关系。税法的预测作用表现为可以预测出人们对税法做出什么样的反应和行为安排。

4. 强制作用

这是指法具有的预防、制裁、惩罚违法行为的作用。首先,法的强制作用表现为可以预防违法或者犯罪行为,体现法的威慑力量;其次,表现为通过诉讼活动制裁违法或者犯罪行为,强迫行为人承担不利的后果;最后,表现为一种安全感,使社会成员可以按照自己的意愿处理工作和生活事务,而不必受到违法或者犯罪活动的干扰和威胁。税法的强制作用表现为对违反税法的行为进行制裁而产生的法律保证。

5. 教育作用

这是指法对人们未来的行为所产生的影响,它有时是即时的,有时却表现为过程,对人的影响是渐进的、潜移默化的。具体来说,实现法的教育作用可以有多种渠道和方式。税法的教育作用表现为使人们的行为与税法要求相一致。

（二）税法的经济作用

税法的经济作用是指税法在调解经济分配关系的过程中产生的各种经济职能。

1. 税法是国家取得财政收入的重要保证

税法为取得税收收入提供的保证作用，一方面体现在税法作为义务性法规，设定了种种纳税义务，纳税人没有履行纳税义务，就是违反国家法律，就要受到相应的法律制裁；另一方面，法律要求相对的稳定性，不能朝令夕改，税收制度一旦成为法律之后，其固定性就有了法律保证，即使国家也不能对基本的税制要素随意改动。

2. 税法是正确处理税收分配关系的法律依据

税收征纳关系始终是一对矛盾，否定这一点，也就否认了税收的强制性。要调节这一对矛盾，更好地进行税收分配，需要一套具备权威性、对征纳双方都有约束力的规范标准。没有这样一套客观公正的标准，就不能判定纳税人是否及时足额纳税，国家则不能保证及时稳定地取得财政收入，纳税人的合法权益也不能得到有力的保护。此外，国家的课税权不受任何约束，还容易导致征收无度、无序，激化征纳矛盾，不利于税收分配关系的稳定。

3. 税法是国家调控宏观经济的重要手段

税收采用法的形式，可以将税收的经济优势与法律优势结合起来，使税收杠杆在宏观经济调控中更为灵敏、有力。①市场经济是法制经济，税收采用法的形式，可以为调控宏观经济提供最具权威性的规则和效力最高的保证体系，使调节的力度与预期一致，防止税收杠杆的软化；②法律具有评价、预测和教育作用，税收借助法律的这些作用，可以增强税收杠杆的导向性，使其对宏观经济的调控更为灵敏。

4. 税法是监督管理的有力武器

税收采用法的形式，使其对经济活动的监督上升到法律的高度，成为法律监督的组成部分，其约束力无疑大为增强。在已有的法律中，尚没有哪部法律像税法那样对经济活动的监督具有如此的广度和深度、全面性和经常性。税法监督具有特别的意义：①可以及时发现一般性违反税法的行为，并依法予以纠正，保证税法作用的正常发挥；②税法也是打击税收领域犯罪活动的有力武器，据此可以对偷税、抗税、逃税等行为予以最有力的打击，这在税收没有成为法律的情况下是无法做到的。

5. 税法是维护国家权益的重要手段

在对外经济交往中，税法是维护国家权益的基本手段之一。①关税的征收可以改变进出口商品的实际销售价格。对进口商品征税，使其销售价格提高，竞争力被削弱；对出口商品免税，可以使其无税进入国际市场，竞争力得到加强，此即所谓保护关税政策，对发展中国家特别有意义。②对跨国纳税人征收所得税，可以防止国家税收利益流失到国外。③所得税和其他税种的征收，可使国内纳税人与跨国纳税人获得相同的税收待遇，防止税收歧视。税收采用法的形式，有助于提高其维护国家权益的权威性和总体效力，便于在签订有关双边或多边国际税收协定时坚持国际通用的法律原则和法律规范，对等处理税收利益关系。

六、税法与其他法律的关系

（一）税法与宪法的关系

宪法是我国的根本大法，是制定所有法律、法规的依据和章程。税法是国家法律的组成部分，当然也是依据宪法原则制定的。

《宪法》第56条规定："中华人民共和国公民有依照法律纳税的义务。"这不仅明确了国家可以向公民征税，而且明确了向公民征税要有法律依据。这一规定是立法机关制定税法并据以向公民征税以及公民必须依照税法纳税的最直接的法律依据。

《宪法》规定，国家要保护公民的合法收入、财产所有权，保护公民的人身自由不受侵犯等。因此，在制定税法时，就要规定公民应享受的各项权利以及国家税务机关行使征税权的约束条件，同时要求税务机关在行使征税权时，不能侵犯公民的合法权益等。

《宪法》还规定，中华人民共和国公民在法律面前一律平等，即凡是中国公民都应在法律面前处于平等的地位。我们在制定税法时也应遵循这个原则，对所有的纳税人要平等对待，不能因为纳税人的性别、出身、年龄等不同而在税收上给予不平等的待遇。

（二）税法与民法的关系

民法是调整平等主体之间，也就是公民之间、法人之间、公民与法人之间财产关系和人身关系的法律规范，因此民法调整方法的主要特点是平等、等价和有偿。而税法的本质是国家依据政治权力向公民进行课税，是调整国家与纳税人关系的法律规范，这种税收征纳关系不是商品的关系，明显带有国家意志和强制的特点，其调整要采用命令和服从的方法，这是由税法与民法的本质区别所决定的。两者之间又有联系，例如，当税法的某些规范同民法的规范基本相同时，税法一般援引民法条款。在征税过程中，经常涉及大量的民事权利和义务问题，比如，印花税中有关经济合同关系的成立、房产税中有关房屋的产权认定等，而这些在民法中已予以规定，税法就不再另行规定了。

在涉及税收征纳关系问题时，一般应以税法的规范为准则。比如，两个关联企业之间，一方以高进低出的价格与对方进行商业交易，再以其他方式从对方取得利益补偿，以达到避税的目的。虽然上述交易符合民法中规定的"民事活动应遵循自愿、公平、等价有偿、诚实信用"的原则，但是违反了税法的规定，应该按照税法的规定对这种交易作相应的调整。

（三）税法与刑法的关系

税法与刑法有本质区别。刑法是关于犯罪、刑事责任与刑罚的法律规范的总和。应该指出的是，违法与犯罪是两个概念，违反了税法并不一定就是危害税收征管罪。例如，《中华人民共和国刑法》（以下简称《刑法》）第201条规定，纳税人采取欺骗、隐瞒手段进行虚假纳税申报或者不申报，逃避缴纳税款数额较大并且占应纳税额10%以上的，处3年以下有期徒刑或者拘役，并处罚金；数额巨大并且占应纳税额30%以上的，处3年以上7年以下有期徒刑，并处罚金。《税收征管法》规定，从事生产、经营的纳税人、扣缴义务人未按照规定的期限缴纳或者解缴税款，纳税担保人未按照规定的期限缴纳所担保的税款，由税务机关责令限期缴纳。逾期仍未缴纳的，经县以上税务局（分局）局长批准，税务机关可以采取下列强制执行措施：书面通知其开户银行或者其他金融机构从其存款中扣缴税款。扣押、查封、依法拍卖或者变卖其价值相当于应纳税款的商品、货物或者其他财产，以拍卖或者变卖所得抵缴税款。从这些规定中可以看出两者的区别。

任务二　税收法律关系

一、税收法律关系的概念

税收法律关系是税法所确认和调整的，国家与纳税人之间在税收分配过程中形成的权利和义务关系。对税收法律关系的理解如下：

（一）**税收法律关系主体的一方只能是国家**

在税收法律关系中，国家不仅以立法者与执法者的姿态参与税收法律关系的运行与调整，而且直接以税收法律关系主体的身份出现。这样，构成税收法律关系主体的一方可以是任何负有纳税义务的法人和自然人，但是另一方只能是国家。

（二）**税收法律关系体现国家单方面的意志**

税收法律关系的成立、变更、消灭不以主体双方意思表示一致为要件。税收法律关系之所以只体现国家单方面的意志，是由于税收以无偿占有纳税人的财产或收入为目标。

（三）**在税收法律关系中，权利义务具有不对等性**

纳税人和税务机关可能法律地位是平等的，但在权利和义务方面具有不对等性。税收法律关系中权利和义务的不对等性不仅表现在税法总体上，而且表现在单行税法和法规中；不仅表现为实体利益上的不对等，而且表现为法律程序上的不对等。

（四）税收法律关系具有财产所有权或支配权单向转移的性质

在税收法律关系中，纳税人要履行纳税义务。缴纳税款，就意味着将自己拥有或支配的一部分财物无偿地交给国家，成为政府的财政收入，国家不再直接返还给纳税人。

二、税收法律关系的构成要素

税收法律关系在总体上与其他法律关系一样，都是由法律主体、客体和法律关系内容三方面构成的，但在这三个方面的内涵上，税收法律关系具有特殊性。

（一）税收法律关系的主体

税收法律关系的主体是指税收法律关系的参加者，即在税收法律关系中权利的享有者和义务的承担者，它们的主体资格是由国家法律、法规直接规定的。税收法律关系的主体可分为征税主体和纳税主体。

1. 征税主体

征税主体是指参加税收法律关系，享有国家税收征管权力和履行国家税收征管职能，依法对纳税主体进行税收征收管理的国家机关。从严格意义上讲，只有国家才是征税主体，但是国家征税的权力总是通过立法授权具体的国家职能机关来行使的。

判断一个行政机关是否具备行政主体资格，关键要看其是否经过法定授权。税务机关之所以能成为征税主体，是因为经过国家的法定授权。我国现行法律明确规定了履行征税职能的行政机关，除此之外，没有法律明文授权，任何机关都不能成为征税主体。

2. 纳税主体

纳税主体有狭义和广义两种。狭义的纳税主体就是通常所说的纳税人，即“法律、行政法规规定负有纳税义务的单位和个人”，这是最重要和最普遍的纳税主体。广义的纳税主体除包括纳税人外，还包括扣缴义务人，即“行政法规规定负有代扣代缴、代收代缴税款义务的单位和个人”。纳税人和扣缴义务人的权利与义务有相同之处，也有不同之处。

（二）税收法律关系的客体

税收法律关系的客体是指税收法律关系主体双方的权利和义务所共同指向、影响和作用的客体对象。它是税收法律关系产生的前提、存在的载体，又是权利和义务联系的中介。税收法律关系的客体包括应税的商品、货物、财产、资源、所得等物质财富和主体的应税行为。

(三)税收法律关系的内容

税收法律关系的内容是指税收法律关系主体双方在征纳活动中依法享有的权利和承担的义务。它决定了税收法律关系的实质,是税法体系的核心。税收法律关系的内容包括征税主体的权利和义务与纳税主体的权利和义务两个方面。

1. 征税主体的权利和义务

税务机关的权利包括征税权、税法解释权、估税权、委托代征权、税收保全权、强制执行权、行政处罚权、税收检查权、税款追征权。

税务机关的义务包括依法办理税务登记的义务、开具完税凭证的义务、保密义务、多征税款立即返还的义务、实施税收保全过程中的义务、依法解决税务争议过程中应履行的义务。

2. 纳税主体的权利和义务

纳税主体的权利包括申请延期纳税权、申请减税免税权、多缴税款申请退还权、委托税务代理权、要求税务机关承担赔偿责任权、申请复议和提起诉讼权。

纳税主体的义务包括依法按期办理税务登记、变更登记或重新登记;依法设置账簿,合法、正确使用有关凭证;按规定定期向主管税务机关报送纳税申报表、会计报表和其他有关资料;按期进行纳税申报,及时、足额缴纳税款;主动接受和配合税务机关的纳税检查;违反税收法规的纳税人,应按规定缴纳滞纳金、罚款,并接受其他法定处罚。

三、税收法律关系的产生、变更、消灭

税法是引起税收法律关系的前提条件,但税法本身并不能产生具体的税收法律关系。

税收法律关系的产生、变更或消灭必须有能够引起税收法律关系产生、变更或消灭的客观情况,也就是税收法律事实。税收法律事实一般是指税务机关依法征税的行为和纳税人的经济活动行为,发生这种行为才能引起税收法律关系的产生、变更或消灭。例如,纳税人开业经营即产生税收法律关系,纳税人转业或停业就造成税收法律关系的变更或消灭。

(一)税收法律关系的产生

这是指在税收法律关系主体之间形成权利和义务关系。由于税法属于义务性法规,税收法律关系的产生应以引起纳税义务成立的法律事实为基础和标志。而纳税义务产生的标志应当是纳税主体进行的应当课税的行为,不应当是征税主体或其他主体的行为。

(二)税收法律关系的变更

这是指由于某一法律事实的发生,使税收法律关系的主体、内容和客体发生变化。引起税收法律关系变更的原因是多方面的,主要有以下几点:①由于纳税人自身的组织状况发生变化;②由于纳税人的经营或财产情况发生变化;③由于税务机关组织结构或管理方式发生变化;④由于税法修订或调整;⑤因不可抗力造成了破坏。

(三)税收法律关系的消灭

这是指这一法律关系的终止,即其主体之间权利和义务关系的终止。税收法律关系消灭的原因主要有以下几个方面:①纳税人履行纳税义务;②纳税义务因超过期限而消灭;③纳税义务被免除;④某些税法被废止;⑤纳税主体消失。

四、税收法律关系的保护

税收法律关系是与国家利益及企业和个人的权益相联系的。保护税收法律关系,实质上

就是保护国家正常的经济秩序，保障国家的财政收入，维护纳税人的合法权益。税收法律关系的保护形式和方法有很多，税法中关于限期纳税、征收滞纳金和罚款的规定，《刑法》对构成逃税罪、抗税罪给予刑事处罚的规定，以及税法中对纳税人不服税务机关征税处理的决定可以申请复议或提出诉讼的规定等，都是对税收法律关系的直接保护。税收法律关系的保护对权利主体双方是对等的，不能只对一方保护，而对另一方不予保护。对权利享有者的保护，就是对义务承担者的制约。

任务三　税法要素

税法要素是指各种单行税法具有的共同的基本要素的总和。它既包括实体性的，也包括程序性的，即实体法要素和程序法要素。

税法的构成要素一般包括总则、纳税义务人、征税对象、税率、减免税、纳税环节、纳税期限、纳税地点、罚则、附则等。

一、总则

总则主要包括立法依据、立法目的、适用原则等。

二、纳税义务人

纳税义务人简称纳税人，又称纳税主体，是税法规定的直接负有纳税义务的单位和个人，是税款的直接承担者。每一种税都有关于纳税义务人的规定，即解决向谁征税的问题。如果纳税人不履行纳税义务，就应由该行为的直接责任人承担法律责任。

税法规定，直接负有纳税义务的人可以是自然人，也可以是法人。在法律上，自然人是指基于出生而依法在民事上享有权利、承担义务的人，包括本国公民和居住在所在国的外国公民；法人是指依法成立并能独立地行使法定权利和承担法律义务的社会组织，如社团、企业等。

与纳税人有关的概念如下：

(1)负税人，指实际负担税款的单位和个人。纳税人如果能够通过一定途径把税款转嫁或转移出去，纳税人就不再是实际负担税款的单位和个人。在我国，造成纳税人与赋税人不一致的主要原因是价格与价值背离，引起税负转移或转嫁。

(2)代扣代缴义务人，指负有税法规定义务从持有的纳税人收入中扣除其应纳税款并代为缴纳的企业、单位或个人，如个人所得税以支付所得的单位和个人为扣缴义务人。

(3)代收代缴义务人，指负有税法规定义务借助与纳税人的经济交往而向纳税人收取应纳税款并代为缴纳的单位，主要有受托加工单位、生产并销售原油和重油的单位等。

(4)代征代缴义务人，指受税务机关委托而代征税款的单位和个人。

(5)纳税单位，指申报缴纳税款的单位，是纳税人的有效集合。

三、征税对象

征税对象是税法中规定的征税的目的物，是国家据以征税的依据。通过规定征税对象，解决对什么征税的问题。它是构成税收实体法要素的基础性要素。首先，征税对象是一种税区别于另一种税的原因。其次，征税对象体现各种税的征税范围。最后，其他要素的内容一般都是以征税对象为基础确定的，每一种税一般都有特定的征税对象。因此，征税对象是一种税区别于另一种税的主要标志，每一种税名称的由来以及各种税在性质上的差别，也主要取决于不同的征税对象。

征税对象可以从质和量两方面具体化。其质的具体化是征税范围和税目，量的具体化是计税依据和计税单位。

征税范围是指税法规定的征税对象的具体内容范围，是国家征税的界限，凡列入征税范围的都要征税。税目是指税法规定的应征税的具体项目，是征税对象的具体化。税目体现了征税的广度，反映了各税种具体的征税范围。计税依据是指计算应纳税额所依据的标准。一般来说，从价计算的税收以计税金额为计税依据，计税金额是指征税对象的数量乘以计税价格的数额；从量计算的税收以征税对象的重量、容积、体积、面积、数量为计税依据。计税单位的含义有两个：一是指划分征税对象适用税目、税率所依据的标准；二是与计税依据同义。

征税对象与计税依据的关系表现为：征税对象是征税的目的物；计税依据是在目的物已经确定的前提下，对目的物计算税款的依据和标准。征税对象是从质的方面对征税所作的规定；而计税依据是从量的方面对征税所作的规定，是征税对象量的表现。

税源是税款的最终来源、税收负担的最终归宿，税源大小体现纳税人的负担能力。在社会产品价值中，能够成为税源的只能是国民收入分配中形成的各种收入。

征税对象与税源的关系表现为：当某些税种以国民收入分配中形成的各种收入为征税对象时，税源和征税对象一致，如所得税；大多数税的征税对象与税源不一致，如消费税、房产税等。

四、税率

税率是应征税额占单位征税对象的比例。例如，对某一价值 100 元的商品课税 10 元，税率就是 10 与 100 的比率，即 10%。税率是税制构成的基本要素之一，属于税收制度的中心环节，是税收制度的核心内容。

税率的表示方法有以下两种：

(1)用征收多少税额的绝对量表示，适用于从量计征的税种，称为定额税率。它是税率的一种特殊形式，是指按征税对象的一定计量单位规定固定税额，而不是规定征收比例的一种税率制度。具体运用时，又可分为地区差别定额税率、幅度定额税率和分类分级定额税率等形式。

(2)用征收百分之几的百分比相对量表示，适用于从价计征的税种，这又分为比例税率和累进税率。

①比例税率是指对同一征税对象或同一税目，不论数额大小，只规定一个征税百分比的税率。它不因征税对象数额的变化而变化，是一种应用最广、最常见的税率，一般适用于对商品流转额的征税。具体运用时，比例税率可以细分为统一比例税率、行业比例税率、产品比例税率、地方差别比例税率、幅度比例税率等。

②累进税率是指税率随着征税对象数额的增大而提高的一种税率制度。将征税对象数额按大小划分成若干等级，对每个等级由低到高规定相应的税率，征税对象数额越大税率越高，征税对象数额越小税率越低。在我国现行税收制度中，只存在超额累进税率和超率累进

税率。超额累进税率是指按征税对象的绝对数额划分征税级距，纳税人的征税对象的全部数额中符合不同级距部分的数额，分别按与之相适应的各级距税率计征的一种累进税率。超率累进税率对每个等级部分分别规定相应的税率，分别计算税额，各级税额之和则为应纳税额。一定数量的征税对象可以同时按几个等级的税率计征，当征税对象数额超过某一等级时，仅就超过部分按高一级税率计算税额。

定额税率、比例税率和累进税率是税率的三种基本形式，称为基本税率。在这三种基本税率下，又派生出其他诸多税率形式，称为派生税率。派生税率有如下几种：

名义税率是税法规定的税率。由于税法中规定的税率因税率制度、计税依据、减税、免税、加成加倍征税等原因，纳税人的实际税率与税法规定的税率不相等，故将税法中规定的税率称为名义税率。

实际税率是衡量纳税人实际负担程度的主要标志，也是研究和制定税收政策的重要依据。实际负担率是纳税人实际缴纳的税额同其实际收入的比率。一般来说，由于减税、免税和税法规定的计税依据小于实际计税依据等原因，名义税率都高于实际税率，实际税率又高于实际负担率。

平均税率也是一个重要的概念，它在确定和衡量企业税收负担时经常用到。平均税率是全部税额占全部征税对象数额的比例。

边际税率是征税对象数额的增量中税额所占的比例。累进税率中每一级的税率都是所属级次的边际税率。

零税率实际上是免税的一种方式。负税率是指政府利用税收形式对所得额低于某一特定标准的家庭或个人予以补贴的比例。

五、减免税

减免税是对某些纳税人或征税对象给予鼓励和照顾的一种特殊规定。减税是指对应纳税额少征一部分税款，免税是指对应纳税额全部免征。它们能使税收制度按照因地制宜和因事制宜的原则，更好地贯彻国家的税收政策。减免税有以下三种基本形式：

（一）税基式减免税

这是指通过直接缩小计税依据的方式实现的减税、免税，具体包括起征点、免征额、项目扣除、跨期结转等。

(1)起征点是指税法规定的对征税对象开始征税的数额起点，即征税对象数额未达到起征点的不征税，达到或超过起征点的就其全部数额征税。

(2)免征额是指税法规定的在征税对象全部数额中免予征税的数额，即不论纳税人收入多少，只对减去一定数额后的余额征税。

(3)项目扣除是指征税对象总额先扣除某些项目的金额后，以其余额为计税依据计算应纳税额。

(4)跨期结转是指将某些费用及损失向后或向前结转，抵销一部分收益，以缩小税基，实现减免税。

【做中学1—1】 某纳税人某月取得的应税收入为500元，假设税法规定的起征点为300元，税率为10%。

请问：应纳税额是多少？若税法规定免征额为300元，其应纳税额又是多少？

解析:(1)起征点为 300 元时:应纳税额=500×10%=50(元);

(2)免征额为 300 元时:应纳税额=(500-300)×10%=20(元)。

(二)税额式减免税

这是指通过直接减少应纳税额的方式实现的减税、免税,具体包括全部免征、减半征收、核定减免率和核定减征税额等。

(三)税率式减免税

这是指通过直接降低税率的方式实现的减税、免税,具体包括重新确定税率、选用其他税率和规定零税率。

与之相对应,加重纳税人负担的措施有税收附加和税收加成。

(1)税收附加。税收附加也称地方附加,是地方政府按照国家规定的比例随同正税一起征收的列入地方预算外收入的一种款项,比如教育费附加。

(2)税收加成。税收加成是根据税制规定的税率征税以后,再以应纳税额为依据加征一定成数的税额,加一成相当于加征应纳税额的 10%,加征成数一般在一成到十成之间,如个人所得税中的劳务报酬所得。

税收附加往往针对所有纳税人,税收加成则针对某些特定纳税人。

六、纳税环节

纳税环节是指税法规定的征税对象从生产到消费的流转过程中应当缴纳税款的环节。商品从生产到消费,中间往往要经过许多环节,如工业品要经过工厂生产、商业采购、商业批发和商业零售等环节。具体在哪个环节纳税,关系到税制结构和整个税收体系的布局,可对商品生产和流通产生有利或不利影响,导致物价变化;也关系到税款能否及时、足额地入库,国家财政收入能否得到保证,以及地区间对税款收入的分配;还关系到是否便于纳税人缴纳税款,能否促进企业加强经济核算等。因此,正确确定纳税环节是对商品流转额征税中一个比较特殊又十分重要的问题。

七、纳税期限

纳税期限是指纳税人发生纳税义务后,向国家缴纳税款的间隔时间。各种税收都需要明确规定缴纳税款的期限,这是由税收的固定性决定的,也是税收收入及时性的体现。纳税期限如何确定呢?首先,应根据国民经济各部门生产经营的特点和不同的征税对象来确定;其次,应根据纳税人缴纳税款的数额多少来确定;最后,应根据纳税义务发生的特殊性和加强税收征管的要求来确定。我国现行税法规定,纳税期限有按年征收、按季征收、按月征收、按天征收和按次征收等多种形式。

八、纳税地点

纳税地点是指纳税人依据税法规定向征税机关申报纳税的具体地点。它说明纳税人应向哪里的征税机关申报纳税,以及哪里的征税机关有权进行税收管辖的问题。我国税法规定的纳税地点主要是机构所在地、经济活动发生地、财产所在地、报关地等。

九、罚则

罚则主要是对纳税人违反税法的行为采取的处罚性措施。这种处罚是税制中不可缺少的要素，是税收强制性特征在税收制度上的体现。

十、附则

附则一般规定与该法紧密相关的内容，如税法的解释权、生效时间等。

任务四　税法的制定与实施

一、税法的制定

税收立法是指有权的机关依据一定的程序，遵循一定的原则，运用一定的技术，制定、公布、修改、补充和废止有关税收法律、法规、规章的活动。

（一）税收立法机关

根据宪法、全国人民代表大会组织法、国务院组织法以及地方各级人民代表大会和地方各级人民政府组织法的规定，我国的立法体制是：全国人民代表大会及其常务委员会行使立法权，制定法律；国务院及所属各部委有权根据宪法和法律制定行政法规和规章；地方人民代表大会及其常务委员会在不与宪法、法律、行政法规相抵触的前提下，有权制定地方性法规，但要报全国人大常委会和国务院备案；民族自治地方的人民代表大会有权依照当地民族政治、经济和文化的特点，制定自治条例和单行条例。

1. 全国人民代表大会和全国人民代表大会常务委员会制定的税收法律

《宪法》第 58 条规定："全国人民代表大会和全国人民代表大会常务委员会行使国家立法权。"上述规定确定了我国税收法律的立法权由全国人大及其常委会行使，其他任何机关都没有制定税收法律的权力。在国家税收中，凡是基本的、全局性的问题，如国家税收的性质，税收法律关系中征纳双方权利和义务的确定，税种的设置，税目、税率的确定等，都需要由全国人大及其常委会以税收法律的形式制定实施，并且在全国范围内，无论是对国内纳税人还是对涉外纳税人，都普遍适用。除宪法外，在税收法律体系中，税收法律具有最高的法律效力，是其他机关制定税收法规、规章的法律依据，其他各级机关制定的税收法规、规章，都不得与宪法和税收法律相抵触。

2. 全国人民代表大会或全国人民代表大会常务委员会授权立法

授权立法是指全国人民代表大会及其常务委员会根据需要授权国务院制定某些具有法律效力的暂行规定或者条例。授权立法与制定行政法规不同，国务院经授权立法所制定的规定或条例等，具有国家法律的性质和地位，它的法律效力高于行政法规，在立法程序上还需报全国人大常委会备案。授权立法在一定程度上解决了我国经济体制改革和对外开放工作急需法律保障的当务之急，税收暂行条例的制定和公布施行也为全国人大及其常务委员会的立法工作提供了有益的经验和条件，在条件成熟时，可以将这些条例上升为法律。

3. 国务院制定的税收行政法规

国务院作为国家最高权力机关的执行机关，是最高国家行政机关，拥有广泛的行政立法权。《宪法》规定，国务院可"根据宪法和法律，规定行政措施，制定行政法规，发布决定和命令"。行政法规作为一种法律形式，在我国法律体系中处于低于宪法、法律而高于地方法规、部门规章、地方规章的地位，也是在全国范围内普遍适用的。行政法规的立法目的在于保证宪法和法律的实施，行政法规不得与宪法、法律相抵触，否则无效。例如，国务院发布的《中华人民共和国税收征收管理法实施细则》（以下简称《税收征管法实施细则》）就属于税收行政法规。

4. 地方人民代表大会及其常务委员会制定的税收地方性法规

根据《中华人民共和国地方各级人民代表大会和地方各级人民政府组织法》的规定，省、自治区、直辖市的人民代表大会以及省、自治区的人民政府所在地的市和经国务院批准的较大的市的人民代表大会有制定地方性法规的权力。由于我国在税收立法上坚持“统一税法”原则，因此地方权力机关制定税收地方法规不是无限制的，而是要严格按照税收法律的授权行事。目前，除了海南省、民族自治地区按照全国人大授权立法规定，在遵循宪法、法律和行政法规的基础上，可以制定有关税收的地方性法规外，其他省、直辖市一般都无权制定税收地方性法规。

5. 国务院税务主管部门制定的税收部门规章

《宪法》规定，国务院“各部、各委员会根据法律和国务院的行政法规、决定、命令，在本部门的权限内，发布命令、指示和规章”。有权制定税收部门规章的税务主管机关是财政部和国家税务总局，其制定规章的范围包括对有关税收法律、法规的具体解释，税收征收管理的具体规定、办法等。税收部门规章在全国范围内具有普遍适用效力，但不得与税收法律、行政法规相抵触。例如，财政部、国家税务总局颁布的《中华人民共和国增值税暂行条例实施细则》、国家税务总局颁布的《税务代理试行办法》等都属于税收部门规章。

6. 地方政府制定的税收地方规章

《中华人民共和国地方各级人民代表大会和地方各级人民政府组织法》规定，省、自治区、直辖市的人民政府可以根据法律、行政法规和本省、自治区、直辖市的地方性法规，制定规章，报国务院和本级人民代表大会常务委员会备案。按照“统一税法”原则，上述地方政府制定税收规章，必须在税收法律、法规明确授权的前提下进行，并且不得与税收法律、行政法规相抵触。没有税收法律、法规的授权，地方政府是无权制定税收规章的，凡越权制定的税收规章没有法律效力。例如，国务院发布实施的城市维护建设税、房产税等地方性税种暂行条例，都规定省、自治区、直辖市人民政府可根据条例制定实施细则。

（二）税收立法程序

目前，我国税收立法程序主要包括以下几个阶段：

1. 提议阶段

无论是税法的制定还是税法的修改、补充和废止，一般都由国务院授权税务主管部门（财政部或国家税务总局）负责立法的调查研究等准备工作，并提出立法方案或税法草案，上报国务院。

2. 审议阶段

税收法规由国务院负责审议。税收法律经国务院审议通过后，以议案的形式提交全国人民代表大会常务委员会的有关工作部门，在广泛征求意见并作修改后，提交全国人民代表大会或其常务委员会审议通过。

3. 通过和公布阶段

税收行政法规由国务院审议通过后，以国务院总理的名义发布实施。税收法律在全国人民代表大会或其常务委员会开会期间，先听取国务院关于制定税法议案的说明，然后经过讨论，以简单多数的方式通过后，以国家主席的名义发布实施。

二、税法的实施

税法的实施即税法的执行，包括税收执法和守法两个方面。一方面，税务机关和税务人员要正确运用税收法律，并对违法者实施制裁；另一方面，税务机关、税务人员、公民、法人、社会团体及其他组织要严格遵守税收法律。

由于税法具有多层次的特点，因此在税收执法过程中，对其适用性或法律效力的判断上，一般按以下原则掌握：①层次高的法律优于层次低的法律；②同一层次的法律中，特别法优于普通法；③国际法优于国内法；④实体法从旧，程序法从新。

三、我国税收的立法原则

（一）从实际出发的原则

从实际出发，是唯物主义的思想路线在税收立法实践中的运用和体现。一方面，税收立法必须根据经济、政治发展的客观需要，反映客观规律，也就是从中国国情出发，充分尊重社会经济发展规律和税收分配理论。另一方面，税收立法要客观反映一定时期国家、社会、政治、经济等各方面的实际情况，既不能被某些条条框框所束缚，也不能盲目抄袭别国的立法模式。在此基础上，充分运用科学知识和技术手段，不断丰富税收立法理论，完善税法体系，以适应社会主义市场经济发展的客观需要。

（二）公平原则

所谓公平，就是要体现合理负担的原则。在市场经济体制下，参加市场竞争的各个主体需要有一个平等竞争的环境，而税收的公平是实现平等竞争的重要条件。公平主要体现在以下三个方面：

(1)从税收负担能力上看，负担能力强的应多纳税，负担能力弱的应少纳税，没有负担能力的不纳税。

(2)从纳税人所处的生产和经营环境看，客观环境优越而取得超额收入或级差收益的应多纳税，反之则少纳税。

(3)从税负平衡看，不同地区、不同行业间及多种经济成分之间的实际税负必须尽可能公平。

（三）民主决策原则

税收立法过程中必须充分倾听群众的意见，严格按照法定程序进行，确保税收法律能体现广大群众的根本利益。坚持这个原则，要求税收立法的主体以人民代表大会及其常务委员会为主，按照法定程序进行；对税收法案的审议，要进行充分的辩论，倾听各方面意见；税收立法过程要公开化，让广大群众及时了解税收立法的全过程，以及立法过程中各个环节的争论情况和如何达成共识的情况。

（四）原则性与灵活性相结合原则

在制定税法时，要求明确、具体、严谨、周密。为了保证税法制定后在全国范围内、在各个地区都能贯彻执行，不致与现实脱节，又要求在制定税法时，不能规定得过细、过死，这就要求必须坚持原则性与灵活性相结合的原则。具体来讲，就是必须把法制的统一性与因时、因地制宜相结合。法制的统一性表现在税收立法上，就是税收立法权只能由国家最高权力机关来行使，各地区、各部门不能擅自制定违背国家宪法和法律的所谓“土政策”“土规定”。我国又是一个幅员辽阔、人口众多、多民族的国家，各地区的经济文化发展水平不平衡，政治状况也不尽相同，因而对不同地区不能强求一样。为了照顾不同地区，特别是少数民族地区的不同情况和特点，为了充分发挥地方的积极性，在某些情况下，允许地方在遵守国家法律、法规的前提下，制定适合当地的实施办法等。

（五）法律稳定性、连续性与废、改、立相结合原则

制定税法是与一定的经济基础相适应的，税法一旦制定，在一定阶段内就要保持其稳定性，不能朝令夕改、变化不定。如果税法经常变动，不仅会破坏税法的权威性和严肃性，而且会给国家经济生活造成非常不利的影响。这种稳定性也不是绝对的，因为社会政治、经济状况是不断变化的，税法也要进行相应的变化。这种发展变化具体表现在：有的税法已经过时，需要废除；有的税法部分失去效力，需要修改、补充；根据新的情况需要制定新的税法。此外，还必须注意保持税法的连续性，即税法不能中断，在新的税法未制定前，原有的税法不应随便中止、失效；在修改、补充或制定新的税法时，应保持与原有税法的承续关系，应在原有税法的基础上，结合新的实践经验，修改、补充原有的税法和制定新的税法。

任务五 税法体系与税收管理体制

视频

国税地税征管体制改革“合的力量”

一、我国现行税法体系

从法律角度讲，一个国家在一定时期内、一定体制下，以法定形式规定的各种税收法律、法规的总和，称为税法体系。从税收工作角度讲，税法体系往往被称为税收制度。一个国家的税收制度是指在既定的管理体制下设置的税种以及与这些税种的征收、管理有关的，具有法律效力的各级成文法律、行政法规、部门规章等的总和。换句话说，税法体系就是通常所说的税收制度，简称税制。

税收制度可分为简单型税制和复合型税制：①简单型税制主要是指税种单一、结构简单的税收制度；②复合型税制主要是指由多个税种构成的税收制度。在现代社会，世界各国一般采用多种税并存的复合型税收制度。

税收制度有三个层次：①不同的要素构成税种，如纳税人、征税对象、税目、税率等。②不同的税种构成税收制度。国与国之间的具体税种差异较大，但一般都包括所得税（直接税），如企业（法人）所得税、个人所得税，还包括流转税（间接税），如增值税、消费税，以及其他一些税种，如财产税（房地产税、车船税）、关税、社会保障税等。③规范税款征收程序的法律、法规，如税收征收管理法等。

税种的设置及每种税的征税办法通常是以法律形式确定的，这些法律就是税法。一个国家的税法一般包括税法通则、各税税法（条例）、实施细则、具体规定四个层次。其中，税法通则规定一个国家的税种设置和每个税种的立法精神；各个税种的税法（条例）分别规定每种税的征税办法；实施细则是对各税税法（条例）的详细说明和解释；具体规定则是根据不同地区、不同时期的具体情况制定的补充性法规。目前，世界上只有少数国家单独制定税法通则，大多数国家把税法通则的有关内容包含在各税税法（条例）之中，我国的税法就属于这种情况。

通常认为，在以间接税为主体的税制中，主要税种一般包括增值税和消费税；在以直接税为主体的税制中，主要税种一般包括个人所得税和企业(法人)所得税。以个人所得税为主体税种的情况多见于发达国家，而把企业(法人)所得税作为主体税种的国家很少。我国目前基本上是以间接税和直接税为“双主体”的税制，间接税(增值税、消费税)占全部税收收入的比例为60%左右，直接税(企业所得税、个人所得税)占全部税收收入的比例为25%左右，其他辅助税种数量较多，但收入比重不大。

我国现行税法体系由税收实体法和税收征收管理法律制度构成。

我国现行税种有：增值税、消费税、企业所得税、个人所得税、资源税、城镇土地使用税、房产税、城市维护建设税、耕地占用税、土地增值税、车辆购置税、车船税、印花税、契税、烟叶税、关税、船舶吨税和环境保护税，共18个。除企业所得税、个人所得税、车船税、环境保护税、烟叶税、船舶吨税是以国家法律的形式发布实施外，其他税种都是经全国人大授权立法，由国务院以暂行条例的形式发布实施。这些税收法律、法规组成了我国的税收实体法体系。

除税收实体法外，我国对税收征收管理适用的法律制度是按照税收管理机关的不同而分别规定的。

由税务机关负责征收的税种的征收管理，按照全国人大常委会发布实施的《税收征管法》执行。

由海关机关负责征收的税种的征收管理，按照《中华人民共和国海关法》《中华人民共和国进出口关税条例》等有关规定执行。

二、我国税收管理体制

(一)税收立法权的划分

税收立法权是制定、修改、解释或废止税收法律、法规、规章和规范性文件的权力。它包括两方面的内容：哪些机关有税收立法权；各级机关的税收立法权是如何划分的。税收立法权的明确有利于保证国家税法的统一制定和贯彻执行，充分、准确地发挥各级有权机关管理税收的职能作用，防止各种越权制定章法、随意减免税收现象的发生。税收立法权的划分可按以下方式进行：

按照税种类型的不同来划分，如按流转税类、所得税类、地方税类来划分。有关特定税收领域的税收立法权通常全部给予特定一级政府。

根据税种的基本要素来划分。任何税种的结构都由几个要素构成：纳税人、征税对象、税基、税率、税目、纳税环节等。在理论上，可以将税种的某一要素，如税基和税率的立法权授予某级政府，但在实践中，这种做法并不多见。

根据税收执法的级次来划分。立法权可以给予某级政府，行政上的执行权给予另一级政府。这是一种传统的划分方法，能适用于任何类型的立法权。根据这种模式，有关纳税主体、税基和税率的基本法规的立法权放在中央政府，更具体的税收实施规定的立法权给予较低级政府，需要指定某级政府制定不同级次的法律。我国的税收立法权的划分就属于此种类型。

我国税收立法权划分的现状为：①中央税、中央与地方共享税以及全国统一实行的地方税的立法权集中在中央，以保证中央政令统一，维护全国统一市场和企业平等竞争；②依法赋予地方适当的地方税收立法权。我国地域辽阔，地区间经济发展水平不平衡，经济资源包括税源存在较大差异，这种状况给全国统一制定税收法律带来一定的难度。

具体来说，我国税收立法权划分的层次如下：

(1)全国性税种的立法权,包括全部中央税、中央与地方共享税和在全国范围内征收的地方税税法的制定、公布和税种的开征、停征权,属于全国人民代表大会及其常务委员会。

(2)经全国人大及其常委会授权,全国性税种可先由国务院以"条例"或"暂行条例"的形式发布施行,经过一段时间后,再行修订并通过立法程序,由全国人大及其常委会正式立法。

(3)经全国人大及其常委会授权,国务院有制定税法实施细则、增减税目和调整税率的权力。

(4)经全国人大及其常委会授权,国务院有税法的解释权;经国务院授权,国家税务主管部门(财政部和国家税务总局)有税收条例的解释权和制定税收条例实施细则的权力。

(5)省级人民代表大会及其常务委员会有根据本地区经济发展的具体情况和实际需要,在不违背国家统一税法、不影响中央的财政收入、不妨碍我国统一市场的前提下,开征全国性税种以外的地方税种的税收立法权。税法的公布,税种的开征、停征,由省级人民代表大会及其常务委员会统一规定,所立税法在公布实施前须报全国人大常委会备案。

(6)经省级人民代表大会及其常务委员会授权,省级人民政府有本地区地方税法的解释权和制定税法实施细则、调整税目和税率的权力,也可在上述规定的前提下,制定一些税收征收办法,还可以在全国性地方税条例规定的幅度内,确定本地区适用的税率或税额。上述权力除税法解释权外,在行使后和发布实施前须报国务院备案。

地区性地方税收的立法权应只限于省级立法机关或经省级立法机关授权的同级政府,不能层层下放。所立税法可在全省(自治区、直辖市)范围内执行,也可只在部分地区执行。

(二)税收执法权的划分

根据国务院《关于实行财政分税制有关问题的通知》等有关规定,我国税收执法管理权限的划分大致如下:

(1)根据国务院关于实行分税制财政管理体制的决定,按税种划分中央和地方的收入。将维护国家权益、实施宏观调控所必需的税种划为中央税;将同国民经济发展直接相关的主要税种划为中央与地方共享税;将适合地方征管的税种划为地方税,并充实地方税税种,增加地方税收收入。同时,根据按收入归属划分税收管理权限的原则,对中央税,其税收管理权由国务院及其税务主管部门(财政部和国家税务总局)掌握,由中央税务机构负责征收;对地方税,其管理权由地方人民政府及其税务主管部门掌握,由税务机构负责征收;对中央与地方共享税,其管理权限按中央和地方政府各自的收入归属划分,由中央税务机构负责征收,共享税中地方分享的部分由中央税务机构直接划入地方金库。

(2)地方自行立法的地区性税种,其管理权由省级人民政府及其税务主管部门掌握。

(3)根据《国务院关于取消集市交易税、牲畜交易税、烧油特别税、奖金税、工资调节税和将屠宰税、筵席税下放给地方管理的通知》的有关规定,省级人民政府可以根据本地区经济发展的实际情况,自行决定继续征收或者停止征收屠宰税和筵席税。继续征收的地区,省级人民政府可以根据《中华人民共和国屠宰税暂行条例》和《中华人民共和国筵席税暂行条例》的规定,制定具体征收办法,并报国务院备案。

(4)属于地方税收的管理权限,在省级及其以下地区如何划分,由省级人民代表大会或省级人民政府决定。

(5)除少数民族自治区和经济特区外,各地均不得擅自停征全国性的地方税种。

(6)经全国人大及其常委会和国务院的批准,民族自治地方可以拥有某些特殊的税收管理权，如全国性地方税种某些税目、税率的调整权以及一般地方税收管理权以外的其他一些管理权等。

(7)经全国人大及其常委会和国务院批准，经济特区也可以在享有一般地方税收管理权之外，拥有一些特殊的税收管理权。

(8)上述地方(包括少数民族自治地区和经济特区)的税收管理权的行使，必须以不影响国家宏观调控和中央财政收入为前提。

(9)涉外税收必须执行国家的统一税法，涉外税收政策的调整权集中在全国人大常委会和国务院，各地一律不得自行制定涉外税收的优惠措施。

(10)根据国务院的有关规定，为了更好地体现公平税负、促进竞争的原则，保护社会主义统一市场的正常发育，在税法规定之外，一律不得减税、免税，也不得采取先征后返的形式变相减免税。

(三)税务机构设置与税收征收管理

按照 1994 年分税制财政管理体制的要求，我国税务机构设置是在中央政府设立国家税务总局，作为税务管理工作的最高职能机构。省级及省级以下的税务机构分设为国家税务局(简称“国税局”)和地方税务局(简称“地税局”)两个系统，国税局主要负责中央税与中央地方共享税的征收管理，地税局主要负责地方税的征收管理。

根据党的十九届三中全会审议通过的《深化党和国家机构改革方案》，将省级和省级以下国税和地税机构合并，具体承担所辖区域内各项税收、非税收入征管等职责，实行以国家税务总局为主与省(自治区、直辖市)政府双重领导管理体制。2018 年 6 月 15 日，全国 36 个省级新税务机构统一挂牌。

为提高社会保险资金征管效率，将基本养老保险费、基本医疗保险费、失业保险费等各项社会保险费交由税务部门统一征收。

国税和地税机构合并后，我国税收分别由税务机关和海关负责征收管理。

海关负责征收和管理的项目有关税、船舶吨税。此外，海关负责代征进口环节的增值税、消费税。

(四)中央政府与地方政府税收收入划分

根据国务院关于实行分税制财政管理体制的规定，我国的税收收入分为中央政府固定收入、地方政府固定收入和中央政府与地方政府共享收入。具体划分如下：

(1)中央政府固定收入包括消费税(含进口环节海关代征的部分)、车辆购置税、关税、海关代征的进口环节增值税等。

(2)地方政府固定收入包括城镇土地使用税、耕地占用税、土地增值税、房产税、车船税、契税、烟叶税、环境保护税。

(3)中央政府与地方政府共享收入包括以下几部分：

①增值税(不含进口环节由海关代征的部分)。中央政府分享 75%，地方政府分享 25%。为进一步完善分税制财政体制，落实全面推开“营改增”试点后调整中央与地方增值税收入划分过渡方案，国务院决定从 2016 年起，调整中央对地方原体制增值税返还办法，由 1994 年实行分税制财政体制改革时确定的增值税返还，改为以 2015 年为基数实行定额返还，对增值税增长或下降地区不再实行增量返还或扣减。返还基数的具体数额，由财政部核定。

②企业所得税。中国国家铁路集团公司、各银行总行和海洋石油企业缴纳的部分归中央

政府，其余部分中央和地方政府按比例分享。从2004年起，中央和地方所得税收入分享比例继续按中央分享60%、地方分享40%执行。

③个人所得税。除储蓄存款利息所得的个人所得税外，其余部分的分享比例与企业所得税相同。

④资源税。海洋石油企业缴纳的部分归中央政府，其余部分归地方政府。按照现行财政管理体制，自2017年7月1日起，纳入改革的矿产资源税收入全部为地方财政收入，水资源税仍按水资源费中央与地方1∶9的分成比例不变(试点省、市、区)。资源税改革实施后，相关部门履行正常工作职责所需经费，由中央和地方财政统筹安排和保障。

⑤城市维护建设税。中国国家铁路集团公司、各银行总行、各保险总公司集中缴纳的部分归中央政府，其余部分归地方政府。

⑥印花税。证券交易的印花税自2016年1月起全部归中央政府。

此外，自2009年1月1日起，新增的成品油消费税为中央收入。与其相对应，增加的增值税、城市维护建设税和教育费附加收入具有专项用途，不作为经常性财政收入，不计入对地方“两税”(增值税和消费税)返还，不计入现有与支出挂钩项目的测算基数。

(五)税务机关职权

1. 征税权

它是税务机关最基本的权力，主要表现为：有权要求纳税人依法办理税务登记、设置账簿、合法使用记账凭证和发票，依法申报纳税；有权获得与纳税有关的资料；有权依照法律、行政法规的规定或授权审批减税、免税、延期纳税等。

2. 税法解释权

这是指有关税务机关按照税法的规定，在一定范围内对某些税法作出相应解释的权力。税法解释是保证税法灵活性、准确性、有效性的需要。

3. 估税权

这是指在某些特定情况下，纳税人的税基难以准确核定，税务机关可以按照一定的方法估算其税基，或直接估算其税额的权力。《税收征管法》赋予税务机关的估税权包括三种情况：①纳税人未设立账簿的，或账目混乱、有关资料残缺不全，难以查账的；②纳税人发生了纳税义务，但是未按规定的期限办理纳税申报，经税务机关责令限期申报，逾期仍不申报的；③纳税人在与关联企业之间的业务往来中，纳税人为达到避税目的，不按照独立企业之间的业务往来收取或支付价款、费用，而减少其应纳税收入或所得额的。发生上述三种情况，税务机关即可行使估税权。

4. 委托代征权

这是指税务机关根据税法的授权，委托没有税收管理权的机关或单位代征某些税款的权力，被委托的单位或机关只有在承诺代征后，才产生一定范围内的征税权。《税收征管法实施细则》规定，税务机关根据国家有关规定可以委托有关单位代征少数零星分散的税收，并发给委托代征证书。受托单位按照代征证书的要求，以税务机关的名义依法征收税款。

5. 税收保全权

这是指税务机关依法在规定的纳税期之前采取限制纳税人转移或处理商品、货物或其他财产的权力。我国税法规定，当没有营业执照的纳税人拒不纳税，或从事生产经营的纳税人有逃税嫌疑，且在纳税期前限定的缴纳税款期限内有明显转移、隐匿应税商品、货物及其他财产的迹象，不能提供纳税担保的，以及个人欠税欲离境时，税务机关可依法行使税收保全权。

6. 强制执行权

这是指税务机关对不履行纳税义务的单位和个人，依法采取强制性措施收缴税款的权力。从某种意义上说，强制执行是税收保全的继续，没有强制执行，税收执法的保障就不够充分和权威。

7. 税收检查权

这是指税务机关为确定纳税人的税基，预防税收违法犯罪，依法对纳税人的账簿、纳税资料、生产经营场所等进行检查的权力。例如，检查纳税人及相关人员的账簿、收入凭证、银行账户及有关纳税资料；检查纳税人、扣缴义务人等纳税主体的生产经营场所和货场，并以录音、记录、录像、照相、复制等形式取证；检查纳税人在车站、码头、机场、邮局留下的有关单据、凭证和有关资料等。

8. 税款追征权

这是指对纳税人或扣缴义务人因各种原因未缴或少缴的税款，税务机关在法定期限内予以追回的权力。我国税法关于税款追缴时效的规定有：①一般情况下追缴期限为 3 年；②未缴或少缴的税款超过 10 万元的，追缴期限为 10 年；③因偷税或骗税少缴的税款，税务机关有权无限期追缴。

9. 行政处罚权

这是指税务机关对纳税人的违法行为依照法定标准予以制裁的权力。行政处罚权是税务机关的一项重要权力，是实施税法最有力的保障。罚款是实施税务行政处罚的基本形式。

10. 行政裁量权

任何法律，无论如何严密，都不可能将每一个行政行为的每一个细节都予以规定，所以在立法时，都必须给行政机关一个可以自由裁量的余地，以便能灵活地处理新的行政关系，也即具有一定的裁量性。

税务行政裁量是税务机关依照法律、法规规定的幅度，或者在法律、法规规定的原则范围内，依照法律、法规的目的和精神，以及公共利益的要求，对具体事件或特定人所作的处理或制裁决定。

在税收法律关系中，没有无义务的权利，也没有无权利的义务，权利和义务存在着对立统一的关系。税务机关的权利和义务也是对立统一的。税务机关的义务主要包括以下几点：

第一，依法办理税务登记、开具完税凭证的义务。

第二，依法征收税款，不得违法开征、停征、多征或少征税款；征收的税款及时、足额地上缴国库，不得截留或坐支；依法办理减免税，对多征税款应及时返还。

第三，保密义务。税务机关进行税务检查时，有为被检查人保守秘密的义务；对检举违反税收法律、行政法规行为的检举人，税务机关应为其保密。

第四，在实施税收保全过程中的义务。税务机关实施税收保全措施不当，或者纳税人在期限内已缴纳税款，应立即解除税收保全措施；税务机关扣押商品、货物或其他财产时，必须开付收据；查封商品、货物或其他财产时，必须开付清单。

第五，审理复议的义务。对于纳税人申请复议的事项，凡符合法定复议受理条件的，税务机关都有义务受理，并在规定的期限内作出复议决定。

第六，在税务行政案件中承担举证责任的义务。税务机关作为被告，有义务提供作出具体行政行为的证据和所依据的规范性文件。

应知考核

一、单项选择题

1.“纳税人必须依法纳税,征税机关必须依法征税”,这是税收(　　)的要求。

A. 合法性　　B. 固定性　　C. 无偿性　　D. 强制性

2. 在税收分配活动中,税法的调整对象是(　　)。

A. 税收分配关系　　B. 经济利益关系

C. 税收权利和义务关系　　D. 税收征纳关系

3. 从法理学的角度来看,下列选项中不属于税法基本原则的是(　　)。

A. 税收法律主义　　B. 税收公平主义

C. 实质课税　　D. 法律优位原则

4. 下列关于税收法律关系的表述中,不正确的是(　　)。

A. 税收法律关系的主体一方是国家

B. 税收法律关系中权利与义务不具有对等性

C. 税收法律关系的成立不以征纳双方意思表示一致为要件

D. 征税权虽然是国家法律授予的,但是可以放弃或转让

5. 税收实体法具有(　　)的特点。

A. 规范性与统一性　　B. 程序性与稳定性

C. 统一性与固定性　　D. 对应性与排他性

二、多项选择题

1. 关于税法的时间效力的陈述,下列选项中正确的有(　　)。

A. 税法的时间效力是指税法何时生效的问题

B. 对于重要税法的个别条款的修订,目前大多采用自通过发布之日起生效的方式

C. 税法的失效方式中,很少采用的是直接宣布废止

D. 税法的失效方式中,最常见的方式是新税法代替旧税法

2. 关于税法与民法的关系的陈述,下列选项中正确的有(　　)。

A. 税法大量借用了民法的概念和规则

B. 税法调整的手段具有综合性;民法的调整手段较单一,主要是以民事手段为主

C. 民事纠纷和税收纠纷均可以适用调解原则

D. 民事纠纷和税收纠纷均可以适用相同的诉讼程序解决

3. 按照税法效力的不同,可以将税法分为(　　)。

A. 税收规章　　B. 税收制度　　C. 税收法规　　D. 税收法律

4. 税收法律关系的构成要素有(　　)。

A. 主体　　B. 对象　　C. 客体　　D. 内容

5. 减税、免税的形式有(　　)。

A. 税基式减免　　B. 税额式减免

C. 法律性减免　　D. 税率式减免

三、判断题

1. 税法是税收制度的核心内容。（　）
2. 税收法定原则是税法基本原则的核心。（　）
3. 法律不溯及既往原则是绝大多数国家所遵循的法律程序技术原则。（　）
4. 我国税法对人的效力采用属人主义原则。（　）
5.《税收征管法》属于税收实体法。（　）

四、简述题

1. 简述税收的特征和职能。
2. 简述税法的作用。
3. 简述税法与宪法的关系。
4. 简述税收法律关系的构成要素。
5. 简述我国税收的立法原则。

应会考核

■观念应用

国税地税机构合并

2018 年 7 月 5 日，全国各市级国税局、地税局合并，535 个市级新税务局集中统一挂牌并对外履行职责，标志着国税和地税征管体制改革顺利向纵深推进。根据国税和地税征管体制改革总体部署，改革进入“改好省局树样板”与“市县推进全覆盖”并行的阶段。国家税务总局各市级税务局主要负责人在新机构挂牌仪式上一致表示，将切实肩负起改革的时代重托和历史重任，深刻认识改革任务的复杂性、艰巨性，以大局为重，倾力奉献，聚力攻坚，有条不紊地推动市局改革，扎实做好县局挂牌准备等相关改革工作，确保机构改革和税收工作“两不误、两促进”，更好地服务经济社会发展，展现出新机构、新气象、新税务、新风采。

【考核要求】

1. 国税和地税机构合并应考虑哪些因素？
2. 改革国税和地税征管体制的作用是什么？

■技能应用

为逃税，企业改名被监控抓个正着

日前，妄想通过更改厂名逃避欠税的毛某，在浙江省某市国税局二分局税收监控系统中尝到了苦果，除补缴税款外，还被加收滞纳金，并处罚款。

毛某系浙江省该市某气动设备附件厂法定代表人，因经营不善，于 2019 年欠缴部分税款后不知去向。经多次派员查找未果后，二分局于 2020 年将该企业转入非正常户管理。同年 4 月，毛某新注册了某气动成套厂后，前来该分局办理税务登记。他本以为税务部门已忘记此事，不想被国税税收监控系统逮个正着。不仅未能达到逃避欠税的目的，而且补缴税款 3 137.95 元，还被加收滞纳金 4 706.93 元，并处罚款。

【技能要求】

1. 为什么是由二分局来进行管理，而不是一分局或者其他分局呢？这体现了税法要素的哪一个要点？

2. 未能达到逃避欠税，反而补缴税款，体现了税务机关的哪个职权？

■案例分析

在服务“六稳”“六保”大局中贡献税务力量

2020年以来，面对复杂严峻的国内外形势和艰巨繁重的经济社会发展任务，以习近平同志为核心的党中央统揽全局、运筹帷幄，做出了扎实做好“六稳”工作、全面落实“六保”任务的重大决策部署，为统筹推进常态化新冠肺炎疫情防控和经济社会发展指明了前进方向、提供了根本遵循。税务部门必须深入学习贯彻习近平总书记重要讲话和重要指示批示精神，坚决贯彻落实中央决策部署，继续落实落细减税降费政策，按照优惠政策落实要给力、“非接触式”办税要添力、数据服务大局要加力、疫情防控工作要尽力的“四力”要求，更加自觉地服务“六稳”“六保”大局。

【分析要求】

(1)结合你所了解的时事新闻，简述什么是“六稳”“六保”？

(2)应对当前困难挑战如何发挥税收职能作用？

(3)如何协同做好落实减税降费政策与依法组织税费收入的工作？

(4)如何全力支持国内外产业链供应链的稳定？

 项目实训

【实训项目】

理解税法基本原理。

【实训情境】

树立纳税意识

材料一：某发达国家有这样一句名言：“在我们这里，除享受阳光和空气外都要纳税。”我国《宪法》规定：“中华人民共和国公民有依照法律纳税的义务。”2020年9月29日，某市国税局开展了“依法诚信纳税 共建和谐社会”的税收宣传活动。

材料二：读图，回答问题。

“优惠税钱”

(1)顾客为什么要发票？

(2)商家“优惠税钱”属于什么行为？

【实训任务】

1. 要求：

(1)根据材料一，作为一名普通公民，我们应该如何为国家的税收作出自己的贡献？

(2)根据材料二，回答方框内的问题。

2. 撰写《理解税法基本原理》实训报告。

《理解税法基本原理》实训报告		
项目实训班级：	项目小组：	项目组成员：
实训时间：　　年　　月　　日	实训地点：	实训成绩：
实训目的：		
实训步骤：		
实训结果：		
实训感言：		

增值税法

○ **知识目标：**

理解：增值税的概念、特点和作用，出口货物退（免）增值税的税务处理。

熟知：增值税的分类、增值税税收优惠、增值税的征收管理。

掌握：增值税的征税范围、增值税纳税人、增值税税率、增值税的计算。

○ **技能目标：**

掌握增值税一般计税方法的计算原理及应纳税额计算、简易计税方法的计算原理及应纳税额的计算、进口货物和扣缴义务人增值税应纳税额的计算、出口货物退（免）增值税的税务处理。

○ **素质目标：**

运用所学的增值税法基本原理知识研究相关案例，培养和提高学生在特定业务情境中分析问题与决策设计的能力；结合行业规范或标准，运用增值税法知识分析行为的善恶，强化学生的职业道德素质。

○ **项目引例：**

虚报增值税为企业“增肥”

老板钱某为了给企业“增肥”，竟想到了虚开增值税发票的招数。近日，海曙检察院以涉嫌虚开增值税专用发票罪对钱某提起公诉。

钱某现年58岁，原系宁波××工贸有限公司法定代表人。该公司主要经营不锈钢制品，但业务一直不景气。根据有关规定，年营业额不满500万元的企业就要取消一般纳税人资格，不能再用增值税专用发票了。

钱某唯恐被取消资格后生意更加难做，2019年4月，钱某碰到丁某（已判刑）说到此事。对方则说此事好解决，可以给他们公司“增增肥”。于是，从2019年4月到2020年5月间，钱某在无货物交易的情况下，从丁某所开的××华际贸易公司处虚开增值税专用发票87份，价税500余万元。此后，他又以自己公司的名义向其他数家小公司虚开增值税专用发票43份。

检察机关认为，宁波××工贸有限公司在2019年11月已被工商部门吊销营业执照，因此不再追究刑事责任。而钱某系法定代表人属直接负责的主管人员，其行为已构成虚开增值税专用发票罪。

请问：什么是增值税？增值税纳税义务人是如何判定的？

○ **知识精讲：**

任务一　增值税概述

视频

一张发票引起的困惑：增值税税额该由谁来承担？

一、增值税的概念

（一）基本概念

增值税法是调整增值税征纳关系的法律规范的总称。我国现行增值税法主要是2017年11月19日国务院令第691号发布的《中华人民共和国增值税暂行条例》（以下简称《增值税暂行条例》）和2016年3月财政部、国家税务总局发布的《关于全面推开营业税改征增值税试点的通知》以及2008年12月财政部、国家税务总局令第50号《增值税暂行条例实施细则》。

增值税是世界上普遍适用的一个税种。它始于1954年的法国，20世纪60年代为西欧各国纷纷采纳，20世纪70年代在拉丁美洲风靡一时并影响一部分亚洲国家，20世纪80年代以来其实施范围已遍布世界各大洲。

增值税是以销售货物、加工修理修配劳务（以下简称"劳务"）、销售服务、无形资产以及不动产过程中产生的增值额作为计税依据而征收的一种流转税。具体而言，增值税是对在我国境内销售货物、加工修理修配劳务、服务、无形资产、不动产以及进口货物的企业单位和个人，就其取得货物、加工修理修配劳务、销售服务、无形资产、不动产的销售额，以及进口货物的金额为计税依据计算税款，并实行税款抵扣的一种流转税。增值税已成为我国现阶段税收收入规模最大的税种。

（二）增值额的理解

1. 理论增值额

从理论上讲，增值额是企业在生产经营过程中新创造的那部分价值，即货物或劳务价值中的 $V+M$ 部分，可从以下两个方面理解：

（1）从一个生产经营单位来看，增值额是指该单位销售货物或提供劳务的收入额扣除为生产经营这种货物（包括劳务，下同）而外购的那部分货物价款后的余额。

（2）从一项货物来看，增值额是该货物经历的生产和流通的各个环节所创造的增值额之和，也即该货物的最终销售价格。表2—1列示的是一件成衣从布料生产到最终实现销售各环节增值额与其销售收入额的关系。

表2—1　**各环节增值额与商品销售收入额的关系**　单位：元

生产经营环节	销售收入	增值额
坯布生产	300	300—0=300
成衣生产	700	700—300=400
成衣批发	900	900—700=200
成衣零售	1 000	1 000—900=100
合　计		1 000

由表 2—1 分析可知，就某一货物而言，其增值额等于货物进入最终消费时的销售价格。

2. 法定增值额

由于理论增值额的计算并无实际可操作性，实行增值税的国家据以计征增值税的增值额都是法定增值额。法定增值额是指各国政府根据各自政策需要通过法律规定的增值额。法定增值额可能与理论增值额在数量上不完全一致，造成两者不一致的原因是各国在规定扣除范围时，对外购固定资产的处理方法不同。一般来说，各国在确定征税的增值额时，对外购的流动资产价款都允许从货物总价值中扣除；而对外购固定资产既有可以扣除的，也有不允许扣除的，允许扣除的，扣除情况也不完全一样。

假定某企业报告期货物销售额为 78 万元，从外单位购入的原材料等流动资产价款为 24 万元，购入机器设备等固定资产价款为 40 万元，当期计入成本的折旧费为 5 万元。根据上述条件计算该企业的理论增值额及不同国别增值税制度下的法定增值额(见表 2—2)。

表 2—2 **不同国别的法定增值额** 单位：万元

国别	货物销售额	允许扣除的流动资产价款	允许扣除的固定资产价款	法定增值额	法定增值额与理论增值额的差额
甲国	78	24	0	54	+5
乙国	78	24	5	49	0
丙国	78	24	40	14	—35

为什么实行增值税的国家都要在本国税制中规定法定增值额？其主要原因有：①使用增值税的开征为政府的经济政策和财政政策服务；②保证增值税计算的一致性，使增值税税负更加公平合理。

(三)增值税一般不直接以增值额为计税依据

从上面对增值额的分析可以看出，理论增值额仅仅是对增值税本质的一种理论抽象，对计算增值税并没有实际意义，因此各国都是根据法定增值额计算增值税的。采取法定增值额确定增值税计税依据时，也都不是先求出各生产经营环节的增值额，再据此计算增值税，而是采取从销售总额的应纳税款中扣除外购项目已纳税款的税款抵扣方法。可见，增值税这一概念要从理论角度看才具有现实意义，在实际计税中并不直接发挥作用。

二、增值税的改革历程

(1)我国自 1979 年开始在部分城市试行增值税，1982 年财政部制定了《增值税暂行办法》，自 1983 年 1 月 1 日开始在全国试行，并分别于 1984 年、1993 年、2009 年和 2012 年进行了四次重要改革。现行的增值税制度以 2008 年 11 月 5 日国务院颁布的《中华人民共和国增值税暂行条例》(国务院令第 538 号)为基础。

(2)1984 年的第一次改革，属于增值税的过渡阶段。此时的增值税是在产品税的基础上进行的，征税范围较窄，税率档次较多，计算方式复杂，留有产品税的痕迹，属于变相增值税。

(3)1993 年的第二次改革，属于增值税的规范阶段。参照国际通行做法，结合我国实际情况，扩大了征税范围，减并了税率，规范了计算方法，开始进入国际通行的规范化行列。

(4)2009 年的第三次改革，属于增值税的转型阶段。自 2009 年 1 月 1 日起，符合规定的固定资产进项税额允许抵扣，实现了生产型增值税向消费型增值税的转型。

(5)2012 年开始的第四次改革，属于增值税的“营改增”阶段。交通运输业和部分现代服务业率先由征收营业税改为征收增值税，扩大了增值税的征税范围。

财政部、国家税务总局于 2011 年 11 月 17 日公布了营业税改征增值税试点方案，交通运输业和部分现代服务业营业税改征增值税自 2012 年 1 月 1 日起在上海等地实施。自 2012 年 8 月 1 日起至年底，将交通运输业和部分现代服务业作为营业税改征增值税的试点范围，由上海市分批扩大至北京、天津、江苏、浙江、安徽、福建、湖北、广东、厦门和深圳 10 个省、直辖市、计划单列市。自 2013 年 8 月 1 日起，在全国范围内开展交通运输业(除铁路运输外)和部分现代服务业“营改增”试点。自 2014 年 1 月 1 日起，“营改增”试点扩大到铁路运输和邮政服务业。自 2014 年 6 月 1 日起，“营改增”试点扩大到电信业。自 2016 年 5 月 1 日起，将建筑业、房地产业、金融业、生活服务业四个行业纳入“营改增”试点范围。至此，营业税全部改征增值税。

三、增值税的分类

增值税按对外购固定资产处理方式的不同，可分为生产型增值税、收入型增值税和消费型增值税。

(一)生产型增值税

生产型增值税是指计算增值税时，只允许从当期销项税额中扣除原材料等劳动对象的已纳税款，不允许扣除任何外购固定资产的价款。作为课税数的法定增值额，其除包括纳税人新创造的价值外，还包括当期计入成本的外购固定资产价款部分，即法定增值额相当于当期工资、利息、租金、利润等理论增值额和固定资产折旧之和。从整个国民经济来看，它相当于国民生产总值的统计口径，故称为生产型增值税。此种类型的增值税的法定增值额大于理论增值额。

(二)收入型增值税

收入型增值税是指计算增值税时，对外购固定资产价款只允许扣除当期计入产品价值的折旧费部分，作为课税基数的法定增值额相当于当期工资、利息、租金和利润等各增值项目之和。从整个国民经济来看，它相当于国民收入部分，故称为收入型增值税。此种类型的增值税从理论上讲是一种标准的增值税，其法定增值额等于理论增值额。但由于外购固定资产价款是以计提折旧的方式分期转入产品价值的，不同企业折旧方式不一定一致且转入部分没有逐笔对应的结转凭证，因此给凭发票扣税的计算方法带来了困难，从而影响了这种方法的广泛采用。

(三)消费型增值税

消费型增值税是指计算增值税时，允许将当期购入的固定资产价款一次性全部扣除，作为课税基数的法定增值额相当于纳税人当期全部销售额扣除外购的全部生产资料价款后的余额。从整个国民经济来看，这一课税基数仅限于消费资料价值的部分，故称为消费型增值税。此种类型的增值税在购进固定资产的当期因扣除额大大增加，会减少财政收入。但这种方法是最宜规范凭发票扣税的计算方法，因为凭固定资产的外购发票可以一次性将其已纳税款全部扣除，既便于操作，也便于管理，所以是以上三种类型中最简便、最能体现增值税优越性的一种类型。

三种类型增值税的特点、优缺点和适用范围如表 2—3 所示。

表2—3 三种类型增值税的特点、优缺点和适用范围

类 型	特 点	优 点	缺 点	适用范围
生产型增值税	①法定增值额不允许扣除任何外购固定资产价款 ②法定增值额大于理论增值额	保证财政收入	重复征税,不利于鼓励投资	我国自1994年起至2008年
收入型增值税	①对外购固定资产只允许扣除当期计入产品价值的折旧部分 ②法定增值额等于理论增值额	完全避免重复征税	给以票扣税造成困难	
消费型增值税	①当期购入固定资产价款一次全部扣除 ②法定增值额小于理论增值额	体现增值税优越性,便于操作	减少财政收入	我国自2009年1月1日起至今

提示:我国现行增值税属于消费型增值税。

四、增值税的特点

(一)不重复征税,具有中性税收的特征

增值税只对货物或劳务销售额中没有征过税的那部分增值额征税,对销售额中属于转移过来的、以前环节已征过税的部分则不再征税,从而有效地排除了重复征税因素。此外,增值税税率档次少,绝大部分货物按一个统一的基本税率征税。这不仅使绝大部分货物的税负是一样的,而且同一货物在经历的生产和流通等各环节的整体税负也是一样的。这种情况使增值税对生产经营活动以及消费行为基本不发生影响,从而使增值税具有中性税收的特征。

(二)逐环节征税,逐环节扣税,具有转嫁性

增值税各环节的经营者作为纳税人只是把从买方收取的税款抵扣自己支付给卖方的税款后的余额缴纳给政府,而经营者本身并没有实际承担增值税税款。这样,随着各环节交易活动的进行,经营者在出售货物的同时,也转嫁了该货物所承担的增值税税款,直到货物被卖给最终消费者时,将以前环节已纳的税款连同本环节的税款一起转嫁给了最终消费者。因此,它是逐环节征税、逐环节扣税,具有转嫁性,最终消费者才是全部税款的承担者。

(三)税基广阔,具有征收的普遍性和连续性

它的征收范围涉及工业、商业或者劳务服务活动,只要有增值收入就要纳税。同时,每一货物无论经过多少生产经营环节,都要按各环节上发生的增值额逐次征税。

五、增值税的作用

(一)能够平衡税负,促进公平竞争

增值税具有不重复征税的特点,能够彻底解决同一种货物税负不平衡问题。也就是说,一种货物无论是由几家、十几家甚至几十家企业共同完成,还是自始至终由一家企业完成,只要最终销售价格相同,那么该货物所负担的增值税税负就相同,从而彻底解决了同一货物由全能厂生产和由非全能厂生产所产生的税负不平衡问题。增值税能够平衡税负的这种内在合理性,使得增值税能够适应商品经济的发展,为在市场经济下的公平竞争提供良好的外部条件。

(二)既便于对出口商品退税,又可避免对进口商品征税不足

世界各国为保护和促进本国经济的发展,在对外贸易上多采取奖出限入的经济政策。而

流转税是由消费者承担的，出口货物是在国外消费的，因此，各国对出口货物普遍实行退税政策，使出口货物以不含税价格进入国际市场。在这种政策下，传统的流转税按全部销售额征税。由于存在重复征税，在货物出口时，究竟缴了多少税是很难计算清楚的。因此，在出口退税工作中就不可避免地存在两个问题：一是退税不足，影响货物在国际市场上的竞争力；二是退税过多，形成国家对出口货物的补贴。实行增值税则可以避免上述问题，因为货物的出口价格就是其全部增值额，用出口价格乘以增值税税率，即可准确地计算出口货物应退税款，从而做到一次性将已征税款准确地退还给企业，使出口货物以不含税价格进入国际市场。

对进口货物征收增值税，有利于贯彻国家间同等纳税的原则，避免产生进口货物的税负轻于国内同类货物的假象。因为按全部流转额征税时，同一货物在国内因经历流转环节多而存在重复征税，税负较重；而对进口货物只能在进口环节按进口货物总值征一次税，不存在重复征税问题。进口货物的税负轻于国内同类货物的税负，这是由于进口货物征税不足引起的。实行增值税后，排除了国内货物重复征税因素，使进口货物和国内同类货物承担相同的税负，从而能够正确比较和衡量进口货物的得失，既体现了国家间同等纳税的原则，又维护了国家经济权益。

（三）在组织财政收入上具有稳定性和及时性

征税范围的广阔性、征收的普遍性和连续性，使增值税有着充足的税源和为数众多的纳税人，从而使增值税组织的财政收入具有稳定性和可靠性。

（四）在税收征管上可以互相制约、交叉审计

与增值税实行税款抵扣的计税方法相适应，各国都实行凭发票扣税的征收制度，通过发票把买卖双方连为一体，并形成一个有机的扣税链条。销售方销售货物开具的增值税发票既是销货方计算销项税额的凭证，也是购货方据以扣税的凭证。货物承担的税款通过发票从一个经营环节传递到下一个经营环节，最后传递到最终消费者那里。在这一纳税链条中，若有哪一个环节少缴了税款，必然导致下一个环节多缴税款。可见，增值税发票使买卖双方在纳税上形成了一种利益制约关系。

任务二　增值税基本法律

一、增值税的征税范围

视频

营改增一生活服务

根据《增值税暂行条例》的规定，增值税是对在我国境内从事销售或者进口货物或者提供加工、修理修配劳务（销售“应税劳务”），销售服务（销售“应税服务”），销售不动产，无形资产的企业单位和个人，就其应税销售行为和进口货物课征的一种流转税。

判别是否征收增值税的要件有：①发生了税法规定的应税销售行为；②应税销售行为发生在境内；③该行为是有偿的（以从受让方取得货币、货物或其他经济利益等代价为条件的销售或转让行为）；④销售服务、转让无形资产或不动产都是对他人而言的，不是自我服务。

“在境内”是指：①销售货物的起运地或者所在地在境内；②提供的应税劳务发生在境内；③服务（租赁不动产除外）或者无形资产（自然资源使用权除外）的销售方或者购买方在境内；④所销售或者租赁的不动产在境内；⑤所销售自然资源使用权的自然资源在境内；⑥财政部

和国家税务总局规定的其他情形。

(一)**基本范围**

1. 销售货物、进口货物

货物是指有形动产,包括电力、热力、气体在内。进口货物在报关进口时向海关缴纳进口环节增值税。

销售货物是指有偿转让货物所有权的行为,即以从受让方取得货币、货物或其他经济利益等代价为条件转让货物。

进口货物是指直接从境外进口货物,同时包括从境内保税工厂、保税仓库、保税区运往境内其他地区的货物。

2. 提供加工、修理修配劳务

加工是指受托加工货物,即委托方提供原料及主要材料,受托方按照委托方的要求制造货物并收取加工费的业务。

修理修配是指受托对损伤和丧失功能的货物进行修复,使其恢复原状和功能的业务。

单位或者个体工商户聘用的员工为本单位或者雇主提供加工、修理修配劳务,不包括在内。

3. 销售服务

销售服务是指提供交通运输服务、邮政服务、电信服务、建筑服务、金融服务、现代服务和生活服务。

(1)交通运输服务。这是指利用运输工具将货物或者旅客送达目的地,使其空间位置得到转移的业务活动。具体包括以下几种:

①陆路运输服务,指通过陆路(地上或者地下)运送货物或者旅客的运输业务活动。它又包括以下两种:

a. 铁路运输服务,指通过铁路运送货物或者旅客的运输业务活动。

b. 其他陆路运输服务,指铁路运输以外的陆路运输业务活动,包括公路运输、缆车运输、索道运输、地铁运输、城市轻轨运输等。出租车公司向使用本公司自有出租车的出租车司机收取的管理费用,按照陆路运输服务缴纳增值税。

②水路运输服务,指通过江、河、湖、川等天然、人工水道或者海洋航道运送货物或者旅客的运输业务活动。它又包括以下两种:

a. 程租业务,指运输企业为租船人完成某一特定航次的运输任务并收取租赁费的业务。

b. 期租业务,指运输企业将配备有操作人员的船舶承租给他人使用一定期限,承租期内听候承租方调遣,不论是否经营,均按天向承租方收取租赁费,发生的固定费用均由船东负担的业务。

③航空运输服务,指通过空中航线运送货物或者旅客的运输业务活动。它又包括以下两种:

a. 湿租业务,指航空运输企业将配备有机组人员的飞机承租给他人使用一定期限,承租期内听候承租方调遣,不论是否经营,均按一定标准向承租方收取租赁费,发生的固定费用均由承租方承担的业务。

b. 航天运输服务,指利用火箭等载体将卫星、空间探测器等空间飞行器发射到空间轨道的业务活动。

④管道运输服务，指通过管道设施输送气体、液体、固体物质的运输业务活动。

⑤自 2018 年 1 月 1 日起，纳税人已售票但客户逾期未消费取得的运输逾期票证收入，按照“交通运输服务”缴纳增值税。

此外，还有无运输工具承运业务。无运输工具承运业务是指经营者以承运人身份与托运人签订运输服务合同，收取运费并承担承运人责任，然后委托实际承运人完成运输服务的经营活动。

(2)邮政服务。这是指中国邮政集团公司及其所属邮政企业提供邮件寄递、邮政汇兑和机要通信等邮政基本服务的业务活动。具体包括以下三种：

①邮政普遍服务，指函件、包裹等邮件寄递，以及邮票发行、报刊发行和邮政汇兑等业务活动。函件，指信函、印刷品、邮资封片卡、无名址函件和邮政小包等。包裹，指按照封装上的地址递送给特定个人或者单位的独立封装的物品，其重量不超过 50 千克，任何一边的尺寸不超过 150 厘米，长、宽、高合计不超过 300 厘米。

②邮政特殊服务，指义务兵平常信函、机要通信、盲人读物和革命烈士遗物的寄递等业务活动。

③其他邮政服务，指邮册等邮品销售、邮政代理等业务活动。

(3)电信服务。这是指利用有线、无线的电磁系统或者光电系统等各种通信网络资源，提供语音通话服务，传送、发射、接收或者应用图像、短信等电子数据和信息的业务活动。具体包括以下两种：

①基础电信服务，指利用固网、移动网、卫星、互联网，提供语音通话服务的业务活动，以及出租或者出售带宽、波长等网络元素的业务活动。

②增值电信服务，指利用固网、移动网、卫星、互联网、有线电视网络，提供短信和彩信服务、电子数据和信息的传输及应用服务、互联网接入服务等业务活动。

卫星电视信号落地转接服务属于增值电信服务。

(4)建筑服务。这是指各类建筑物、构筑物及其附属设施的建造、修缮、装饰，线路、管道、设备、设施等的安装以及其他工程作业的业务活动。具体包括以下五种：

①工程服务，指新建、改建各种建筑物、构筑物的工程作业，包括与建筑物相连的各种设备或者支柱、操作平台的安装或者装设工程作业，以及各种窑炉和金属结构工程作业。

②安装服务，指生产设备、动力设备、起重设备、运输设备、传动设备、医疗实验设备以及其他各种设备、设施的装配、安置工程作业，包括与被安装设备相连的工作台、梯子、栏杆的装设工程作业，以及被安装设备的绝缘、防腐、保温、油漆等工程作业。

固定电话、有线电视、宽带、水、电、燃气、暖气等经营者向用户收取的安装费、初装费、开户费、扩容费以及类似收费，按照安装服务缴纳增值税。

③修缮服务，指对建筑物、构筑物进行修补、加固、养护、改善，使之恢复原来的使用价值或者延长其使用期限的工程作业。

④装饰服务，指对建筑物、构筑物进行修饰装修，使之美观或者具有特定用途的工程作业。

⑤其他建筑服务，指上列工程作业之外的各种工程作业服务，如钻井(打井)、拆除建筑物或者构筑物、平整土地、园林绿化、疏浚(不包括航道疏浚)、建筑物平移、搭脚手架、爆破、矿山穿孔、表面附着物(包括岩层、土层、沙层等)剥离和清理等工程作业。

(5)金融服务。这是指经营金融保险的业务活动。具体包括以下四种：

①贷款服务，指将资金贷与他人使用而取得利息收入的业务活动。各种占用、拆借资金取得的收入，包括金融商品持有期间(含到期)利息(保本收益、报酬、资金占用费、补偿金等)收入、信用卡透支利息收入、买入返售金融商品利息收入、融资融券收取的利息收入，以及融资性售后回租、押汇、罚息、票据贴现、转贷等业务取得的利息及利息性质的收入，或者以货币资金投资收取的固定利润或者保底利润，均按照贷款服务缴纳增值税。

②直接收费金融服务，指为货币资金融通及其他金融业务提供相关服务并且收取费用的业务活动，包括提供货币兑换、账户管理、电子银行、信用卡、信用证、财务担保、资产管理、信托管理、基金管理、金融交易场所(平台)管理、资金结算、资金清算、金融支付等服务。

③金融商品转让，指转让外汇、有价证券、非货物期货和其他金融商品所有权的业务活动。其他金融商品转让包括基金、信托、理财产品等各类资产管理产品和各种金融衍生品的转让。

④保险服务，指投保人根据合同约定，向保险人支付保险费，保险人对于合同约定的可能发生的事故因其发生所造成的财产损失承担赔偿保险金责任，或者当被保险人死亡、伤残、疾病或者达到合同约定的年龄、期限等条件时承担给付保险金责任的商业保险行为，包括人身保险服务和财产保险服务。

(6)现代服务。这是指围绕制造业、文化产业、现代物流产业等提供技术性、知识性服务的业务活动。具体包括以下九种：

①研发和技术服务。它又包括以下四种：

a. 研发服务，也称技术开发服务，指就新技术、新产品、新工艺或者新材料及其系统进行研究与试验开发的业务活动。

b. 合同能源管理服务，指节能服务公司与用能单位以合同形式约定节能目标，节能服务公司提供必要的服务，用能单位以节能效果支付节能服务公司投入及其合理报酬的业务活动。

c. 工程勘察勘探服务，指在采矿、工程施工前后，对地形、地质构造、地下资源蕴藏情况进行实地调查的业务活动。

d. 专业技术服务，指气象服务、地震服务、海洋服务、测绘服务、城市规划、环境与生态监测服务等专项技术服务。

②信息技术服务，指利用计算机、通信网络等技术对信息进行生产、收集、处理、加工、存储、运输、检索和利用，并提供信息服务的业务活动。它又包括以下五种：

a. 软件服务，指提供软件开发服务、软件维护服务、软件测试服务的业务活动。

b. 电路设计及测试服务，指提供集成电路和电子电路产品设计、测试及相关技术支持服务的业务活动。

c. 信息系统服务，指提供信息系统集成、网络管理、网站内容维护、桌面管理与维护、信息系统应用、基础信息技术管理平台整合、信息技术基础设施管理、数据中心、托管中心、信息安全服务、在线杀毒、虚拟主机等业务活动，包括网站对非自有的网络游戏提供的网络运营服务。

d. 业务流程管理服务，指依托信息技术提供的人力资源管理、财务经济管理、审计管理、税务管理、物流信息管理、经营信息管理和呼叫中心等服务的活动。

e. 信息系统增值服务，指利用信息系统资源为用户附加提供的信息技术服务，包括数据处理、分析和整合、数据库管理、数据备份、数据存储、容灾服务、电子商务平台等。

③文化创意服务。它又包括以下四种：

a. 设计服务，指把计划、规划、设想通过文字、语言、图画、声音、视觉等形式传递出来的业务活动，包括工业设计、内部管理设计、业务运作设计、供应链设计、造型设计、服装设计、环境设计、平面设计、包装设计、动漫设计、网游设计、展示设计、网站设计、机械设计、工程设计、广告设计、创意策划、文印晒图等。

b. 知识产权服务，指处理知识产权事务的业务活动，包括对专利、商标、著作权、软件、集成电路布图设计的登记、鉴定、评估、认证、检索服务。

c. 广告服务，指利用图书、报纸、杂志、广播、电视、电影、幻灯、路牌、招贴、橱窗、霓虹灯、灯箱、互联网等各种形式为客户的商品、经营服务项目、文体节目或者通告、声明等委托事项进行宣传和提供相关服务的业务活动，包括广告代理和广告的发布、播映、宣传、展示等。

d. 会议展览服务，指为商品流通、促销、展示、经贸洽谈、民间交流、企业沟通、国际往来等举办或者组织安排的各类展览和会议的业务活动。

④物流辅助服务。它又包括以下七种：

a. 航空服务，包括航空地面服务和通用航空服务。航空地面服务，指航空公司、机场、民航管理局、航站等向在境内航行或者在境内机场停留的境内外飞机或者其他飞行器提供的导航等劳务性地面服务的业务活动，包括旅客安全检查服务、停机坪管理服务、机场候机厅管理服务、飞机清洗消毒服务、空中飞行管理服务、飞机起降服务、飞行通信服务、地面信号服务、飞机安全服务、飞机跑道管理服务、空中交通管理服务等。通用航空服务，指为专业工作提供飞行服务的业务活动，包括航空摄影、航空培训、航空测量、航空勘探、航空护林、航空吊挂播撒、航空降雨、航空气象探测、航空海洋监测、航空科学实验等。

b. 港口码头服务，指港务船舶调度服务、船舶通信服务、航道管理服务、航道疏浚服务、灯塔管理服务、航标管理服务、船舶引航服务、理货服务、系解缆服务、停泊和移泊服务、海上船舶溢油清除服务、水上交通管理服务、船只专业清洗消毒检测服务和防止船只漏油服务等为船只提供服务的业务活动。港口设施经营人收取的港口设施保安费按照港口码头服务缴纳增值税。

c. 货运客运场站服务，指货运客运场站提供货物配载服务、运输组织服务、中转换乘服务、车辆调度服务、票务服务、货物打包整理、铁路线路使用服务、加挂铁路客车服务、铁路行包专列发送服务、铁路到达和中转服务、铁路车辆编解服务、车辆挂运服务、铁路接触网服务、铁路机车牵引服务等业务活动。

d. 打捞救助服务，指提供船舶人员救助、船舶财产救助、水上救助和沉船沉物打捞服务的业务活动。

e. 装卸搬运服务，指使用装卸搬运工具或者人力、畜力将货物在运输工具之间、装卸现场之间或者运输工具与装卸现场之间进行装卸和搬运的业务活动。

f. 仓储服务，指利用仓库、货场或者其他场所代客贮放、保管货物的业务活动。

g. 收派服务，指接受寄件人委托，在承诺的时限内完成函件和包裹的收件、分拣、派送服务的业务活动。

⑤租赁服务。它又包括以下两种：

a. 融资租赁服务，指具有融资性质和所有权转移特点的租赁活动。出租人根据承租人所要求的规格、型号、性能等条件购入有形动产或者不动产租赁给承租人，合同期内租赁物所有权属于出租人，承租人只拥有使用权，合同期满付清租金后，承租人有权按照残值购入租赁物，以拥有其所有权。不论出租人是否将租赁物销售给承租人，均属于融资租赁。按照标的物的不同，融资租赁服务可分为有形动产融资租赁服务和不动产融资租赁服务。

b. 经营租赁服务，指在约定时间内将有形动产或者不动产转让他人使用且租赁物所有权不变更的业务活动。按照标的物的不同，经营租赁服务可分为有形动产经营租赁服务和不动产经营租赁服务。将建筑物、构筑物等不动产或者飞机、车辆等有形动产的广告位出租给其他单位或者个人用于发布广告，按照经营租赁服务缴纳增值税。车辆停放服务、道路通行服务(包括过路费、过桥费、过闸费等)等按照不动产经营租赁服务缴纳增值税。水路运输的光租业务、航空运输的干租业务都属于经营租赁。

⑥鉴证咨询服务。它又包括以下三种：

a. 认证服务，指具有专业资质的单位利用检测、检验、计量等技术，证明产品、服务、管理体系符合相关技术规范、相关技术规范的强制性要求或者标准的业务活动。

b. 鉴证服务，指具有专业资质的单位受托对相关事项进行鉴证，发表具有证明力的意见的业务活动，包括会计鉴证、税务鉴证、法律鉴证、职业技能鉴定、工程造价鉴证、工程监理、资产评估、环境评估、房地产土地评估、建筑图纸审核、医疗事故鉴定等。

c. 咨询服务，指提供信息、建议、策划、顾问等服务的活动，包括金融、软件、技术、财务、税收、法律、内部管理、业务运作、流程管理、健康等方面的咨询。翻译服务和市场调查服务按照咨询服务缴纳增值税。

⑦广播影视服务。它又包括以下三种：

a. 广播影视节目(作品)制作服务，指进行专题(特别节目)、专栏、综艺、体育、动画片、广播剧、电视剧、电影等广播影视节目和作品制作的服务。具体包括与广播影视节目和作品相关的策划、采编、拍摄、录音、音视频文字图片素材制作、场景布置、后期的剪辑、翻译(编译)、字幕制作、片头、片尾、片花制作、特效制作、影片修复、编目和确权等业务活动。

b. 广播影视节目(作品)发行服务，指以分账、买断、委托等方式，向影院、电台、电视台、网站等单位和个人发行广播影视节目(作品)以及转让体育赛事等活动的报道及播映权的业务活动。

c. 广播影视节目(作品)播映服务，指在影院、剧院、录像厅及其他场所播映广播影视节目(作品)，以及通过电台、电视台、卫星通信、互联网、有线电视等无线或者有线装置播映广播影视节目(作品)的业务活动。

⑧商务辅助服务。它又包括以下四种：

a. 企业管理服务，指提供总部管理、投资与资产管理、市场管理、物业管理、日常综合管理等服务的业务活动。

b. 经纪代理服务，指各类经纪、中介、代理服务，包括金融代理、知识产权代理、货物运输代理、代理报关、法律代理、房地产中介、职业中介、婚姻中介、代理记账、拍卖等。

c. 人力资源服务，指提供公共就业、劳务派遣、人才委托招聘、劳动力外包等服务的业务活动。

d. 安全保护服务，指提供保护人身安全和财产安全，维护社会治安等的业务活动，包括场所住宅保安、特种保安、安全系统监控以及其他安保服务。

⑨其他现代服务，是指除研发和技术服务、信息技术服务、文化创意服务、物流辅助服务、租赁服务、鉴证咨询服务、广播影视服务和商务辅助服务以外的现代服务。

纳税人为客户办理退票而向客户收取的退票费、手续费等收入，按照“其他现代服务”缴纳增值税。

一般纳税人销售电梯的同时提供安装服务，其安装服务可以按照甲供工程选择适用简易计税方法计税。纳税人对安装运行后的电梯提供的维护保养服务，按照“其他现代服务”缴纳增值税。

(7)生活服务。这是指为满足城乡居民日常生活需求提供的各类服务活动。具体包括以下六种：

①文化体育服务。它又包括以下两种：

a. 文化服务，指为满足社会公众文化生活需求提供的各种服务，包括文艺创作、文艺表演、文化比赛，图书馆的图书和资料借阅，档案馆的档案管理，文物及非物质遗产保护，组织举办宗教活动、科技活动、文化活动，提供游览场所。

b. 体育服务，指组织举办体育比赛、体育表演、体育活动，以及提供体育训练、体育指导、体育管理的业务活动。

②教育医疗服务。它又包括以下两种：

a. 教育服务，指提供学历教育服务、非学历教育服务、教育辅助服务的业务活动。学历教育服务，指根据教育行政管理部门确定或者认可的招生和教学计划组织教学，并颁发相应学历证书的业务活动，包括初等教育、初级中等教育、高级中等教育、高等教育等。非学历教育服务，包括学前教育、各类培训、演讲、讲座、报告会等。教育辅助服务，包括教育测评、考试、招生等服务。

b. 医疗服务，指提供医学检查、诊断、治疗、康复、预防、保健、接生、计划生育、防疫服务等方面的服务，以及与这些服务有关的提供药品、医用材料器具、救护车、病房住宿和伙食的业务。

③旅游娱乐服务。它又包括以下两种：

a. 旅游服务，指根据旅游者的要求，组织安排交通、游览、住宿、餐饮、购物、文娱、商务等服务的业务活动。

b. 娱乐服务，指为娱乐活动同时提供场所和服务的业务。具体包括歌厅、舞厅、夜总会、酒吧、台球、高尔夫球、保龄球、游艺(包括射击、狩猎、跑马、游戏机、蹦极、卡丁车、热气球、动力伞、射箭、飞镖)等。

④餐饮住宿服务。它又包括以下两种：

a. 餐饮服务，指通过同时提供饮食和饮食场所的方式为消费者提供饮食消费服务的业务活动。

b. 住宿服务，指提供住宿场所及配套服务等的活动，包括宾馆、旅馆、旅社、度假村和其他经营性住宿场所提供的住宿服务。

⑤居民日常服务，指主要为满足居民个人及其家庭日常生活需求提供的服务，包括市容市政管理、家政、婚庆、养老、殡葬、照料和护理、救助救济、美容美发、按摩、桑拿、氧吧、足疗、沐浴、洗染、摄影扩印等服务。

⑥其他生活服务，指除文化体育服务、教育医疗服务、旅游娱乐服务、餐饮住宿服务和居民日常服务之外的生活服务。

纳税人提供植物养护服务，按照“其他生活服务”缴纳增值税。

4. 销售无形资产

销售无形资产是指转让无形资产所有权或者使用权的业务活动。无形资产是指不具实物形态，但能带来经济利益的资产，包括技术、商标、著作权、商誉、自然资源使用权和其他权益性无形资产。

技术，包括专利技术和非专利技术。

自然资源使用权，包括土地使用权、海域使用权、探矿权、采矿权、取水权和其他自然资源使用权。

其他权益性无形资产，包括基础设施资产经营权、公共事业特许权、配额、经营权(包括特许经营权、连锁经营权、其他经营权)、经销权、分销权、代理权、会员权、席位权、网络游戏虚拟道具、域名、名称权、肖像权、冠名权、转会费等。

5. 销售不动产

销售不动产是指转让不动产所有权的业务活动。

不动产是指不能移动或者移动后会引起性质、形状改变的财产，包括建筑物、构筑物等。

建筑物，包括住宅、商业营业用房、办公楼等可供居住、工作或者进行其他活动的建造物。

构筑物，包括道路、桥梁、隧道、水坝等建造物。

转让建筑物有限产权或者永久使用权的，转让在建的建筑物或者构筑物所有权的，以及在转让建筑物或者构筑物时一并转让其所占土地的使用权的，按照销售不动产缴纳增值税。

(二)不征增值税的项目

销售服务、无形资产或者不动产，是指有偿提供服务、有偿转让无形资产或者不动产，但属于下列非经营活动的情形除外：

(1)行政单位收取的同时满足以下条件的政府性基金或者行政事业性收费。

①由国务院或者财政部批准设立的政府性基金，由国务院或者省级人民政府及其财政、价格主管部门批准设立的行政事业性收费。

②收取时开具省级以上(含省级)财政部门监(印)制的财政票据。

③所收款项全额上缴财政。

(2)单位或者个体工商户聘用的员工为本单位或者雇主提供取得工资的服务。

(3)单位或者个体工商户为聘用的员工提供服务。

(4)根据国家指令无偿提供的铁路运输服务、航空运输服务。

(5)存款利息。

(6)被保险人获得的保险赔付。

(7)房地产主管部门或者其指定机构、公积金管理中心、开发企业以及物业管理单位代收的住宅专项维修资金。

(8)纳税人取得的中央财政补贴。

(9)增值税纳税人收取的会员费收入。

(10)各燃油电厂从政府财政专户取得的发电补贴不属于增值税规定的价外费用，不计入应税销售额，不征收增值税。

（11）财政部和国家税务总局规定的其他情形。

（三）属于征税范围的特殊项目

（1）执法部门和单位按规定程序取得的罚没物品的拍卖收入、变卖收入以及按收兑或收购价所取得的收入作为罚没收入如数上缴财政，不予征税。对经营单位购入拍卖物品再销售的，照章征收增值税。国家指定销售单位将罚没物品纳入正常销售渠道销售的，应照章征收增值税。专管机关或专营企业经营的罚没物品中属于应征增值税的货物，应照章征收增值税。

（2）融资性售后回租业务中，承租方出售资产的行为不属于增值税的征税范围，不征收增值税。

（3）药品生产企业销售自产创新药的销售额，为向购买方收取的全部价款和价外费用。其提供给患者后续免费使用的相同创新药，不属于增值税视同销售范围。

（4）经批准允许从事二手车经销业务的纳税人，收购二手车时将其办理过户登记到自己名下，销售时再将该二手车过户登记到买家名下的行为，按照"销售货物"征收增值税。

（5）纳税人在资产重组过程中，通过合并、分立、出售、置换等方式，将全部或者部分实物资产以及与其相关联的债权、负债和劳动力一并转让给其他单位和个人，不属于增值税的征税范围，其中涉及的货物转让，不征收增值税。

（四）属于征税范围的特殊行为

1. 视同发生销售行为

单位或者个体工商户的下列行为，视同发生应税销售行为：

（1）将货物交付其他单位或者个人代销（代销中的委托方）。

（2）销售代销货物（代销中的受托方）。

（3）设有两个以上机构并实行统一核算的纳税人，将货物从一个机构移送其他机构用于销售，但相关机构设在同一县（市）的除外。

用于销售，是指售货机构发生以下情形之一的经营行为：向购货方开具发票；向购货方收取货款。

售货机构的货物移送行为有上述两项之一的，应当向所在地税务机关缴纳增值税；未发生上述两项情形的，则应由总机构统一缴纳增值税。

如果售货机构只就部分货物向购买方开具发票或收取货款，则应当区别不同情况计算，并分别向总机构所在地或分支机构所在地缴纳税款。

（4）将自产或者委托加工的货物用于非增值税应税项目。

（5）将自产、委托加工的货物用于集体福利或者个人消费。

（6）将自产、委托加工或者购进的货物作为投资，提供给其他单位或者个体工商户。

（7）将自产、委托加工或者购进的货物分配给股东或者投资者。

（8）将自产、委托加工或者购进的货物无偿赠送其他单位或者个人。

（9）单位或者个体工商户向其他单位或者个人无偿提供服务或单位或者个人向其他单位或者个人无偿转让无形资产或者不动产，但用于公益事业或者以社会公众为对象的除外。

（10）财政部、国家税务总局规定的其他情形。

2. 混合销售行为

一项销售行为如果既涉及服务又涉及货物，称为混合销售。从事货物的生产、批发或者零售的单位和个体工商户(包括以从事货物的生产、批发或者零售为主,并兼营销售服务的单位和个体工商户在内)的混合销售行为,按照销售货物缴纳增值税;其他单位和个体工商户的混合销售行为,按照销售服务缴纳增值税。

界定"混合销售"行为成立的行为标准有两点:①其销售行为必须是一项;②该项行为必须既涉及服务又涉及货物。其中,货物是指增值税法规定的有形动产,包括电力、热力和气体;服务是指属于改征范围的交通运输服务、建筑服务、金融保险服务、邮政服务、电信服务、生活服务等。

在确定混合销售是否成立时,其行为标准中的上述两点必须同时存在。如果一项销售行为只涉及销售服务,不涉及货物,这种行为就不是混合销售行为;反之,如果涉及销售服务和涉及货物的行为不是存在一项销售行为之中,这种行为也不是混合销售行为。

二、增值税纳税人

增值税纳税人是指税法规定负有缴纳增值税义务的单位和个人。在中华人民共和国境内销售货物或者加工修理修配劳务(以下简称"劳务")、服务、无形资产、不动产以及进口货物的单位和个人,为增值税的纳税人。

提示:单位是指企业、行政单位、事业单位、军事单位、社会团体及其他单位。个人是指个体工商户和其他个人。

对于销售货物、提供加工修理修配劳务或者进口货物的行为,单位租赁或者承包给其他单位或者个人经营的,以承租人或者承包人为纳税人。对于销售服务、无形资产或者不动产的行为,单位以承包、承租、挂靠方式经营的,承包人、承租人、挂靠人(以下统称"承包人")以发包人、出租人、被挂靠人(以下统称"发包人")名义对外经营并由发包人承担相关法律责任的,以该发包人为纳税人;否则,以承包人为纳税人。2017年7月1日(含)以后,资管产品运营过程中发生的增值税应税行为,以资管产品管理人为增值税纳税人。

按照经营规模的大小和会计核算健全与否等标准,增值税纳税人可分为一般纳税人和小规模纳税人。

(一)增值税一般纳税人

一般纳税人是指年应征增值税销售额(以下简称"年应税销售额"[①])超过税法规定的小规模纳税人标准(自2018年5月1日起,为500万元)的企业和企业性单位。一般纳税人的特点是增值税进项税额可以抵扣销项税额。

纳税人不属于一般纳税人(或者可选择不作为一般纳税人)的情况包括以下几点:

(1)年应税销售额未超过小规模纳税人标准的企业(不属于一般纳税人,但符合一定条件的可以申请成为一般纳税人)。

(2)除个体经营者(个体工商户)以外的其他个人(不属于一般纳税人)。

(3)非企业性单位、不经常发生增值税应税行为的企业(针对销售货物、加工修理修配劳务的纳税人,年应税销售额超过小规模纳税人标准的,可选择不作为一般纳税人)。

(4)不经常发生应税行为的单位和个体工商户(针对销售服务、无形资产或者不动产的纳

---

① 年应税销售额,是指纳税人在连续不超过12个月(或4个季度)的经营期内(含未取得销售收入的月份)累计应征增值税销售额,包括纳税申报销售额、稽查查补销售额、纳税评估调整销售额。纳税申报销售额是指纳税人自行申报的全部应征增值税销售额,其中包括免税销售额和税务机关代开发票销售额。

税人，年应税销售额超过规定标准的，可选择不作为一般纳税人）。

增值税纳税人，年应税销售额超过财政部、国家税务总局规定的小规模纳税人标准的，除税法另有规定外，应当向其机构所在地主管税务机关办理一般纳税人登记。

在税务机关登记的一般纳税人，可按税法规定计算应纳税额，并使用增值税专用发票。对符合一般纳税人条件但不办理一般纳税人登记手续的纳税人，应按销售额依照增值税税率计算应纳税额，不得抵扣进项税额，也不得使用增值税专用发票。

提示：增值税一般纳税人的特点是在一般计税方法下增值税进项税额可以抵扣销项税额（扣税法），并可使用增值税专用发票。

（二）小规模纳税人

小规模纳税人是指年销售额在规定标准以下，并且会计核算不健全，不能按规定报送有关税务资料的增值税纳税人。小规模纳税人的标准如下：

(1)自 2018 年 5 月 1 日起，增值税小规模纳税人标准统一为年应征增值税销售额 500 万元及以下。

(2)年应税销售额超过小规模纳税人标准的其他个人（指个体工商户以外的个人）按照小规模纳税人纳税。

(3)年应税销售额超过小规模纳税人标准的非企业性单位、不经常发生应税行为的企业可选择按照小规模纳税人纳税（针对销售货物、加工修理修配劳务的纳税人）；年应税销售额超过规定标准但不经常发生应税行为的单位和个体工商户可选择按照小规模纳税人纳税（针对销售服务、无形资产或者不动产的纳税人）。

小规模纳税人会计核算健全，能够提供准确税务资料的，可以向主管税务机关办理一般纳税人资格登记，成为一般纳税人。

除国家税务总局另有规定外，一经登记为一般纳税人后，不得转为小规模纳税人。按照《增值税暂行条例实施细则》第二十八条的规定，已登记为增值税一般纳税人的单位和个人，在 2018 年 12 月 31 日前，可转登记为小规模纳税人，其未抵扣的进项税额作转出处理。

（三）增值税的扣缴义务人

中华人民共和国境外（以下简称“境外”）的单位或者个人在境内提供应税劳务，在境内未设有经营机构的，以其境内代理人为扣缴义务人；在境内没有代理人的，以购买方为扣缴义务人。

境外的单位或者个人在境内发生应税行为（销售服务、无形资产或不动产），在境内未设有经营机构的，以购买方为增值税扣缴义务人。财政部和国家税务总局另有规定的除外。

上述扣缴义务人按照下列公式计算应扣缴税额：

$$\text{应扣缴税额}=\text{购买方支付的价款}\div(1+\text{税率})\times\text{税率}$$

三、增值税税率

视频

2019 年两会进行时 国务院总理李克强：减税降费

现行增值税适用税率可分为一般纳税人适用的税率、小规模纳税人适用的征收率、实行简易征税办法的纳税人适用的征收率和出口货物（劳务）适用的零税率。

增值税税率是一般纳税人计算货物或应税劳务和应税服务税额的尺度，而增值税征收率是小规模纳税人计算其应纳税额的尺度。两者实质的区别在于：增值税税率计算的税额反映货物或应税劳务和应税服务的整体税款，而不是本环节的实际税款；增值税征收率计算的税额反映本环节的实际税款。

（一）**税率**

增值税的税率适用于增值税一般纳税人。根据财政部、税务总局、海关总署《关于深化增值税改革有关政策的公告》（财政部、税务总局、海关总署公告 2019 年第 39 号）相关文件，自 2019 年 4 月 1 日起，增值税适用税率有 13%、9%、6%和 0 四档。

表 2—4　　**增值税适用税率表**

税　率		适用范围
基本税率	13%	(1)销售或进口货物(除低税率适用范围外) (2)加工、修理修配劳务 (3)有形动产租赁服务
低税率	9%	(1)销售或者进口下列货物：①农产品(粮食)、食用植物油、鲜奶；②自来水、暖气、冷气、热水、煤气、石油液化气、天然气、沼气、居民用煤炭制品；③图书、报纸、杂志；④饲料、化肥、农药、农机、农膜；⑤二甲醚、食用盐；⑥国务院规定的其他货物 (2)音像制品、电子出版物 (3)交通运输服务(包括陆路、水路、航空、管道运输) (4)邮政服务(包括邮政普遍服务、邮政特殊服务和其他邮政服务) (5)基础电信服务 (6)建筑服务，包括：①工程服务；②安装服务；③修缮服务；④装饰服务；⑤其他建筑服务 (7)销售不动产 (8)不动产租赁服务 (9)转让土地使用权
	6%	(1)电信增值服务 (2)金融服务，包括：①贷款服务；②直接收费金融服务；③金融商品转让服务 (3)保险服务 (4)生活服务，包括：①文化体育服务；②教育医疗服务；③旅游娱乐服务；④餐饮住宿服务；⑤居民日常服务；⑥其他生活服务 (5)现代服务，包括：①研发和技术服务；②信息技术服务；③文化创意服务；④物流辅助服务；⑤鉴证咨询服务；⑥广播影视服务；⑦商务辅助服务；⑧其他现代服务
零税率	0	(1)出口货物(国务院另有规定的除外) (2)在境内载运旅客或者货物出境 (3)在境外载运旅客或者货物入境 (4)在境外载运旅客或者货物 (5)航天运输服务 (6)向境外单位提供的完全在境外消费的研发服务、设计服务、软件服务、合同能源管理服务、信息系统服务、业务流程管理服务、离岸服务外包业务或电路设计及测试服务 (7)向境外单位提供的完全在境外消费的广播影视节目(作品)的制作和发行服务 (8)向境外单位提供的完全在境外消费的转让技术 (9)财政部和国家税务总局规定的其他服务

注意：①自 2018 年 5 月 1 日起，对进口抗癌药品，减按 3%征收进口环节增值税。②自 2018 年 5 月 1 日起，增值税一般纳税人生产销售和批发、零售抗癌药品，可选择按照简易办法依照 3%征收率计算缴纳增值税。

（二）**征收率**

增值税的征收率仅适用于小规模纳税人和特定一般纳税人，有 3%和 5%两档。

一般情况下，小规模纳税人和特定一般纳税人适用的征收率为3%；当其发生特定应税行为时，才适用5%的征收率，如表2—5所示。

表2—5　增值税适用征收率表

情　形	应税行为	征收率
一般情况下	小规模纳税人（含特定一般纳税人）发生增值税应税行为	3%
特殊行为	(1)小规模纳税人转让其取得的不动产 (2)个人转让其购买的住房 (3)房地产开发企业中的一般纳税人，销售自行开发的房地产老项目，选择适用简易计税方法的 (4)房地产开发企业中的小规模纳税人，销售自行开发的房地产项目 (5)一般纳税人出租其2016年4月30日前取得的不动产，选择适用简易计税方法的 (6)单位和个体工商户出租不动产（个体工商户出租住房减按1.5%计算应纳税额） (7)其他个人出租不动产（出租住房减按1.5%计算应纳税额） (8)一般纳税人转让其2016年4月30日前取得的不动产，选择适用简易计税方法计税的	5%

此外，征收率的特殊政策规定如下：

(1)适用3%征收率的某些一般纳税人和小规模纳税人可以减按2%计征增值税。

①一般纳税人销售自己使用过的属于《增值税暂行条例》规定不得抵扣且未抵扣进项税额的固定资产，按简易办法依照3%征收率减按2%征收增值税。计算公式为：

应纳税额＝含税售价÷(1＋3%)×2%

一般纳税人销售自己使用过的不得抵扣且未抵扣进项税额的固定资产，适用简易办法依照3%征收率减按2%征收增值税政策的，可以放弃减税，按简易办法依照3%征收率缴纳增值税，并可以开具增值税专用发票。

已使用过的固定资产是指纳税人根据财务会计制度已经计提折旧的固定资产。

②小规模纳税人（除其他个人外）销售自己使用过的固定资产，减按2%征收率征收增值税。

③纳税人销售旧货[①]，按简易办法依照3%征收率减按2%征收增值税。

(2)提供物业管理服务的纳税人，向服务接受方收取的自来水水费，以扣除其对外支付的自来水水费后的余额为销售额，按简易计税方法依照3%征收率计算缴纳增值税。

(3)小规模纳税人提供劳务派遣服务，可以按照财政部、国家税务总局《关于全面推开营业税改征增值税试点的通知》（财税〔2016〕36号）的有关规定，以取得的全部价款和价外费用为销售额，按简易计税方法依照3%征收率计算缴纳增值税；也可以选择差额纳税，以取得的全部价款和价外费用，扣除代用工单位支付给劳务派遣员工的工资、福利和为其办理社会保险及住房公积金后的余额为销售额，按简易计税方法依照5%征收率计算缴纳增值税。

(4)非企业性单位中的一般纳税人提供的研发和技术服务、信息技术服务、鉴证咨询服务，以及销售技术、著作权等无形资产，可以选择按简易计税方法依照3%征收率计算缴纳增值税。

---

①　旧货是指进入二次流通的具有部分使用价值的货物（含旧汽车、旧摩托车和旧游艇），但不包括自己使用过的物品。

需要注意：

(1)不仅小规模纳税人使用增值税的征收率，增值税一般纳税人在一些特殊情况下也使用征收率。

(2)小规模纳税人使用的征收率一般涉及两种情况：3%(减按2%)和5%。

(3)采用征收率计算的税额，不能称为销项税额。对于小规模纳税人来说，就是应纳税额；对于一般纳税人来说，是其应纳税额的组成部分。

(三)兼营行为的税率选择

纳税人发生应税销售行为适用不同税率或者征收率的，应当分别核算适用不同税率或者征收率的销售额；未分别核算销售额的，按照以下方法适用税率或者征收率：

(1)兼有不同税率的应税销售行为，从高适用税率。

(2)兼有不同征收率的应税销售行为，从高适用征收率。

(3)兼有不同税率和征收率的应税销售行为，从高适用税率。

(4)纳税人销售活动板房、机器设备、钢结构件等自产货物的同时提供建筑、安装服务，不属于混合销售，应分别核算货物和建筑服务的销售额，分别适用不同的税率或者征收率。

四、增值税税收优惠

(一)法定减免税项目

根据《增值税暂行条例》规定，下列行为免征增值税：

(1)农业生产者销售自产农产品。自2013年4月1日起，纳税人采取“公司＋农户”经营模式从事畜禽饲养，纳税人回收再销售畜禽，属于农业生产者销售自产农产品，免征增值税。

(2)避孕药品和用具。

(3)古旧图书，是指向社会收购的古书和旧书。

(4)直接用于科学研究、科学试验和教学的进口仪器、设备。

(5)外国政府、国际组织无偿援助的进口物资和设备。

(6)由残疾人的组织直接进口供残疾人专用的物品。

(7)个人(即自然人)销售自己使用过的物品。

(二)财政部、国家税务总局规定的其他增值税优惠

1. 资源综合利用产品和劳务

(1)纳税人销售自产的资源综合利用产品和提供资源综合利用劳务，可享受增值税即征即退政策。

(2)上述产品和劳务应同时符合以下条件：

①属于增值税一般纳税人；

②销售综合利用的产品和劳务，不属于发改委规定的禁止类、限制类项目；

③销售综合利用的产品和劳务，不属于环境保护部名录中的“高污染、高环境风险”产品或者重污染工艺；

④综合利用的资源，属于环境保护部列明的危险废物的，应当取得省级及以上环境保护部门颁发的许可证，且许可经营范围包括该危险废物的利用；

⑤纳税信用等级不属于税务机关评定的C级或D级等。

2. 医疗卫生

(1)非营利性医疗机构自产自用的制剂免税。

(2)营利性医疗机构取得的收入,自执业登记起3年内对自产自用的制剂免税。

(3)疾病控制机构和妇幼保健机构等的服务收入,按国家规定价格取得的卫生服务收入,免税。

(4)血站供应给医疗机构的临床用血免税。供应非临床用血可按简易办法计算应纳税额。

3. 修理修配劳务

飞机修理,增值税实际税负超过6%的部分即征即退。

4. 软件产品

增值税一般纳税人销售其自行开发生产的软件产品,对其增值税实际税负超过3%的部分实行即征即退政策。

5. 对供热企业向居民个人供热而取得的采暖费收入继续免征增值税。

6. 蔬菜流通环节免税政策

(1)对从事蔬菜批发、零售的纳税人销售的蔬菜免征增值税。各种蔬菜罐头不属于免税范围。

(2)纳税人既销售蔬菜又销售其他增值税应税货物的,应分别核算蔬菜和其他增值税应税货物的销售额;未分别核算的,不得享受蔬菜增值税免税政策。

7. 制种企业

制种企业生产经营模式下生产种子,属于农业生产者销售自产农产品,免征增值税。

视频

营改增

(三)营业税改征增值税试点过渡政策的规定

1. 免征增值税项目

(1)托儿所、幼儿园提供的保育和教育服务。超过规定收费标准的收费,以开办实验班、特色班和兴趣班等为由另外收取的费用以及与幼儿入园挂钩的赞助费、支教费等超过规定范围的收入,不属于免征增值税的收入。

(2)养老机构提供的养老服务。

(3)残疾人福利机构提供的育养服务。

(4)婚姻介绍服务。

(5)殡葬服务。

(6)残疾人员本人为社会提供的服务。

(7)医疗机构提供的医疗服务。

(8)从事学历教育的学校提供的教育服务。学校以各种名义收取的赞助费、择校费等,不属于免征增值税的范围。

(9)学生勤工俭学提供的服务。

(10)农业机耕、排灌、病虫害防治、植物保护、农牧保险以及相关技术培训业务,家禽、牲畜、水生动物的配种和疾病防治。

(11)纪念馆、博物馆、文化馆、文物保护单位管理机构、美术馆、展览馆、书画院、图书馆在自己的场所提供文化体育服务取得的第一道门票收入。

(12)寺院、宫观、清真寺和教堂举办文化、宗教活动的门票收入。

(13)行政单位之外的其他单位收取的符合《营业税改征增值税试点实施办法》(以下简称《试点实施办法》)第十条规定条件的政府性基金和行政事业性收费。

(14)个人转让著作权。

(15)个人销售自建自用住房。

(16)2018 年 12 月 31 日前,公共租赁住房经营管理单位出租公共租赁住房。

(17)中国台湾的航运公司、航空公司从事海峡两岸海上直航、空中直航业务在大陆取得的运输收入。

(18)纳税人提供的直接或者间接国际货物运输代理服务。

(19)以下利息收入:

①2016 年 12 月 31 日前,金融机构农户小额贷款。小额贷款是指单笔且该农户贷款余额总额在 10 万元(含本数)以下的贷款。

②国家助学贷款。

③国债、地方政府债。

④人民银行对金融机构的贷款。

⑤住房公积金管理中心用住房公积金在指定的委托银行发放的个人住房贷款。

⑥外汇管理部门在从事国家外汇储备经营过程中,委托金融机构发放的外汇贷款。

⑦统借统还业务中,企业集团或企业集团中的核心企业以及集团所属财务公司按不高于支付给金融机构的借款利率水平或者支付的债券票面利率水平,向企业集团或者集团内下属单位收取的利息。统借方向资金使用单位收取的利息,高于支付给金融机构借款利率水平或者支付的债券票面利率水平的,应全额缴纳增值税。

(20)被撤销金融机构以货物、不动产、无形资产、有价证券、票据等财产清偿债务。被撤销金融机构所属、附属企业,不享受被撤销金融机构增值税免税政策。

(21)保险公司开办的一年期以上人身保险产品取得的保费收入。

(22)下列金融商品转让收入:

①合格境外投资者(QFII)委托境内公司在我国从事证券买卖业务。

②香港市场投资者(包括单位和个人)通过“沪港通”买卖上海证券交易所上市 A 股。

③对香港市场投资者(包括单位和个人)通过基金互认买卖内地基金份额。

④证券投资基金(封闭式证券投资基金、开放式证券投资基金)管理人运用基金买卖股票、债券。

⑤个人从事金融商品转让业务。

(23)金融同业往来利息收入,包括以下四种:

①金融机构与人民银行所发生的资金往来业务,包括人民银行对一般金融机构贷款,以及人民银行对商业银行的再贴现等。

②银行联行往来业务。

③金融机构间的资金往来业务。

④金融机构间开展的转贴现业务。

(24)同时符合下列条件的担保机构从事中小企业信用担保或者再担保业务取得的收入(不含信用评级、咨询、培训等收入)3 年内免征增值税:

①已取得监管部门颁发的融资性担保机构经营许可证,依法登记注册为企(事)业法人,

实收资本超过 2 000 万元。

②平均年担保费率不超过银行同期贷款基准利率的 50%。

③连续合规经营 2 年以上，资金主要用于担保业务，具备健全的内部管理制度和为中小企业提供担保的能力，经营业绩突出，对受保项目具有完善的事前评估、事中监控、事后追偿与处置机制。

④为中小企业提供的累计担保贷款额占其两年累计担保业务总额的 80%以上，单笔 800 万元以下的累计担保贷款额占其累计担保业务总额的 50%以上。

⑤对单个受保企业提供的担保余额不超过担保机构实收资本总额的 10%，且平均单笔担保责任金额最多不超过 3 000 万元人民币。

⑥担保责任余额不低于其净资产的 3 倍，且代偿率不超过 2%。

(25)国家商品储备管理单位及其直属企业承担商品储备任务，从中央或者地方财政取得的利息补贴收入和价差补贴收入。

(26)纳税人提供技术转让、技术开发和与之相关的技术咨询、技术服务。

(27)同时符合下列条件的合同能源管理服务：

①节能服务公司实施合同能源管理项目相关技术，应当符合国家质量监督检验检疫总局和国家标准化管理委员会发布的《合同能源管理技术通则》(GB/T24915－2010)规定的技术要求。

②节能服务公司与用能企业签订节能效益分享型合同，其合同格式和内容，符合《中华人民共和国合同法》和《合同能源管理技术通则》(GB/T24915－2010)等规定。

(28)2017 年 12 月 31 日前，科普单位的门票收入，以及县级及以上党政部门和科协开展科普活动的门票收入。

(29)政府举办的从事学历教育的高等、中等和初等学校(不含下属单位)，举办进修班、培训班取得的全部归该学校所有的收入。举办进修班、培训班取得的收入进入该学校下属部门自行开设账户的，不予免征增值税。

(30)政府举办的职业学校设立的主要为在校学生提供实习场所，并由学校出资自办、由学校负责经营管理、经营收入归学校所有的企业，从事《销售服务、无形资产或者不动产注释》中“现代服务”(不含融资租赁服务、广告服务和其他现代服务)、“生活服务”(不含文化体育服务、其他生活服务和桑拿、氧吧)业务活动取得的收入。

(31)家政服务企业由员工制家政服务员提供家政服务取得的收入。

(32)福利彩票、体育彩票的发行收入。

(33)军队空余房产租赁收入。

(34)为了配合国家住房制度改革，企业、行政事业单位按房改成本价、标准价出售住房取得的收入。

(35)将土地使用权转让给农业生产者用于农业生产。

(36)涉及家庭财产分割的个人无偿转让不动产、土地使用权。家庭财产分割包括下列情形：离婚财产分割；无偿赠予配偶、父母、子女、祖父母、外祖父母、孙子女、外孙子女、兄弟姐妹；无偿赠予对其承担直接抚养或者赡养义务的抚养人或者赡养人；房屋产权所有人死亡，法定继承人、遗嘱继承人或者受遗赠人依法取得房屋产权。

(37)土地所有者出让土地使用权和土地使用者将土地使用权归还给土地所有者。

(38)县级以上地方人民政府或自然资源行政主管部门出让、转让或收回自然资源使用权(不含土地使用权)。

(39)随军家属就业。为安置随军家属就业而新开办的企业,自领取税务登记证之日起,其提供的应税服务3年内免征增值税。从事个体经营的随军家属,自办理税务登记事项之日起,其提供的应税服务3年内免征增值税。

(40)军队转业干部就业。从事个体经营的军队转业干部,自领取税务登记证之日起,其提供的应税服务3年内免征增值税。为安置自主择业的军队转业干部就业而新开办的企业,凡安置自主择业的军队转业干部占企业总人数60%(含)以上的,自领取税务登记证之日起,其提供的应税服务3年内免征增值税。

2. 增值税即征即退

一般纳税人提供管道运输服务,对其增值税实际税负超过3%的部分实行增值税即征即退政策。

3. 扣减增值税规定

退役士兵创业就业,社保机构登记失业半年以上的人员、零就业家庭、享受城市居民最低生活保障家庭劳动年龄内的登记失业人员、毕业年度内高校毕业生等重点群体创业就业,对上述人员从事个体经营的,在3年内按每户每年8 000元为限额,依次扣减其当年实际应缴纳的增值税、城市维护建设税、教育费附加、地方教育附加和个人所得税。限额标准最高可上浮20%。

上述税收优惠政策的执行期限为2016年5月1日至2016年12月31日,纳税人在2016年12月31日未享受满3年的,可继续享受至3年期满为止。

4. 其他相关规定

(1)金融企业发放贷款后,自结息日起90天内发生的应收未收利息按现行规定缴纳增值税,自结息日起90天后发生的应收未收利息暂不缴纳增值税,待实际收到利息时按规定缴纳增值税。

(2)北京市、上海市、广州市和深圳市之外的地区,个人将购买不足2年的住房对外销售的,按照5%的征收率全额缴纳增值税;个人将购买2年以上(含2年)的住房对外销售的,免征增值税。

北京市、上海市、广州市和深圳市,个人将购买不足2年的住房对外销售的,按照5%的征收率全额缴纳增值税;个人将购买2年以上(含2年)的非普通住房对外销售的,以销售收入减去购买住房价款后的差额按照5%的征收率缴纳增值税;个人将购买2年以上(含2年)的普通住房对外销售的,免征增值税。

(四)起征点

适用于个人(不包括个体工商户)的增值税的起征点标准:

(1)按期纳税的,为月销售额5 000~20 000元(含本数);

(2)按次纳税的,为每次(日)销售额300~500元(含本数)。

对增值税小规模纳税人中月销售额未达到2万元的企业或非企业性单位,免征增值税。2017年12月31日前,对月销售额2万元(含本数)至3万元的增值税小规模纳税人,免征增值税。

起征点的调整由财政部和国家税务总局规定。省、自治区、直辖市财政厅(局)和国家税务局应当在规定的幅度内，根据实际情况确定本地区适用的起征点，并报财政部和国家税务总局备案。

（五）增值税税控系统专用设备和技术维护费用抵减增值税税额处理

增值税纳税人初次购买增值税税控系统专用设备支付的费用，可凭购买增值税税控系统专用设备取得的增值税专用发票，在增值税应纳税额中全额抵减（即价税合计额）；非初次购买增值税税控系统专用设备支付的费用，由其自行负担，不得在增值税应纳税额中抵减。

增值税纳税人缴纳的技术维护费，可凭技术维护服务单位开具的技术维护费发票，在增值税应纳税额中全额抵减。

增值税一般纳税人支付的上述两项费用在增值税应纳税额中全额抵减的，其增值税专用发票不作为增值税抵扣凭证，其进项税额不得从销项税额中抵扣。

任务三　增值税的计算

一、一般纳税人应纳税额的计算

增值税一般纳税人实行进项抵扣法，其计算公式为：

当期应纳税额＝当期销项税额－当期进项税额

当期销项税额小于当期进项税额不足抵扣时，其不足部分可以结转下期继续抵扣。

（一）销项税额的确定

销项税额是指纳税人发生应税行为，按照销售额和增值税税率计算的增值税税额。其计算公式为：

销项税额＝销售额×增值税税率

1. 一般情况下销售额的确定

（1）销售额的一般规定。销售额是指纳税人销售货物或者提供应税劳务向购买方收取的全部价款和价外费用，但是不包括收取的销项税额。价外费用，包括价外向购买方收取的手续费、补贴、基金、集资费、返还利润、奖励费、违约金、滞纳金、延期付款利息、赔偿金、代收款项、代垫款项、包装费、包装物租金、储备费、优质费、运输装卸费以及其他各种性质的价外收费。上述价外费用无论其会计制度如何核算，均应并入销售额计算销项税额，但下列项目不包括在销售额内：

①受托加工应征消费税的消费品所代收代缴的消费税。

②同时符合以下条件代为收取的政府性基金或者行政事业性收费：由国务院或者财政部批准设立的政府性基金，由国务院或者省级人民政府及其财政、价格主管部门批准设立的行政事业性收费；收取时开具省级以上财政部门印制的财政票据；所收款项全额上缴财政。

③销售货物的同时代办保险等而向购买方收取的保险费，以及向购买方收取的代购买方缴纳的车辆购置税、车辆牌照费。

④同时符合以下条件的代垫运费：承运部门的运输费用发票开具给购买方的；纳税人将该项发票转交给购买方的。

（2）包装物押金是否计入销售额。包装物是指纳税人包装本单位货物的各种物品。根据税法的规定，纳税人为销售货物而出租、出借包装物收取的押金，单独记账的，时间在1年内，又未过期的，不并入销售额征税；但对逾期未收回不再退还的包装物押金，应按所包装货物的适用税率计算纳税。

提示："逾期"是指按合同约定实际逾期或以1年(12个月)为期限。

注意：包装物押金与包装物租金不能混淆，包装物租金属于价外费用，在收取时并入销售额征税。对销售除啤酒、黄酒以外的其他酒类产品收取的包装物押金，无论是否返还以及会计上如何核算，均应并入当期销售额征税。

包装物押金是否计入销售额见表2—6。

表2—6　包装物押金是否计入销售额

包装物押金分类		收取时	逾期时
非酒类一般货物的包装物押金		×	√
酒类产品包装物押金	啤酒、黄酒包装物押金	×	√
	除啤酒、黄酒以外的其他酒类产品包装物押金	√	×

(3)含税销售额的换算。增值税实行价外税，计算销项税额时，销售额中不应包括销项税额，若纳税人采用销售额和销项税额合并定价方法(销售额为含税销售额)，按照下列公式计算销售额：

销售额＝含税销售额÷(1＋增值税税率)

通常情况下，判断销售价款是否含税可遵循以下规则：

①普通发票上注明的价款是含税价格，如商场或超市向消费者销售的"零售价格"。

②价外费用是含税收入。

③符合计入增值税销售额条件的包装物的押金一般为含税收入。

【做中学2—1】 A酒业为一家酒类生产企业，为增值税一般纳税人，2020年8月销售一批粮食白酒给B商场，开具的增值税专用发票上注明的价款为60万元(不含税)，收取的包装物的租金为2.24万元，收取的包装物的押金为5.88万元，约定6个月后返还包装物。同时，销售一批黄酒给小规模纳税人，开具的普通发票上注明的价款为50万元，收取的包装物的押金为3万元，约定3个月后返还包装物。

请问：2020年8月，A企业销项税额为多少？

解析：包装物的租金属于价外费用，应计入销售额一并计算缴纳增值税。此外，销售白酒收取的包装物押金，收取时即应并入销售额征税；因销售黄酒收取的包装物的押金，收取时不并入销售额征税，待逾期时征税。具体计算如下：

销售白酒的销售额＝60＋(2.24＋5.88)÷(1＋13%)≈60.28(万元)

销售黄酒的销售额＝50÷(1＋13%)≈44.25(万元)

合计不含税销售额＝60.28＋44.25＝104.53(万元)

8月份销项税额＝104.53×13%≈13.59(万元)

2. 视同销售货物行为销售额的确定

视同销售行为是增值税税法规定的特殊销售行为。由于视同销售行为一般不以资金的形式反映，因而会出现视同销售而无销售额的情况。另外，有时纳税人销售货物或提供应税劳务的价格明显偏低且无正当理由。在上述情况下，主管税务机关有权按照下列顺序核定其计税销售额：

(1)按纳税人最近时期同类货物、劳务、服务、无形资产或者不动产的平均销售价格确定。

(2)按其他纳税人最近时期同类货物、劳务、服务、无形资产或者不动产的平均销售价格确定。

(3)在用以上两种方法均不能确定其销售额的情况下,可按组成计税价格确定销售额。组成计税价格的公式为:

组成计税价格＝成本×(1＋成本利润率)

属于应征消费税的货物,其组成计税价格应加计消费税税额。计算公式为:

组成计税价格＝成本×(1＋成本利润率)＋消费税税额

或:

组成计税价格＝成本×(1＋成本利润率)÷(1－消费税税率)

销售货物的"成本利润率"一般为10%,但属于应从价定率征收消费税的货物,其组成计税价格公式中的成本利润率,为《消费税若干具体问题的规定》中规定的成本利润率(详见项目三任务三"消费税的计算")。

注意:根据《关于全面推开营业税改征增值税试点的通知》(以下简称《通知》)的规定,纳税人发生应税行为价格明显偏低或者偏高且不具有合理商业目的的,或者发生《通知》第十四条所列行为而无销售额的,主管税务机关有权按照上述顺序确定销售额。成本利润率由国家税务总局确定。

3. 特殊销售方式的销售额

在市场竞争过程中,纳税人会采取某些特殊、灵活的销售方式销售货物、服务、无形资产或者不动产,以求扩大销售、占领市场。这些特殊销售方式及销售额的确定方法如下:

(1)折扣销售(商业折扣)。折扣销售是指销售方在销售货物,提供应税劳务,销售服务、无形资产或者不动产时,因购买方需求量大等原因,而给予的价格方面的优惠。按照现行税法的规定:纳税人采取折扣方式销售货物、提供服务、销售无形资产或不动产的,如果销售额和折扣额在同一张发票上分别注明,可以按折扣后的销售额征收增值税;未在同一张发票"金额"栏注明折扣额,而仅在发票的"备注"栏注明折扣额的,折扣额不得从销售额中减除。如果对折扣额另开发票,不论其在财务上如何处理,均不得从销售额中减除折扣额。

提示:折扣销售仅限于货物、服务、无形资产或不动产价格的折扣,如果销售方将自产、委托加工或购买的货物用于实物折扣(例如买三送一),则该实物款额不能从原销售额中减除,应按照"无偿赠送"的相关规定处理。

(2)销售折扣(现金折扣)。销售折扣通常是为了鼓励购买方及时偿还货款而给予的一种折扣优待。销售折扣不同于折扣销售。销售折扣发生在销货之后,而折扣销售则是与实现销售同时发生的,销售折扣不得从销售额中减除。

(3)销售折让。销售折让通常是指由于货物的品种或质量等原因引起销售额的减少,即销货方给予购货方未予退货状况下的价格折让。销售折让可以通过开具红字专用发票从销售额中减除;未按规定开具红字增值税专用发票的,不得扣减销项税额或销售额。

【做中学2—2】 A公司为一家设备生产企业,现销售一批设备给B公司,假设该批设备不含税价款为600万元。考虑到与购买方的长期合作,A公司给予其5%的价格优惠(开一张发票,分别开具折扣额和销售额);由于购货方及时付款,故又给予其2%的销售折扣,实收558.6万元。

要求:计算A公司应缴纳的销项税额。

解析:本题中涉及折扣销售(商业折扣)和销售折扣(现金折扣)。由于5%的价格优惠的折扣销售的销售额和折扣额在同一张发票上开具，因此，可以按折扣后的销售额570万元[600×(1－5%)]征收增值税。而销售折扣不得从销售额中减除。因此，销项税额为74.1万元[600×(1－5%)×13%]。

(4)以旧换新。以旧换新销售，是纳税人在销售过程中，折价收回同类旧货物，并以折价款部分冲减货物价款的一种销售方式。对于其销售额的确定，具体规定如下：

①纳税人采取以旧换新方式销售货物的(金银首饰除外)，应按新货物的同期销售价格确定销售额，不得扣减旧货物的收购价格。

②纳税人采取以旧换新方式销售金银首饰的，按销售方实际收取的不含增值税的全部价款征收增值税。

【做中学2－3】 某商场(假定为中国人民银行批准的金银首饰经营单位)为增值税一般纳税人，2020年6月采用以旧换新方式销售金项链50条，每条金项链的零售价格为12 500元，每条旧项链作价8 500元，每条金项链取得差价款4 000元，取得首饰修理费合计16 570元(含税)。

请问：该商场上述业务应缴纳的增值税税额为多少？

解析：按税法的规定，对金银首饰以旧换新业务可以按销售方实际收取的不含增值税的全部价款征收增值税，因此，该商场上述业务应缴纳增值税税额计算如下：

该商场该业务的计税销售额＝50×4 000÷(1＋13%)＋16 570÷(1＋13%)

≈191 654.87(元)

应缴纳的销项税额＝191 654.87×13%≈24 915.13(元)

(5)还本销售。还本销售是指销货方将货物出售之后，按约定的时间，一次或分次将购货款部分或全部退还给购货方，退还的货款即为还本支出。纳税人采取还本销售货物的，不得从销售额中减除还本支出。

(6)以物易物。以物易物是一种较为特殊的购销活动，是指购销双方不是以货币结算，而是以同等价款的货物相互结算，实现货物购销的一种方式。采用以物易物方式销售货物的，以物易物双方都应作购销处理，以各自发出的货物核算销售额并计算销项税额，以各自收到的货物核算购货额及进项税额。需要强调的是，在以物易物活动中，双方应各自开具合法的票据，必须计算销项税额，但如果收到的货物不能取得相应的增值税专用发票或者其他增值税扣税凭证，不得抵扣进项税额。

(7)直销企业增值税销售额的确定。直销企业的经营模式主要有两种：一是直销员按照批发价向直销企业购买货物，再按照售价向消费者销售货物；二是直销员仅起到中介介绍作用，直销企业按照零售价向直销员介绍的消费者销售货物，并另外向直销员支付报酬。根据直销企业的经营模式，直销企业增值税的销售额的确定可分为以下两种：

①直销企业先将货物销售给直销员，直销员再将货物销售给消费者的，直销企业的销售额为其向直销员收取的全部价款和价外费用。直销员将货物销售给消费者时，应按照现行规定缴纳增值税。

②直销企业通过直销员向消费者销售货物，直接向消费者收取货款的，直销企业的销售额为其向消费者收取的全部价款和价外费用。

4. 外币销售额的计算

纳税人按人民币以外的货币结算销售额的，其销售额的人民币折合率可以选择销售额发生的当天或者当月 1 日的人民币外汇中间价。纳税人应事先确定采用何种折合率,确定后一年内不得变更。

5.“营改增”行业销售服务、无形资产和不动产的销售额

(1)贷款服务,以提供贷款服务取得的全部利息及利息性质的收入为销售额。

(2)直接收费金融服务,以提供直接收费金融服务收取的手续费、佣金、酬金、管理费、服务费、经手费、开户费、过户费、结算费、转托管费等各类费用为销售额。

(3)金融商品转让,按照卖出价扣除买入价后的余额为销售额。转让金融商品出现的正负差,按盈亏相抵后的余额为销售额。若相抵后出现负差,可结转下一纳税期,与下期转让金融商品销售额相抵,但年末时仍出现负差的,不得转入下一个会计年度。金融商品的买入价,可以选择按照加权平均法或者移动加权平均法进行核算,选择后 36 个月内不得变更。

提示:金融商品转让不得开具增值税专用发票。

【做中学 2－4】 A 金融公司为一般纳税人,2020 年第三季度转让债券,卖出价为 50 000 元(含增值税价格,下同)。该债券是 2019 年 7 月购入的,买入价为 30 000 元,2020 年 1 月取得利息 3 000 元,缴纳了增值税。A 公司 2020 年第三季度之前转让金融商品亏损 7 500 元。

请问:该金融公司应缴纳的销项税额为多少?

解析:转让债券的销售额＝(50 000－30 000)－7 500＝12 500(元)

销项税额＝12 500÷(1＋6%)×6%≈707.55(元)

(4)经纪代理服务,以取得的全部价款和价外费用,扣除向委托方收取并代为支付的政府性基金或者行政事业性收费后的余额为销售额。向委托方收取的政府性基金或者行政事业性收费,不得开具增值税专用发票。

(5)融资租赁和融资性售后回租业务。

①经中国人民银行、银保监会或者商务部批准从事融资租赁业务的纳税人,提供融资租赁服务,以取得的全部价款和价外费用,扣除支付的借款利息(包括外汇借款和人民币借款利息)、发行债券利息和车辆购置税后的余额为销售额。

②经中国人民银行、银保监会或者商务部批准从事融资租赁业务的纳税人,提供融资性售后回租服务,以取得的全部价款和价外费用(不含本金),扣除对外支付的借款利息(包括外汇借款和人民币借款利息)、发行债券利息后的余额作为销售额。

(6)航空运输企业。航空运输企业的销售额不包括代收的机场建设费和代售其他航空运输企业客票而代收转付的价款。

(7)提供客运场站服务。一般纳税人提供客运场站服务,以其取得的全部价款和价外费用,扣除支付给承运方运费后的余额为销售额。

(8)提供旅游服务。纳税人提供旅游服务可以选择以取得的全部价款和价外费用,扣除向旅游服务购买方收取并支付给其他单位或者个人的住宿费、餐饮费、交通费、签证费、门票费和支付给其他接团旅游企业的旅游费用后的余额为销售额。但选择该办法计算销售额的试点纳税人,向旅游服务购买方收取并支付的上述费用,不得开具增值税专用发票,可以开具普通发票。

(9)建筑服务。提供建筑服务适用简易计税方法的,以取得的全部价款和价外费用扣除支付的分包款后的余额为销售额。

(10)销售自行开发不动产或企业转让不动产。

①房地产开发企业中的一般纳税人销售其开发的房地产项目(选择简易计税方法的房地产老项目除外),以取得的全部价款和价外费用,扣除受让土地时向政府部门支付的土地价款后的余额为销售额。

提示:房地产老项目,是指“建筑工程施工许可证”注明的合同开工日期在2016年4月30日前的房地产项目。

②销售其2016年4月30日前取得(不含自建)的不动产选择简易计税方法的,以取得的全部价款和价外费用减去该项不动产购置原价或取得不动产时作价后的余额为销售额;自建的不动产,以取得的全部价款和价外费用为销售额。

③一般纳税人销售其2016年5月1日之后取得的不动产或2016年4月30日前取得的不动产适用一般计税方法的,均以取得的全部价款和价外费用作为销售额。

按上述(4)～(9)项的规定从全部价款和价外费用中扣除的价款,应当取得符合法律、行政法规和国家税务总局规定的有效凭证,否则不得扣除。纳税人取得的上述凭证属于增值税扣税凭证的,其进项税额不得从销项税额中抵扣。

【做中学2-5】 A房地产企业为增值税一般纳税人,2020年6月1日购买一块地用于开发房地产项目,支付地价1 600万元,次年年末项目完工,当期销售其中的90%,取得含税销售收入4 000万元。

请问:该企业当期应纳增值税税额为多少万元?

解析:房地产开发企业中的一般纳税人销售其开发的房地产项目(选择简易计税方法的房地产老项目除外)的销售额=(全部价款和价外费用－当期允许扣除的土地价款)÷(1+9%)。因此,具体计算如下:

销售额=(4 000－1 600×90%)÷(1+9%)≈2 348.62(万元)

应纳增值税=2 348.62×9%≈211.38(万元)

【做中学2-6】 A公司为增值税一般纳税人,2020年6月从B玉米生产基地(小规模纳税人)购进玉米,取得其找税务机关代开的增值税专用发票,价款为100万元,税额为3万元。之后,深度加工成玉米罐头对外销售。

请问:A公司实际抵扣的进项税额为多少?

解析:纳税人购进用于生产的9%的税率货物的农产品可抵扣的进项税额=100×9%=9(万元)。

(二)进项税额的计算

进项税额是指纳税人购进货物,接受加工修理修配劳务、服务,购进无形资产或者不动产,支付或者负担的增值税税额。

由于增值税一般纳税人当期应纳增值税税额采用购进扣除法计算,因此,增值税一般纳税人应纳税额的大小取决于两个因素:销项税额和进项税额。进项税额的大小影响纳税人实际应缴纳的增值税。然而,并不是购进货物、接受应税劳务、服务、无形资产或不动产所支付或者负担的增值税都可以在销项税额中抵扣,税法对哪些进项税额可以抵扣、哪些进项税额不能抵扣作了严格的规定。

1. 准予从销项税额中抵扣的进项税额

(1)凭票抵扣。

①从销售方或提供方取得的增值税专用发票上注明的增值税税额(含税控机动车销售统一发票,下同)。

②从海关取得的海关进口增值税专用缴款书上注明的增值税税额。

③从境外单位或者个人购进服务、无形资产或者不动产,自税务机关或者扣缴义务人取得的解缴税款的完税凭证上注明的增值税税额。

(2)计算抵扣。购进农产品,除取得增值税专用发票或者海关进口增值税专用缴款书外,还要按照农产品收购发票或者销售发票上注明的农产品买价扣除率计算进项税额。其计算公式为:

进项税额=买价×扣除率

买价包括纳税人购进农产品,在农产品收购发票或者销售发票上注明的价款和按规定缴纳的烟叶税。

提示:自2019年4月1日起,纳税人购进农产品,原适用10%扣除率的,扣除率调整为9%。纳税人购进用于生产或者委托加工13%税率货物的农产品,按照10%的扣除率计算进项税额。

购进烟叶,买价应包括购进农产品发票上注明的价款和按规定缴纳的烟叶税。烟叶收购单位收购烟叶时按照国家有关规定以现金形式直接补贴烟农的生产投入补贴(以下简称“价外补贴”),实质为农产品买价的一部分。但烟叶收购单位应将价外补贴与烟叶收购价格在同一张农产品收购发票或者销售发票上分别注明,否则,价外补贴不得计算增值税进项税额进行抵扣。公式为:

收购烟叶准予抵扣的进项税额=(收购金额+烟叶税)×9%

其中:

收购金额=收购价款×(1+10%)

烟叶税=收购金额×20%

收购烟叶准予抵扣的进项税额=[收购价款×(1+10%)]×(1+20%)×9%

=买价×1.1×1.2×9%

收购烟叶采购成本=买价×1.1×1.2×90%

【做中学2—7】 某卷烟企业为增值税一般纳税人,主要生产A牌卷烟及雪茄烟,8月从烟农手中购进烟叶,买价100万元并按规定支付了10%的价外补贴,将其运往甲企业委托加工烟丝,发生运费8万元,取得增值税专用发票。

要求:计算上述业务允许抵扣的进项税额,并确定烟叶的采购成本。

解析:烟叶进项税额=100×(1+10%)×(1+20%)×9%+8×9%=12.6(万元)

收购烟叶的成本=100×(1+10%)×(1+20%)×90%+8=126.8(万元)

提示:烟叶收购单位收购烟叶时,按照国家有关规定以现金形式直接补贴烟农的生产投入补贴,属于农产品买价,为“价款”的一部分。烟叶收购单位,应将价外补贴与烟叶收购价格在同一张农产品收购发票或者销售发票上分别注明,否则,价外补贴不得计算增值税进项税额进行抵扣。

纳税人购进国内旅客运输服务,其进项税额允许从销项税额中抵扣。纳税人未取得增值税专用发票的,暂按照以下规定确定进项税额:

①取得增值税电子普通发票的,为发票上注明的税额;

②取得注明旅客身份信息的航空运输电子客票行程单的，为按照下列公式计算的进项税额：

航空旅客运输进项税额＝(票价＋燃油附加费)÷(1＋9%)×9%

③取得注明旅客身份信息的铁路车票的，为按照下列公式计算的进项税额：

铁路旅客运输进项税额＝票面金额÷(1＋9%)×9%

④取得注明旅客身份信息的公路、水路等其他客票的，为按照下列公式计算的进项税额：

公路、水路等其他旅客运输进项税额＝票面金额÷(1＋3%)×3%

(3)加计抵减政策。自2019年4月1日至2021年12月31日，允许生产、生活性服务业纳税人按照当期可抵扣进项税额加计10%，抵减应纳税额(以下简称"加计抵减政策")。

生产、生活性服务业纳税人，是指提供邮政服务、电信服务、现代服务、生活服务四项服务取得的销售额占全部销售额的比重超过50%的纳税人。四项服务的具体范围按照《销售服务、无形资产、不动产注释》执行。

2019年3月31日前设立的纳税人，自2018年4月至2019年3月期间的销售额(经营期不满12个月的，按照实际经营期的销售额)符合上述规定条件的，自2019年4月1日起适用加计抵减政策。

2019年4月1日后设立的纳税人，自设立之日起3个月的销售额符合上述规定条件的，自登记为一般纳税人之日起适用加计抵减政策。

纳税人确定适用加计抵减政策后，当年内不再调整，以后年度是否适用，根据上年度销售额计算确定。

纳税人可计提但未计提的加计抵减额，可在确定适用加计抵减政策当期一并计提。

按照现行规定不得从销项税额中抵扣的进项税额，不得计提加计抵减额；已计提加计抵减额的进项税额，按规定作进项税额转出的，应在进项税额转出当期，相应调减加计抵减额。其计算公式为：

当期计提加计抵减额＝当期可抵扣进项税额×10%

当期可抵减加计抵减额＝上期末加计抵减额余额＋当期计提加计抵减额－当期调减加计抵减额

纳税人兼营出口货物劳务、发生跨境应税行为且无法划分不得计提加计抵减额的进项税额，按照以下公式计算：

不得计提加计抵减额的进项税额＝当期无法划分的全部进项税额×当期出口货物劳务和发生跨境应税行为的销售额÷当期全部销售额

加计抵减政策执行到期后，纳税人不再计提加计抵减额，结余的加计抵减额停止抵减。

根据财政部、国家税务总局联合发布的《关于明确生活性服务业增值税加计抵减政策的公告》，2019年10月1日至2021年12月31日，允许生活性服务业纳税人按照当期可抵扣进项税额加计15%，抵减应纳税额。

【做中学2－8】　某公司为大连的一家饰品加工企业，是增值税一般纳税人。其2020年7月有关的生产经营业务如下：

(1)从外国进口一批生产用的原料，取得的海关进口增值税专用缴款书上注明的货款为300万元，增值税税额为39万元。

(2)从甲饰品(小规模纳税人)加工企业收回委托加工的饰品，支付加工费11.3万元，并取得甲饰品加工企业开具的普通发票。

(3)从农业生产者手中购进免税农产品，收购凭证上注明的价款为30万元，并委托运输公司进行运输，取得的货物运输专用发票上注明的运费为 2 万元，增值税为 0.18 万元。

请问：该公司当月可以抵扣的进项税额为多少？

解析：(1)进口原料取得了海关进口增值税专用缴款书，可以凭票抵扣进项税额。

进项税额＝39(万元)

(2)由于委托加工取得的是普通发票，因此其进项税额不得抵扣。

(3)购进免税农产品，可以按收购凭证上注明的收购价款计算抵扣；同时，支付运输费取得了货物运输增值税专用发票，可以凭票抵扣进项税额。

进项税额＝30×9%＋0.18＝2.88(万元)

当月可以抵扣的进项税额＝39＋2.88＝41.88(万元)

(4)不动产进项税额的抵扣。适用一般计税方法的试点纳税人，2016 年 5 月 1 日后取得并在会计制度上按固定资产核算的不动产或者 2016 年 5 月 1 日后取得的不动产在建工程，其进项税额应自取得之日起分 2 年从销项税额中抵扣，第一年抵扣的比例为 60%，第二年抵扣的比例为 40%。

取得不动产，包括以直接购买、接受捐赠、接受投资入股、自建以及抵债等各种形式取得不动产，不包括房地产开发企业自行开发房地产项目。

提示：融资租入的不动产以及在施工现场修建的临时建筑物、构筑物，其进项税额不适用上述 2 年抵扣的规定。

自 2019 年 4 月 1 日起，《营业税改征增值税试点有关事项的规定》(财税〔2016〕36 号印发)第一条第(四)项第 1 点、第二条第(一)项第 1 点停止执行，纳税人取得不动产或者不动产在建工程的进项税额不再分 2 年抵扣。此前按照上述规定尚未抵扣完毕的待抵扣进项税额，可自 2019 年 4 月税款所属期起从销项税额中抵扣。

【做中学 2—9】 某增值税一般纳税人 2018 年 6 月 5 日购进办公大楼一座，该大楼用于公司办公，计入固定资产，并于次月开始计提折旧。6 月 20 日，该纳税人取得该大楼的增值税专用发票并认证相符，专用发票注明的增值税税额为 1 000 万元。2019 年 4 月该纳税人销项税额 900 万元，除该办公大楼尚未抵扣完毕的进项税额 400 万元外，还有可抵扣的进项税额 300 万元。

请计算 2019 年 4 月该纳税人应纳增值税额。

解析：根据规定，自 2019 年 4 月 1 日起，纳税人取得不动产或者不动产在建工程的尚未抵扣完毕的待抵扣进项税额，可自 2019 年 4 月税款所属期起从销项税额中抵扣。

2019 年 4 月该纳税人应纳增值税额：1 000－300－400＝300(万元)

按照《营业税改征增值税试点实施办法》的规定，不得抵扣且未抵扣进项税额的固定资产、无形资产、不动产，发生用途改变，用于允许抵扣进项税额的应税项目，可在用途改变的次月按照下列公式计算可以抵扣的进项税额：

可以抵扣的进项税额＝固定资产、无形资产、不动产净值÷(1＋适用税率)×适用税率

上述可以抵扣的进项税额应取得合法有效的增值税扣税凭证。

2. 不得从销项税额中抵扣的进项税额

(1)用于简易计税方法计税项目、免征增值税项目、集体福利或者个人消费的购进货物，接受加工修理修配劳务、服务，购进无形资产和不动产。其中，涉及的固定资产、无形资产、不动产，仅指专用于上述项目的固定资产、无形资产(不包括其他权益性无形资产)、不动产。纳税人的交际应酬消费属于个人消费。

(2)非正常损失[1]的购进货物及接受相关加工修理、修配劳务和交通运输业服务。非正常损失(下同),是指因管理不善造成被盗、丢失、霉烂变质,以及因违反法律法规造成货物或者不动产被依法没收、销毁、拆除的情形。

(3)非正常损失的在产品、产成品所耗用的购进货物(不包括固定资产)、加工修理修配劳务和交通运输服务。

(4)非正常损失的不动产,以及该不动产所耗用的购进货物、设计服务和建筑服务。

(5)非正常损失的不动产在建工程所耗用的购进货物、设计服务和建筑服务。纳税人新建、改建、扩建、修缮、装饰不动产,均属于不动产在建工程。

(6)购进的旅客运输服务、贷款服务、餐饮服务、居民日常服务和娱乐服务。

(7)纳税人接受贷款服务向贷款方支付的与该笔贷款直接相关的投资顾问费、手续费、咨询费等费用。

(8)财政部和国家税务总局规定的其他情形。

提示:

①上述第(4)项、第(5)项所称货物,是指构成不动产实体的材料和设备,包括建筑装饰材料和给排水、采暖、卫生、通风、照明、通信、煤气、消防、中央空调、电梯、电气、智能化楼宇设备及配套设施。

②不动产、无形资产的具体范围,按照《营业税改征增值税试点实施办法》所附的《销售服务、无形资产或者不动产注释》执行。

③固定资产,是指使用期限超过12个月的机器、机械、运输工具以及其他与生产经营有关的设备、工具、器具等有形动产。

(9)一般纳税人按照简易办法征收增值税的,不得抵扣进项税额。

(10)适用一般计税方法的纳税人,兼营简易计税方法计税项目、免征增值税项目而无法划分不得抵扣的进项税额,按照下列公式计算不得抵扣的进项税额:

$$\text{不得抵扣的进项税额}=\text{当期无法划分的全部进项税额}\times\left(\text{当期简易计税方法计税项目销售额}+\text{免征增值税项目销售额}\right)\div\text{当期全部销售额}$$

主管税务机关可以按照上述公式依据年度数据对不得抵扣的进项税额进行清算。

纳税人凭完税凭证抵扣进项税额的,应当具备书面合同、付款证明和境外单位的对账单或者发票。资料不全的,其进项税额不得从销项税额中抵扣。纳税人取得的增值税扣税凭证不符合法律、行政法规或者国家税务总局有关规定的,其进项税额不得从销项税额中抵扣。

(11)有下列情形之一者,应按销售额依照增值税税率计算应纳税额,不得抵扣进项税额,也不得使用增值税专用发票:

①一般纳税人会计核算不健全,或者不能够提供准确税务资料的。

②除另有规定外,纳税人销售额超过小规模纳税人标准,未申请办理一般纳税人认定手续的。

---

① 非正常损失,是指因管理不善造成货物被盗、丢失、霉烂变质,以及因违反法律法规造成货物或者不动产被依法没收、销毁、拆除的情形。因此,纳税人生产或购入的在货物外包装或使用说明书中注明有使用期限的货物,超过有效(保存或保质)期而无法进行正常销售,需作销毁处理的,可视作企业在经营过程中的正常经营损失,不纳入非正常损失,不需作进项税额转出处理。

【做中学 2－10】 某器械公司(增值税一般纳税人)2020 年 8 月生产一批器材用于销售,取得不含税销售收入 500 000 元,当月外购原材料取得的增值税专用发票上注明的增值税为 13 000 元。当月将两个月前购入的一批原材料改变用途,用于生产免征增值税的项目。已知该批原材料的账面成本为 50 000 元(含运费 3 000 元)。

请问:该企业当期应纳增值税税额为多少?

解析:已经抵扣过进项税额的外购货物用于免征增值税应税项目时,进项税额需要转出。具体计算如下:

应转出的进项税额＝(50 000－3 000)×13%＋3 000×9%＝6 380(元)

该企业当期应纳增值税＝500 000×13%－(13 000－6 380)＝58 380(元)

3. 扣减进项税额

(1)已抵扣进项税额的购进货物(不含固定资产)、劳务、服务发生不得从销项税额中抵扣进项税额情形(简易计税方法计税项目、免征增值税项目除外)的,应当将该进项税额从当期进项税额中扣减;无法确定该进项税额的,按照当期实际成本计算应扣减的进项税额。

(2)已抵扣进项税额的固定资产、无形资产或者不动产,发生不得抵扣进项税额情形的,按照下列公式计算不得抵扣的进项税额:

不得抵扣的进项税额＝无形资产或者不动产净值×适用税率

固定资产、无形资产或者不动产净值是指纳税人根据财务会计制度计提折旧或摊销后的余额。

(3)因销售折让、中止或者退回而退还给购买方的增值税税额,应当从当期的销项税额中扣减;因销售折让、中止或者退回而收回的增值税税额,应当从当期的进项税额中扣减。

4. 增值税期末留抵税额退税

《财政部、税务总局、海关总署关于深化增值税改革有关政策的公告》(财政部、税务总局、海关总署公告 2019 年第 39 号)规定,自 2019 年 4 月 1 日起,试行增值税期末留抵税额退税(以下简称“留抵退税”)制度。为方便纳税人办理留抵退税业务:

(1)同时符合以下条件(以下简称“符合留抵退税条件”)的纳税人,可以向主管税务机关申请退还增量留抵税额:

①自 2019 年 4 月税款所属期起,连续 6 个月(按季纳税的,连续 2 个季度)增量留抵税额均大于零,且第 6 个月增量留抵税额不低于 50 万元;

②纳税信用等级为 A 级或者 B 级;

③申请退税前 36 个月未发生骗取留抵退税、出口退税或虚开增值税专用发票情形的;

④申请退税前 36 个月未因偷税被税务机关处罚两次及以上的;

⑤自 2019 年 4 月 1 日起未享受即征即退、先征后返(退)政策的。

增量留抵税额,是指与 2019 年 3 月底相比新增加的期末留抵税额。

(2)纳税人当期允许退还的增量留抵税额,其公式计算为:

允许退还的增量留抵税额＝增量留抵税额×进项构成比例×60%

进项构成比例,为 2019 年 4 月至申请退税前一税款所属期内已抵扣的增值税专用发票(含税控机动车销售统一发票)、海关进口增值税专用缴款书、解缴税款完税凭证注明的增值税额占同期全部已抵扣进项税额的比重。

5. 进项税额抵扣期限的规定

用于抵扣增值税进项税额的专用发票应经税务机关认证相符,国家税务总局另有规定的除外。纳税人应在增值税专用发票开具之日起180日内到税务机关认证,经过认证的增值税专用发票,应在认证的当月按规定核算当期进项税额并申报抵扣,否则不予抵扣进项税额。税务机关认证后,应向纳税人提供一份“增值税专用发票抵扣联认证清单”,以备企业作为纳税申报附列资料。

自2016年5月1日起,纳税信用A级、B级纳税人对取得的增值税专用发票可以不再进行认证,通过增值税发票税控开票软件登录本省(市)增值税发票的查询平台,查询、选择用于申报抵扣或者出口退税的增值税发票信息(以下简称“选择抵扣”)。

实行海关进口增值税专用缴款书(以下简称“海关缴款书”)“先比对后抵扣”管理办法的增值税一般纳税人,取得2010年1月1日以后开具的海关缴款书,应在开具之日起180日内向主管税务机关报送“海关完税凭证抵扣清单”(包括纸质资料和电子数据)申请稽核比对。

未实行海关缴款书“先比对后抵扣”管理办法的增值税一般纳税人,取得2010年1月1日以后开具的海关缴款书,应在开具之日起180日后的第一个纳税申报期结束以前,向主管税务机关申报抵扣进项税额。

(三)应纳税额的计算

增值税销项税额与进项税额确定后就可以得到实际应纳的增值税税额,增值税一般纳税人应纳税额的计算方法如下:

应纳税额=当期销项税额-当期进项税额

上式计算结果若为正数,则为当期的应纳税额;若为负数,则形成留抵税额,待下期抵扣,下期应纳税额的计算公式为:

应纳税额=当期销项税额-当期进项税额-上期留抵税额

注意:原增值税一般纳税人兼有销售服务、无形资产或者不动产的,截至纳入“营改增”试点之日前的增值税期末留抵税额,不得从销售服务、无形资产或者不动产的销项税额中抵扣。

【做中学2-11】 某船运公司为增值税一般纳税人,2020年9月购进船舶配件取得的增值税专用发票上注明的价款为300万元,税额为39万元;开具普通发票取得的含税收入包括国内运输收入1 351.6万元、期租业务收入313.4万元、打捞收入116.6万元。

请问:该公司6月应缴纳的增值税税额为多少万元?

解析:国内运输收入和期租业务收入应按“交通运输业”计算缴纳增值税;取得的打捞收入应按“现代服务业——物流辅助服务”计算缴纳增值税。

应纳税额=(1 351.6+313.4)÷(1+9%)×9%+116.6÷(1+6%)×6%-39

≈105.08(万元)

(四)预征增值税的征管规定

全面实行“营改增”后,为了平衡各地方财政收入,针对房地产和建筑业两个特殊行业,实行先在不动产所在地或者劳务发生地“预征”,再回机构所在地申报的特殊管理办法。“预征率”也随不同纳税项目设置了2%、3%、5%三档,具体规定如下:

1. 提供建筑服务预征增值税的规定

建筑企业预征增值税款包含跨县(市、区)提供建筑服务和取得预收款两种情况。

纳税人跨县(市、区)提供建筑服务,要向建筑劳务发生地税务机关预缴税款。同一地级行政区范围内跨县(市、区)不属于跨县(市、区)提供建筑服务,只有跨越不同地级行政区提供建筑服务时，才需要预缴税款。

纳税人提供建筑服务取得预收款，应在收到预收款时，以取得的预收款扣除支付的分包款后的余额，按照规定的预征率预缴增值税。

纳税人提供建筑服务取得预收款，属于跨县（市、区）的建筑服务，应向建筑服务发生地税务机关预缴税款；不属于跨县（市、区）的建筑服务，应向机构所在地税务机关预缴税款。

（1）一般纳税人适用一般计税方法计税的，以取得的全部价款和价外费用扣除支付的分包款后的余额，按照2%的预征率计算应预缴税款。其计算方法如下：

应预缴税款＝（全部价款和价外费用－支付的分包款）÷（1＋9%）×2%

（2）一般纳税人适用简易计税方法计税的，以取得的全部价款和价外费用扣除支付的分包款后的余额，按照3%的征收率计算应预缴税款。其计算方法如下：

应预缴税款＝（全部价款和价外费用－支付的分包款）÷（1＋3%）×3%

（3）小规模纳税人提供建筑服务的，以取得的全部价款和价外费用扣除支付的分包款后的余额，按照3%的征收率计算应预缴税款。其计算方法如下：

应预缴税款＝（全部价款和价外费用－支付的分包款）÷（1＋3%）×3%

纳税人取得的全部价款和价外费用扣除支付的分包款后的余额为负数的，可结转下次预缴税款时继续扣除。纳税人应按照工程项目分别计算应预缴税款，分别预缴。

提示：纳税人跨县（市、区）提供建筑服务，向建筑服务发生地主管税务机关预缴增值税税款；纳税人非跨县（市、区）提供建筑服务，向机构所在地主管税务机关预缴增值税税款。纳税人在同一地级行政区范围内跨县（市、区）提供建筑服务的，不属于跨县（市、区）提供建筑服务。

提示：纳税人预缴的增值税，可以在当期增值税应纳税额中抵减，抵减不完的，结转下期继续抵减。

纳税人以预缴税款抵减应纳税额，应以完税凭证作为合法有效凭证。

小规模纳税人跨县（市、区）提供建筑服务，不能自行开具增值税发票的，可向建筑服务发生地主管税务机关按照其取得的全部价款和价外费用申请代开增值税发票。

2. 销售机构所在地以外的不动产预征规定

（1）一般纳税人销售其2016年4月30日前取得（不含自建）的不动产，可以选择适用简易计税方法，以取得的全部价款和价外费用扣除该项不动产购置原价或者取得不动产时的作价后的余额为销售额，按照5%的征收率计算应纳税额。纳税人应按照上述计税方法在不动产所在地预缴税款后，向机构所在地主管税务机关进行纳税申报。

（2）一般纳税人销售其2016年4月30日前自建的不动产，可以选择适用简易计税方法，以取得的全部价款和价外费用为销售额，按照5%的征收率计算应纳税额。纳税人应按照上述计税方法在不动产所在地预缴税款后，向机构所在地主管税务机关进行纳税申报。

（3）一般纳税人销售其2016年5月1日后取得（不含自建）的不动产，应适用一般计税方法，以取得的全部价款和价外费用为销售额计算应纳税额。纳税人应以取得的全部价款和价外费用扣除该项不动产购置原价或者取得不动产时的作价后的余额，按照5%的预征率在不动产所在地预缴税款后，向机构所在地主管税务机关进行纳税申报。

（4）一般纳税人销售其2016年5月1日后自建的不动产，应适用一般计税方法，以取得的全部价款和价外费用为销售额计算应纳税额。纳税人应以取得的全部价款和价外费用，按照5%的预征率在不动产所在地预缴税款后，向机构所在地主管税务机关进行纳税申报。

(5)小规模纳税人销售其取得(不含自建)的不动产(不含个体工商户销售购买的住房和其他个人销售不动产),应以取得的全部价款和价外费用扣除该项不动产购置原价或者取得不动产时的作价后的余额为销售额,按照5%的征收率计算应纳税额。纳税人应按照上述计税方法在不动产所在地预缴税款后,向机构所在地主管税务机关进行纳税申报。

(6)小规模纳税人销售其自建的不动产,应以取得的全部价款和价外费用为销售额,按照5%的征收率计算应纳税额。纳税人应按照上述计税方法在不动产所在地预缴税款后,向机构所在地主管税务机关进行纳税申报。

(7)房地产开发企业中的一般纳税人,销售自行开发的房地产老项目,适用一般计税方法计税的,应以取得的全部价款和价外费用,按照3%的预征率在不动产所在地预缴税款后,向机构所在地主管税务机关进行纳税申报。

(8)房地产开发企业采取预收款方式销售所开发的房地产项目,在收到预收款时按照3%的预征率预缴增值税。其计算公式为:

应预缴税款=预收款÷(1+适用税率或征收率)×3%

(9)个体工商户销售购买的住房,应在不动产所在地预缴税款后,向机构所在地主管税务机关进行纳税申报。

3. 机构所在地以外不动产经营租赁服务的预征规定

(1)一般纳税人出租其2016年4月30日前取得的不动产,可以选择适用简易计税方法,按照5%的征收率计算应纳税额。纳税人出租其2016年4月30日前取得的与机构所在地不在同一县(市)的不动产,应按照上述计税方法在不动产所在地预缴税款后,向机构所在地主管税务机关进行纳税申报。

(2)一般纳税人出租其2016年5月1日后取得的与机构所在地不在同一县(市)的不动产,应按照3%的预征率在不动产所在地预缴税款后,向机构所在地主管税务机关进行纳税申报。

(3)小规模纳税人出租其取得的不动产(不含个人出租住房),应按照5%的征收率计算应纳税额。纳税人出租其与机构所在地不在同一县(市)的不动产,应按照上述计税方法在不动产所在地预缴税款后,向机构所在地主管税务机关进行纳税申报。

(4)一般纳税人出租其2016年4月30日前取得的不动产,适用一般计税方法计税的,应以取得的全部价款和价外费用,按照3%的预征率在不动产所在地预缴税款后,向机构所在地主管税务机关进行纳税申报。

注意:一般纳税人跨省(自治区、直辖市或者计划单列市)提供建筑服务或者销售、出租取得的与机构所在地不在同一省(自治区、直辖市或者计划单列市)的不动产,在机构所在地申报纳税时,计算的应纳税额小于已预缴税额且差额较大的,由国家税务总局通知建筑服务发生地或者不动产所在地省级税务机关,在一定时期内暂停预缴增值税。

二、简易计税方法应纳税额的计算

(一)小规模纳税人应纳税额的计算

小规模纳税人销售货物,提供加工修理修配劳务,销售服务、无形资产或者不动产,实行按销售额和征收率计算应纳税额的简易办法,并不得抵扣进项税额。其应纳税额计算公式为:

应纳税额＝销售额×征收率

小规模纳税人取得的销售额与一般纳税人的销售额所包含的内容是一致的，都是销售货物或提供应税劳务向购买方收取的全部价款和价外费用，但是不包括从买方收取的增值税税额。

按照税法的规定，小规模纳税人销售货物只能开具普通销货发票，不能使用增值税专用发票，其购进货物(除购进税控机款外)不论是否取得增值税专用发票，都不能抵扣进项税额。

提示：自2012年12月1日起，增值税纳税人初次购买增值税税控系统专用设备(包括分开票机)支付的费用，可凭购买增值税税控系统专用设备取得的增值税专用发票，在增值税应纳税额中全额抵减(抵减额为价税合计额)，不足抵减的可结转下期继续抵减。增值税纳税人非初次购买增值税税控系统专用设备支付的费用，由其自行负担，不得在增值税应纳税额中抵减。

【做中学2—12】 某超市为增值税小规模纳税人，2020年6月购进货物取得的增值税专用发票上注明的不含税金额为50 000元；经批准初次购进增值税税控系统专用设备1台，价税合计为3 390元，经主管税务机关审核批准；本月销售货物的零售收入共计185 400元。

请问：该超市本月应缴纳的增值税为多少？

解析：小规模纳税人不得抵扣进项税额，经主管税务机关审核批准后，按购进税控收款机取得的普通发票上注明的价款计算抵扣，具体计算如下：

应纳增值税＝185 400÷(1＋3％)×3％－3 390＝2 010(元)

1. 含税销售额的换算

对小规模纳税人销售货物，提供应税劳务，销售服务、无形资产或不动产采取销售额和增值税款合并定价的，必须将取得的含税销售额换算为不含税销售额。其计算公式为：

不含税销售额＝含税销售额÷(1＋征收率)

2. 小规模纳税人销售或者出租不动产应纳税额计算的相关政策

(1)小规模纳税人跨县(市)提供建筑服务，应以取得的全部价款和价外费用扣除支付的分包款后的余额为销售额，按照3％的征收率计算应纳税额。

(2)小规模纳税人销售其取得(不含自建)的不动产(不含个体工商户销售购买的住房和其他个人销售不动产)，应以取得的全部价款和价外费用减去该项不动产购置原价或者取得不动产时的作价后的余额为销售额，按照5％的征收率计算应纳税额。

(3)小规模纳税人销售其自建的不动产，应以取得的全部价款和价外费用为销售额，按照5％的征收率计算应纳税额。

(4)房地产开发企业中的小规模纳税人，销售自行开发的房地产项目，按照5％的征收率计税。

(5)其他个人销售其取得(不含自建)的不动产(不含其购买的住房)，应以取得的全部价款和价外费用减去该项不动产购置原价或者取得不动产时的作价后的余额为销售额，按照5％的征收率计算应纳税额。

(6)小规模纳税人出租其取得的不动产(不含个人出租住房)，按照5％的征收率计算应纳税额。

(7)个人出租住房，按照5％的征收率减按1.5％计算应纳税额。

【做中学2—13】 某酒业公司为增值税小规模纳税人，2020年9月销售自己使用过5年的固定资产，取得含税销售额60 000元；销售自己使用过的包装物，取得含税销售额30 000元。

请问：2020年9月该酒业公司上述业务应缴纳增值税多少元？

解析：小规模纳税人销售自己使用过的固定资产减按2%的征收率征收增值税，销售自己使用过的除固定资产以外的物品按3%的征收率征收增值税。其计算如下：

应纳增值税额＝60 000÷(1＋3%)×2%＋30 000÷(1＋3%)×3%≈2 038.84(元)

3. 增值税小规模纳税人免征增值税

(1)免税标准从月销售额3万元，进一步提高至月销售额10万元。2019年1月1日至2021年12月31日，小规模纳税人发生增值税应税销售行为(包括销售货物、劳务、服务、无形资产和不动产)，合计月销售额未超过10万元(以1个季度为1个纳税期的，季度销售额未超过30万元，下同)的，免征增值税。

(2)小规模纳税人发生增值税应税销售行为，合计月销售额超过10万元，但扣除本期发生的销售不动产的销售额后未超过10万元的，其销售货物、劳务、服务、无形资产取得的销售额免征增值税。

(3)按固定期限纳税的小规模纳税人可以选择以1个月或1个季度为纳税期限，一经选定，一个会计年度内不得变更。

(4)《增值税暂行条例实施细则》所称的其他个人，采取一次性收取租金形式出租不动产取得的租金收入，可在对应的租赁期内平均分摊，分摊后的月租金收入未超过10万元的，免征增值税。

(5)转登记日前连续12个月(以1个月为1个纳税期)或者连续4个季度(以1个季度为1个纳税期)累计销售额未超过500万元的一般纳税人，在2019年12月31日前，可选择转登记为小规模纳税人。

一般纳税人转登记为小规模纳税人的其他事宜，按照《国家税务总局关于统一小规模纳税人标准等若干增值税问题的公告》(国家税务总局公告2018年第18号)、《国家税务总局关于统一小规模纳税人标准有关出口退(免)税问题的公告》(国家税务总局公告2018年第20号)的相关规定执行。

(6)按照现行规定应当预缴增值税税款的小规模纳税人，凡在预缴地实现的月销售额未超过10万元的，当期无须预缴税款。本公告下发前已预缴税款的，可以向预缴地主管税务机关申请退还。

(7)小规模纳税人中的单位和个体工商户销售不动产，应按其纳税期以及其他现行政策规定确定是否预缴增值税；其他个人销售不动产，继续按照现行规定征免增值税。

(8)小规模纳税人月销售额未超过10万元的，当期因开具增值税专用发票已经缴纳的税款，在增值税专用发票全部联次追回或者按规定开具红字专用发票后，可以向主管税务机关申请退还。

(9)小规模纳税人2019年1月份销售额未超过10万元(以1个季度为1个纳税期的，2019年第一季度销售额未超过30万元)，但当期因代开普通发票已经缴纳的税款，可以在办理纳税申报时向主管税务机关申请退还。

(10)小规模纳税人月销售额超过10万元的，使用增值税发票管理系统开具增值税普通发票、机动车销售统一发票、增值税电子普通发票。

已经使用增值税发票管理系统的小规模纳税人，月销售额未超过10万元的，可以继续使用现有税控设备开具发票；已经自行开具增值税专用发票的，可以继续自行开具增值税专用发票，并就开具增值税专用发票的销售额计算缴纳增值税。

【做中学2－14】 A为小规模纳税人2020年6月销售货物4万元，提供服务3万元，销售不动产2万元。

合计月销售额为9万元(4＋3＋2)，未超过10万元免税标准，因此，该纳税人销售货物、服务和不动产取得的销售额9万元，可享受小规模纳税人增值税免税政策。

【做中学2－15】 A为小规模纳税人2020年6月销售货物4万元，提供服务3万元，销售不动产10万元。

合计月销售额为17万元(4＋3＋10)，剔除销售不动产后的月销售额为7万元(4＋3)，因此，该纳税人销售货物和服务相对应的销售额7万元可以享受小规模纳税人增值税免税政策，销售不动产10万元应照章缴纳增值税。

4. 增值税差额征税政策的小规模纳税人

确定销售额判断增值税免税标准，是以差额后的销售额确定的。2019年1月1日至2021年12月31日，适用增值税差额征税政策的小规模纳税人，以差额后的销售额确定是否可以享受国家税务总局公告2019年第4号规定的免征增值税政策。

《增值税纳税申报表(小规模纳税人适用)》中的"免税销售额"相关栏次，填写差额后的销售额。

【做中学2－16】 2020年9月，某建筑企业为小规模纳税人(按月纳税)，取得建筑服务收入20万元，同时向其他建筑企业支付分包款12万元，则该小规模纳税人当月扣除分包款后的销售额为8万元，未超过10万元免税标准，因此，当月可享受小规模纳税人增值税免税政策。

(二)一般纳税人适用简易计税方法的计算

一般纳税人适用简易计税方法的，也按照小规模纳税人的计算公式计算增值税税额，即：

应纳税额＝销售额(不含税)×征收率

其中，对于"营改增"销售不动产选择适用简易计税方法计税的销售额的确定规定如下：

(1)一般纳税人销售其2016年4月30日前取得(不含自建)的不动产，可以选择适用简易计税方法，以取得的全部价款和价外费用减去该项不动产购置原价或者取得不动产时的作价后的余额为销售额，按照5%的征收率计算应纳税额。

(2)一般纳税人销售其2016年4月30日前自建的不动产，可以选择适用简易计税方法，以取得的全部价款和价外费用为销售额，按照5%的征收率计算应纳税额。纳税人应按照上述计税方法在不动产所在地预缴税款后，向机构所在地主管税务机关进行纳税申报。

三、进口货物应纳税额的计算

纳税人进口货物，无论是一般纳税人还是小规模纳税人，均应按照组成计税价格和规定的税率或征收率计算应纳税额，不允许抵扣发生在境外的任何税金。其计算公式为：

应纳税额＝组成计税价格×税率

如果进口货物不征收消费税，则上述公式中组成计税价格的计算公式为：

组成计税价格＝关税完税价格＋关税

如果进口货物征收消费税,则上述公式中组成计税价格的计算公式为:

组成计税价格=关税完税价格+关税+消费税

=关税完税价格×(1+关税税率)÷(1-消费税税率)

根据《海关法》和《进出口关税条例》的规定,一般贸易项下进口货物的关税完税价格以海关审定的成交价格为基础的到岸价格作为完税价格。所谓成交价格,是指一般贸易项下进口货物的买方为购买该项货物向卖方实际支付或应当支付的价格;所谓到岸价格,包括货价,加上货物运抵我国关境内输入地点起卸前的包装费、运费、保险费和其他劳务费等费用。

特殊贸易项下进口的货物,由于进口时没有"成交价格"可作依据,《进出口关税条例》对这些进口货物制定了确定其完税价格的具体办法。

【做中学 2-17】 某外贸企业 2020 年 7 月份进口 500 件高档化妆品,支付国外买价等 35 000 元,支付关税 3 500 元;进口一批家电,共 400 台,支付国外买价等 42 000 元,支付关税 2 100 元。在海关缴纳相应的增值税,取得海关进口增值税专用缴款书,并在当月通过比对。

当月高档化妆品售出 300 件,取得不含税销售收入 45 000 元;销售家电 100 台,取得不含税销售收入 16 000 元;另外,企业销售其他商品取得不含税销售收入共计 85 000 元。高档化妆品消费税税率为 15%,家电不缴纳消费税。

要求:计算该外贸公司进口货物环节应纳增值税、当月销售货物应纳增值税。

解析:当月应纳增值税税额计算如下:

$$\text{进口化妆品缴纳增值税的组成计税价格}=\frac{35\ 000+3\ 500}{1-15\%}\approx 45\ 294.12(\text{元})$$

进口化妆品应缴纳的增值税=45 294.12×13%≈5 888.24(元)

进口家电应缴纳的增值税=(42 000+2 100)×13%=5 733(元)

当月增值税销项税额=(45 000+16 000+85 000)×13%=18 980(元)

进口环节缴纳的增值税可以凭海关开具的进口增值税专用缴款书作为进项税额抵扣凭证,在稽核比对通过后抵扣。

增值税的计算知识点梳理

当月进项税额=5 888.24+5 733=11 621.24(元)

当月应纳税额=18 980-11 621.24=7 358.76(元)

任务四 增值税的征收管理

一、增值税专用发票的使用和管理

一般纳税人应通过增值税防伪税控系统使用专用发票。使用包括领购、开具、缴销、认证、稽核对比专用发票及其相应的数据电文。

(一)专用发票的联次及用途

专用发票由基本联次或者基本联次附加其他联次构成,基本联次为三联:发票联、抵扣联和记账联。

(1)发票联,是购买方核算采购成本和增值税进项税额的记账凭证;

(2)抵扣联,是购买方报送主管税务机关认证和留存备查的凭证;

(3)记账联,是销售方核算销售收入和增值税销项税额的记账凭证。

其他联次用途,由一般纳税人自行确定。

(二)专用发票的领购

增值税专用发票最高开票限额申请表

一般纳税人领购专用设备后,凭"最高开票限额申请表""发票领购簿"到主管税务机关办理初始发行。所谓初始发行,是指主管税务机关将一般纳税人的企业名称、税务登记代码、开票限额、购票限量、购票人员姓名、密码、开票机数量及国家税务总局规定的其他信息等载入空白金税卡(或税盘)和IC卡的行为。一般纳税人凭"发票领购簿"、IC卡和经办人身份证明领购专用发票。

一般纳税人有下列情形之一者,不得领购使用专用发票:

(1)会计核算不健全,即不能按会计制度和税务机关的要求准确核算增值税的销项税额、进项税额和应纳税额数据及其他有关增值税税务资料的。其中,有关增值税税务资料的内容,由省、自治区、直辖市和计划单列市国家税务局确定。

(2)有《税收征收管理法》规定的税收违法行为,拒不接受税务机关处理的。

(3)有下列行为之一,经税务机关责令限期改正而仍未改正的:①虚开增值税专用发票;②私自印制专用发票;③向税务机关以外的单位和个人买取专用发票;④借用他人专用发票;⑤未按《增值税专用发票使用规定》第十一条开具专用发票;⑥未按规定保管专用发票和专用设备;⑦未按规定申请办理防伪税控系统变更发行;⑧未按规定接受税务机关检查。有以上情形的,如已领购专用发票,主管税务机关应暂扣其结存的专用发票和IC卡。

(三)专用发票的使用管理

1. 增值税专用发票的开具要求

(1)项目齐全,与实际交易相符;

(2)字迹清楚,不得压线、错格;

(3)发票联和抵扣联加盖财务专用章或者发票专用章;

(4)按照增值税纳税义务的发生时间开具。

对不符合上述要求的专用发票,购买方有权拒收。

2. 增值税专用发票的开具范围

一般纳税人销售货物、劳务、服务、无形资产或者不动产,应向购买方开具专用发票,但属于下列情形之一的,不得开具增值税专用发票:

(1)商业企业一般纳税人零售的烟、酒、食品、服装、鞋帽(不包括劳保专用部分)、化妆品等消费品不得开具专用发票。

(2)增值税小规模纳税人发生应税行为,不得开具增值税专用发票。但购买方索取专用发票的,可向主管税务机关申请代开。

(3)销售货物、劳务、无形资产或者不动产适用于免税规定的,不得开具专用发票,法律、法规及国家税务总局另有规定的除外。

(4)向消费者个人销售货物、劳务、服务、无形资产或不动产。

3. 增值税专用发票的开具限额

专用发票实行最高开票限额管理。最高开票限额是指单份专用发票开具的销售额合计数不得达到的上限额度。

最高开票限额由一般纳税人申请,税务机关依法审批。最高开票限额为10万元及以下的,由区县级税务机关审批;最高开票限额为100万元的,由地市级税务机关审批;最高开票限额为 1 000 万元及以上的，由省级税务机关审批。防伪税控系统的具体发行工作由区县级税务机关负责。

税务机关审批最高开票限额时应进行实地核查。批准使用最高开票限额为 10 万元及以下的，由区县级税务机关派人实地核查；批准使用最高开票限额为 100 万元的，由地市级税务机关派人实地核查；批准使用最高开票限额为 1 000 万元及以上的，由地市级税务机关派人实地核查后将核查资料报省级税务机关审核。

一般纳税人申请最高开票限额时，需填报“最高开票限额申请表”。

4. 专用发票的缴销

主管税务机关应缴销其专用发票，并按有关安全管理的要求处理专用设备。专用发票的缴销，是指主管税务机关在纸质专用发票监制章处按“V”字剪角作废，同时作废相应的专用发票数据电文。被缴销的纸质专用发票应退还纳税人。

一般纳税人注销税务登记或者转为小规模纳税人，应将专用设备和结存未用的纸质专用发票送交主管税务机关。

二、增值税的征收管理规定

（一）增值税纳税义务发生时间

1. 基本规定

（1）纳税人销售货物、提供应税劳务或者提供应税行为，为收讫销售款项或者取得索取销售款项凭据的当天；先开具发票的，为开具发票的当天。

（2）纳税人进口货物，为报关进口的当天。

（3）增值税扣缴义务发生时间为纳税人增值税纳税义务发生的当天。

2. 纳税人销售货物或者提供应税劳务的具体规定

销售货物或者提供应税劳务的纳税义务发生时间，按销售结算方式的不同，具体为：

（1）采取直接收款方式销售货物，不论货物是否发出，均为收到销售款或取得索取销售款凭据的当天。

纳税人在生产经营活动中采取直接收款方式销售货物，已将货物移送对方并暂估销售收入入账，但未取得销售款或取得销售款凭据也未开具销售发票的，其增值税纳税义务发生时间为取得销售款或取得销售款凭据的当天；先开具发票的，为开具发票的当天。

（2）采取托收承付和委托银行收款方式销售货物，为发出货物并办妥托收手续的当天。

（3）采取赊销和分期收款方式销售货物，为书面合同约定收款日期的当天；无书面合同或者书面合同没有约定收款日期的，为货物发出的当天。

（4）采取预收货款方式销售货物，为货物发出的当天。但生产销售、生产工期超过 12 个月的大型机械设备、船舶、飞机等货物，为收到预收款或者书面合同约定的收款日期的当天。

（5）委托其他纳税人代销货物，为收到代销单位的代销清单或者收到全部或者部分货款的当天；未收到代销清单及货款的，其纳税义务发生时间为发出代销货物满 180 日的当天。

（6）销售应税劳务，为提供劳务同时收讫销售款或取得销售款凭据的当天。

（7）纳税人发生视同销售货物行为，为货物移送的当天。

3.“营改增”行业增值税纳税义务、扣缴义务发生时间

（1）增值税纳税义务发生时间为纳税人发生应税行为并收讫销售款项或者取得销售款项

凭据的当天;先开具发票的,为开具发票的当天。

取得销售款项凭据的当天,是指书面合同确定的付款日期;未签订书面合同或者书面合同未确定付款日期的,为服务、无形资产转让完成的当天或者不动产权属变更的当天。

(2)纳税人提供建筑服务、租赁服务采取预收款方式的,其纳税义务发生时间为收到预收款的当天。

(3)纳税人从事金融商品转让的,其纳税义务发生时间为金融商品所有权转移的当天。

(4)纳税人发生视同销售服务、无形资产或者不动产情形的,其纳税义务发生时间为服务、无形资产转让完成的当天或者不动产权属变更的当天。

(5)增值税扣缴义务发生时间为纳税人增值税纳税义务发生的当天。

(二)纳税期限

1. 增值税纳税期限的规定

增值税的纳税期限规定为1日、3日、5日、10日、15日、1个月或者1个季度。纳税人的具体纳税期限,由主管税务机关根据纳税人应纳税额的大小分别核定;不能按照固定期限纳税的,可以按次纳税。

提示:增值税小规模纳税人的增值税纳税可以选择以1个月或1个季度为纳税期限。自2019年1月1日起,按固定期限纳税的小规模纳税人可以选择以1个月或1个季度为纳税期限,一经选择,一个会计年度内不得变更。小规模纳税人,纳税期限不同,其享受增值税免税政策的效果可能存在差异。

小规模纳税人,纳税期限不同,其享受免税政策的效果可能存在差异。举例说明如下:

情况一:某小规模纳税人2020年1～3月的销售额分别是5万元、11万元和12万元。如果按月纳税,则只有1月份的5万元能够享受免税;如果按季纳税,由于该季度销售额为28万元,未超过免税标准,因此,28万元全部能享受免税。在这种情况下,小规模纳税人更愿意实行按季纳税。

情况二:某小规模纳税人2020年1～3月的销售额分别是8万元、11万元和12万元。如果按月纳税,1月份的8万元能够享受免税;如果按季纳税,由于该季度销售额31万元已超过免税标准,因此,31万元均无法享受免税。在这种情况下,小规模纳税人更愿意实行按月纳税。

基于以上情况,为确保小规模纳税人充分享受政策,公告明确,按照固定期限纳税的小规模纳税人可以根据自己的实际经营情况选择实行按月纳税或按季纳税。为确保年度内纳税人的纳税期限相对稳定,同时明确了一经选择,一个会计年度内不得变更。

2. 增值税报缴税款期限的规定

(1)纳税人以1个月或者1个季度为纳税期的,自期满之日起15日内申报纳税;以1日、3日、5日、10日或者15日为1个纳税期的,自期满之日起5日内预缴税款,于次月1日起15日内申报纳税并结清上月应纳税款。扣缴义务人解缴税款的期限,按照上述规定执行。

(2)纳税人进口货物,自海关填发海关进口增值税专用缴款书之日起15日内缴纳税款。

(三)纳税地点

一般情况下,增值税实行“就地纳税”原则,其规定具体如下:

1. 固定业户的纳税地点

外出经营活动税收管理证明

(1)固定业户应当向其机构所在地主管税务机关申报纳税。总机构和分支机构不在同一县(市)的,应当分别向各自所在地主管税务机关申报纳税;经国务院财政、税务主管部门或者其授权的财政、税务机关批准,可以由总机构汇总向总机构所在地主管税务机关申报纳税。

(2)固定业户到外县(市)销售货物或者提供应税劳务的,应当向其机构所在地主管税务机关申请开具外出经营活动税收管理证明,向其机构所在地主管税务机关申报纳税。未开具证明的,应当向销售地或者劳务发生地主管税务机关申报纳税;未向销售地或者劳务发生地主管税务机关申报纳税的,由其机构所在地主管税务机关补征税款。

提示:固定业户(指增值税一般纳税人)临时到外省、市销售货物的,必须向经营地税务机关出示"外出经营活动税收管理证明",回原地纳税,需要向购货方开具专用发票的,也回原地补开。

2. 非固定业户增值税纳税地点

非固定业户销售货物或者提供应税劳务和应税行为,应当向销售地或者劳务和应税行为发生地主管税务机关申报纳税;未向销售地或者劳务和应税行为发生地主管税务机关申报纳税的,由其机构所在地或居住地主管税务机关补征税款。

3. 进口货物增值税纳税地点

进口货物,应当由进口人或其代理人向报关地海关申报纳税。

扣缴义务人应当向其机构所在地或者居住地的主管税务机关申报缴纳其扣缴的税款。

4. 其他情况

(1)其他个人提供建筑服务,销售或者租赁不动产,转让自然资源使用权应向建筑服务发生地、不动产所在地、自然资源所在地主管税务机关申报纳税。

(2)纳税人跨县(市)提供建筑服务,在建筑服务发生地预缴税款后,向机构所在地主管税务机关申报纳税。

(3)纳税人销售不动产,在不动产所在地预缴税款后,向机构所在地主管税务机关申报纳税。

(4)纳税人租赁不动产,在不动产所在地预缴税款后,向机构所在地主管税务机关申报纳税。

一般纳税人跨省(自治区、直辖市或者计划单列市)提供建筑服务或者销售与机构所在地不在同一省(自治区、直辖市或者计划单列市)的不动产,在机构所在地申报纳税时,计算的应纳税额小于已预缴税额,且差额较大的,由国家税务总局通知建筑服务发生地或者不动产所在地省级税务机关,在一定时期内暂停预缴增值税。

三、增值税的纳税申报

(一)一般纳税人的纳税申报流程

1. 提供纳税申报资料

一般纳税人纳税申报资料包括纳税申报表及其附列资料和纳税申报其他资料。

(1)纳税申报表及其附列资料(参见表 2—7 到表 2—13)。

表 2—7

增值税纳税申报表

（一般纳税人适用）

根据国家税收法律法规及增值税相关规定制定本表。纳税人不论有无销售额，均应按税务机关核定的纳税期限填写本表，并向当地税务机关申报。

税款所属时间：自　　年　　月　　日至　　年　　月　　日

填表日期：　　年　　月　　日　　　　　　　　金额单位：元至角分

纳税人识别号						所属行业：
纳税人名称	（公章）	法定代表人姓名		注册地址		生产经营地址	
开户银行及账号		登记注册类型			电话号码	

	项　目	栏　次	一般项目		即征即退项目	
			本月数	本年累计	本月数	本年累计
销售额	（一）按适用税率计税销售额	1				
	其中：应税货物销售额	2				
	应税劳务销售额	3				
	纳税检查调整的销售额	4				
	（二）按简易办法计税销售额	5				
	其中：纳税检查调整的销售额	6				
	（三）免、抵、退办法出口销售额	7			—	—
	（四）免税销售额	8			—	—
	其中：免税货物销售额	9				—
	免税劳务销售额	10			—	—
税款计算	销项税额	11				
	进项税额	12				
	上期留抵税额	13				—
	进项税额转出	14				
	免、抵、退应退税额	15			—	—
	按适用税率计算的纳税检查应补缴税额	16			—	—
	应抵扣税额合计	17＝12＋13－14－15＋16		—		—
	实际抵扣税额	18（如 17＜11，则为 17，否则为 11）				
	应纳税额	19＝11－18				
	期末留抵税额	20＝17－18				—
	简易计税办法计算的应纳税额	21				
	按简易计税办法计算的纳税检查应补缴税额	22			—	—
	应纳税额减征额	23				
	应纳税额合计	24＝19＋21－23				
税款缴纳	期初未缴税额（多缴为负数）	25				
	实收出口开具专用缴款书退税额	26			—	—
	本期已缴税额	27＝28＋29＋30＋31				
	①分次预缴税额	28		—		—
	②出口开具专用缴款书预缴税额	29		—	—	—
	③本期缴纳上期应纳税额	30				
	④本期缴纳欠缴税额	31				
	期末未缴税额（多缴为负数）	32＝24＋25＋26－27				
	其中：欠缴税额（≥0）	33＝25＋26－27		—		—
	本期应补（退）税额	34＝24－28－29		—		—
	即征即退实际退税额	35	—	—		
	期初未缴查补税额	36			—	—
	本期入库查补税额	37			—	—
	期末未缴查补税额	38＝16＋22＋36－37			—	—

授权声明	如果你已委托代理人申报，请填写下列资料： 为代理一切税务事宜，现授权 （地址）　　　　为本纳税人的代理申报人，任何与本申报表有关的往来文件，都可寄予此人。 授权人签字：	申报人声明	本纳税申报表是根据国家税收法律法规及相关规定填报的，我确定它是真实的、可靠的、完整的。 声明人签字：

主管税务机关：　　　　　　　　接收人：　　　　　　　　接收日期：

表 2—8

增值税纳税申报表附列资料(一)

(本期销售情况明细)

税款所属时间：　年　月　日至　年　月　日

纳税人名称:(公章)　　　　　　　　　　　　　　　　　　金额单位:元至角分

项目及栏次				开具增值税专用发票		开具其他发票		未开具发票		纳税检查调整		合　计			服务、不动产和无形资产扣除项目本期实际扣除金额	扣除后	
				销售额	销项(应纳)税额	销售额	销项(应纳)税额	销售额	销项(应纳)税额	销售额	销项(应纳)税额	销售额	销项(应纳)税额	价税合计		含税(免税)销售额	销项(应纳)税额
				1	2	3	4	5	6	7	8	9=1+3+5+7	10=2+4+6+8	11=9+10	12	13=11−12	14=13÷(100%+税率或征收率)×税率或征收率
一、一般计税方法计税	全部征税项目	13%税率的货物及加工修理修配劳务	1											—	—	—	—
		13%税率的服务、不动产和无形资产	2														
		9%税率的货物及加工修理修配劳务	3											—	—	—	—
		9%税率的服务、不动产和无形资产	4														
		6%税率	5														
	其中：即征即退项目	即征即退货物及加工修理修配劳务	6	—	—	—	—	—	—	—	—			—	—	—	—
		即征即退服务、不动产和无形资产	7	—	—	—	—	—	—	—	—						
二、简易计税方法计税	全部征税项目	6%征收率	8							—	—			—	—	—	—
		5%征收率的货物及加工修理修配劳务	9a							—	—			—	—	—	—
		5%征收率的服务、不动产和无形资产	9b							—	—						
		4%征收率	10							—	—			—	—	—	—
		3%征收率的货物及加工修理修配劳务	11							—	—			—	—	—	—
		3%征收率的服务、不动产和无形资产	12							—	—						
		预征率　%	13a							—	—						
		预征率　%	13b							—	—						
		预征率　%	13c							—	—						
	其中：即征即退项目	即征即退货物及加工修理修配劳务	14	—	—	—	—	—	—	—	—			—	—	—	—
		即征即退服务、不动产和无形资产	15	—	—	—	—	—	—	—	—						
三、免抵退税		货物及加工修理修配劳务	16	—	—		—		—	—	—		—	—	—	—	—
		服务、不动产和无形资产	17	—	—		—		—	—	—		—				—
四、免税		货物及加工修理修配劳务	18				—		—	—	—		—	—	—	—	—
		服务、不动产和无形资产	19	—	—		—		—	—	—		—				—

表 2—9

增值税纳税申报表附列资料(二)

(本期进项税额明细)

税款所属时间：　　年　　月　　日至　　年　　月　　日

纳税人名称：(公章)　　　　　　　　　　　　　　　　　金额单位：元至角分

一、申报抵扣的进项税额				
项　目	栏次	份数	金额	税额
(一)认证相符的增值税专用发票	1=2+3			
其中：本期认证相符且本期申报抵扣	2			
前期认证相符且本期申报抵扣	3			
(二)其他扣税凭证	4=5+6+7+8a+8b			
其中：海关进口增值税专用缴款书	5			
农产品收购发票或者销售发票	6			
代扣代缴税收缴款凭证	7		—	
加计扣除农产品进项税额	8a	—	—	
其他	8b			
(三)本期用于购建不动产的扣税凭证	9			
(四)本期用于抵扣的旅客运输服务扣税凭证	10			
(五)外贸企业进项税额抵扣证明	11	—	—	
当期申报抵扣进项税额合计	12=1+4+11			
二、进项税额转出额				
项　目	栏次	税额		
本期进项税额转出额	13=14 至 23 之和			
其中：免税项目用	14			
集体福利、个人消费	15			
非正常损失	16			
简易计税方法征税项目用	17			
免抵退税办法不得抵扣的进项税额	18			
纳税检查调减进项税额	19			
红字专用发票信息表注明的进项税额	20			
上期留抵税额抵减欠税	21			
上期留抵税额退税	22			
其他应作进项税额转出的情形	23			
三、待抵扣进项税额				
项　目	栏次	份数	金额	税额
(一)认证相符的增值税专用发票	24	—	—	—
期初已认证相符但未申报抵扣	25			
本期认证相符且本期未申报抵扣	26			
期末已认证相符但未申报抵扣	27			
其中：按照税法规定不允许抵扣	28			
(二)其他扣税凭证	29=30 至 33 之和			
其中：海关进口增值税专用缴款书	30			
农产品收购发票或者销售发票	31			
代扣代缴税收缴款凭证	32		—	
其他	33			
	34			
四、其他				
项　目	栏次	份数	金额	税额
本期认证相符的增值税专用发票	35			
代扣代缴税额	36	—	—	

表 2—10

增值税纳税申报表附列资料(三)

(服务、不动产和无形资产扣除项目明细)

税款所属时间: 年 月 日至 年 月 日

纳税人名称:(公章)

金额单位:元至角分

项目及栏次		本期服务、不动产和无形资产价税合计额(免税销售额)	服务、不动产和无形资产扣除项目				
			期初余额	本期发生额	本期应扣除金额	本期实际扣除金额	期末余额
		1	2	3	4=2+3	5(5≤1 且 5≤4)	6=4—5
13%税率的项目	1						
9%税率的项目	2						
6%税率的项目(不含金融商品转让)	3						
6%税率的金融商品转让项目	4						
5%征收率的项目	5						
3%征收率的项目	6						
免抵退税的项目	7						
免税的项目	8						

表 2—11

增值税纳税申报表附列资料(四)

(税额抵减情况表)

税款所属时间: 年 月 日至 年 月 日

纳税人名称:(公章)

金额单位:元至角分

一、税额抵减情况						
序号	抵减项目	期初余额	本期发生额	本期应抵减税额	本期实际抵减税额	期末余额
		1	2	3=1+2	4≤3	5=3—4
1	增值税税控系统专用设备费及技术维护费					
2	分支机构预征缴纳税款					
3	建筑服务预征缴纳税款					
4	销售不动产预征缴纳税款					
5	出租不动产预征缴纳税款					

二、加计抵减情况							
序号	加计抵减项目	期初余额	本期发生额	本期调减额	本期可抵减额	本期实际抵减额	期末余额
		1	2	3	4=1+2—3	5	6=4—5
6	一般项目加计抵减额计算						
7	即征即退项目加计抵减额计算						
8	合 计						

表 2—12

增值税纳税申报表附列资料(五)

(不动产分期抵扣计算表)

税款所属时间：　年　月　日至　年　月　日

纳税人名称:(公章)　　　　金额单位:元至角分

期初待抵扣不动产进项税额	本期不动产进项税额增加额	本期可抵扣不动产进项税额	本期转入的待抵扣不动产进项税额	本期转出的待抵扣不动产进项税额	期末待抵扣不动产进项税额
1	2	3≤1+2+4	4	5≤1+4	6=1+2−3+4−5

表 2—13

增值税减免税申报明细表

税款所属时间:自　年　月　日至　年　月　日

纳税人名称(公章):　　　　金额单位:元至角分

一、减税项目						
减税性质代码及名称	栏次	期初余额	本期发生额	本期应抵减税额	本期实际抵减税额	期末余额
		1	2	3=1+2	4≤3	5=3−4
合　计	1					
	2					
	3					
	4					
	5					
	6					
二、免税项目						
免税性质代码及名称	栏次	免征增值税项目销售额	免税销售额扣除项目本期实际扣除金额	扣除后免税销售额	免税销售额对应的进项税额	免税额
		1	2	3=1−2	4	5
合　计	7					
出口免税	8		—	—	—	—
其中:跨境服务	9		—	—	—	—
	10					
	11					
	12					
	13					
	14					
	15					
	16					

①增值税纳税申报表(一般纳税人适用)(主表)。

②增值税纳税申报表附列资料(一)(本期销售情况明细)。

③增值税纳税申报表附列资料(二)(本期进项税额明细)。

④增值税纳税申报表附列资料(三)(服务、不动产和无形资产扣除项目明细)。

提示:一般纳税人销售服务、不动产和无形资产,在确定服务、不动产和无形资产销售额时,按照有关规定可以从取得的全部价款和价外费用中扣除价款的,需填报增值税纳税申报表附列资料(三),其他情况不填写该附列资料。

⑤增值税纳税申报表附列资料(四)(税额抵减情况表)。

⑥增值税纳税申报表附列资料(五)(不动产分期抵扣计算表)。

⑦增值税减免税申报明细表。

(2)纳税申报其他资料。

①已开具的税控机动车销售统一发票和普通发票的存根联。

②符合抵扣条件且在本期申报抵扣的增值税专用发票(含税控机动车销售统一发票)的抵扣联。

③符合抵扣条件且在本期申报抵扣的海关进口增值税专用缴款书、购进农产品取得的普通发票的复印件。

④符合抵扣条件且在本期申报抵扣的税收完税凭证及其清单、书面合同、付款证明和境外单位的对账单或者发票。

⑤已开具的农产品收购凭证的存根联或报查联。

⑥纳税人销售服务、不动产和无形资产,在确定服务、不动产和无形资产销售额时,按照有关规定从取得的全部价款和价外费用中扣除价款的合法凭证及其清单。

⑦主管税务机关规定的其他资料。

2. 填报增值税纳税申报表

一般纳税人按照其企业实际情况填写一张主表(必填)、附表和增值税减免税申报明细表。

3. 办理税款缴纳流程

办理税款缴纳手续前,还需完成专用发票认证(或选择抵扣)、抄税、报税、办理申报并缴纳税款等工作。

(1)专用发票认证(或选择抵扣)。增值税专用发票的认证方式可选择手工认证和网上认证。手工认证是单位办税员月底持专用发票“抵扣联”到所属主管税务机关服务大厅“认证窗口”进行认证;网上认证是纳税人月底前通过扫描仪将专用发票抵扣联扫入认证专用软件,生成电子数据,将数据文件传给税务机关完成认证。自 2016 年 5 月 1 日起,纳税信用 A 或 B 级纳税人对取得的增值税专用发票可以不再进行认证,通过增值税发票税控开票软件登录本省增值税发票查询平台,查询、选择用于申报抵扣或者出口退税的增值税发票信息。

(2)抄税。抄税是在当月的最后一天,通常是在次月 1 日早上开票前,利用防伪税控开票进行抄税处理,将本月开具的增值税专用发票信息读入 IC 卡。抄税完成后,本月不允许再开具发票。

(3)报税。报税是报税期内,一般单位在 15 日前,将 IC 卡拿到税务机关,由税务人员将 IC 卡信息读入税务机关的金税系统,通过抄税,税务机关确保所有开具的销项发票进入金税系统。通过报税,税务机关确保所有的进项税额都进入金税系统,可以在系统内由系统进行自动比对,确保所有抵扣的进项发票都有销项发票与其对应。

(4)办理申报并缴纳税款。申报工作可分为上门申报和网上申报(现在以网上申报为主)两种。税务机关将申报表数据传给开户银行,由银行进行自动转账。未实行税库银联网的纳税人需自己到税务机关指定银行进行现金缴纳。

(二)小规模纳税人的纳税申报流程

1. 提供纳税申报资料(参见表2—14和表2—15)

增值税小规模纳税人纳税申报表及其附列资料包括:增值税纳税申报表(小规模纳税人适用)、增值税纳税申报表(小规模纳税人适用)附列资料和增值税减免税申报明细表。小规模纳税人销售服务,在确定服务销售额时,按照有关规定可以从取得的全部价款和价外费用中扣除价款的,需填报增值税纳税申报表(小规模纳税人适用)附列资料。其他情况不填写该附列资料。

增值税的征收管理知识点梳理

2. 填报小规模纳税人纳税申报表及附列资料

3. 办理税款缴纳手续

表2—14　　**增值税纳税申报表**

(小规模纳税人适用)

纳税人识别号:□□□□□□□□□□□□□□□□□□□□

纳税人名称(公章):　　　　金额单位:元至角分

税款所属期:　　年　　月　　日至　　年　　月　　日　　　　填表日期:　　年　　月　　日

项目		栏次	本期数		本年累计	
			货物及劳务	服务、不动产和无形资产	货物及劳务	服务、不动产和无形资产
一、计税依据	(一)应征增值税不含税销售额(3%征收率)	1				
	税务机关代开的增值税专用发票不含税销售额	2				
	税控器具开具的普通发票不含税销售额	3				
	(二)应征增值税不含税销售额(5%征收率)	4	—		—	
	税务机关代开的增值税专用发票不含税销售额	5	—		—	
	税控器具开具的普通发票不含税销售额	6	—		—	
	(三)销售使用过的固定资产不含税销售额	7(7≥8)		—	—	
	其中:税控器具开具的普通发票不含税销售额	8		—		—
	(四)免税销售额	9=10+11+12				
	其中:小微企业免税销售额	10				
	未达起征点销售额	11				
	其他免税销售额	12				
	(五)出口免税销售额	13(13≥14)				
	其中:税控器具开具的普通发票销售额	14				
二、税款计算	本期应纳税额	15				
	本期应纳税额减征额	16				
	本期免税额	17				
	其中:小微企业免税额	18				
	未达起征点免税额	19				
	应纳税额合计	20=15−16				
	本期预缴税额	21			—	—
	本期应补(退)税额	22=20−21			—	—

纳税人或代理人声明:	如纳税人填报,由纳税人填写以下各栏:
本纳税申报表是根据国家税收法律法规及相关规定填报的,我确定它是真实的、可靠的、完整的。	办税人员:　　财务负责人: 法定代表人:　　联系电话:
	如委托代理人填报,由代理人填写以下各栏:
	代理人名称(公章):　　经办人: 联系电话:

主管税务机关:　　　　接收人:　　　　接收日期:

表 2—15 **增值税纳税申报表(小规模纳税人适用)附列资料**

税款所属期： 年 月 日至 年 月 日 填表日期： 年 月 日

纳税人名称(公章)： 金额单位：元至角分

应税服务扣除额计算			
期初余额	本期发生额	本期扣除额	期末余额
1	2	3(3≤1+2之和，且3≤5)	4=1+2−3
应税服务计税销售额计算			
全部含税收入	本期扣除额	含税销售额	不含税销售额
5	6=3	7=5−6	8=7÷1.03

任务五 增值税出口货物退(免)税

出口货物以不含国内流转税的价格参与全球市场竞争，是国际通行的惯例。我国依据国际惯例实行出口货物退(免)税政策，目的是为了平衡税负，使本国出口货物与其他国家地区的货物有相对平等的税收条件，从而增加出口，促进外向型经济的发展。

出口货物退(免)税是指在国际贸易业务中，对报关出口的货物、劳务和服务退还在国内各生产环节和流转环节按税法规定已缴纳的增值税，或免征应缴纳的增值税。

一、出口货物退(免)税的基本政策

我国出口货物、劳务和服务纳税的基本政策有以下三种：

(一)出口免税并退税

该政策是指对货物、劳务和服务在出口销售环节不征增值税，对货物、劳务和服务在出口前实际承担的税收负担，按规定的出口退税率计算后予以退还。

(二)出口免税但不退税

该政策是指出口环节免征增值税，对于适用该政策的货物、劳务或服务，由于在前一道生产、销售或出口环节是免税的，其价格本身就不含增值税，因此也就不需要退税。主要包括以下方面：

(1)出口企业或其他单位出口规定的货物，具体是指：增值税小规模纳税人出口货物；避孕药品和用具，古旧图书；软件产品；含黄金、铂金成分的货物，钻石及其饰品；国家计划内出口的卷烟；已使用过的设备；非出口企业委托出口的货物；非列名生产企业出口的非视同自产货物；农业生产者自产农产品；油画、花生果仁、黑大豆等财政部和国家税务总局规定的出口免税的货物；外贸企业取得普通发票、废旧物资收购凭证、农产品收购发票、政府非税收入票据的货物；来料加工复出口货物；特殊区域内的企业出口的特殊区域内的货物；以人民币现金作为结算方式的边境地区出口企业从所在省(自治区)的边境口岸出口到接壤国家的一般贸易和边境小额贸易出口货物。

(2)“营改增”的免税规定。

①境内单位和个人销售的下列服务和无形资产免征增值税：工程项目在境外的建筑服

务;工程项目在境外的工程监理服务;工程、矿产资源在境外的工程勘察勘探服务;会议展览地点在境外的会议展览服务;存储地点在境外的仓储服务;标的物在境外使用的有形动产租赁服务;在境外提供的广播影视节目(作品)的播映服务;在境外提供的文化体育服务、教育医疗服务、旅游服务;为出口货物提供的邮政服务、收派服务、保险服务(包括出口货物保险和出口信用保险)。

②向境外单位提供的完全在境外消费的下列服务和无形资产:电信服务;知识产权服务;物流辅助服务(仓储服务、收派服务除外);鉴证咨询服务;专业技术服务;商务辅助服务;广告投放地在境外的广告服务;无形资产。

③以无运输工具承运方式提供的国际运输服务。

④为境外单位之间的货币资金融通及其他金融业务提供的直接收费金融服务,且该服务与境内货物、无形资产和不动产无关。

(三)出口环节不免税也不退税

出口不免税是指对国家限制或禁止出口的货物,出口环节视同内销环节,照章征收增值税;出口不退税是指不退还该货物出口前其所负担的增值税。

二、适用"免税并退税"政策的出口货物、劳务和服务范围

对于下列出口货物、劳务和服务,除适用增值税免税政策和征税政策规定外,实行出口免税并退税政策。

(一)出口企业出口货物

出口企业是指生产企业和外贸企业。

出口货物是指向海关报关后实际离境并销售给境外单位或个人的货物,分为自营出口货物和委托出口货物两类。

(二)出口企业或其他单位视同出口货物

(1)出口企业对外援助、对外承包、境外投资的出口货物。

(2)出口企业经海关报关进入国家批准的出口加工区、保税物流园区、保税港区、综合保税区等特殊区域并销售给特殊区域内单位或境外单位、个人的货物。

(3)免税品经营企业销售的货物,国家规定不允许经营和限制出口的货物、卷烟和超出免税品经营企业经营范围的货物除外。

(4)出口企业或其他单位销售给用于国际金融组织或外国政府贷款国际招标建设项目的中标机电产品。

(5)生产企业向海上石油天然气开采企业销售的自产的海洋工程结构物。

(6)出口企业或其他单位销售给国际运输企业用于国际运输工具上的货物,包括用于外轮供应公司、远洋运输供应公司销售给外轮、远洋国轮的货物,以及自 2011 年 1 月 1 日起,国内航空供应公司生产销售给国内和国外航空公司国际航班的航空食品。

(7)出口企业或其他单位销售给特殊区域内生产企业生产耗用且不向海关报关而输入特殊区域的水(包括蒸汽)、电力、燃气。

(三)出口企业对外提供加工修理修配劳务

对外提供加工修理修配劳务是指对进境复出口货物或从事国际运输的运输工具进行的加工修理修配。

（四）一般纳税人提供适用零税率的应税服务

自2016年5月1日起，单位和个人跨境应税行为适用增值税零税率。

三、增值税出口退税率

（一）退税率的一般规定

除财政部和国家税务总局根据国务院决定而明确的增值税出口退税率外，出口货物退税率为其适用税率。

（二）出口应税服务的退税率

应税服务退税率为应税服务适用的增值税税率。

（三）退税率的特殊规定

（1）外贸企业购进按简易办法征税的出口货物、从小规模纳税人购进的出口货物，其退税率分别为简易办法实际执行的征收率、小规模纳税人征收率。上述出口货物取得增值税专用发票的，退税率按照增值税专用发票上的税率和出口货物退税率孰低的原则确定。

（2）出口企业委托加工修理修配货物，其加工修理修配费用的退税率为出口货物的退税率。

（3）适用不同退税率的货物劳务，应分开报关、核算并申报退（免）税，未分开报关、核算或划分不清的，从低适用退税率。

四、增值税退（免）税办法选择

出口货物劳务适用增值税退（免）税政策的，具体执行办法有两种：免抵退办法和免退税办法。

（一）免抵退办法

1. 免抵退税的含义

免抵退税是指生产企业出口自产货物（含视同自产货物）、对外提供加工修理修配劳务，免征出口环节增值税，对相应的进项税额抵减应纳税额，未抵减完的部分予以退还。

2. 免抵退办法适用范围

（1）生产企业出口自产货物。

（2）视同自产货物，具体范围包括以下两种：

①持续经营以来从未发生骗取出口退税、虚开或接受虚开增值税专用发票（善意取得虚开增值税专用发票除外）行为且同时符合下列条件的生产企业出口的外购货物，可视同自产货物适用增值税退（免）税政策：已取得增值税一般纳税人资格；已持续经营2年及2年以上；纳税信用等级A级；上一年度销售额5亿元以上；外购出口的货物与本企业自产货物同类型或具相关性。

②持续经营以来从未发生骗取出口退税、虚开或接受虚开增值税专用发票（善意取得虚开增值税专用发票除外）行为但不能同时符合上述第①条规定的条件的生产企业，出口的外购货物符合下列条件之一的，可视同自产货物申报适用增值税退（免）税政策：用于对外承包工程项目下的货物；用于境外投资的货物；用于对外援助的货物；生产自产货物的外购设备和原材料（农产品除外）。

（3）对外提供加工修理修配劳务。

（4）列名的生产企业出口非自产货物。

(二)免退税办法

免退税办法,也称先征后退法,是指对不具有生产能力的出口企业或其他单位出口货物劳务,免征增值税,相应的进项税额予以退还。

免退税办法适用于有进出口经营权的外贸企业直接出口或委托其他外贸企业代理出口的货物,以及其他特准退税的企业出口的货物。

境内单位和个人提供适用零税率的应税服务,按下列规定选择适用的退(免)税办法:

(1)对适用简易计税方法的,实行免征增值税办法。

(2)对适用增值税一般计税方法的,按下列规定选择:

①生产企业实行"免抵退"税办法。

②外贸企业外购的研发服务和设计服务出口实行免退税办法。

③外贸企业自行开发的研发服务和设计服务出口,视同生产企业连同其出口货物统一实行"免抵退"税办法。

五、增值税退(免)税的计税依据

出口货物劳务的增值税退(免)税的计税依据,按出口货物劳务的出口发票(外销发票)、其他普通发票或购进出口货物劳务的增值税专用发票、海关进口增值税专用缴款书确定。

(一)生产企业出口货物的规定

(1)生产企业出口货物劳务(进料加工复出口货物除外)增值税退(免)税计税依据,为出口货物劳务的实际离岸价(FOB)。

(2)生产企业进料加工复出口货物增值税退(免)税计税依据,为出口货物离岸价扣除出口货物所含的海关保税进口料件的金额后的余额。

(3)生产企业国内购进无进项税额且不计提进项税额的免税原材料加工后出口的货物的计税依据,为出口货物的离岸价扣除出口货物所含的国内购进免税原材料的金额后的余额。

(二)外贸企业出口货物的规定

(1)外贸企业出口货物(委托加工修理修配货物除外)增值税退(免)税依据,为购进出口货物的增值税专用发票注明的金额或海关进口增值税专用缴款书注明的完税价格。

(2)外贸企业出口委托加工修理修配货物增值税退(免)税依据,为加工修理修配费用增值税专用发票注明的金额。

(三)零税率应税服务

1. 实行免抵退办法的退(免)税计税依据

(1)以铁路运输方式载运旅客的,为按照铁路合作组织清算规则清算后的实际运输收入。

(2)以铁路运输方式载运货物的,为按照铁路运输进款清算办法清算后的实际运输收入。

(3)以航空运输方式载运货物或旅客的,如果国际运输或港澳台运输各航段由多个承运人承运的,为中国航空结算有限责任公司清算后的实际收入;如果国际运输或港澳台运输各航段由一个承运人承运的,为提供航空运输服务的收入。

(4)其他实行免抵退办法的增值税零税率应税服务,为提供应税服务取得的收入。

2. 实行退免税办法的退(免)税计税依据

实行退免税办法的退(免)税计税依据,为购进应税服务的增值税专用发票或税收缴款凭证上的税额。

六、增值税免抵退税和免退税的计算

(一)生产企业出口货物劳务服务增值税免抵退税计算

按照下列步骤和公式计算:

第一步,当期应纳税额的计算。

(1)当期应纳税额=当期内销货物销项税额-(当期进项税额-当期免抵退税不得免征和抵扣税额)-上期留抵税额

(2)当期免抵退税不得免征和抵扣税额=出口货物离岸价×汇率×(出口货物适用税率-出口货物退税率)-当期免抵退税不得免征和抵扣税额抵减额

(3)当期免抵退税不得免征和抵扣税额抵减额=当期免税购进原材料价格×(出口货物适用税率-出口货物退税率)

如果当期没有免税购进原材料,上述公式中的(3)不用计算。

如果上述计算结果为正数,说明从内销货物销项税额中抵扣后仍有余额,该余额则为企业当期应纳的增值税税额,无退税额;如果计算结果为负数,则"当期期末留抵税额=当期应纳税额绝对值",即有应退税额。应退税额大小在下面步骤分析确定。

第二步,当期免抵退税额的计算。

(1)当期免抵退税额=当期出口货物离岸价×汇率×出口货物退税率-当期免抵退税额抵减额

(2)当期免抵退税额抵减额=当期免税购进原材料价格×出口货物退税率

如果当期没有免税购进原材料,上述公式中的(2)不用计算。

第三步,当期应退税额和免抵税额的计算。

(1)当期应纳税额≥0,则:

当期应退税额=0

(2)当期应纳税额<0,且当期期末留抵税额≤当期免抵退税额,则:

当期应退税额=当期期末留抵税额

当期免抵税额=当期免抵退税额-当期应退税额

(3)当期应纳税额<0,且当期期末留抵税额>当期免抵退税额,则:

当期应退税额=当期免抵退税额

当期免抵税额=0

当期期末留抵税额为当期增值税纳税申报表中的"期末留抵税额"。

【做中学2-18】 某自营出口生产企业是增值税一般纳税人,出口货物的征税率为13%,退税率为9%。2020年5月购进原材料一批,取得的增值税专用发票注明的价款为200万元,外购货物准予抵扣的进项税额为26万元,货已入库。上期期末留抵税额为3万元。当月内销货物销售额为100万元,销项税额为13万元。当月出口货物销售折合人民币200万元。

要求:计算该企业本期免抵退税额、应退税额、免抵税额。

解析:当期免抵退税不得免征和抵扣税额=200×(13%-9%)=8(万元)

当期应纳增值税额=100×13%-(26-8)-3=-8(万元)

当期出口货物免抵退税额=200×13%=26(万元)

当期应退税额=8(万元)

当期免抵税额＝26－8＝18(万元)

(二)外贸企业出口货物劳务服务增值税免退税计算

(1)外贸企业出口委托加工修理修配货物以外的货物：

增值税应退税额＝购进出口货物的增值税专用发票注明的金额×出口货物退税率

(2)外贸企业出口委托加工修理修配货物：

增值税应退税额＝加工修理费用增值税专用发票注明的金额×出口货物退税率

(三)与增值税退(免)税相关的其他规定

(1)退税率低于适用税率的，相应计算出的差额部分的税款计入出口货物劳务成本。

(2)出口企业既有适用增值税免抵退项目，也有增值税即征即退、先征后退项目的，增值税即征即退和先征后退项目不参与出口项目免抵退税计算。出口企业应分别核算增值税免抵退项目和增值税即征即退、先征后退项目，并分别申请享受增值税即征即退、先征后退和免抵退税政策。

应知考核

一、单项选择题

1. 按照《增值税暂行条例》的规定，小规模纳税人适用的法定征收率是(　　)。

A. 4%　　B. 6%　　C. 3%　　D. 2%

2. 我国增值税实行全面“转型”指的是(　　)。

A. 由过去的生产型转为收入型　　B. 由过去的收入型转为消费型

C. 由过去的生产型转为消费型　　D. 由过去的消费型转为生产型

3. 下列各项中，既是增值税法定税率，又是增值税进项税额扣除率的是(　　)。

A. 7%　　B. 9%　　C. 13%　　D. 17%

4. 下列项目中，属于有形动产租赁的是(　　)。

A. 房屋出租业务　　B. 远洋运输程租业务

C. 远洋运输光租业务　　D. 航空运输湿租业务

5. 下列各项中，适用增值税出口退税“免、退”税办法的是(　　)。

A. 收购货物出口的外贸企业　　B. 受托代理出口货物的外贸企业

C. 自营出口自产货物的生产企业　　D. 委托出口自产货物的生产企业

二、多项选择题

1. 下列各项中，免征增值税的有(　　)。

A. 林场销售树苗

B. 张兰销售自家轿车

C. 英国某公司无偿援助某山区的进口物资和设备

D. 残疾人组织直接进口供残疾人专用的物品

2. 下列项目中，适用6%增值税税率的有(　　)。

A. 有形动产租赁　　B. 文化创意服务

C. 装卸搬运服务　　D. 基础电信服务

3. 下列项目中，属于不得开具增值税专用发票的有(　　)。

A. 向消费者个人提供的应税服务

B. 适用免征增值税规定的应税服务

C. 商业企业一般纳税人零售的烟、酒等消费品

D. 小规模纳税人提供的应税服务

4. 下列项目中,不须办理一般纳税人资格认定的有(　　)。

A. 个体工商户

B. 自然人

C. 选择按照小规模纳税人纳税的不经常发生应税行为的企业

D. 选择按照小规模纳税人纳税的非企业性单位

5. 下列项目中,属于非正常损失的购进货物有(　　)。

A. 因管理不善造成被盗　　B. 因管理不善造成丢失

C. 因管理不善造成霉烂变质　　D. 自然灾害造成的损失

三、判断题

1. 增值税的征收率仅适用于小规模纳税人,不适用于一般纳税人。(　　)

2. 按照增值税税法的有关规定,销售折扣可以从销售额中减除。(　　)

3. 增值税一般纳税人购进用于对外捐赠的货物,取得法定扣税凭证的,可以抵扣增值税进项税额。(　　)

4. 避孕药品和用具、古旧图书,内销免税,出口不免税。(　　)

5. 某商贸公司进口残疾人专用物品,可以按规定享受减免进口增值税。(　　)

四、简述题

1. 简述增值税的分类。

2. 简述增值税的特点。

3. 简述增值税的作用。

4. 简述增值税专用发票的开具要求。

5. 简述我国出口货物、劳务和服务纳税的基本政策。

应会考核

■观念应用

增值税销售额及增值税销项税额

甲公司为增值税一般纳税人,2020 年 5 月将自产的一批新电器 300 件作为福利发放给公司员工。目前,市场上还没有与该类新电器类似的同类产品,因此,也没有同类产品的销售价格。已知每台电器成本为 500 元,成本利润率为 10%。

【考核要求】

计算该批新电器的增值税销售额及增值税销项税额。

■技能应用

蓝天企业增值税业务

蓝天企业为增值税一般纳税人,2020 年 7 月发生如下生产经营业务:

(1)为生产免税产品,购入一批原材料,取得的增值税专用发票上注明的价款为20 000元,增值税为2 600元,支付运输企业(增值税小规模纳税人)不含税运输费10 000元,取得税务机关代开的增值税专用发票。

(2)组织优秀员工外出旅游,支付旅客运费50 000元,取得相应的运输凭证。

(3)对外出租自己的一台生产设备,租赁合同中约定租赁期限为6个月,2020年7月一次性收取全部不含税租金收入36 000元。

(4)采取直接收款方式销售3台X型号自产机器设备,取得的价税合计金额为52 650元,该设备当月尚未发出。

(5)将2台X型号自产机器设备投资于黄河股份有限公司,取得黄河股份有限公司12%的股权;另将一台Y型号自产机器设备赠送给本市一家食品厂,该型号机器设备无同类市场销售价格,生产成本为13 000元,成本利润率为10%。

(6)因管理不善丢失一批5月份购入的食用植物油(已抵扣进项税额),账面成本为8 000元。

其他相关资料:上期留抵税额为5 000元;上述增值税专用发票的抵扣联均已经过认证。

【技能要求】

(1)计算该企业当月应确认的增值税销项税额。

(2)计算该企业当月应缴纳的增值税。

■案例分析

企业"免、抵、退"税额

某交通运输企业为增值税一般纳税人,具备提供国际运输服务的条件和资质。12月该企业承接境内运输业务,收取运费价税合计444万元;当月购进柴油并取得增值税专用发票,注明价款400万元、税款52万元;当月购进两辆货车用于货物运输,取得增值税专用发票,注明价款60万元、税款7.8万元;当月对外承接将货物由境内载运出境的业务,收取价款70万美元。该企业退税率为11%,汇率为1∶6.7。

【分析要求】

请结合本项目的内容,试分析该企业本期"免、抵、退"税额、应退税额和免抵税额。

项目实训

【实训项目】

增值税法的应用。

【实训情境】

一般纳税人增值税的计算

甲为生产企业,乙为运输企业,丙为商业零售企业。甲、乙、丙均为增值税一般纳税人,销售货物的税率为13%,乙的运输劳务税率为9%。2020年4月三家企业分别发生以下业务:

(1)甲出售给丙一台设备自用,采用委托银行收款方式结算,货已发出并办妥托收手续,开具的防伪税控系统增值税专用发票上注明的销售额为30万元,税金为3.9万元;丙当月付款60%,其余下月付清。货物由乙负责运输,乙收取不含税运输费用0.50万元并开具增值税专用发票,合同规定该款项应由丙承担,但是由甲代垫运费,甲将抬头为丙的增值税专用发票转交给丙,丙将运费付给甲。

(2)甲当月购进一批生产用原材料，由乙负责运输，已支付货款和运费，取得的增值税专用发票上注明的货物销售额为20万元，税金为2.6万元，货已入库，取得的增值税专用发票上注明运输费用0.7万元。

(3)甲从丙购进货物，取得增值税专用发票上注明的销售额为5万元，税金为0.65万元。此前将上月购进的已抵税外购成本为4万元(含0.2万元的运费成本)的货物发给职工使用。

(4)因质量问题，丙退回上月从甲进货中的50件，每件不含税价0.08万元(已抵扣过进项税额)，丙取得税务机关开具的进货退出证明单，退货手续符合规定。

(5)本月10日甲又以销售折扣方式卖给丙一批货物，开具防伪税控系统增值税专用发票上注明销售额18万元，合同约定的折扣规定是5/10、2/20、n/30。丙提货后于本月18日全部付清了货款，并将专用发票拿到税务机关认证。货物由乙负责运输，甲支付给乙的不含税运费为0.30万元，取得乙开具的增值税专用发票。

(6)丙本月零售货物，取得零售收入35.10万元，当月还取得其他企业依据销售额返还的收入1.13万元。

(7)乙当月购入税控收款机1台，取得增值税专用发票，注明价税合计1 130元。

【实训任务】

1. 计算甲、乙、丙各自应纳的增值税。

2. 撰写《增值税法的应用》实训报告。

<table>
<tr><th colspan="3">《增值税法的应用》实训报告</th></tr>
<tr><td>项目实训班级：</td><td>项目小组：</td><td>项目组成员：</td></tr>
<tr><td>实训时间： 年 月 日</td><td>实训地点：</td><td>实训成绩：</td></tr>
<tr><td colspan="3">实训目的：</td></tr>
<tr><td colspan="3">实训步骤：</td></tr>
<tr><td colspan="3">实训结果：</td></tr>
<tr><td colspan="3">实训感言：</td></tr>
</table>

消费税法

○ **知识目标：**

理解：消费税的概念、特点；出口应税消费品退(免)税处理。

熟知：消费税的范围和税率；消费税的计税依据；消费税的征收管理。

掌握：消费税的纳税环节；消费税的纳税人；消费税的计算。

○ **技能目标：**

具备消费税应纳税额、从价定率征收应纳税额、从量定额征收应纳税额、从价定率和从量定额复合征收应纳税额、应税消费品已纳税款的扣除、自产自用应税消费品应纳税额、委托加工应税消费品应纳税额、批发和零售应税消费品应纳税额、进口应税消费品应纳税额等计算的能力。

○ **素质目标：**

运用所学的消费税法基本原理知识研究相关案例，培养和提高学生在特定业务情境中分析问题与决策设计的能力；结合行业规范或标准，运用消费税法知识分析行为的善恶，强化学生的职业道德素质。

○ **项目引例：**

铂金、钻石是否纳税

美华公司为一家珠宝首饰有限公司，星云公司为一家铂金、钻石饰品生产厂。星云公司销售一批价值1 000万元的铂金、钻石饰品给美华公司，美华公司又将其中的30%以零售方式对外销售给顾客。

请问：

(1)美华公司和星云公司是否需要缴纳消费税？

(2)已知铂金、钻石饰品的消费税税率为5%，其应缴纳的消费税金额为多少？

○ **知识精讲：**

任务一　消费税概述

一、消费税的概念

消费税是一个古老的税种，其雏形最早产生于古罗马帝国时期。当时，由于农业、手工业的发展，以及城市的兴起与商业的繁荣，盐税、酒税等产品税相继开征，这就是消费税的原型。

我国早在唐代就对鱼、茶、燃料等征收过消费税。发展至今,消费税已成为世界各国普遍征收的税种。

消费税是对在我国境内从事生产、委托加工和进口应税消费品的单位和个人,就其销售额或销售数量,在特定环节征收的一种税。在我国现行税制结构体系中,消费税是与增值税配套的一个税种。它是国家根据产业政策的要求,在普遍征收增值税的基础上,选择部分消费品再征收一道特殊的流转税,目的是引导消费和生产结构,调节收入分配,增加财政收入。

二、消费税的特点

(一)征税项目的选择性

我国现行税制中,消费税征税项目主要选择特殊消费品、奢侈品、高能耗消费品、不可再生资源消费品和税基宽广、消费普遍、不影响生活水平,但又具有一定财政意义的普通消费品。

(二)征税环节的单一性

消费税是在生产(进口)、流通或消费的某一环节一次征收(卷烟、超豪华小汽车除外),而不是在消费品生产、流通或消费的每个环节多次征收。

(三)征收方法的多样性

为适应不同应税消费品的情况,消费税在征收方法设计上不力求一致。对一部分价格差异较大,且便于按价格核算的应税消费品,依消费品或消费行为的价格实行从价定率征收;对一部分价格差异较小,品种、规格比较单一的大宗应税消费品,依消费品的数量实行从量定额征收;对一些特殊的消费品在实行从价定率征收的同时,还对其实行从量定额征收。

(四)税收调节的特殊性

税收调节的特殊性主要体现在两个方面:一是对需要限制或控制消费的消费品规定较高的税率,体现特殊的调节目的;二是消费税与有关税种(如增值税)配合加重或双重调节。

(五)消费税的转嫁性

消费税是一种流转税,消费品中所含的消费税税款最终均转嫁到消费者身上,由消费者承担。

三、消费税与增值税异同

消费税与增值税异同比较如表 3—1 所示。

表 3—1　消费税与增值税异同比较

不同		相同
征收范围	消费税征税范围目前为 15 种应税消费品;而增值税为所有的资产和应税劳务、应税行为	对于应税消费品,既要缴纳增值税也要缴纳消费税,在某一指定的环节两个税同时征收时,从价定率方法下两者的计税依据相同
征税环节	消费税(一般)是一次性征收;而增值税是在货物的每一个流转环节全部征收	
计税方法	消费税是从价征收、从量征收和复合征收,根据应税消费品选择一种计税方法;而增值税是根据纳税人选择计税方法	

任务二　消费税基本法律

一、消费税的纳税人

在中华人民共和国境内生产、委托加工和进口《消费税暂行条例》规定的消费品的单位和个人，以及国务院确定的销售《消费税暂行条例》规定的消费品的其他单位和个人，均为消费税的纳税人。其中，在中华人民共和国境内，是指生产、委托加工和进口属于应当缴纳消费税的消费品的起运地或者所在地在境内；单位，是指企业、行政单位、事业单位、军事单位、社会团体及其他单位；个人，是指个体工商户及其他个人。

二、消费税的范围

我国消费税的税目共有15个，其中，有些税目还包括若干子目。

(一)烟

烟是指以烟叶为原料加工生产的特殊消费品。本税目下设卷烟、雪茄烟和烟丝3个子目。

(1)卷烟。卷烟按价格和来源分为以下两类：

①甲类卷烟，是指每标准条(200支)不含增值税调拨价在70元(含)以上的卷烟、进口卷烟和政府规定的其他卷烟(如白包卷烟、手工卷烟)；

②乙类卷烟，是指每标准条不含增值税调拨价在70元以下的卷烟。

(2)雪茄烟。雪茄烟包括各种规格、型号的雪茄烟。

(3)烟丝。烟丝包括以烟叶为原料生产加工的未经卷制的散装烟，如斗烟、莫合烟、烟末、水烟、黄红烟丝等。

(二)酒

酒是指酒精度在1度以上的各种酒类饮料。本税目下设白酒、黄酒、啤酒、其他酒4个子目。

(1)白酒是指以高粱、玉米、大米、小麦、薯类等为原料，经过糖化、发酵后，采用蒸馏方法酿制的酒。

(2)黄酒是指以糯米、粳米、玉米、大米、小麦、薯类等为原料，经加温、糖化、发酵压榨酿制的酒。其征税范围包括各种原料酿制的黄酒和酒度超过12度(含)的土甜酒。

(3)啤酒是指以大麦或其他粮食为原料，加入啤酒花，经糖化、发酵、过滤酿制的含有二氧化碳的酒。其征税范围包括各种包装和散装的啤酒。

提醒：饮食业、商业、娱乐业举办的啤酒屋(啤酒坊)利用啤酒生产设备生产的啤酒，应征消费税。对无醇啤酒、啤酒源、菠萝啤酒和果酒比照啤酒征税。

(4)其他酒是指除白酒、黄酒、啤酒以外的，酒精度在1度以上的各种酒，包括糠麸白酒、其他原料白酒、土甜酒、复制酒、果木酒、汽酒、药酒等。根据国家税务总局公告2011年第53号规定，对以蒸馏酒或食用酒精为酒基，同时符合以下条件的配制酒，按“其他酒”适用税率征收消费税：①具有国家相关部门批准的国食健字或卫字健字文号；②酒精度低于38度(含)。

以发酵酒为酒基，酒精度低于29度(含)的酿制酒，也按“其他酒”征税。其他配制酒，按白酒税率征收消费税。

提醒：调味料酒不征收消费税。

（三）高档化妆品

高档化妆品是指生产（进口）环节销售（完税）价格（不含增值税）在10元/毫升（克）或15元/片（张）及以上的美容、修饰类化妆品和护肤类化妆品，包括高档美容、修饰类化妆品，高档护肤类化妆品和成套化妆品。

提醒：舞台、戏剧、影视演员化妆用的上妆油、卸妆油、油彩，不属于消费税征税范围。

自2016年10月1日起，取消对普通美容、修饰类化妆品征收消费税。

（四）贵重首饰及珠宝玉石

贵重首饰包括以金、银、白金、宝石、珍珠、钻石、翡翠、珊瑚、玛瑙等贵重、稀有物质及其他金属、人造宝石等制作的纯金银首饰及镶嵌首饰。

珠宝玉石包括钻石、珍珠、松石、青金石、欧泊石、橄榄石、长石、玉、石英、玉髓、石榴石、锆石、尖晶石、黄玉、碧玺、金绿玉、刚玉、琥珀、珊瑚、煤玉、龟甲、合成刚玉、合成宝石、双合石、玻璃仿制品。

提醒：宝石坯是经采掘、打磨、初级加工的珠宝玉石半成品，应按规定征收消费税。

（五）鞭炮、焰火

鞭炮是指多层纸密裹火药，接以药引线制成的一种爆炸品；焰火是指烟火剂。

提醒：体育上用的发令纸、鞭炮药引线，不属于本税目征税范围。

（六）成品油

本税目下设汽油、柴油、溶剂油、航空煤油、石脑油、润滑油、燃料油7个子目。

（1）汽油是指用原油或其他原料生产的辛烷值不小于66的可用作汽油发动机燃料的各种轻质汽油。以汽油、汽油组分调和生产的甲醇汽油、乙醇汽油也属于本税目。

（2）柴油是指用原油或其他原料生产的倾点或凝点在－50号至30号的可用作柴油发动机燃料的各种轻质柴油和以柴油组分为主、经调和精制可以用作柴油发动机的非标油。

自2009年1月1日起，对同时符合下列条件的纯生物柴油免征消费税：

①生产原料中废弃的动物油和植物油用量所占比重不低于70%。

②生产的纯生物柴油符合国家《柴油机燃料调和生物柴油（BD100）》标准。

对不符合规定的生物柴油，或者以柴油、柴油组分调和生产的生物柴油也照章征收消费税。

（3）溶剂油是用原油或其他原料生产的用于涂料、油漆、食用油、印刷油墨、皮革、农药、橡胶、化妆品生产和机械清洗、胶粘行业的轻质油。橡胶填充油、溶剂油原料，属于溶剂油征税范围。

（4）航空煤油也称喷气燃料，是以原油或其他原料生产的用于喷气发动机和喷气推进系统燃料的各种轻质油。

（5）石脑油也称化工轻油，是以原油或其他原料生产的用于化工原料的轻质油。

（6）润滑油是用原油或其他原料生产的用于内燃机、机械加工过程的润滑产品。

（7）燃料油也称重油、渣油，是用原油或其他原料生产的主要用于电厂发电、锅炉用燃料、加热炉燃料、冶金和其他工业炉燃料。自2012年11月1日起，催化料、焦化料属于燃料油的征税范围，应征收消费税。

自2009年1月1日起，对成品油生产企业在生产成品油过程中，作为燃料、动力及原料消耗掉的自产成品油，免征消费税。对用于其他用途或直接对外销售的成品油照章征收消费税。

（七）摩托车

本税目包括轻便摩托车、摩托车。

（1）轻便摩托车是指最大设计车速不超过50千米/小时、发动机汽缸总工作容积不超过50毫升的两轮机动车。

（2）摩托车是指最大设计车速超过50千米/小时、发动机汽缸总工作容积超过50毫升、空车重量不超过400千克的两轮或三轮机动车。

提醒：自2014年12月1日起，汽车轮胎和气缸容量250毫升（不含）以下的小排量摩托车不再征收消费税。

（八）小汽车

本税目下设乘用车、中轻型商用客车和超豪华小汽车3个子目。

（1）乘用车包括含驾驶员座位在内最多不超过9个座位（含）的、在设计和技术特性上用于载运乘客和货物的各类乘用车。

（2）中轻型商用客车包括含驾驶员座位在内的座位数在10～23座（含23座）的、在设计和技术特性上用于载运乘客和货物的各类中轻型商用客车。用排气量小于1.5升（含）的乘用车底盘（车架）改装、改制的车辆属于乘用车征收范围。用排气量大于1.5升的乘用车底盘（车架）或用中轻型商用客车底盘（车架）改装、改制的车辆属于中轻型商用客车征收范围。

提醒：车身长度大于7米（含），并且座位在10～23座（含）以下的商用客车，不属于中轻型商用客车，不征收消费税。

（3）超豪华小汽车为每辆零售价格130万元（不含增值税）及以上的乘用车和中轻型商用客车，即乘用车和中轻型商用客车子税目中的超豪华小汽车。

提醒：电动汽车、沙滩车、雪地车、卡丁车、高尔夫车，不征收消费税。

（九）高尔夫球及球具

高尔夫球及球具是指从事高尔夫球运动所需的各种专用装备，包括高尔夫球、高尔夫球杆、高尔夫球包（袋）等。高尔夫球杆的杆头、杆身和握把属于本税目征税范围。

（十）高档手表

高档手表是指不含增值税销售价格每只在10 000元（含）以上的各类手表。

（十一）游艇

游艇是指艇身长度大于8米（含）小于90米（含），内置发动机，可以在水上移动，主要用于水上运动和休闲娱乐等非营利活动的各类机动艇。

（十二）木制一次性筷子

木制一次性筷子是指以木材为原料，经锯断、浸泡、旋切、刨切、烘干、筛选、包装等环节加工而成的一次性使用的筷子。未经打磨、倒角的木制一次性筷子属于本税目征税范围。

（十三）实木地板

实木地板是指以木材为原料，经锯割、干燥、刨光、截断、开榫等工序加工而成的地面装饰材料，包括各类规格的实木地板、实木指接地板、实木复合地板及用于装饰墙壁、天棚的侧端面为榫、槽的实木装饰板。未经涂饰的素板属于本税目征税范围。

(十四)电池

电池是一种将化学能、光能等直接转换为电能的装置,一般由电极、电解质、容器、极端,通常还有隔离层组成的基本功能单元,以及用一个或多个基本功能单元装配成的电池组,包括原电池、蓄电池、燃料电池、太阳能电池和其他电池。

对无汞原电池、金属氢化物镍蓄电池(又称氢镍蓄电池或镍氢蓄电池)、锂原电池、锂离子蓄电池、太阳能电池、燃料电池和全钒液流电池,免征消费税。

(十五)涂料

涂料是指涂于物体表面能形成具有保护、装饰或特殊性能的固态涂膜的一类液体或固体材料之总称。对施工状态下挥发性有机物(Volatile Organic Compounds,VOC)含量低于420克/升(含)的涂料,免征消费税。

外购电池、涂料大包装改成小包装或者外购电池、涂料不经加工只贴商标的行为,视同应税消费税品的生产行为。

三、消费税的税率

(一)税率形式

我国现行消费税税率有比例税率、定额税率和复合税率三种。适用定额税率的税目:啤酒、黄酒、成品油。适用复合税率的税目:卷烟、白酒。消费税税目和税率如表3—2所示。

表3—2　　消费税税目和税率

税　目	税　率
一、烟	
1. 卷烟	
(1)甲类卷烟(生产环节)	56%加0.003元/支(生产环节)
(2)乙类卷烟(生产环节)	36%加0.003元/支(生产环节)
(3)甲类卷烟和乙类卷烟(批发环节)	11%加0.005元/支(批发环节)
2. 雪茄烟(生产环节)	36%(生产环节)
3. 烟丝(生产环节)	30%(生产环节)
二、酒	
1. 白酒(含粮食白酒和薯类白酒)	20%加0.5元/500克(或者500毫升)
2. 黄酒	240元/吨
3. 啤酒	
(1)甲类啤酒	250元/吨
(2)乙类啤酒	220元/吨
4. 其他酒	10%
三、高档化妆品	15%
四、贵重首饰及珠宝玉石	
1. 金银首饰、铂金首饰和钻石及钻石饰品(零售环节)	5%(零售环节)

续表

税　目	税　率
2. 其他贵重首饰和珠宝玉石	10%
五、鞭炮、焰火	15%
六、成品油	
1. 汽油	1.52元/升
2. 柴油	1.2元/升
3. 航空煤油(暂缓征收)	1.2元/升
4. 石脑油	1.52元/升
5. 溶剂油	1.52元/升
6. 润滑油	1.52元/升
7. 燃料油	1.2元/升
七、摩托车	
1. 汽缸容量(排气量,下同)为250毫升的	3%
2. 汽缸容量为250毫升以上的	10%
八、小汽车	
1. 乘用车	1%
(1)汽缸容量(排气量,下同)在1.0升(含1.0升)以下的	3%
(2)汽缸容量在1.0升以上至1.5升(含1.5升)的	5%
(3)汽缸容量在1.5升以上至2.0升(含2.0升)的	9%
(4)汽缸容量在2.0升以上至2.5升(含2.5升)的	12%
(5)汽缸容量在2.5升以上至3.0升(含3.0升)的	25%
(6)汽缸容量在3.0升以上至4.0升(含4.0升)的	40%
(7)汽缸容量在4.0升以上的	5%
2. 中轻型商用客车	1%
3. 超豪华小汽车(零售环节)	10%(零售环节),生产环节同乘用车和中轻型商用客车
九、高尔夫球及球具	10%
十、高档手表	20%
十一、游艇	10%
十二、木制一次性筷子	5%
十三、实木地板	5%
十四、电池	4%
十五、涂料	4%

提示：15 个税目中，黄酒、啤酒、成品油实行的是单一的定额税率，其他大多数应税消费品为单一的比例税率。特别要注意的是，卷烟、白酒实行“复合税率”复合征收（“复合税率”是同时适用比例税率与定额税率的一种特殊形式，其本身并不是一种税率）。

（二）最高税率运用

（1）纳税人兼营不同税率应税消费品的，应分别核算其销售额和销售量；未分别核算的，从高适用税率。

（2）纳税人将应税消费品与非应税消费品以及适用不同税率的应税消费品组成套装消费品销售的，应根据成套消费品的销售金额按应税消费品中适用税率最高的消费品税率征收消费税。

（三）适用税率的特殊规定

1. 卷烟适用税率

（1）生产环节卷烟适用复合税率。从量税率为 0.003 元/支；从价税率按以下类别选择确定：甲类卷烟为 56%，乙类卷烟为 36%。

（2）卷烟批发环节适用复合税率：从价税率 11%，从量税率 0.005 元/支。

2. 白酒适用税率

（1）外购酒精生产的白酒，按酒精所用原料确定白酒的适用税率。

（2）以外购的不同品种的白酒勾兑的白酒，一律按照白酒的税率征收消费税。

（3）对用粮食和薯类、糠麸等多种原料混合生产的白酒一律按照白酒的税率征收消费税。

3. 啤酒适用税率

啤酒按照出厂价格（含包装物押金，不含供重复使用的塑料周转箱的押金）分类确定：

（1）甲类啤酒，指每吨不含增值税出厂价（含包装物押金）在 3 000 元（含）以上的啤酒和娱乐业、饮食业自制的啤酒，从量税率为 250 元/吨。

（2）乙类啤酒，是指每吨不含增值税出厂价不足 3 000 元的啤酒，从量税率为 220 元/吨。

4. 超豪华小汽车适用税率

对超豪华小汽车，在生产（进口）环节按现行税率（5%）征收消费税的基础上，在零售环节加征消费税，税率为 10%。

四、消费税的纳税环节

（一）生产应税消费品

生产应税消费品在生产销售环节征税。纳税人将生产的应税消费品换取生产资料、消费资料、投资入股、偿还债务，以及用于连续生产应税消费品以外的其他方面都应缴纳消费税。

提示：生产销售环节是消费税征收的主要环节。

（二）委托加工应税消费品

委托加工应税消费品是指委托方提供原料和主要材料，受托方只收取加工费和代垫部分辅助材料加工的应税消费品。由受托方提供原材料或其他情形的一律不能视同委托加工应税消费品。

提示：对于由受托方提供原材料生产的应税消费品，或者受托方先将原材料卖给委托方，然后再接受加工的应税消费品，以及由受托方以委托方名义购进原材料生产的应税消费品，不论在财务上是否作销售处理，都不得作为委托加工应税消费品，而应当按照销售自制应税消费品缴纳消费税。

委托加工的应税消费品，除受托方为个人外，由受托方向委托方交货时代收代缴税款；委托个人加工的应税消费品，由委托方收回后缴纳消费税。

（三）进口应税消费品

单位和个人进口应税消费品，于报关进口时由海关代征消费税。

（四）批发应税消费品

卷烟消费税在生产和批发两个环节征收。自2009年5月1日起，在卷烟批发环节加征一道从价税，在我国境内从事卷烟批发业务的单位和个人，批发销售的所有牌号规格的卷烟，按其销售额（不含增值税）征收5%的消费税。纳税人应将卷烟销售额与其他商品销售额分开核算，未分开核算的，一并征收消费税。纳税人销售给纳税人以外的单位和个人的卷烟于销售时纳税。纳税人之间销售的卷烟不缴纳消费税。卷烟批发企业的机构所在地，总机构与分支机构不在同一地区的，由总机构申报纳税。自2015年5月10日起，将卷烟批发环节从价税税率由5%提高至11%，并按0.005元/支加征从量税。纳税人兼营卷烟批发和零售业务的，应当分别核算批发和零售环节的销售额、销售数量；未分别核算批发和零售环节销售额、销售数量的，按照全部销售额、销售数量计征批发环节消费税。

提示：烟草批发企业将卷烟销售给"零售单位"的，要加征一道11%的从价税，并按0.005元/支加征从量税；烟草批发企业将卷烟销售给其他烟草"批发企业"的，不缴纳消费税。烟草批发企业在计算应纳税额时，不得扣除卷烟中已含的生产环节的消费税税款。

消费税属于价内税，一般情况下只征收一次，只有"卷烟"和"超豪华小汽车"例外。其中，卷烟在生产环节、批发环节征收两次消费税，但这两个环节一般不是同一个纳税人，卷烟生产企业是生产环节的纳税人，批发企业是批发环节的纳税人。其中，生产环节实行从价定率和从量定额相结合的复合计征方法，自2015年5月10日起批发环节也复合计征。

（五）零售应税消费品

经国务院批准，自1995年1月1日起，金银首饰消费税由生产销售环节征收改为零售环节征收。改在零售环节征收消费税的金银首饰仅限于金基、银基合金首饰以及金、银和金基、银基合金的镶嵌首饰，在零售环节适用的税率为5%，在纳税人销售金银首饰、钻石及钻石饰品时征收。其计税依据是不含增值税的销售额。

对既销售金银首饰又销售非金银首饰的生产、经营单位，应将两类商品划分清楚，分别核算销售额。凡划分不清楚或不能分别核算的：在生产环节销售的，一律从高适用税率征收消费税；在零售环节销售的，一律按金银首饰征收消费税。金银首饰与其他产品组成成套消费品销售的，应按销售额全额征收消费税。

金银首饰连同包装物一起销售的，无论包装物是否单独计价，也无论会计上如何核算，均应并入金银首饰的销售额，计征消费税。

带料加工的金银首饰，应按受托方销售的同类金银首饰的销售价格确定计税依据征收消费税。没有同类金银首饰销售价格的，按照组成计税价格计算纳税。

纳税人采用以旧换新（含翻新改制）方式销售的金银首饰，应按实际收取的不含增值税的全部价款确定计税依据征收消费税。

提示：上述以旧换新（含翻新改制）方式销售金银首饰计税依据的规定其实质是抵减了旧的部分的价值。这与增值税对于金银首饰的相关规定是一致的。

另外，自2016年12月1日起，"小汽车"税目下增设"超豪华小汽车"子税目。征收范围为每辆零售价格130万元(不含增值税)及以上的乘用车和中轻型商用客车，即乘用车和中轻型商用客车子税目中的超豪华小汽车。对超豪华小汽车，在生产(进口)环节按现行税率征收消费税的基础上，在零售环节加征消费税，税率为10%。将超豪华小汽车销售给消费者的单位和个人为超豪华小汽车零售环节的纳税人。

五、消费税的减免优惠

(1)除国家限制出口消费品以外出口的应税消费品。

(2)对航空煤油暂缓征收消费税。

(3)对用外购或委托加工收回的已税汽油生产的乙醇汽油免税。

(4)生产企业将自产石脑油、燃料油用于生产乙烯、芳烃类化工产品的，以及按照国家税务总局的规定定点直供计划销售自产石脑油、燃料油的。

(5)施工状态下发挥有机物含量低于420克/升(含)的涂料。

任务三 消费税的计算

一、消费税计税依据

(一)实行从量定额的应税消费品计税依据确定

从量定额计征消费税通常以每单位应税消费品的重量、容积或数量为计税依据，并按每单位应税消费品规定固定税额。不同应税行为应税数量按下列规定确定：

(1)销售应税消费品的，为应税消费品的销售数量。

(2)自产自用应税消费品的，为应税消费品的移送使用数量。

(3)委托加工应税消费品的，为纳税人收回的应税消费品数量。

(4)进口应税消费品的，为海关核定的应税消费品进口数量。

(二)实行从价定率的应税消费品计税依据确定

1. 一般规定

实行从价定率办法征税的应税消费品计税依据为应税消费品的销售额，包括销售应税消费品从购买方收取的全部价款和价外费用。由于消费税和增值税实行交叉征收，消费税为价内税，增值税为价外税，这一特点决定了实行从价定率征税的应税消费品，其消费税计税依据与增值税的计税依据一致。

2. 特殊规定

(1)卷烟最低计税价格的核定。

①核定范围。自2012年1月1日起，卷烟生产企业在生产环节销售的所有牌号、规格的卷烟，均应由国家税务总局核定消费税最低计税价格。

②计税价格核定办法。计税价格由国家税务总局按照卷烟批发环节销售价格扣除卷烟批发环节批发毛利核定并发布。计算公式为：

某牌号、规格卷烟计税价格＝批发环节销售价格×(1－适用的批发毛利率)

③销售额确定原则。实际销售价格高于核定计税价格的，按实际销售价格征收消费税；

反之，按计税价格征收消费税。

(2)白酒消费税最低计税价格核定。自2009年8月1日起，对白酒消费税实行最低计税价格核定管理。主要内容如下：

白酒生产企业销售给销售单位的白酒，生产企业消费税计税价格低于销售单位对外销售价格(不含增值税)70%以下的，税务机关应核定消费税最低计税价格。“销售单位”是指销售公司、购销公司以及委托境内其他单位或个人包销本企业生产白酒的商业机构。“销售公司、购销公司”是指专门购进并销售白酒生产企业生产的白酒，并与该白酒生产企业存在关联性质的单位。“包销”是指销售单位依据协定价格从白酒生产企业购进白酒，同时承担大部分包装材料等成本费用，并负责销售白酒。

白酒消费税最低计税价格由白酒生产企业自行申报，税务机关核定。主管税务机关应将白酒生产企业申报的销售给销售单位的消费税计税价格低于销售单位对外销售价格70%以下、年销售额1 000万元以上的各种白酒，按照规定的式样及要求，在规定的时限内逐级上报至国家税务总局。国家税务总局选择其中部分白酒核定消费税最低计税价格，其他需要核定消费税最低计税价格的白酒，消费税最低计税价格由各省、自治区、直辖市和计划单列市国家税务局核定。

已核定最低计税价格的白酒，生产企业实际销售价格高于消费税最低计税价格的，按实际销售价格申报纳税；实际销售价格低于消费税最低计税价格的，按最低计税价格申报纳税。已核定最低计税价格的白酒，销售单位对外销售价格持续上涨或下降时间达到3个月以上、累计上涨或下降幅度在20%(含)以上的白酒，税务机关重新核定最低计税价格。

白酒生产企业未按规定上报销售单位销售价格的，主管税务机关应按照销售单位销售价格征收消费税。

(三)自设非独立核算门市部计税的规定

纳税人通过自设非独立核算门市部销售的自产应税消费品，应当按照门市部对外销售额或者销售数量计征消费税。

(四)应税消费品用于其他方面的规定

纳税人用于以物易物(换取生产资料或消费资料)、投资入股、抵偿债务等方面的应税消费品，应当以纳税人同类应税消费品的最高销售价格为依据计征消费税。

二、消费税应纳税额的计算

(一)从价定率征收应纳税额的计算

从价定率征收，即根据不同的应税消费品确定不同的比例税率。其计算公式为：

应纳消费税税额=应税消费品的销售额×比例税率

(1)公式中的销售额是指纳税人销售应税消费品向购买方收取的全部价款和价外费用，不包括应向购买方收取的增值税税款。价外费用，是指价外向购买方收取的手续费、补贴、基金、集资费、返还利润、奖励费、违约金、滞纳金、延期付款利息、赔偿金、代收款项、代垫款项、包装费、包装物租金、储备费、优质费、运输装卸费及其他各种性质的价外收费。但下列项目不包括在销售额内。

①同时符合以下条件的代垫运输费用：承运部门的运输费用发票开具给购买方的；纳税人将该项发票转交给购买方的。

②同时符合以下条件代为收取的政府性基金或者行政事业性收费：由国务院或者财政部批准设立的政府性基金，由国务院或者省级人民政府及其财政、价格主管部门批准设立的行政事业性收费；收取时开具省级以上财政部门印制的财政票据；所收款项全额上缴财政。

(2)应税消费品在缴纳消费税的同时，与一般货物一样，还要缴纳增值税。因此，按照《消费税暂行条例实施细则》的明确规定，应税消费品的销售额，不包括应向购买方收取的增值税税额。如果纳税人应税消费品的销售额中未扣除增值税税款或者因不得开具增值税专用发票而发生价款和增值税税款合并收取的，在计算消费税时，应当将含增值税的销售额换算为不含增值税的销售额。其换算公式为：

应税消费品的销售额＝含增值税的销售额÷(1＋增值税税率或征收率)

提示：在从价定率征收方法下，应纳税额的计算取决于应纳消费税的销售额和适用税率两个因素，此处的“销售额”与增值税中的“销售额”基本一致(特殊情况除外)，销售额为纳税人销售应税消费品向购买方收取的全部价款和价外费用。“销售额”都是不含增值税(价外税)、但含消费税(价内税)的销售额。如果销售额为含增值税的销售额，必须换算成不含增值税的销售额。

注意：纳税人用于换取生产资料和消费资料、投资入股和抵偿债务等方面的应税消费品，应当以纳税人同类应税消费品的“最高”销售价格作为计税依据计算征收消费税。纳税人将自己生产的应税消费品用于其他方面的(如发放福利)，按照纳税人最近时期同类货物的“平均”销售价格作为计税依据计算征收消费税。

提示：纳税人通过自设非独立核算门市部销售的自产应税消费品，应按门市部“对外销售额或者销售数量”征收消费税。

【做中学3－1】 甲实木地板公司为增值税一般纳税人。2020年6月1日，甲向当地一家大型装修批发商场销售一批实木地板，开具增值税专用发票一张，发票上注明不含增值税销售额20万元，增值税税额3.2万元。实木地板的消费税税率为5%。

要求：计算甲实木地板公司上述业务的应纳消费税。

解析：应纳消费税＝20×5%＝1(万元)

(二)从量定额征收应纳税额的计算

从量定额征收，即根据不同的应税消费品确定不同的单位税额。其计算公式为：

应纳消费税税额＝应税消费品的销售数量×单位税额

公式中的销售数量是指纳税人生产、委托加工或进口应税消费品的数量。具体规定如下：

(1)销售应税消费品的，销售数量为应税消费品的销售数量。

(2)自产自用应税消费品的，销售数量为应税消费品的移送使用数量。

(3)委托加工应税消费品的，销售数量为纳税人收回的应税消费品的数量。

(4)进口的应税消费品，销售数量为海关核定的应税消费品的进口征税数量。

【做中学3－2】 甲啤酒公司自产啤酒40吨，无偿提供给某啤酒节，已知每吨成本为1 500元，无同类产品售价。税务机关核定的消费税单位税额为250元/吨。

要求：计算甲啤酒公司上述业务的应纳消费税。

解析：应纳消费税＝250×40＝10 000(元)

(三)从价定率和从量定额复合征收应纳税额的计算

从价定率和从量定额复合征收，即以两种方法计算的应纳税税额之和为该应税消费品的应纳税税额。我国目前只对卷烟和白酒采用复合征收方法。其计算公式为：

应纳消费税税额＝应税消费品的销售额×比例税率＋应税消费品的销售数量×单位定额税率

销售额为纳税人生产销售卷烟、白酒向购买方收取的全部价款和价外费用。销售数量为纳税人生产销售、进口、委托加工、自产自用卷烟或白酒的实际销售数量，海关核定的进口征税数量，委托方收回数量和移送使用数量。

【做中学3－3】 甲公司是一家白酒生产企业，为增值税一般纳税人，2020年5月销售粮食白酒10吨，取得不含增值税的销售额为60万元；销售薯类白酒20吨，取得不含增值税的销售额为80万元。白酒消费税的比例税率为20％，定额税率为0.5元/500克。

要求：计算甲公司本月的应纳消费税。

解析：从价定率应纳消费税＝(60＋80)×20％＝28(万元)

从量定额应纳消费税＝(10＋20)×1 000×2×0.5÷10 000＝3(万元)

应纳消费税合计＝28＋3＝31(万元)

(四)应税消费品已纳税款的扣除

(1)由于某些应税消费品是用外购已缴纳消费税的应税消费品连续生产出来的，在对这些连续生产出来的应税消费品计算征税时，税法规定应当按照当期生产领用数量计算准予扣除的外购应税消费品已缴纳的消费税税款。扣除范围包括如下内容：

①外购已税烟丝生产的卷烟。

②外购已税高档化妆品生产的高档化妆品。

③外购已税珠宝玉石生产的贵重首饰及珠宝玉石。

④外购已税鞭炮、焰火生产的鞭炮、焰火。

⑤外购已税杆头、杆身和握把为原料生产的高尔夫球杆。

⑥外购已税木制一次性筷子为原料生产的木制一次性筷子。

⑦外购已税实木地板为原料生产的实木地板。

⑧外购已税汽油、柴油、石脑油、燃料油、润滑油生产的应税成品油。

【做中学3－4】 甲卷烟公司为增值税一般纳税人，2020年5月从乙公司购进烟丝，取得增值税专用发票，注明不含税价款70万元，其中，60％用于生产A牌卷烟(甲类卷烟)；本月销售A牌卷烟80箱(标准箱)，取得不含税销售额700万元。甲类卷烟消费税从价税率为56％，从量税率为150元/标准箱，烟丝消费税税率为30％。

要求：计算甲卷烟公司上述业务的应纳消费税。

解析：卷烟的消费税实行复合计征，外购已税烟丝连续生产卷烟的，已纳消费税可以扣除。

应纳消费税＝700×56％＋150×80÷10 000－70×30％×60％＝380.6(万元)

(2)委托加工的应税消费品，委托方用于连续生产应税消费品的，所纳税款准予按规定抵扣；直接出售的，不再缴纳消费税。委托方将收回的应税消费品，以不高于受托方的计税价格出售的，委托加工的应税消费品收回后直接出售的，不再缴纳消费税；委托方以高于受托方的计税价格出售的，不属于直接出售，需按照规定申报缴纳消费税，在计税时准予扣除受托方已代收代缴的消费税。委托个人加工的应税消费品，由受托方收回后缴纳消费税。

委托加工的应税消费品因为已由受托方代收代缴消费税，因此，委托方收回货物后用于连续生产应税消费品的，其已纳税款准予按照规定从连续生产的应税消费品应纳税额中扣除。扣除范围包括如下内容：

(1)以委托加工收回的已税烟丝为原料生产的卷烟。

(2)以委托加工收回的已税高档化妆品为原料生产的高档化妆品。

(3)以委托加工收回的已税珠宝玉石为原料生产的贵重首饰及珠宝玉石。

(4)以委托加工收回的已税鞭炮、焰火为原料生产的鞭炮、焰火。

(5)以委托加工收回的已税杆头、杆身和握把为原料生产的高尔夫球杆。

(6)以委托加工收回的已税木制一次性筷子为原料生产的木制一次性筷子。

(7)以委托加工收回的已税实木地板为原料生产的实木地板。

(8)以委托加工收回的已税汽油、柴油、石脑油、燃料油、润滑油为原料生产的应税成品油。

【做中学3-5】 A公司(增值税一般纳税人)2020年5月购进原材料一批，取得的增值税专用发票上注明的不含税价款为32万元，全部将其提供给B公司(增值税一般纳税人)加工成高档化妆品。

提货时，支付的加工费及增值税共2.26万元，取得了B公司开具的增值税专用发票，同时B公司代收代缴了消费税(无同类商品售价)。

A公司将收回高档化妆品的2/3用于连续加工生产高档化妆品。

本月出售自产高档化妆品，取得不含税收入80万元。高档化妆品消费税税率为15%。

要求：(1)计算B公司应代收代缴的消费税。

(2)计算B公司的增值税销项税额。

(3)计算A公司的应纳消费税。

(4)计算A公司的应纳增值税。

解析：(1)B公司应代收代缴的消费税=[32+2.26÷(1+13%)]÷(1-15%)×15%=6(万元)

(2)B公司的增值税销项税额=2.26÷(1+13%)×13%=0.26(万元)

(3)A公司应纳消费税=80×15%-6÷3×2=8(万元)

(4)A公司应纳增值税=80×13%-32×13%-2.26÷(1+13%)×13%=5.98(万元)

注意：增值税与消费税抵扣的不同点：在计算增值税一般纳税人的当期增值税应纳税额时，如果取得了增值税专用发票并通过认证的，可以全额抵扣，与当期“生产领用数量”无关，增值税采用的是“购进扣税法”；但在计算消费税时，对于外购或委托加工收回的应税消费品用于连续生产应税消费品的，准予抵扣的消费税与当期“生产领用数量”有关，强调配比原则。增值税与消费税抵扣的相同点：消费税抵扣的目的与增值税一样，也是避免重复征税。

(五)自产自用应税消费品应纳税额的计算

纳税人自产自用应税消费品用于连续生产应税消费品的，不纳税；凡用于其他方面的，一律于移送使用时，按视同销售依法缴纳消费税。若为从量征收，则应按自产自用应税消费品的移送使用数量计算纳税；若为从价征收，则应按照纳税人生产的同类消费品的销售价格计算纳税，没有同类消费品销售价格的，按照组成计税价格计算纳税。

上述所称用于其他方面是指包括用于本企业连续生产非应税消费品、在建工程、管理部门、非生产机构、提供劳务、馈赠、赞助、集资、广告、样品、职工福利、奖励等方面。

(1)实行从价定率办法计算纳税的自产自用应税消费品应纳税额的计算公式：

应纳税额＝同类应税消费品销售价格或者组成计税价格×比例税率

其中：

组成计税价格＝(成本＋利润)÷(1－比例税率)

＝[成本×(1＋成本利润率)]÷(1－比例税率)

(2)实行从量定额办法计算纳税的自产自用应税消费品应纳税额的计算公式：

应纳税额＝自产自用数量×定额税率

(3)实行复合计税办法计算纳税的自产自用应税消费品应纳税额的计算公式：

应纳税额＝同类应税消费品销售价格或者组成计税价格×比例税率＋自产自用数量×定额税率

其中：

组成计税价格＝(成本＋利润＋自产自用数量×定额税率)÷(1－比例税率)

＝[成本×(1＋成本利润率)＋自产自用数量×定额税率]÷(1－比例税率)

式中，成本是指应税消费品的产品生产成本；利润是指根据应税消费品的全国平均成本利润率计算的利润。相关规定如表 3－3 所示。

表 3－3　　**平均利润率**

货物名称	利润率	货物名称	利润率
1. 甲类卷烟	10%	10. 贵重首饰及珠宝玉石	6%
2. 乙类卷烟	5%	11. 摩托车	6%
3. 雪茄烟	5%	12. 高尔夫球及球具	10%
4. 烟丝	5%	13. 高档手表	20%
5. 粮食白酒	10%	14. 游艇	10%
6. 薯类白酒	5%	15. 木质一次性筷子	5%
7. 其他酒	5%	16. 实木地板	5%
8. 高档化妆品	5%	17. 乘用车	8%
9. 鞭炮、焰火	5%	18. 中轻型商务车	5%

注意：用于连续生产的应税消费品，是指作为生产最终应税消费品的直接材料，并构成最终产品实体的应税消费品，如卷烟公司生产的烟丝用于本公司连续生产卷烟等。因为最终产品卷烟也是应税消费品，需要缴纳消费税，所以在领用烟丝环节就没有必要纳税(外购烟丝或委托加工烟丝用于连续生产卷烟则可以按规定扣除已纳税款)，避免重复征税(消费税一般只征一次)。

【做中学 3－6】　某白酒企业 2020 年 12 月，将新研制的白酒 3 吨作为元旦福利发放给企业职工，该白酒无同类产品市场销售价格。已知该批白酒生产成本为 35 000 元，成本利润率为 5%，白酒消费税比例税率为 20%，定额税率为 0.5 元/500 克。(提示：1 吨＝2 000 斤，1 斤＝500 克)

要求：计算该批白酒应纳消费税税额。

解析：没有同类消费品销售价格的，按照组成计税价格计算纳税。计算过程如下：

(1)组成计税价格＝[35 000×(1＋5%)＋(3×2 000×0.5)]÷(1－20%)＝49 687.5(元)

(2)应纳消费税税额＝49 687.5×20%＋3×2 000×0.5＝12 937.5(元)

(六)委托加工应税消费品应纳税额的计算

委托加工的应税消费品，按照受托方的同类消费品的销售价格计算纳税；没有同类消费品销售价格的，按照组成计税价格计算纳税。

(1)实行从价定率办法计算纳税的委托加工应税消费品应纳税额的计算公式：

应纳税额＝同类应税消费品销售价格或者组成计税价格×比例税率

其中：

组成计税价格＝(材料成本＋加工费)÷(1－比例税率)

(2)实行从量定额办法计算纳税的委托加工应税消费品应纳税额的计算公式：

应纳税额＝委托加工数量×定额税率

(3)实行复合计税办法计算纳税的委托加工应税消费品应纳税额的计算公式：

应纳税额＝同类应税消费品销售价格或者组成计税价格×比例税率＋委托加工数量×定额税率

其中：

组成计税价格＝(材料成本＋加工费＋委托加工数量×定额税率)÷(1－比例税率)

注意："材料成本"是指委托方所提供加工的材料实际成本。凡未提供材料成本或所在地主管税务机关认为材料成本不合理的，税务机关有权重新核定材料成本。"加工费"是指受托方加工应税消费品向委托方收取的全部费用(包括代垫的辅助材料实际成本)。

提示：委托加工应税消费品，委托方不涉及缴纳增值税的问题。

【做中学3－7】 B卷烟企业是增值税一般纳税人，2020年7月从农民手中收购烟叶，支付收购款50 000元，开具农产品收购凭证，同时支付价格补贴5 000元及相关烟叶税，当月将收购烟叶全部拨往C加工企业，委托加工成烟丝，支付加工费11 920元，增值税税额1 549.6元，取得增值税专用发票，加工烟丝本月全部收回。

要求：计算C加工企业应代收代缴的消费税税额。

解析：C加工企业应代收代缴的消费税计算如下：

(1)收购烟叶应缴纳的烟叶税＝(50 000＋5 000)×20%＝11 000(元)

收购烟叶允许抵扣的增值税进项税额＝(55 000＋11 000)×10%＝6 600(元)

收购烟叶的不含税成本＝50 000＋5 000＋11 000－6 600＝59 400(元)

(2)烟丝消费税计税依据＝(59 400＋11 920)÷(1－30%)＝101 885.71(元)

C加工企业应代收代缴消费税税额＝101 885.71×30%＝30 565.71(元)

(七)批发、零售应税消费品应纳税额的计算

1. 批发环节应纳税额的计算

批发环节的应税消费品只有卷烟。2015年5月10日起，全国卷烟批发环节从价税税率由原来的5%提高至11%，并按0.005元/支加征从量税。此外，在批发环节卷烟应纳税额的计算还应注意以下问题：

(1)卷烟批发企业之间销售的卷烟不缴纳消费税。只有将卷烟从批发商销售给零售商等其他单位和个人时才缴纳消费税。

(2)卷烟批发企业在计算缴纳消费税时，不得扣除该批卷烟在生产环节已纳的消费税税款。

【做中学3－8】 甲烟草销售公司为增值税一般纳税人，持有烟草批发许可证，2020年6月从卷烟企业批发乙类卷烟300条，每标准条200支。甲公司将其中的200条转手销售给烟草批发商乙，取得含税销售收入12.87万元。另外100条销售给烟草零售商丙专卖店，取得不含税的销售收入6万元。

要求：计算甲公司当月应缴纳的消费税。

解析：由于乙为烟草批发商，烟草批发商之间不征消费税，因此，甲公司当月应缴纳的消费税=60 000×11%+100×200×0.005=6 700(元)。

2. 零售环节应纳税额的计算

零售环节应纳税额的计算仅对应于“金银首饰、铂金首饰和钻石及钻石饰品”。超豪华小汽车在现行税率基础上，在零售环节加征一道消费税。

超豪华小汽车零售环节消费税应纳税额计算公式：

应纳税额=零售环节销售额(不含增值税，下同)×零售环节税率

国内汽车生产企业直接销售给消费者的超豪华小汽车，消费税税率按照生产环节税率和零售环节税率加总计算。消费税应纳税额计算公式：

应纳税额=销售额×(生产环节税率+零售环节税率)

纳税人采用以旧换新(含翻新改制)方式销售的金银首饰，应按实际收取的不含增值税的全部价款确定计税依据征收消费税。

对既销售金银首饰，又销售非金银首饰的生产、经营单位，应将两类商品划分清楚，分别核算销售额。凡划分不清楚或不能分别核算并在生产环节销售的，一律从高适用税率征收消费税；在零售环节销售的，一律按金银首饰征收消费税。

金银首饰与其他产品组成成套消费品销售的，应按销售额全额征收消费税。

金银首饰连同包装物销售的，无论包装是否单独计价，也无论会计上如何核算，均应并入金银首饰的销售额计征消费税。

带料加工的金银首饰，应按受托方销售同类金银首饰的销售价格确定计税依据征收消费税。没有同类金银首饰销售价格的，按照组成计税价格计算纳税。

【做中学 3-9】 某金店采用“以旧换新”方式零售纯金手镯一副，新手镯对外售价为12 000 元，旧手镯作价 4 500 元，从消费者手中收取新旧差价款 7 500 元；清洗金银首饰取得含税收入 5 265 元；为个人提供带料加工金银首饰业务，取得含税收入 6 000 元。

要求：计算该金店上述业务应纳的消费税。

解析：根据税法的规定，纳税人采用以旧换新(含翻新改制)方式销售的金银首饰，应按实际收取的不含增值税的全部价款确定计税依据征收消费税；修理、清洗金银首饰不征收消费税；为个人提供带料加工金银首饰业务，视同零售，征收消费税。计算过程如下：

应纳消费税=(7 500+6 000)÷(1+13%)×5%=597.35(元)

【做中学 3-10】 某卷烟企业为增值税一般纳税人，2020 年 8 月发生下列经济业务：

(1)向农业生产者收购烟叶 20 吨，实际成本(已含烟叶税和价外补贴)为 57.42 万元。将上述烟叶委托 A 烟丝加工企业加工成烟丝，支付加工费 8 万元(不含增值税)，并代收代缴消费税(已知无同类产品的销售价格)。

(2)当月进口甲类卷烟 60 个标准箱，关税完税价格为 60 万元，缴纳关税 12 万元，当月销售该批卷烟，取得不含税销售收入 160 万元。

(3)本月将收回烟丝的 30%对外销售给一家小规模的贸易公司，开具的普通发票上注明的销售额为 27.84 万元。其余部分全部当月生产领用。

(4)本月生产领用以前外购烟丝 140 万元(不含增值税)，继续加工卷烟。

(5)本月出售 1 000 个标准箱的蓝牌卷烟(每箱 250 条，每条 200 支)，开具的增值税专用发票上注明的销售额为 900 万元。

(6)本月庆祝节日发给职工白包卷烟 5 个标准箱(每箱 250 条，每条 200 支)，每箱不含增值税价格为3万元。

烟丝消费税税率为30%，卷烟消费税定额税率为每支0.003元，甲类卷烟比例税率为56%，乙类卷烟比例税率为36%。

要求：根据上述资料计算该卷烟企业当月应缴纳的消费税。

解析：业务(1)委托加工环节的应税消费品，没有同类消费品销售价格的应按照组成计税价格计算纳税。具体计算如下：

组成计税价格=(57.42+8)÷(1-30%)≈93.46(万元)

A烟丝加工企业(受托方)代收代缴的消费税=93.46×30%≈28.04(万元)

业务(2)中涉及进口卷烟，其应纳消费税的具体计算如下：

该卷烟企业进口环节应缴纳的消费税=(60+12+0.003×50 000×60÷10 000)÷(1-56%)×56%+0.003×50 000×60÷10 000=93.68(万元)

业务(3)～业务(6)涉及计算本月销售环节的应纳消费税。

根据业务(3)，收回后对外出售部分烟丝的组成计税价格为93.46×30%≈28.04(万元)>出售价格27.84÷(1+13%)≈24.64(万元)，因此，其属于委托加工收回后直接对外出售，不需要缴纳消费税。

业务(5)中未明确销售卷烟的类别，因此，要按如下步骤计算：

①确认出售卷烟的类别和税率。每条蓝牌卷烟的单价=9 000 000÷(1 000×250)=36(元)<70(元)，属于乙类卷烟。

②计算生产、销售该类卷烟的应纳税额。应纳税额=1 000×0.003×50 000÷10 000+900×36%=339(万元)。

业务(6)中未明确销售卷烟的类别，因此，应先确认白包卷烟的类别，再进行计算。

由于30 000÷250=120(元)>70(元)，因此属于甲类卷烟。

应纳税额=5×0.003×50 000÷10 000+3×5×56%=8.475(万元)

根据业务(1)和业务(4)，计算委托加工和外购烟丝已纳税款的扣除额。

准予抵扣的税额=28.04×70%+140×30%=61.628(万元)

因此，本月应纳的消费税税额=93.68+339+8.475-61.628=379.527(万元)。

【做中学3-11】 某金店(增值税一般纳税人)主要经营金银首饰零售业务，兼营金银首饰的来料加工、翻新改制、以旧换新、清洗、修理业务。2020年7月，其主要发生下列业务：

(1)向消费者个人销售纯金首饰取得销售收入150万元，销售纯金首饰的同时收取的包装盒价款为0.75万元。

(2)接受消费者委托加工金项链5条，收到委托方提供的黄金价值2.5万元，本月已将加工完毕的金项链移交给委托人，收取不含税加工费1 250元，代垫辅助料件不含税价款为750元，受托方无同类金项链销售价格。

(3)向消费者个人销售镀金首饰，取得销售收入2.34万元；向消费者个人销售铂金首饰，取得销售收入7万元。

(4)采取以旧换新方式向消费者个人销售纯金项链，新金项链售价为1.8万元，旧金项链作价1.2万元，取得新旧项链差价款0.6万元。

(5)上月外购珠宝玉石一批，取得的增值税专用发票上注明的价款为60万元，当月将其中的50%用于加工金银镶嵌首饰。

(6)当月取得金银首饰修理、清洗业务含税收入1.13万元。

要求:根据上述资料,计算该金店当月应纳的消费税。

解析:业务(1)金银首饰在零售环节缴纳消费税。

该业务应纳消费税=(150+0.75)÷(1+13%)×5%≈6.67(万元)

业务(2)带料加工金银首饰,受托方无同类售价,按组成计税价格征收消费税,计算如下:

应纳消费税=(2.5+0.125+0.075)÷(1−5%)×5%≈0.142(万元)

业务(3)镀金首饰不属于金银首饰,在零售环节不征收消费税;铂金首饰属于金银首饰税目,应在零售环节征收消费税。

应纳消费税=7÷(1+13%)×5%≈0.31(万元)

业务(4)纳税人采用以旧换新方式销售金银首饰,应按实际收取的不含增值税的全部价款确定计税依据计算消费税。

应纳消费税=0.6÷(1+13%)×5%≈0.027(万元)

业务(5)外购珠宝玉石用于生产金银镶嵌首饰,已纳消费税不得扣除。

业务(6)金银首饰的清洗、修理不缴纳消费税。

因此,本月该金店应缴纳的消费税合计=6.67+0.142+0.31+0.027=7.149(万元)。

(八)进口应税消费品应纳税额的计算

进口的应税消费品按照组成计税价格或进口数量和规定的税率计算纳税。

(1)实行从价定率办法计算纳税的进口应税消费品应纳税额的计算公式:

应纳税额=组成计税价格×比例税率

其中:

组成计税价格=(关税完税价格+关税)÷(1−比例税率)

(2)实行从量定额办法计算纳税的进口应税消费品应纳税额的计算公式:

应纳税额=海关核定的应税消费品的进口数量×定额税率

(3)实行复合计税办法计算纳税的进口应税消费品应纳税额的计算公式:

应纳税额=组成计税价格×比例税率+海关核定的应税消费品的进口数量×定额税率

其中:

$$\text{组成计税价格}=\left(\text{关税完税价格}+\text{关税}+\text{海关核定的应税消费品的进口数量}\times\text{定额税率}\right)\div(1-\text{比例税率})$$

注意:消费税在自产自用、委托加工、进口三种情况下的组成计税价格的共同特点是都除以“1−比例税率”,这是因为分子部分本身不包含消费税,而消费税属于价内税(指的是消费税应当包含在价格即计税依据中),其计税依据中应当包含消费税本身,这样除以“1−比例税率”就相当于加上了消费税。

任务四　消费税的征收管理和纳税申报

一、消费税的征收管理

(一)纳税义务发生时间

1. 纳税人销售应税消费品

纳税人销售应税消费品的,按不同的销售结算方式确定,分别为:

(1)采取赊销和分期收款结算方式的,为书面合同约定的收款日期的当天;书面合同没有约定收款日期或者无书面合同的,为发出应税消费品的当天。

(2)采取预收货款结算方式的,为发出应税消费品的当天。

(3)采取托收承付和委托银行收款方式的,为发出应税消费品并办妥托收手续的当天。

(4)采取其他结算方式的,为收讫销售款或者取得索取销售款凭据的当天。

2. 纳税人自产自用应税消费品

纳税人自产自用应税消费品的,为移送使用的当天。

3. 纳税人委托加工应税消费品

纳税人委托加工应税消费品的,为纳税人提货的当天。

4. 纳税人进口应税消费品

纳税人进口应税消费品的,为报关进口的当天。

(二)纳税地点

(1)纳税人销售的应税消费品,以及自产自用的应税消费品,除国务院财政、税务主管部门另有规定外,应当向纳税人机构所在地或者居住地的主管税务机关申报纳税。

(2)委托加工的应税消费品,除受托方为个人外,由受托方向机构所在地或者居住地的主管税务机关解缴消费税税款。受托方为个人的,由委托方向机构所在地的主管税务机关申报纳税。

(3)进口的应税消费品,由进口人或者其代理人向报关地海关申报纳税。

(4)纳税人到外县(市)销售或者委托外县(市)代销自产应税消费品的,于应税消费品销售后,向机构所在地或者居住地主管税务机关申报纳税。

(5)纳税人的总机构与分支机构不在同一县(市)的,应当分别向各自机构所在地的主管税务机关申报纳税。

除卷烟批发企业外,纳税人的总机构与分支机构不在同一县(市),但在同一省(自治区、直辖市)范围内的,经省(自治区、直辖市)财政厅(局)、国家税务局审批同意,可以由总机构汇总向总机构所在地的主管税务机关申报缴纳消费税。

省(自治区、直辖市)财政厅(局)、国家税务局应将审批同意的结果,上报财政部、国家税务总局备案。

(6)纳税人销售的应税消费品,如因质量等原因由购买者退回,经机构所在地或者居住地主管税务机关审核批准后,可退还已缴纳的消费税税款。

(7)纳税人直接出口的应税消费品办理免税后,发生退关或者国外退货,进口时已予以免税的,经机构所在地或者居住地主管税务机关批准,可暂不办理补税,待其转为国内销售时,再申报补缴消费税。

(8)个人携带或者邮寄进境的应税消费品的消费税,连同关税一并计征,具体办法由国务院关税税则委员会会同有关部门制定。

(三)纳税期限

消费税的纳税期限分别为1日、3日、5日、10日、15日、1个月或者1个季度。纳税人的具体纳税期限,由主管税务机关根据纳税人应纳税额的大小分别核定;不能按照固定期限纳税的,可以按次纳税。

纳税人以1个月或者1个季度为1个纳税期的,自期满之日起15日内申报纳税;

以 1 日、3 日、5 日、10 日或者 15 日为 1 个纳税期的，自期满之日起 5 日内预缴税款，于次月 1 日起至 15 日内申报纳税并结清上月应纳税款。

纳税人进口应税消费品，应当自海关填发海关进口消费税专用缴款书之日起 15 日内缴纳税款。

二、消费税的纳税申报

（一）申报和缴纳税款的方法

纳税人报缴税款的方法，由所在地主管税务机关视不同情况，从下列方法中确定一种：

（1）纳税人按期向税务机关填报纳税申报表，并填开纳税缴款书，向其所在地代理金库的银行缴纳税款。

（2）纳税人按期向税务机关填报纳税申报表，由税务机关审核后填发缴款书，按期缴纳。

（3）对会计核算不健全的小型业户，税务机关可根据其产销情况，按季或按年核定其应纳税额，分月缴纳。

（二）填报消费税的纳税申报表及其附表

为了在全国范围内统一、规范消费税纳税申报资料，加强消费税管理的基础工作，国家税务总局制发了“烟类应税消费品消费税纳税申报表”“酒类应税消费品消费税纳税申报表”“成品油消费税纳税申报表”“小汽车消费税纳税申报表”“其他应税消费品消费税纳税申报表”，各申报表还有其各自的附表。

（三）办理税款抵扣手续

纳税人在办理纳税申报时，如需办理消费税税款抵扣手续，除应按有关规定提供纳税申报所需资料外，还应当提供以下资料：

（1）外购应税消费品连续生产应税消费品的，提供外购应税消费品增值税专用发票（抵扣联）原件和复印件。如果外购应税消费品的增值税专用发票属于汇总填开，除提供增值税专用发票（抵扣联）原件和复印件外，还应提供随同增值税专用发票取得的由销售方开具并加盖财务专用章或发票专用章的销货清单原件和复印件。

（2）委托加工收回应税消费品连续生产应税消费品的，提供“代扣代收税款凭证”原件和复印件。

（3）进口应税消费品连续生产应税消费品的，提供“海关进口消费税专用缴款书”原件和复印件。

（四）开具税收通用缴款书，结清税款

纳税人在规定期限内向税务机关指定为代理金库的银行缴纳税款时，应开具税收通用缴款书。税收通用缴款书共六联，纳税人缴纳税款后，将经国库经收处收款签章的“收据联”作为完税凭证，证明纳税义务已完成，并将其作为会计核算的依据。

任务五　出口应税消费品退（免）税

纳税人出口应税消费品与已纳增值税的出口货物一样，国家都给予退（免）税优惠。出口应税消费品同时涉及退（免）增值税和消费税，且退（免）消费税与出口货物退（免）增值税在退（免）税范围的限定、退（免）税办理程序、退（免）税审核及管理上有许多一致的地方。

一、出口应税消费品退(免)税政策

对纳税人出口应税消费品,免征消费税,国务院另有规定的除外。

出口应税消费品退(免)消费税在政策上分为三种情况:

(一)出口免税并退税

出口企业出口或视同出口适用增值税退(免)税的货物,免征消费税;如果属于购进出口的货物,退还前一环节对其已征的消费税。

有出口经营权的外贸企业购进应税消费品直接出口,以及外贸企业受其他外贸企业委托代理出口应税消费品,才可办理退税。外贸企业只有受其他外贸企业委托,代理出口应税消费品才可办理退税。外贸企业受其他企业(主要是非生产性的商贸企业)委托,代理出口应税消费品是不予退(免)税的。

(二)出口免税但不退税

出口企业出口或视同出口适用增值税免税政策的货物,免征消费税,但不退还其以前环节已征的消费税,且不允许在内销应税消费品应纳消费税税款中抵扣。

有出口经营权的生产性企业自营出口或生产企业委托外贸企业代理出口自产的应税消费品,依据其实际出口数量免征消费税,不予办理退还消费税。

(三)出口不免税也不退税

出口企业出口或视同出口适用增值税征税政策的货物,应按规定缴纳消费税,不退还其以前环节已征的消费税,且不允许在内销应税消费品应纳消费税税款中抵扣。

除生产企业、外贸企业外的其他企业(指一般商贸企业)委托外贸企业代理出口应税消费品,一律不予退(免)税。

二、出口退税率

计算出口应税消费品应退消费税的税率或单位税额,依据《消费税暂行条例》所附消费税税目税率(税额)表执行。这是退(免)消费税与退(免)增值税的一个重要区别。当出口的货物是应税消费品时,其退还增值税要按规定的退税率计算,而退还消费税则按该应税消费品所适用的消费税税率计算。

企业应将消费税税率不同的出口应税消费品分开核算和申报,凡划分不清适用税率的,一律从低适用税率计算应退消费税税额。

三、出口应税消费品退税的计算

出口应税消费品只有适用出口免税并退税政策时,才会涉及计算应退消费税的问题。生产企业直接出口应税消费品或委托外贸企业出口应税消费品,按规定直接予以免税的,可不计算应缴消费税。外贸企业出口应税消费品,按规定计算(退)消费税。

(一)消费税退税的计税依据

出口货物消费税应退税额的计税依据,按购进出口货物的消费税专用缴款书和海关进口消费税专用缴款书确定。

属于从价定率计征消费税的,为已征且未在内销应税消费品应纳税额中抵扣的购进出口货物金额;属于从量定额计征消费税的,为已征且未在内销应税消费品应纳税额中抵扣的购进出口货物数量；属于复合计征消费税的，按从价定率和从量定额的计税依据分别确定。

卷烟出口企业经主管税务机关批准，按国家批准的免税出口卷烟计划购进的卷烟免征增值税、消费税。

发生增值税、消费税不应退税或免税但已实际退税或免税的，出口企业和其他单位应当补缴已退或已免税款。

纳税人直接出口的应税消费品办理免税后，发生退关或国外退货，复进口时已予以免税的，可暂不办理补税，待其转为国内销售的当月申报缴纳消费税。

（二）消费税应退税额的计算

$$应退税额=\frac{从价定率计征消费税}{的退税计税依据}\times\frac{比例}{税率}+\frac{从量定额计征消费税}{的退税计税依据}\times 定额税率$$

【做中学3－12】 某化妆品公司为增值税一般纳税人，高档化妆品平均售价0.12万元/箱，成套化妆品0.3万元/套，均为不含税售价。12月发生下列业务：

(1)购进业务：从国内购进生产用原材料，取得增值税专用发票，注明价款500万元、增值税65万元，支付购货运费30万元，运输途中发生合理损耗2%；从国外进口一台检测设备，海关填发的增值税专用缴款书注明增值税5.3万元。

(2)产品、材料领用情况：在建的职工文体中心领用外购材料，购进成本24.40万元，其中包括运费4.40万元；生产车间领用外购原材料，购进成本125万元；下属宾馆领用为本公司宾馆特制的化妆品，生产成本6万元。

(3)销售业务：内销化妆品1 700箱，取得不含税销售额200万元；销售成套化妆品，取得不含税销售额90万元，发生销货运费40万元；出口化妆品，取得销售收入500万元；出口护发品，取得销售收入140万元。

假定化妆品和护发品的出口退税率为13%；本月发生的运费均取得货运发票，取得的相关凭证符合税法规定，在本月认证抵扣；出口业务单据齐全并符合规定，在当月办理退税手续(化妆品成本利润率为5%，消费税税率为15%)。

要求：(1)计算12月该公司准予从销项税额中抵扣的进项税额；

(2)计算12月该公司的销项税额；

(3)计算12月该公司应缴(退)增值税。

解析：该公司12月购进原材料在运输途中合理损耗的进项税额准予抵扣；在建工程领用外购货物应转出进项税额，购进货物和销售货物的运费可以计算抵扣进项税额。

(1)准予抵扣的进项税额＝65＋5.3＋(30＋40)×10%－(24.4－4.4)×13%－4.4÷(1－10%)×10%＝74.21(万元)

内销高档化妆品及成套化妆品均按照不含税销售额计算销项税额，出口化妆品及护发品免税；所属宾馆领用自产的特制的化妆品视同销售。

(2)销项税额＝[200＋90＋6×(1＋5%)÷(1－15%)]×13%＝38.66(万元)

(3)应纳增值税＝38.66－[74.21－(500＋140)×(13%－15%)]＝－48.35(万元)

(4)“免、抵、退”税额＝(500＋140)×15%＝96(万元)

应退增值税48.35万元。

【做中学3－13】 某酒业制造有限公司2020年11月28日委托某进出口公司向美国加利福尼亚州出口黄酒400吨，按规定实行先征后退的方法。

要求：计算该公司应退消费税（黄酒单位税额为240元/吨）。

解析：应退税额＝400×240＝96 000（元）

四、出口应税消费品办理退（免）税后的管理

适用增值税退（免）税或免税、消费税退（免）税或免税政策的出口企业或其他单位，应办理退（免）税认定。

经过认定的出口企业及其他单位，应在规定的增值税纳税申报期内向主管税务机关申报增值税退（免）税和免税、消费税退（免）税和免税。委托出口的货物，由委托方申报增值税退（免）税和免税、消费税退（免）税和免税。输入特殊区域的水电气，由作为购买方的特殊区域内生产企业申报退税。

出口企业或其他单位骗取国家出口退税款的，经省级以上税务机关批准，可以停止其退（免）税资格。

开展进料加工业务的出口企业若发生未经海关批准将海关保税进口料件作价销售给其他企业加工的，应按规定征收增值税、消费税。

卷烟出口企业经主管税务机关批准，按国家批准的免税出口卷烟计划购进的卷烟免征增值税、消费税。

发生增值税、消费税不应退税或免税但已实际退税或免税的，出口企业和其他单位应当补缴已退或已免税款。

应知考核

一、单项选择题

1. 根据消费税法的有关规定，下列行为中应缴纳消费税的是（　　）。

A. 进口雪茄烟　　B. 零售粮食白酒

C. 零售化妆品　　D. 进口服装

2. 依据消费税法的有关规定，下列消费品中属于消费税征税范围的是（　　）。

A. 用中轻型商用客车底盘改装的商务车　　B. 电动汽车

C. 护肤护发品　　D. 高尔夫车

3. 下列单位经营的应税消费品中，不需缴纳消费税的是（　　）。

A. 啤酒屋利用啤酒生产设备生产的啤酒

B. 商场销售高档手表

C. 出国人员免税商店销售金银首饰

D. 汽车制造厂公益性捐赠的自产小轿车

4. 依据消费税法的有关规定，下列货物中属于消费税征税范围的是（　　）。

A. 高尔夫球包　　B. 竹制筷子

C. 鞭炮药引线　　D. 电动汽车

5. 下列各项中，属于消费税纳税义务人的是（　　）。

A. 进口金银首饰的外贸企业　　B. 受托加工烟丝的工业企业

C. 生产护手霜销售的工业企业　　D. 将自产卷烟用于抵债的卷烟厂

二、多项选择题

1. 下列贵重首饰中,在零售环节缴纳消费税的有(　　)。

A. 包金首饰　　B. 镀金首饰

C. 金基、银基合金首饰　　D. 钻石饰品

2. 下列业务中,应当征收消费税的有(　　)。

A. 化妆品厂将自产的香水作为样品赠送给客户

B. 卷烟厂将自产的烟丝用于继续生产卷烟

C. 鞭炮厂将自产的鞭炮用于职工福利

D. 地板厂将自产的实木地板用于抵偿债务

3. 下列属于复合计征消费税的货物有(　　)。

A. 烟丝　　B. 卷烟　　C. 啤酒　　D. 粮食白酒

4. 下列关于消费税纳税申报的陈述中,正确的有(　　)。

A. 自产应税消费品于销售环节纳税

B. 委托加工应税消费品,由受托方办理代收代缴消费税申报

C. 委托加工应税消费品,委托方应向税务机关提供已由受托方代收代缴税款完税证明

D. 纳税人进口应税消费品,应当自海关填发进口消费税专用缴款书之日起10日内申报缴纳税款

5. 根据现行税法的规定,下列消费品的生产经营环节既征收增值税又征收消费税的有(　　)。

A. 批发环节销售的卷烟　　B. 零售环节销售的金基合金首饰

C. 批发环节销售的白酒　　D. 申报进口的高尔夫球具

三、判断题

1. 在现行消费税的征税范围中,除卷烟、白酒外,其他一律不得采用从价定率和从量定额相结合的混合计税方法。(　　)

2. 对委托加工应税消费品,当受托方没有代扣代缴消费税时,应在税务检查中要求受托方补缴税款并对受托方进行处罚。(　　)

3. 应税消费品征收消费税的,其税基含有增值税;应税消费品征收增值税的,其税基不含消费税。(　　)

4. 纳税人除委托个体经营者加工应税消费品一律于委托方收回后在委托方所在地缴纳消费税外,其余的委托加工应税消费品均由受托方在向委托方交货时代收代缴消费税。(　　)

5. 外贸企业只有受其他外贸企业委托,代理出口应税消费品才可办理消费税的退税。(　　)

四、简述题

1. 简述消费税的特点。

2. 简述消费税的减免优惠。

3. 简述应税消费品已纳税款的扣除范围。

4. 简述消费税纳税申报和缴纳税款的方法。

5. 简述我国出口应税消费品退(免)消费税政策。

应会考核

■观念应用

卷烟的消费税应用

某烟草进出口公司10月从国外进口卷烟80 000条(每条200支),支付买价2 000 000元,支付到达我国海关前的运输费用120 000元、保险费用80 000元。关税完税价格2 200 000元。(假定进口卷烟关税税率为20%。)

【考核要求】

计算进口卷烟消费税、增值税。

■技能应用

酒厂的消费税

某酒业公司12月发生以下业务:

(1)以外购粮食白酒和自产糠麸白酒勾兑的散装白酒1吨并销售,取得不含税收入3.8万元,货款已收到。

(2)自制粮食白酒5吨,对外售出4吨,收到不含税销售额20万元(含包装费3万元),另收取包装物押金(单独核算)0.2万元。

(3)以自制白酒1 000斤继续加工成药酒1 200斤,全部售出,普通发票上注明销售额7.2万元。

(4)从另一酒业公司购入粮食白酒800斤(已纳消费税0.4万元),全部勾兑成低度白酒出售,数量1 000斤,取得不含税收入2.5万元。

(5)为庆祝活动特制白酒2 000千克,全部发放职工,无同类产品售价,成本为每千克15元。

白酒定额税率为0.5元/斤,比例税率为20%;其他酒比例税率为10%;粮食白酒的成本利润率为10%。

【技能要求】

计算该酒业公司本月应纳消费税。

■案例分析

安心地板公司的消费税分析

安心地板公司系增值税一般纳税人,2020年5月发生如下业务:

(1)进口松木花纹实木地板一批,海关审定的关税完税价格为8万元。

(2)从达生实木地板公司购进未经涂饰的素板,取得的增值税专用发票上注明的价款为5万元,增值税为0.8万元。当月领用进口实木地板,松木花纹实木地板的20%和未经涂饰素板的70%用于继续生产B型实木地板,生产完成后以直接收款的方式将部分B型实木地板对外出售,取得不含税销售收入32万元。

(3)采取赊销方式向某商场销售剩余的B型实木地板,不含税销售额为150万元,合同约定当月15日付款,由于商场资金周转不开,实际于下月20日支付该笔货款。

(4)将自产的一批C型实木地板作价200万元投资给某商店,该批实木地板的最低不含增值税销售价格为160万元,平均不含增值税销售价格为180万元,最高不含增值税销售价格为200万元。

(5)将新生产的豪华实木地板赠送给重要客户,该批实木地板的成本为90万元,市场上无同类产品的销售价格。

其他相关资料:实木地板消费税税率为5%,成本利润率为5%,进口关税税率为30%。上述相关票据均已经过比对认证。

【分析要求】

(1)计算安心地板公司应缴纳的进口环节增值税和消费税。

(2)计算安心地板公司应向税务机关缴纳的消费税。

(3)计算消费税的先后顺序。

项目实训

【实训项目】

消费税法的应用。

【实训情境】

消费税的计算

山东白云卷烟有限公司(以下简称"白云卷烟公司")为增值税一般纳税人,纳税人识别号为91410150258325261N,主要生产销售白云牌卷烟。白云牌卷烟平均售价为80元/条(不含增值税)。2020年5月,公司发生下列经济业务:

(1)移送烟叶一批委托某县城加工企业加工烟丝1.2吨,烟叶成本20万元,该加工企业提供辅料,加工后直接发给白云卷烟公司,共收取辅料及加工费8万元,开具增值税专用发票给白云卷烟公司(受托方没有同类产品售价)。白云卷烟公司收到加工厂的消费税代收代缴税款凭证,凭证上注明的消费税为12万元[(20+8)÷(1-30%)×30%]。白云卷烟公司生产车间本月领用委托加工收回烟丝的60%用于继续生产白云牌卷烟。

(2)外购已税烟丝,取得防伪税控增值税专用发票,注明金额40万元、增值税5.2万元,本月生产领用其中的80%用于生产白云牌卷烟。

(3)向当地某烟草商贸公司销售白云牌卷烟120标准箱(1标准箱=250标准条,1标准条=200支),取得不含税销售额240万元,并收取包装物租金共计34.8万元。

(4)本月没收白云牌卷烟逾期包装物押金6.96万元。

另外,上月应缴未缴消费税为98万元,本月12日缴纳上月应缴未缴消费税98万元[卷烟定额税率为每支0.003元;比例税率为每标准条对外调拨价格在70元以上(含70元)的,税率为56%,70元以下的,税率为36%;烟丝消费税税率为30%]。

【实训任务】

1. 计算白云卷烟公司2020年5月的应纳消费税。

2. 撰写《消费税法的应用》实训报告。

<table>
<tr><th colspan="3">《消费税法的应用》实训报告</th></tr>
<tr><td>项目实训班级：</td><td>项目小组：</td><td>项目组成员：</td></tr>
<tr><td>实训时间：　　年　　月　　日</td><td>实训地点：</td><td>实训成绩：</td></tr>
<tr><td colspan="3">实训目的：</td></tr>
<tr><td colspan="3">实训步骤：</td></tr>
<tr><td colspan="3">实训结果：</td></tr>
<tr><td colspan="3">实训感言：</td></tr>
</table>

项目四

关税法与船舶吨税法

○ **知识目标：**

理解：关税的概念、特点和分类。

熟知：关税征税对象、关税纳税人，关税的计税依据，进出口税则与税率。

掌握：关税减免、关税的计算、关税的征收管理，船舶吨税法。

○ **技能目标：**

具备掌握从价税计算方法、从量税计算方法、复合税计算方法、滑动税计算方法的能力。

○ **素质目标：**

运用所学的关税法与船舶吨税法基本原理知识研究相关案例，培养和提高学生在特定业务情境中分析问题与决策设计的能力；结合行业规范或标准，运用关税法与船舶吨税法知识分析行为的善恶，强化学生的职业道德素质。

○ **项目引例：**

帮助小王分析纳税情况

小王 2020 年发生如下情况：

(1)出国旅游时，受张梅委托从境外购买一部高档手机，并由自己带回境内给张梅。

(2)出国旅游时，受小程委托购买化妆品，但由于小程邮寄不方便，便从境外邮寄化妆品给小程的好友小红，并委托小红转交给小程。

(3)给远在美国的丈夫李明邮寄了茶叶等家乡特产。

请问：这些经济活动是否需要缴纳关税？上述活动涉及的关税的纳税义务人分别是谁？

○ **知识精讲：**

任务一　关税概述

视频

2019 年 1 月 1 日起我国调整部分进出口关税

一、关税的概念和特点

关税是海关依法对进出境的货物、物品征收的一种商品税。关税法是调整关税征纳关系的法律规范的总称。我国现行关税法主要包括《中华人民共和国海关法》(以下简称《海关法》)的有关规定，以及《中华人民共和国进出口关税条例》(以下简称《进出口关税条例》)和《中华人民共和国海关进出口税则》(以下简称《海关进出口税则》)。关税是海关对进出口国境(或关境)的货物、物品,就其流转额征收的一种税。

关税具有以下特点:

1. 以进出国境或关境的货物和物品为征税对象

关税不同于因商品交换或提供劳务取得收入而课征的流转税,也不同于因取得所得或拥有财产而课征的所得税或财产税,而是对特定货物和物品途经海关通道进出口征税。

2. 关税由海关管理机构代表国家征收

关税的征收管理一般独立于其他国内税收,我国关税由专门负责进出口事务管理的海关总署及其所属机构具体管理和征收。

3. 关税具有涉外统一性,执行统一的对外经济政策

征收关税不仅仅是为了满足政府财政的需要,更重要的是利用关税来贯彻执行统一的对外经济政策,实现国家的政治和经济目标。关税税率可以调节进出口贸易。在出口方面,通过低税、免税和退税来鼓励商品出口;在进口方面,通过税率的高低、减免来调节商品的进口。

4. 实行复式税则

可以对同一进口货物设置优惠税率和普通税率。优惠税率是一般的、正常的税率,适用于同我国签订了贸易条约或协定的国家;普通税率适用于同我国没有签订贸易条约或协定的国家。这种复式税则充分反映了关税具有维护国家主权、平等互利发展国际贸易往来和经济技术合作的特点。

二、关税的分类

(一)按征税对象不同,关税可分为进口关税、出口关税和过境关税

1. 进口关税

这是指海关对进口货物和物品征收的关税。进口关税有正税和附加税之分。附加税又称特别关税,是因某种特定的目的而对进口的货物和物品征收的关税,如反倾销税、反补贴税、报复关税等。附加税不是一个独立的税种,是从属于进口正税的。

(1)反倾销税,是针对实行商品倾销的进口商品而征收的一种进口附加税。

(2)反补贴税,是对直接或间接接受奖金或补贴的进口货物和物品征收的一种进口附加税。

我国政府规定,任何国家或地区对其进口的原产于中华人民共和国的货物征收歧视性关税或者给予其他歧视性待遇的,我国海关对原产于该国家或地区的进口货物,可以征收特别关税。

2. 出口关税

这是指海关对出口货物和物品征收的关税。发达国家一般都取消了出口关税,也有部分国家基于限制本国某些产品或自然资源输出等原因,对部分出口货物征收出口关税。

3. 过境关税

这是对外国经过本国国境运往另一国的货物所征收的关税。目前,世界上大多数国家不征收过境关税,我国也不征收。

(二)按征收的标准,关税可分为从价税、从量税、复合税和滑准税

1. 从价税

这是一种最常用的关税计税标准。它以货物的价格或者价值为征税标准，以应征税额占货物价格或者价值的百分比为税率，价格越高则税额越高。目前，我国海关计征关税的标准主要是从价税。

2. 从量税

从量税是以货物的数量、重量、体积和容量等计量单位为计税标准，以每计量单位货物的应征税额为税率。我国目前对原油、啤酒和胶卷等进口商品征收从量税。

3. 复合税

复合税又称混合税，即订立从价、从量两种税率。随着完税价格和进口数量而变化，征收时两种税率合并计征。它是对某种进口货物混合使用从价税和从量税的一种关税计征标准。我国目前仅对录像机、放像机、摄像机、数字照相机和摄录一体机等进口商品征收复合税。

4. 滑准税

这是根据货物的不同价格适用不同税率的一类特殊的从价税。它是一种关税税率随进口货物价格由高至低而由低至高设置计征关税的方法。我国目前仅对进口新闻纸实行滑准税。

(三)按货物国别来源而区别对待的原则，关税可分为最惠国关税、协定关税、特惠关税和普通关税

1. 最惠国关税

最惠国关税适用于原产于与我国共同适用最惠国待遇条款的 WTO 成员方的进口货物，或原产于与我国签订了相互给予最惠国待遇条款的双边贸易协定的国家(或地区)的进口货物。

2. 协定关税

协定关税适用于原产于我国参加的含有关税优惠条款的区域性贸易协定的有关缔约方的进口货物。

3. 特惠关税

特惠关税适用于原产于与我国签订了特殊优惠关税协定的国家或地区的进口货物。

4. 普通关税

普通关税适用于原产于上述国家或地区以外的国家或地区的进口货物。

任务二　关税基本法律

一、关税征税对象

关税征税对象仅限于准许进出境的货物或物品。货物是指贸易性的进出口商品；物品是指非贸易性的进出口商品，包括入境旅客随身携带的行李物品，个人邮递进境的物品，各种运输工具上的服务人员携带的进口物品、馈赠物品以及以其他方式进境的个人物品。关税在货物或物品进出关境的环节一次性征收。

二、关税纳税人

进口货物的收货人、出口货物的发货人、进出境物品的所有人，是关税的纳税人。进出口货物的收货人和发货人是依法取得对外贸易经营权,并从事进口或者出口货物业务的法人或者其他社会团体。进出境物品的所有人包括该物品的所有人和推定为所有人的人。一般情况下,对携带进境的物品,推定其携带人为所有人;对分离运输的行李,推定相应的进出境旅客为所有人。对以邮递方式进境的物品,推定其收件人为所有人;对以邮递或其他运输方式出境的物品,推定其寄件人或托运人为所有人。

三、进出口税则与税率

(一)进出口税则

关税的进出口税则是指一国政府制定并公布实施的进出口货物和物品应税的关税税率表。我国现行税则包括《进出口关税条例》《税率适用说明》《海关进出口税则》,以及进口商品从量税、复合税、滑准税税目税率表,进口商品关税配额税目税率表,进口商品税则暂定税率表,出口商品税则暂定税率表,非全税目信息技术产品税率表等。

税率表作为税则主体,包括税则商品分类目录和税率栏两大部分。税则商品分类目录是把种类繁多的商品加以综合,按照不同特点分门别类地简化成数量有限的商品类目,分别编号,按序排列,称为税则号列,并逐号列出该号中应列入的商品名称。商品分类的原则即归类规则,包括归类总规则和各类、章、目的具体注释。税率栏是按商品分类目录逐项定出的税率栏目。我国现行进口税则为四栏税率,出口税则为一栏税率。税则归类就是按照税则的规定,将每项具体进出口商品按其特性在税则中找出其最适合的某一个税号,即"对号入座",以便确定其适用的税率,计算关税税负。税则归类错误会导致关税多征或少征,影响关税作用的发挥。

关税的税目和税率由《海关进出口税则》规定。《海关进出口税则》是根据世界海关组织(WCO)发布的《商品名称及编码协调制度》(以下简称《协调制度》)制定的。该制度是科学、系统的国际贸易商品分类体系,是国际上多个商品分类目录协调的产物,能满足与国际贸易有关的多方面的需要,如海关、统计、贸易、运输、生产等,是国际贸易商品分类的一种"标准语言"。它包括三个部分:归类总规则、进口税率表、出口税率表。其中,归类总规则是进出口货物分类的具有法律效力的原则和方法。

《协调制度》是国际上多个商品分类目录综合的产物,其最大特点就是适合与国际贸易有关的各方面的需要,是国际贸易商品分类的"标准语言"。加入《商品名称及编码协调制度公约》的成员均使用《协调制度》作为编制本国税则及统计目录的基础,即这些国家和地区的进出口税则及海关统计商品目录的前六位数都与《协调制度》相同。目前,使用《协调制度》的国家和地区涵盖了国际贸易总量的98%。

我国于1992年正式加入《商品名称及编码协调制度公约》,现行的进出口税则及海关统计商品目录都是以《协调制度》为基础制定的。

为适应国际贸易形式的变化及科技的发展,世界海关组织每4～6年对《协调制度》进行一次全面修订,2017年版《协调制度》于2017年1月1日生效。它共有242组修订(其中9组为后续修订)。修订后,4位数品目删除3个,增加1个;6位数子目删除73个,增加235个;另有200个子目项下的商品范围和商品归类作了调整。

(二)关税税率

我国现行关税税率分为进口关税税率和出口关税税率两类。

1. 进口关税税率

加入 WTO 之前，我国进口税则设有两栏税率，即普通税率和优惠税率。对原产于与我国未订有关税互惠协议的国家或地区的进口货物，按照普通税率征税；对原产于与我国订有关税互惠协议的国家或地区的进口货物，按照优惠税率征税。

加入 WTO 之后，为履行我国在加入 WTO 关税减让谈判中承诺的有关义务，享有 WTO 成员应有的权利，自 2002 年 1 月 1 日起，我国进口税则设有最惠国税率、协定税率、特惠税率、普通税率和关税配额税率等税率。

此外，对进口货物在一定期限内可以实行暂定税率。不同税率的运用是以进口货物的原产地为标准的，确定进境货物原产地的主要原因之一是便于正确运用进口税则的各栏税率，对产自不同国家或地区的进口货物适用不同的关税税率。

我国采用“全部产地生产标准”“实质性加工标准”两种国际通用的原产地标准。

(1)全部产地生产标准是指进口货物“完全在一个国家(地区)内生产或制造”，生产或制造国即为该货物的原产地。

(2)实质性加工标准是用于确定有两个或两个以上国家(地区)参与生产的产品的原产地标准，其基本含义是：经过几个国家(地区)加工、制造的进口货物，以最后一个对货物进行经济上可以视为实质性加工的国家(地区)作为有关货物的原产地。实质性加工是指产品加工后，在进出口税则中四位数税号一级的税则归类已经有了改变，或者加工增值部分所占新产品总值的比例已超过 30%。

此外，按照规定实行关税配额管理的进口货物，如对部分进口农产品和化肥产品实行关税配额制度。关税配额内的，适用较低的关税配额税率；关税配额外的，税率的适用按上述税率的形式的规定执行，适用较高的配额外税率。

根据经济发展的需要，我国对部分进口原材料、零部件、农药原药和中间体、乐器及生产设备实行暂定税率。适用最惠国税率的进口货物有暂定税率的，应当适用暂定税率；适用协定税率、特惠税率的进口货物有暂定税率的，应当从低适用税率；适用普通税率的进口货物，不适用暂定税率。进境物品税调整方案自 2016 年 4 月 15 日起实施。我国进境物品进口税率如表 4－1 所示。

表 4－1　　我国进境物品进口税率

税号	物品名称	税率(%)
1	书报、刊物、教育用影视资料；计算机、视频摄录一体机、数字照相机等信息技术产品；食品、饮料；金银；家具；玩具、游戏品、节日或其他娱乐用品	15
2	运动用品(不含高尔夫球及球具)、钓鱼用品；纺织品及其制成品；电视摄像机及其他电器用具；自行车；税号 1、3 中未包含的其他商品	30
3	烟、酒；贵重首饰及珠宝玉石；高尔夫球及球具；高档手表；化妆品	60

注：税号 3 所列商品的具体范围与消费税征收范围一致。

2. 出口关税税率

我国出口税则为一栏税率，即出口税率。国家仅对少数资源性产品及易于竞相杀价、盲目出口、需要规范出口秩序的半制成品征收出口关税。现行税则对 100 余种商品计征出口关税，主要是鳗鱼苗、部分有色金属矿砂及精矿、生锑、磷、氟钽酸钾、苯、山羊板皮、部分铁合金、钢铁废碎料、铜和铝原料及制品、镍锭、锌锭、锑锭。对上述范围内的部分商品实行0～25%的暂定税率，此外，根据需要对其他200种商品征收暂定税率。与进口暂定税率一样，出口暂定税率优先适用于出口税则中规定的出口税率。我国真正征收出口关税的商品只有20种，税率也较低。

（三）税率的运用

《进出口关税条例》规定，进出口货物应当依照税则规定的归类原则归入合适的税号，并按照适用的税率征税。

（1）进出口货物，应当按照纳税义务人申报进口或者出口之日实施的税率征税。

（2）进口货物到达前，经海关核准先行申报的，应当按照装载此货物的运输工具申报进境之日实施的税率征税。

（3）进出口货物的补税和退税，适用该进出口货物原申报进口或者出口之日所实施的税率，但下列情况除外：

①按照特定减免税办法批准予以减免税的进口货物，后因情况改变经海关批准转让或出售或移作他用需予补税的，适用海关接受纳税人再次填写报关单申报办理纳税及有关手续之日实施的税率征税。

②加工贸易进口料件等属于保税性质的进口货物，如经批准转为内销，应按向海关申报转为内销之日实施的税率征税；如未经批准擅自转为内销，则按海关查获日期所实施的税率征税。

③暂时进口货物转为正式进口需予补税的，应按其申报正式进口之日实施的税率征税。

④分期支付租金的租赁进口货物，分期缴税时，适用海关接受纳税人再次填写报关单申报办理纳税及有关手续之日实施的税率征税。

⑤溢卸、误卸货物事后确定需征税时，应按原运输工具申报进口日期所实施的税率征税。如原进口日期无法查明的，可按确定补税当天实施的税率征税。

⑥对由于税则归类的改变、完税价格的审定或其他工作差错而需补税的，应按原征税日期实施的税率征税。

⑦经批准缓税进口的货物以后缴税时，不论是分期还是一次缴清税款，都应按货物原进口之日实施的税率征税。

⑧查获的走私进口货物需补税时，应按查获日期实施的税率征税。

（四）进出口关税调整

1. 进口关税税率

（1）最惠国税率。

①自2018年1月1日起对948项进口商品实施暂定税率，其中27项信息技术产品的暂定税率实施至2018年6月30日止。

②对《中华人民共和国加入世界贸易组织关税减让表修正案》附表所列信息技术产品的最惠国税率，自2018年1月1日至2018年6月30日继续实施第二次降税，自2018年7月1日起实施第三次降税。

③自2018年7月1日起，对碎米（税号10064010、10064090）实施10%的最惠国税率。

（2）关税配额税率。继续对小麦等8类商品实施关税配额管理，税率不变。其中，对尿素、复合肥、磷酸氢铵3种化肥的配额税率继续实施1%的暂定税率。继续对配额外进口的一定数量棉花实施滑准税。

(3)协定税率。

①中国与格鲁吉亚自贸协定项下的部分产品开始实施协定税率。

②中国与东盟、巴基斯坦、韩国、冰岛、瑞士、哥斯达黎加、秘鲁、澳大利亚、新西兰的自贸协定,以及内地分别与香港和澳门更紧密经贸安排(CEPA)项下部分商品的协定税率进一步降低。

③中国与智利、新加坡的自贸协定,亚太贸易协定以及海峡两岸经济合作框架协议(ECFA)项下的商品继续实施协定税率,商品范围和税率水平均维持不变。

(4)特惠税率。对有关最不发达国家继续实施特惠税率,商品范围和税率水平维持不变。

2. 出口关税税率

统筹考虑产业发展和出口情况变化,取消钢材、绿泥石等产品的出口关税,适当降低三元复合肥、磷灰石、煤焦油、木片、硅铬铁、钢坯等产品的出口关税。对铬铁等 202 项出口商品征收出口关税或实行出口暂定税率。

3. 税则税目

根据国内需要对部分税则税目进行调整。经调整后,2018 年税则税目数共计 8 549 个。

4. 税率调整

2019 年 4 月 8 日,国务院关税税则委员会下发了《国务院关税税则委员会关于调整进境物品进口税有关问题的通知》(税委会〔2019〕17 号),从 4 月 9 日起调降对个人携带进境的行李和邮递物品征收的行邮税税率,原 15%、25%档税率分别下调到 13%和 20%。海关总署也随之印发 2019 年第 63 号公告对《中华人民共和国进境物品归类表》《中华人民共和国进境物品完税价格表》进行相应调整,归类原则和完税价格确定原则不变。

(1)原按 15%税率征收的物品,税率下调到 13%。商品范围包括:人民群众需求较大的婴儿奶粉、手机和数字照相机等信息技术产品。

(2)原按 25%税率征收的物品,税率下调到 20%。商品范围包括:纺织品、箱包、鞋靴、化妆品(高档化妆品除外)、家电、摄影(像)设备等常见日用消费品。

(3)原按 50%税率征收的物品,税率保持不变。

(4)明确对减按 3%征收进口环节增值税的进口药品均按货物税率征税,范围进一步扩大至罕见病药品。为此,此次新增“罕见病药品”税号 1 个。自 2019 年 3 月 1 日起,国家规定减按 3%征收进口环节增值税的进口药品范围进一步扩大,由原来的抗癌药品扩大至罕见病药品。此次税率调整也新增了罕见病药品税号,税率为 3%,可以降低患者用药成本,保证罕见病患者能够实实在在地享受减税红利。根据《关于罕见病药品增值税政策的通知》,罕见病药品是指经国家药品监督管理部门批准注册的罕见病药品制剂及原料药。

(5)2019 年增值税税率下调利好跨境电商零售进口。根据跨境电商政策,跨境电子商务零售进口商品的单次交易限值为人民币 5 000 元,个人年度交易限值为人民币 26 000 元。在限值以内进口的跨境电子商务零售进口商品,关税税率暂设为 0;进口环节增值税、消费税取消免征税额,暂按法定应纳税额的 70%征收。完税价格超过 5 000 元单次交易限值但低于 26 000 元年度交易限值,且订单下仅一件商品时,按照货物税率全额征收关税和进口环节增值税、消费税,交易额计入年度交易总额。

①对于无消费税的商品。无消费税的跨境电商零售进口商品,如果增值税税率从 16%下调为 13%,则进口综合税率将由 11.2%下调为 9.1%;如果增值税税率从 10%下调为 9%,

则进口综合税率将由7%下调为6.3%。

【做中学4—1】 消费者通过跨境电商零售进口一个完税价格为5 000元人民币的手提包，该进口商品无消费税。

要求：增值税税率从16%下调为13%后，计算减少的税款。

解析：原应缴税款=5 000×11.2%=560(元)

现应缴税款=5 000×9.1%=455(元)

560−455=105(元)

两者相比节省了105元。

②对于有消费税的商品。对于增值税税率从16%下调为13%，且消费税税率为15%的跨境电商零售进口商品，进口综合税率将由25.53%下调为23.06%；对于增值税税率从16%下调为13%，且消费税税率为10%的跨境电商零售进口商品，进口综合税率将由20.22%下调为17.89%；对于增值税税率从16%下调为13%，且消费税税率为5%的跨境电商零售进口商品，进口综合税率将由15.47%下调为13.26%。

【做中学4—2】 消费者通过跨境电商零售进口完税价格为1 000元人民币的某名牌化妆品，该进口商品消费税税率为15%。

要求：增值税税率从16%下调为13%后，计算减少的税款。

解析：原应缴税款=1 000×25.53%= 255.30(元)

现应缴税款=1 000×23.06%= 230.60(元)

255.30−230.60=24.7(元)

两者相比节省了24.7元。

【做中学4—3】 消费者通过跨境电商零售进口完税价格为3 000元人民币的某品牌珍珠制品，该进口商品消费税税率为10%。

要求：增值税税率从16%下调为13%后，计算减少的税款为多少。

解析：原应缴税款=3 000×20.22%=606.6(元)

现应缴税款=3 000×17.89%=536.7(元)

606.6−536.7=69.9(元)

两者相比节省了69.9元。

四、关税减免

(一)法定减免税

法定减免税是税法中明确列出的减税或免税。符合税法规定可予减免税的进出口货物，纳税义务人无须提出申请，海关可按规定直接予以减免税。海关对法定减免税货物一般不进行后续管理。

(1)下列进出口货物，免征关税：

①关税税额在人民币50元以下的货物。

②无商业价值的广告品和货样。

③外国政府、国际组织无偿赠送的物资。

④在海关放行前损失的货物。

⑤进出境运输工具装载的途中必需的燃料、物料和饮食用品。

在海关放行前遭受损坏的货物,可以根据海关认定的受损程度减征关税。

因品质或者规格等原因,出口货物自出口之日起1年内原状复运进境的,不征收进口关税;进口货物自进口之日起1年内原状复运出境的,不征收出口关税。

(2)下列进出口货物,可以暂不缴纳关税:

①在展览会、交易会、会议及类似活动中展示或者使用的货物。

②文化、体育交流活动中使用的表演、比赛用品。

③进行新闻报道或者摄制电影、电视节目使用的仪器、设备及用品。

④开展科研、教学、医疗活动使用的仪器、设备及用品。

⑤在第①项至第④项所列活动中使用的交通工具及特种车辆。

⑥货样。

⑦供安装、调试、检测设备时使用的仪器、工具。

⑧盛装货物的容器。

⑨其他用于非商业目的的货物。

以上货物在进境或者出境时纳税人向海关缴纳相当于应纳税款的保证金或者提供其他担保的,可以暂不缴纳关税,并应当自进境或者出境之日起6个月内复运出境或者复运进境;经纳税人申请,海关可以根据海关总署的规定延长复运出境或者复运进境的期限。暂准进境货物在规定的期限内未复运出境的,或者暂准出境货物在规定的期限内未复运进境的,海关应当依法征收关税。

(3)有下列情形之一的,纳税义务人自缴纳税款之日起1年内,可以申请退还关税,并应当以书面形式向海关说明理由,提供原缴款凭证及相关资料:

①已征进口关税的货物,因品质或者规格原因,原状退货复运出境的。

②已征出口关税的货物,因品质或者规格原因,原状退货复运进境,并已重新缴纳因出口而退还的国内环节有关税收的。

③已征出口关税的货物,因故未装运出口、申报退关的。

(二)特定减免税

特定减免税也称政策性减免税,是指在法定减免税以外,由国务院或国务院授权的机关颁布法规、规章特别规定的减免税。特定减免税货物一般有地区、企业和用途的限制,海关需要进行后续管理,并进行减免税统计,主要有以下内容:

(1)科教用品。

(2)残疾人专用品。

(3)扶贫、慈善捐赠物资。

(4)加工贸易产品。

(5)边境贸易进口物资。

(6)保税区进出口货物。

(7)出口加工区进出口货物。

(8)进口设备。

(9)特定行业或用途的减免税政策规定货物。

(10)特定地区减免税政策规定货物。

(三)临时减免税

临时减免税是指在法定和特定减免税以外的其他减免税,即由国务院根据《海关法》对某个单位、某类商品、某个项目或某批进出口货物的特殊情况给予特别照顾，一案一批，专文下达的减免税。一般有单位、品种、期限、金额或数量等限制，不能比照执行。

任务三　关税的计算

一、关税的计税依据

我国对进出口货物主要采取从价计征的办法，以商品价格为标准征收关税。因此，关税主要以进出口货物的完税价格作为计税依据。

（一）一般贸易项下进口货物关税完税价格

一般贸易项下进口的货物将以海关审定的成交价格为基础的到岸价格作为完税价格。所谓到岸价格，是指包括货价以及货物运抵我国关境内输入地点起卸前的包装费、运费、保险费和其他劳务费等费用的一种价格，其中还应包括为了在境内生产、制造、使用或出版、发行而向境外支付的与该进口货物有关的专利、商标、著作权，以及专有技术、计算机软件和资料等费用。

而成交价格是一般贸易项下进口货物的买方为购买该项货物向卖方实际支付或应当支付的价格。但在计算以成交价格为基础进口货物关税完税价格时，需要注意以下几点：

1. 下列项目未包含在进口货物成交价格中，应一并计入完税价格

（1）由买方负担的下列费用：①由买方负担的除购货佣金以外的佣金和经纪费；②由买方负担的与该货物视为一体的容器费用；③由买方负担的包装材料和包装劳务费用。

在货物成交过程中，进口人在成交价格外另支付给卖方的佣金，应计入成交价格，而向境外采购代理人支付的买方佣金则不能列入，如已包括在成交价格中应予以扣除。卖方付给进口人的正常回扣，应从成交价格中扣除。卖方违反合同规定延期交货的罚款，卖方在货价中冲减时，罚款则不能从成交价格中扣除。

（2）与该货物有关并作为该货物向我国境内销售的条件，应当由买方直接或间接支付的特许权使用费。

（3）与该货物的生产和向我国境内销售有关的，在境外开发、设计等相关服务的费用。

（4）卖方直接或间接从买方对该货物进口后转售、处置或使用所得中获得的收益。

2. 进口货物的价款中单独列明的下列税收、费用，不计入该货物的完税价格

（1）厂房、机械或者设备等货物进口后发生的建设、安装、装配、维修或者技术援助费用，但是保修费用除外。

（2）进口货物运抵我国境内输入地起卸后发生的运输及其相关费用、保险费。

（3）进口关税、进口环节海关代征税及其他国内税。

（4）为在境内复制进口货物而支付的费用。

（5）境内外技术培训及境外考察费用。

（6）同时符合下列条件的为进口货物融资产生的利息费用：①利息费用是买方为购买进口货物而融资所产生的；②有书面融资协议的；③利息费用单独列明的；④纳税义务人可以证明有关利率不高于在融资当时、当地此类交易通常应当具有的利率水平，且没有融资安排的相同或者类似进口货物的价格与进口货物的实付、应付价格非常接近的。

为避免低报、瞒报价格偷逃关税，进口货物的到岸价格不能确定时，本着公正、合理原则，海关应当按照规定估定完税价格。

进口货物完税价格＝成交价格＋采购费用（包括货物运抵中国关境内输入地起卸前的运输、保险和其他劳务等费用）±调整项目

（二）特殊贸易下进口货物的完税价格

对于某些特殊、灵活的贸易方式（如寄售等）下进口的货物，在进口时没有“成交价格”可作依据，为此，《进出口关税条例》对这些进口货物制定了确定其完税价格的方法，主要有以下内容：

1. 运往境外加工的货物的完税价格

出境时已向海关报明，并在海关规定期限内复运进境的，以加工后货物进境时的到岸价格与原出境货物价格的差额作为完税价格。如果无法得到原出境货物的到岸价格，可以用与原出境货物相同或类似货物的再进境时的到岸价格，或用原出境货物申报出境时的离岸价格代替。如果这些方法都不行，则可用原出境货物在境外支付的工缴费加上运抵中国关境输入点起卸前的包装费、运费、保险费和其他劳务费等作为完税价格。

2. 运往境外修理的机械器具、运输工具或者其他货物的完税价格

出境向海关报明并在海关规定期限内复运进境的，以经海关审定的境外修理费和料件费作为完税价格。

3. 租赁方式进口货物的完税价格

（1）以租金方式对外支付的租赁货物，在租赁期间内以海关审查确定的货物租金作为完税价格。

（2）留购的租赁货物，以海关审定的留购价格作为完税价格。

（3）承租人申请一次性缴纳税款的，经海关同意，按照一般进口货物估价办法的规定估定完税价格。

4. 留购的进口货样

对于境内留购的进口货样、展览品和广告陈列品，以海关审定的留购价格作为完税价格。对于留购货样、展览品和广告陈列品的买方，除按留购价格付款外，又直接或间接给卖方一定利益的，海关可以另行确定上述货物的完税价格。

5. 逾期未出境的暂进口货物的完税价格

对于经海关批准暂时进口的施工机械、工程车辆、供安装使用的仪器和工具、电视或电影摄制机械，以及盛装的货物容器等，若入境超过半年仍留在国内使用的，应自第 7 个月起，按月征收进口关税，其关税价格按原货进口时到岸价格确定。每月的税款计算公式为：

每月关税＝货物原到岸价格×关税税率×1÷48

6. 转让出售减免税货物予以补税的完税价格

按照特定减免税办法予以减税或免税进口的货物，在转让或出售时需予补税时，应当以海关审定的货物原进口时的价格，扣除折旧部分作为完税价格。其计算公式为：

完税价格＝海关审定的该货物原进口时的价格×[1－补税时实际已使用的时间（月）÷（监管年限×12）]

补税时实际已进口的时间按月计算，不足 1 个月但是超过 15 日的，按照 1 个月计算，不超过 15 日的，不予计算。

（三）出口货物的完税价格

出口货物应当以海关审定的货物售予境外的离岸价格，扣除出口关税后作为完税价格。

其计算公式为：

出口货物完税价格＝离岸价格÷(1＋出口税率)

而离岸价格应以该项货物运离关境前的最后一个口岸的离岸价格作为实际离岸价格。若该项货物从内地起运，则从内地口岸至最后出境口岸所支付的国内段运输费用、保险费及其他相关费用应予扣除。在确认出口货物的完税价格时，应注意以下几点：

(1)在货物价款中单独列明的货物运至我国境内输出地点装载后的运输及费用、保险费不应计入完税价格。

(2)离岸价格不包括装船以后发生的费用。

(3)出口货物在成交价格以外支付给国外的佣金应予扣除，未单独列明的则不予扣除。

(4)出口货物在成交价格以外，买方还另行支付的货物包装费，应计入成交价格。

(5)出口关税不应计入出口货物的完税价格。

(四)进出口货物完税价格的审定及相关税费的核定

1. 进出口货物完税价格的审定

对于进出口货物的收发货人或其代理人向海关申报进出口货物的成交价格明显偏低，又不能提供合法证据和正当理由的；申报价格明显低于海关掌握的相同或类似货物的国际市场上公开成交的价格，又不能提供合法证据和正当理由的；经海关调查认定买卖双方之间有特殊经济关系或对货物的使用、转让订有特殊条件或特殊安排，影响成交价格的，以及其他特殊成交情况，海关认为需要估价的，则按以下方法依次估定完税价格：

(1)相同货物成交价格法，即以从同一出口国家或者地区购进的相同货物的成交价格作为该被估货物完税价格的依据。采用这种比照价格时，相同货物必须已经在被估价货物进口时或大约同时向进口国进口。若有好几批相同货物完全符合条件，应采用其中最低的价格。另外，相同货物与被估货物在商业水平、数量、运输方式、运输距离等贸易上的差别也要作调整。

(2)类似货物成交价格法，即以从同一出口国家或者地区购进的类似货物的成交价格作为被估货物的完税价格的依据。选择相似货物时，主要应考虑货物的品质、信誉和现有商标。

(3)国际市场价格法，即以与进口货物相同或类似货物在国际市场上公开的成交价格作为该进口货物的完税价格。

(4)国内市场价格倒扣法，即以与进口货物相同或类似货物在国内市场上的批发价格，扣除合理的税、费、利润后的价格，作为该货物的完税价格的依据。

(5)合理方法估定的价格。如果按照上述几种方法估价仍不能确定其完税价格，则可由海关按照合理方法估定，即它是以客观量化的数据资料为基础审查确定进口货物完税价格的估价方法。

海关在采用合理方法确定进口货物的完税价格时，不得使用以下价格：

①境内生产的货物在境内的销售价格；

②可供选择的价格中较高的价格；

③货物在出口地市场的销售价格；

④以计算价格估价方法规定的有关各项之外的价值或费用计算的价格；

⑤出口到第三国或地区的货物的销售价格；

⑥最低限价或武断、虚构的价格。

2. 进出口货物相关费用的核定

(1)进口货物的运费。进口货物的运费应当按照实际支付的费用计算。如果进口货物的运费无法确定,海关应当按照该货物的实际运输成本或者该货物进口同期运输行业公布的运费率(额)计算运费。运输工具作为进口货物,利用自身动力进境的,海关在审查确定完税价格时,不再另行计入运费。

(2)进口货物的保险费。进口货物的保险费应当按照实际支付的费用计算。如果进口货物的保险费无法确定或者未实际发生,海关应当按照“货价”和“运费”两者总额的3‰计算保险费。其计算公式为:

保险费=(货价+运费)×3‰

邮运进口的货物,应当以邮费作为运输及其相关费用、保险费。

(3)其他相关费用。以境外边境口岸价格条件成交的铁路或者公路运输进口货物,海关应当按照境外边境口岸价格的1%计算运输及其相关费用、保险费。

二、关税应纳税额的计算

(一)从价税计算方法

从价税是最普遍的关税计征方法,它以进(出)口货物的完税价格作为计税依据。进(出)口货物应纳关税税额的计算公式为:

关税应纳税额=应税进(出)口货物数量×单位完税价格×适用税率

(二)从量税计算方法

从量税是以进口商品的数量为计税依据的一种关税计征方法。其应纳关税税额的计算公式为:

关税应纳税额=应税进口货物数量×关税单位税额

(三)复合税计算方法

复合税是对某种进口货物同时使用从价和从量计征的一种关税计征方法。其应纳关税税额的计算公式为:

关税应纳税额=应税进口货物数量×关税单位税额+应税进口货物数量×单位完税价格×适用税率

(四)滑动税计算方法

滑动税是指关税的税率随着进出口商品价格的变动而反方向变动的一种税率形式,即价格越高,税率越低,税率为比例税率。因此,实行滑动税率的进出口商品应纳关税税额的计算方法与从价税的计算方法相同。

关税应纳税额=应税进(出)口货物数量×单位完税价格×滑动税税率

关税的计算
知识点梳理

任务四　关税的征收管理

一、关税缴纳

(一)申报时间

申报时间有两种:进口货物自运输工具申报进境之日起14日内;出口货物在运抵海关监管区后装货的24小时以前。

(二)纳税期限

关税的纳税义务人或其代理人,应在海关填发税款缴款书之日起15日内向指定银行缴纳。不能按期缴纳税款，经海关总署批准，可延期缴纳，但最长不得超过 6 个月。

二、关税强制执行

纳税人未在关税缴纳期限内缴纳税款，即构成关税滞纳。为了保证海关征收关税决定的有效执行和国家财政收入的及时入库，《海关法》赋予海关对滞纳关税的纳税人强制执行的权力。强制措施主要有以下两类：

（一）征收滞纳金

滞纳金自关税缴纳期限届满之日起，至纳税人缴清关税之日止，按滞纳税款 5‱的比例按日征收，周末或法定节假日不予扣除。其计算公式为：

关税滞纳金金额＝滞纳关税税额×5‱×滞纳天数

滞纳金的起征点为 50 元。

（二）强制征收

纳税人自海关填发缴款书之日起 3 个月仍未缴纳税款的，经海关关长批准，海关可以采取强制措施扣缴。强制措施主要有强制扣缴和变价抵缴两种。

(1)强制扣缴。强制扣缴是指海关依法自行或向人民法院申请采取从纳税人的开户银行或者其他金融机构的存款中将相当于纳税人应纳税款的款项强制划拨入国家金库的措施，即书面通知其开户银行或者其他金融机构从其存款中扣缴税款。

(2)变价抵缴。变价抵缴是指如果纳税人的银行账户中没有存款或存款不足以强制扣缴时，海关可以将未放行的应税货物依法变卖，以销售货物所得价款抵缴应纳税款。如果该货物已经放行，海关可以将该纳税人的其他价值相当于应纳税款的货物或其他财产依法变卖，以变卖所得价款抵缴应纳税款。

强制扣缴和变价抵缴的税款含纳税人未缴纳的税款滞纳金。

三、关税退还

关税的退还是指关税纳税人缴纳税款后，因某种原因的出现，海关将实际征收多于应当征收的税款退还给原纳税人的一种行政行为。根据《海关法》的规定，海关发现多征税款的，应当立即通知纳税人办理退税手续，纳税人应当自收到海关通知之日起 3 个月内办理有关退税手续。

有下列情形之一的，纳税人可以自缴纳税款之日起 1 年内，书面声明理由，连同原缴税凭证及相关资料向海关申请退还税款并加算银行同期活期存款利息，逾期不予受理：

(1)因海关误征，多纳税款的；

(2)海关核准免验进口的货物，在完税后发现有短缺情况，经海关审查认可的；

(3)已征出口关税的货物，因故未装运出口，申报退关，经海关查明属实的。

对已征出口关税的出口货物和已征进口关税的进口货物，因货物品种或规格原因(非其他原因)原状复运进境或出境的，经海关查验属实的，也应退还已征关税，海关应当在受理退税申请之日起 30 日内作出书面答复并通知退税申请人。

四、关税补征和追征

关税的补征和追征是海关在纳税人按海关规定缴纳关税后，发现实际征收税额少于应当征收的税额时,责令纳税人补缴所差税款的一种行政行为。

(1)关税补征是非因纳税人违反海关规定造成少征关税。根据《海关法》的规定,进出境货物或物品放行后,海关发现少征或漏征税款,应当自缴纳税款或者货物、物品放行之日起1年内,向纳税人补征。

(2)关税追征是由于纳税人违反海关规定造成少征关税。因纳税人违反规定而造成的少征或者漏征的税款,自纳税人应缴纳税款之日起3年以内可以追征,并从缴纳税款之日起按日加收少征或者漏征税款5‱的滞纳金。

五、关税的纳税争议

为保护纳税人合法权益,《海关法》《关税条例》都规定了纳税人对海关确定的进出口货物的征税、减税、补税或者退税等有异议时,有提出申诉的权利。在纳税人同海关发生纳税争议时,可以向海关申请复议,但同时应当在规定期限内按海关核定的税额缴纳关税,逾期则构成滞纳,海关有权按规定采取强制执行措施。

纳税争议的内容一般为进出境货物和物品的纳税人对海关在原产地认定、税则归类、税率或汇率适用、完税价格确定,以及关税减征、免征、追征、补征和退还等征税行为是否合法或适当,是否侵害了纳税人的合法权益,而对海关征收关税的行为表示异议。

纳税争议的申诉程序:纳税义务人自海关填发税款缴款书之日起30日内,向原征税海关的上一级海关书面申请复议。逾期申请复议的,海关不予受理。海关应当自收到复议申请之日起60日内作出复议决定,并以复议决定书的形式正式答复纳税人;纳税人对海关复议决定仍然不服的,可以自收到复议决定书之日起15日内,向人民法院提起诉讼。

任务五　船舶吨税法

船舶吨税法是调整船舶吨税征收与缴纳关系的法律规范的总称。现行船舶吨税的基本规范是2017年12月27日第十二届全国人民代表大会常务委员会第三十一次会议通过的《中华人民共和国船舶吨税法》(以下简称《船舶吨税法》),自2018年7月1日起施行。

一、征税范围

船舶吨税是对从境外港口进入我国境内港口的应税船舶征收的一种税。自境外港口进入境内港口的应税船舶,应当缴纳船舶吨税。

二、税率

船舶吨税设置了优惠税率和普通税率。

(1)中华人民共和国籍的应税船舶,船籍国(地区)与我国签订含有相互给予船舶税费最惠国待遇条款的条约或者协定的应税船舶,适用优惠税率。

(2)其他应税船舶,适用普通税率。

船舶吨税的税目、税率依照《船舶吨税法》所附的船舶吨税税目和税率表执行,见表4—2。

表 4—2 **船舶吨税税目和税率表**

<table>
<tr><th rowspan="3">税 目
(按船舶净吨位划分)</th><th colspan="6">税率(元/净吨)</th><th>备 注</th></tr>
<tr><th colspan="3">普通税率(按执照期限划分)</th><th colspan="3">优惠税率(按执照期限划分)</th><td rowspan="6">1. 拖船按照发动机功率每 1 千瓦折合净吨位 0.67 吨
2. 无法提供净吨位证明文件的游艇,按照发动机功率每千瓦折合净吨位 0.05 吨
3. 拖船和非机动驳船分别按相同净吨位船舶税率的 50%计征税款</td></tr>
<tr><th>1 年</th><th>90 日</th><th>30 日</th><th>1 年</th><th>90 日</th><th>30 日</th></tr>
<tr><td>不超过 2 000 净吨</td><td>12.6</td><td>4.2</td><td>2.1</td><td>9.0</td><td>3.0</td><td>1.5</td></tr>
<tr><td>超过 2 000 净吨,但不超过 10 000 净吨</td><td>24.0</td><td>8.0</td><td>4.0</td><td>17.4</td><td>5.8</td><td>2.9</td></tr>
<tr><td>超过 10 000 净吨,但不超过 50 000 净吨</td><td>27.6</td><td>9.2</td><td>4.6</td><td>19.8</td><td>6.6</td><td>3.3</td></tr>
<tr><td>超过 50 000 净吨</td><td>31.8</td><td>10.6</td><td>5.3</td><td>22.8</td><td>7.6</td><td>3.8</td></tr>
</table>

三、应纳税额的计算

船舶吨税按照船舶净吨位和船舶吨税执照期限征收。应纳税额按照船舶净吨位乘以适用税率计算。其计算公式为:

应纳税额=船舶净吨位×定额税率

净吨位,是指由船籍国(地区)政府授权签发的船舶吨位证明书上标明的净吨位。

应税船舶负责人在每次申报纳税时,可以按照船舶吨税税目和税率表选择申领一种期限的船舶吨税执照。

应税船舶在进入港口办理入境手续时,应当向海关申报纳税领取船舶吨税执照,或者交验船舶吨税执照。应税船舶在离开港口办理出境手续时,应当交验船舶吨税执照。

应税船舶负责人申领船舶吨税执照时,应当向海关提供下列文件:

(1)船舶国籍证书或者海事部门签发的船舶国籍证书收存证明;

(2)船舶吨位证明。

【做中学 4—4】 2020 年 5 月,某化工进出口公司从与我国有关税互惠协定的国家进口一批货物,国外支付购买价为 300 000 元,运抵我国输入地点的包装费为 20 000 元,运费及保险费为 15 000 元,该进口货物的关税适用特惠税率为 5%。

要求:计算该公司进口货物应纳关税、增值税税额。

解析:进口货物应以海关审定的成交价格为基础确定计税依据。该公司进口环节应纳关税及增值税计算如下:

关税完税价格=货价+包装、运输、保险等费用

=300 000+20 000+15 000=335 000(元)

应纳关税=335 000×5%=16 750(元)

应纳增值税=(335 000+16 750)×13%=45 727.50(元)

【做中学 4—5】 2020 年 8 月,我国某外贸公司出口铅矿砂一批,FOB 广州港 356 000 元,其中运至我国境内广州港装载前的运输及其相关费用为 2 300 元、保险费为 500 元。从广州港至维多利亚港运费及保险费为 9 800 元。出口关税税率为 30%。

要求:计算该公司出口货物应纳关税税额。

解析:出口货物应以海关审定的成交价格为基础确定完税价格,计算如下:

关税完税价格=356 000÷(1+30%)=273 846.15(元)

应纳税额＝273 846.15×30％＝82 153.85(元)

四、税收优惠

(一)直接优惠

下列船舶免征船舶吨税：

(1)应纳税额在人民币50元以下的船舶；

(2)自境外以购买、受赠、继承等方式取得船舶所有权的初次进口到港的空载船舶；

(3)船舶吨税执照期满后24小时内不上下客货的船舶；

(4)非机动船舶(不包括非机动驳船)；

(5)捕捞、养殖渔船；

(6)避难、防疫隔离、修理、终止运营或者拆解,并不上下客货的船舶；

(7)军队、武装警察部队专用或者征用的船舶；

(8)依照法律规定应当予以免税的外国驻华使领馆、国际组织驻华代表机构及其有关人员的船舶；

(9)国务院规定的其他船舶。

上述(5)～(8)项优惠,应当提供海事部门、渔业船舶管理部门或者卫生检疫部门等部门、机构出具的具有法律效力的证明文件或者使用关系证明文件,申明免税理由。

(二)延期优惠

应税船舶在进入港口办理入境手续时,应当向海关申报纳税领取船舶吨税执照,或者交验船舶吨税执照。在船舶吨税执照期限内,应税船舶发生下列情形之一的,海关按照实际发生的天数批注延长船舶吨税执照期限：

(1)避难、防疫隔离、修理,并不上下客货。

(2)军队、武装警察部队征用。

(3)应税船舶因不可抗力在未设立海关地点停泊的,船舶负责人应当立即向附近海关报告,并在不可抗力原因消除后,向海关申报纳税。

上述船舶应当提供海事部门、渔业船舶管理部门或者卫生检疫部门等部门、机构出具的具有法律效力的证明文件或者使用关系证明文件,申明延长船舶吨税执照期限的依据和理由。

五、征收管理

征收管理主要有以下内容：

(1)船舶吨税由海关负责征收。海关征收船舶吨税应制发缴款凭证。

(2)船舶吨税纳税义务发生时间为应税船舶进入港口的当日。

(3)应税船舶在船舶吨税执照期满后尚未离开港口的,应当申领新的船舶吨税执照,自上一次执照期满的次日起续缴船舶吨税。

(4)应税船舶负责人应当自海关填发船舶吨税缴款凭证之日起15日内向指定银行缴清税款。未按期缴清税款的,自滞纳税款之日起,按日加收滞纳税款5‱的滞纳金。

(5)应税船舶到达港口前,经海关核准先行申报并办结出入境手续的,应税船舶负责人应当向海关提供与其依法履行船舶吨税缴纳义务相适应的担保;应税船舶到达港口后,依照规定向海关申报纳税。

应知考核

一、单项选择题

1. 凡是我国允许进口或出口的(　　),在进出关境时,除另有规定外,都应依照《海关进出口税则》的规定征收进口关税和出口关税。

A. 各种货物　　B. 货物、物品

C. 货物、运输工具和人员　　D. 物品

2. 关税纳税义务人因不可抗力或者在国家税收政策调整的情形下,不能按期缴纳税款的,经海关总署批准,可以延期缴纳税款,但最多不得超过(　　)个月。

A. 3　　B. 6　　C. 9　　D. 12

3. 关税税率随进口商品价格由高到低而由低到高设置,这种计征关税的方法称为(　　)。

A. 从价税　　B. 从量税　　C. 复合税　　D. 滑准税

4. 在缴纳关税时,纳税义务人应当自海关填发税款缴款书之日起(　　)日内,向指定银行缴纳税款。

A. 15　　B. 20　　C. 25　　D. 30

5. 下列各项中,符合关税法定免税规定的是(　　)。

A. 残疾人专用品

B. 边境贸易进出口的基建物资和生产用车辆

C. 关税税款在人民币 100 元以下的一票货物

D. 经海关核准进口的无商业价值的广告品和货样

二、多项选择题

1. 根据关税法律制度的规定,下列各项属于法定减免关税的有(　　)。

A. 关税税额、进口环节增值税或者消费税税额在人民币 80 元以下的一票货物

B. 国际组织无偿赠送的物资

C. 无商业价值的广告品

D. 进出境运输工具装载途中必需的饮食用品

2. 发生下列情形的进口货物,经海关查明属实,可以酌情减免关税的有(　　)。

A. 在境外运输途中或在起卸时遭受损坏或损失的货物

B. 起卸后海关放行前,因自然灾害遭受损坏或者损失的货物

C. 海关查验时货物已经破漏、损坏或者腐烂,经证明是由保管不慎造成的

D. 在起卸后海关放行后,因不可抗力遭受损坏或者损失的货物

3. 下列关于出口货物关税完税价格的说法中,正确的有(　　)。

A. 出口关税不计入完税价格

B. 在输出地点装载前发生的运费,计入完税价格中

C. 在货物价款中单独列明由卖方承担的佣金不计入完税价格

D. 出口货物完税价格包含增值税销项税额

4. 进口关税计征方法包括(　　)。

A. 从价税　　B. 从量税　　C. 复合税　　D. 反倾销税

5. 目前，我国既可以采用从价又可以采用从量计征方式的税种有(　　)。

A. 进口关税　　B. 进口环节增值税　C. 进口环节消费税　D. 出口关税

三、判断题

1. 我国目前对进出口货物试行从量关税、复合关税和滑准关税。(　　)

2. 出口货物应以海关审定的成交价格为基础的离岸价格作为关税的完税价格。(　　)

3. 关税纳税人同海关就进口增值税、消费税发生纳税争议，可在缴纳税款后向税务机关申请复议。(　　)

4. 为了鼓励出口，我国只对进口货物或物品征收关税，不征出口关税。(　　)

5. 我国对少数进口商品计征关税时所采用的滑准税实质上是一种特殊的从价税。(　　)

四、简述题

1. 简述关税的特点。

2. 简述关税的分类。

3. 简述进出口货物完税价格的审定方法。

4. 简述关税应纳税额的计算方法。

5. 简述船舶吨税的征税范围。

应会考核

■观念应用

船舶吨税的计算

外国某一货轮停靠上海港装卸货物，该货轮净吨位为 40 000 吨，货轮负责人已向我国海关领取了船舶吨税执照，在港口停留期限为 30 天。已知该国与我国签订了含有互相给予船舶税费最惠国待遇条款的条约。

【考核要求】

计算该货轮应缴纳的船舶吨税。

■技能应用

进口关税的计算

某企业 2020 年 11 月将一台账面余值为 55 万元的进口设备运往境外修理，当月在海关规定的期限内复运进境。经海关审定的境外修理费 4 万元、料件费 6 万元。假定该设备的进口关税税率为 30%。

【技能要求】

计算该企业应纳的关税。

■案例分析

出口关税分析

我国某公司 2020 年 11 月从国内甲港口出口一批锌锭到国外，成交价格为 170 万元(不含出口关税)，其中包括货物运抵甲港口装载前的运输费 10 万元、单独列明支付给境外的佣金 12 万元。甲港口到国外目的地港口之间的运输保险费 20 万元。锌锭出口关税税率为 20%。

【分析要求】

计算该公司出口锌锭应纳的出口关税。

项目实训

【实训项目】

关税法和船舶吨税法的应用。

【实训情境】

关税的分析

资料一：深圳华涛进出口公司从美国进口货物一批，货物以离岸价格成交，成交价折合人民币为2 820万元(包括单独计价并经海关审查属实的向境外采购代理人支付的购货租金20万元，但不包括为使用该货物而向境外支付的软件费100万元、向卖方支付的佣金30万元)，另支付货物运抵我国深圳港的运费、保险费等70万元。假设该货物适用的关税税率为20%。

船舶吨税的分析

资料二：2020年12月10日，A国某运输公司的一艘拖船驶入我国某港口，该拖船发动机功率为44 776.12千瓦，拖船负责人已向我国海关领取了船舶吨税执照，在港口停留期限为30天。A国与我国签订了相互给予船舶税费最惠国待遇条款。已知船舶净吨位超过10 000净吨但不超过50 000净吨，执照期限为30日的普通税率为4.6元/净吨、优惠税率为3.3元/净吨。

【实训任务】

1. 要求：

(1)根据资料一，分析并计算该公司进口环节应缴纳的关税。

(2)根据资料二，分析并计算应缴纳的船舶吨税。

2. 撰写《关税法和船舶吨税法的应用》实训报告。

<table>
<tr><th colspan="3">《关税法和船舶吨税法的应用》实训报告</th></tr>
<tr><td>项目实训班级：</td><td>项目小组：</td><td>项目组成员：</td></tr>
<tr><td>实训时间：　　年　　月　　日</td><td>实训地点：</td><td>实训成绩：</td></tr>
<tr><td colspan="3">实训目的：</td></tr>
<tr><td colspan="3">实训步骤：</td></tr>
<tr><td colspan="3">实训结果：</td></tr>
<tr><td colspan="3">实训感言：</td></tr>
</table>

企业所得税法

○ **知识目标：**

理解：企业所得税的概念、特点，我国企业所得税制度演变。

熟知：企业所得税的纳税人、企业所得税的征税对象。

掌握：企业所得税的税率、企业所得税的优惠政策、企业所得税的征收管理。

○ **技能目标：**

掌握企业所得税的应纳税所得额、应纳税额、收入总额、不征税收入和免税收入的计算，以及具备对准予扣除项目、不得扣除项目、准予限额扣除项目、亏损弥补、非居民企业的应纳税所得额、企业资产所得税的处理能力。

○ **素质目标：**

运用所学的企业所得税法基本原理知识研究相关案例，培养和提高学生在特定业务情境中分析问题与决策设计的能力；结合行业规范或标准，运用企业所得税法知识分析行为的善恶，强化学生的职业道德素质。

○ **项目引例：**

从业务活动判断企业纳税

在美国成立的丁公司，实际管理机构设在美国，但在北京设立了机构、场所从事生产经营活动。2020 年，丁公司发生下列业务：①在北京设立的机构、场所取得了来源于中国境内的所得；②在北京设立的机构、场所取得了来源于境外但与该机构、场所有实际联系的所得；③美国的丁公司直接将一项专利的使用权转让给上海的 B 公司（该所得与在北京设立的机构、场所没有实际联系）。

请问：丁公司的上述业务是否应在我国纳税？适用的企业所得税税率是多少？

○ **知识精讲：**

任务一　企业所得税概述

一、企业所得税的概念

企业所得税是对我国企业和其他组织的生产经营所得和其他所得征收的一种税。企业所得税法是调整企业所得税征纳关系的法律规范的总称。我国现行企业所得税法主要是 2007 年 3 月 16 日第十届全国人民代表大会第五次会议通过的《中华人民共和国企业所得税法》,将内资企业原适用的《中华人民共和国企业所得税暂行条例》和外资企业原适用的《中华人民共和国外商投资企业和外国企业所得税法》两法合一,并于 2008 年 1 月 1 日起开始实施。《中华人民共和国企业所得税法实施条例》于 2007 年 12 月 11 日发布,自 2008 年 1 月 1 日起施行。

二、企业所得税的特点

企业所得税的特点主要有以下几个:

(1)计税依据是应纳税所得额。它是收入总额扣除允许扣除的项目金额后的余额,与企业的本年利润是不相同的。

(2)应纳税所得额的计算较复杂。税法在规定纳税人收入总额的前提下,对允许和不允许扣除的项目、允许扣除项目的扣除标准作了较详细的规定,所以导致应纳税所得额的计算较为复杂。

(3)量能负担。企业所得税以纳税人的应税所得和适用税率计税,所得多的人多纳税,所得少的人少纳税,无所得的不纳税,体现了税收的纵向公平原则。

(4)实行按年征收、分期预缴的征收管理方法。企业的经营业绩通常是按年衡量的,企业的会计核算也是按年进行的,因此企业所得税实行按纳税年度计征,有利于税款的征收管理。

三、我国企业所得税制度演变

(一)中华人民共和国成立至改革开放前的企业所得税制度

1950 年政务院发布了《全国税政实施要则》,全国设置了 14 个税种,其中在“工商业税”中包含了对所得额征税的内容,主要征税对象是私营企业、集体企业和个体工商户的应税所得。国营企业实行利润上缴制度,不缴纳所得税。这种制度设计适应了当时我国高度集中的计划经济管理体制的需要。1958 年和 1973 年我国进行了两次重大的税制改革,核心是简化税制。这个阶段虽然各项税收占财政收入的比重在提高,但国营企业上缴的利润仍是国家财政收入的主要来源。

(二)改革开放后至 1991 年的企业所得税制度

改革开放初期,为吸引、利用外商投资的需要,1980 年 9 月第五届全国人民代表大会第三次会议通过了《中华人民共和国中外合资经营企业所得税法》。1981 年 12 月第五届全国人民代表大会第四次会议通过了《中华人民共和国外国企业所得税法》。

1983 年,国务院决定在全国试行国营企业“利改税”,即将中华人民共和国成立后实行了 30 多年的国营企业上缴利润的制度改为缴纳企业所得税制度。1984 年,国务院颁布了《中华人民共和国国营企业所得税条例(草案)》和《国营企业调节税征收办法》。1985 年 4 月,国务院颁布了《中华人民共和国集体企业所得税暂行条例》。1988 年 6 月,国务院颁布了《中华人民共和国私营企业所得税暂行条例》。

(三)1991 年至今的企业所得税制度

1991 年 4 月,第七届全国人民代表大会将《中华人民共和国中外合资经营企业所得税法》和《中华人民共和国外国企业所得税法》合并,制定了《中华人民共和国外商投资企业和外国企业所得税法》。

1993 年 12 月国务院将《中华人民共和国国营企业所得税条例(草案)》《国营企业调节税

征收办法》《中华人民共和国私营企业所得税暂行条例》进行整合，制定了《中华人民共和国企业所得税暂行条例》。

为了平衡内资和外资企业的税收负担，2007 年 3 月 16 日第十届全国人民代表大会第五次会议通过了《中华人民共和国企业所得税法》(以下简称《企业所得税法》)，同年 12 月 6 日国务院颁布了《中华人民共和国企业所得税法实施条例》(以下简称《企业所得税法实施条例》)，合并了内资企业所得税、外商投资企业和外国企业所得税，创立了完全统一的企业所得税。

任务二　企业所得税基本法律

一、企业所得税的纳税人

企业所得税纳税人是指在我国境内的企业和其他取得收入的组织，包括各类企业、事业单位、社会团体、民办非企业单位和从事经营活动的其他组织。

注意：个人独资企业、合伙企业属于自然人性质企业，不具有法人资格，不是企业所得税纳税人。

为了有效行使税收管辖权，最大限度维护税收利益，我国企业所得税法选择了收入来源地管辖权和居民管辖权相结合的混合管辖权方式，采用了登记注册地标准和实际管理机构标准相结合的办法，把企业分为居民企业和非居民企业，分别承担不同的纳税义务。

(一)居民企业

居民企业是指依法在中国境内成立，或者依照外国法律成立但实际管理机构在中国境内的企业。

这里的企业包括国有企业、集体企业、私营企业、联营企业、股份制企业、外商投资企业、外国企业以及有生产经营所得的其他组织。实际管理机构是指对企业的生产经营、人员、账务、财产等实施实质性全面管理和控制的机构。

(二)非居民企业

非居民企业是指依照外国(地区)法律成立且实际管理机构不在中国境内，但在中国境内设立机构、场所，或在中国境内未设立机构、场所，但有来源于中国境内所得的企业。

“机构、场所”是指在中国境内从事生产经营活动的机构、场所，包括：管理机构、营业机构、办事机构；工厂、农场、开采自然资源的场所；提供劳务的场所；从事建筑、安装、装配、修理、勘探等工程作业的场所；其他从事生产经营活动的机构、场所。

非居民企业委托营业代理人在中国境内从事生产经营活动的，包括委托单位或者个人经常代其签订合同，或者储存、交付货物等，该营业代理人视为非居民企业在中国境内设立的机构、场所。

二、企业所得税的征税对象

企业所得税征税对象是指企业取得的生产经营所得、其他所得和清算所得。

(一)居民企业的征税对象

居民企业负无限纳税义务，应就来源于中国境内、境外的所得向中国境内缴纳企业所得税。"所得"包括销售货物所得、提供劳务所得、转让财产所得、股息红利等权益性投资所得、利息所得、租金所得、特许权使用费所得、接受捐赠所得和其他所得。

(二)非居民企业的征税对象

非居民企业负有限纳税义务。非居民企业在中国境内设立机构、场所的,应当就其所设机构、场所取得的来源于中国境内的所得,以及发生在中国境外但与其所设机构、场所有实际联系的所得,缴纳企业所得税。非居民企业在中国境内未设立机构、场所,或者虽设立机构、场所但取得的所得与其所设机构、场所没有实际联系的,应当就其来源于中国境内的所得缴纳企业所得税。

"实际联系"是指非居民企业在中国境内设立的机构、场所拥有据以取得所得的股权、债权,以及拥有、管理、控制据以取得所得的财产等。

(三)所得来源地确定

根据企业所得税法及其实施条例的规定,所得来源地的确定应遵循如下原则:

(1)销售货物所得,为交易活动发生地。

(2)提供劳务所得,为劳务发生地。

(3)财产转让所得:不动产转让所得,为不动产所在地;动产转让所得,为转让动产的企业或机构、场所所在地;权益性投资资产转让所得,为被投资企业所在地。

(4)股息、红利等权益性投资所得,为分配所得的企业所在地。

(5)利息、租金、特许权使用费所得,为负担支付所得的企业或机构、场所所在地,或负担支付所得的个人住所地。

(6)其他所得,由国务院财政、税务主管部门确定。

三、企业所得税的税率

(一)基本税率

企业所得税的基本税率为25%,适用于居民企业和在中国境内设有机构、场所且取得的所得与其所设机构、场所有实际联系的非居民企业。

(二)优惠税率

(1)对符合条件的小型微利企业,减按20%的税率征收企业所得税。

提示:自2017年1月1日至2019年12月31日,将小型微利企业年应纳税所得额上限由30万元提高到50万元,符合这一条件的小型微利企业所得减半计算应纳税所得额并按20%优惠税率缴纳企业所得税。自2018年1月1日起至2020年12月31日,将享受减半征收企业所得税优惠政策的小微企业年应纳税所得额上限,从50万元提高到100万元。

(2)对国家需要重点扶持的高新技术企业,减按15%的税率征收企业所得税。

(3)非居民企业在中国境内未设立机构、场所的,或者虽设立机构、场所但取得的所得与其所设机构、场所没有实际联系的所得,适用税率为20%,但实际征税时减按10%的税率征收企业所得税,以支付人为扣缴义务人。

(4)非居民企业预提所得税,适用10%的税率。

(5)技术先进型服务企业,减按15%的税率征收。

(6)符合条件的集成电路生产企业,减按15%的税率征收。

(7)国家规划布局内的重点软件企业、集成电路设计企业,如当年未享受免税优惠的,可减按10%的税率征收。

(8)从事污染防治的第三方企业,减按15%的税率征收。

(9)自2019年1月1日起至2021年12月31日止,对符合条件的从事污染防治的第三方企业减按15%的税率征收企业所得税。

我国企业所得税实行比例税率。相关规定如表5-1所示。

表5-1　企业所得税适用税率汇总表

企业类型		所得来源	税率
居民企业	一般企业	境内、境外所得	25%
	小型微利企业		20%
	国家重点扶持的高新技术企业		15%
非居民企业	在我国境内设立机构场所的	与机构场所有实际联系的境内、境外所得	25%
		与机构场所没有实际联系的境内所得	10%
	在我国境内没有设立机构场所的	境内所得	10%

注:小型微利企业减按20%税率,国家重点扶持的高新技术企业减按15%税率征收企业所得税是一种税收优惠。

任务三　企业所得税优惠政策

一、免征与减征优惠

(一)从事农、林、牧、渔业项目的所得

1. 免征企业所得税项目

企业从事下列项目的所得,免征企业所得税:

(1)蔬菜、谷物、薯类、油料、豆类、棉花、麻类、糖料、水果、坚果的种植。

(2)农作物新品种的选育。

(3)中药材的种植。

(4)林木的培育和种植。

(5)牲畜、家禽的饲养。

(6)林产品的采集。

(7)灌溉、农产品的初加工、兽医、农技推广、农机作业和维修等农、林、牧、渔服务业项目。

(8)远洋捕捞。

2. 减半征收企业所得税项目

企业从事下列项目的所得,减半征收企业所得税:

(1)花卉、茶以及其他饮料作物和香料作物的种植。

(2)海水养殖、内陆养殖。

3. 农林牧渔项目所得税优惠政策和征收管理

(1)企业从事属于《产业结构调整指导目录(2013年版)》限制和淘汰类的项目不得享受优惠政策。

(2)农作物新品种选育免税所得,是指企业对农作物进行品种和育种材料选育形成的成果,以及由这些成果形成的种子(苗)等繁殖材料的生产、初加工、销售一体化取得的所得。

(3)林木的培育和种植免税所得,是指企业对树木、竹子的育种和育苗、抚育和管理以及规模造林活动取得的所得,包括企业通过拍卖或收购方式取得林木所有权并经过一定的生长周期,对林木进行再培育取得的所得。

(4)企业从事下列项目所得的税务处理:

①猪、兔的饲养,按"牲畜、家禽的饲养"项目处理。

②饲养牲畜、家禽产生的分泌物、排泄物,按"牲畜、家禽的饲养"项目处理。

③观赏性作物的种植,按"花卉、茶及其他饮料作物和香料作物的种植"项目处理。

④"牲畜、家禽的饲养"以外的生物养殖项目,按"海水养殖、内陆养殖"项目处理。

(5)农产品初加工相关事项:

①企业根据委托合同,受托对符合规定的农产品进行初加工服务,其所收取的加工费,可以按照农产品初加工的免税项目处理。

②"油料植物初加工"工序包括"冷却、过滤"等;"糖料植物初加工"工序包括"过滤、吸附、解析、碳脱、浓缩、干燥"等。

③企业从事适用企业所得税减半优惠的种植、养殖项目,并直接进行初加工且符合农产品初加工目录范围的,企业应合理划分不同项目的各项成本、费用支出,分别核算种植、养殖项目和初加工项目的所得,并各按适用的政策享受税收优惠。

④企业对外购茶叶进行筛选、分装、包装后进行销售的所得,不享受农产品初加工的优惠政策。

(6)对取得农业农村部颁发的"远洋渔业企业资格证书"并在有效期内的远洋渔业企业,从事远洋捕捞业务取得的所得免征企业所得税。

(7)企业将购入的农、林、牧、渔产品,在自有或租用的场地进行育肥、育秧等再种植、养殖,经过一定的生长周期,使其生物形态发生变化,且并非由于本环节对农产品进行加工而明显增加了产品的使用价值的,可视为农产品的种植、养殖项目享受相应的税收优惠。

(8)企业同时从事适用不同企业所得税政策规定项目的,应分别核算,单独计算优惠项目的计税依据及优惠数额;分别核算不清的,可由主管税务机关按照比例分摊法或其他合理方法进行核定。

(9)企业委托其他企业或个人从事实施规定的农、林、牧、渔业项目取得的所得,可享受相应的税收优惠政策。企业受托从事规定的农、林、牧、渔业项目取得的收入,比照委托方享受相应的税收优惠政策。

(10)企业购买农产品后直接进行销售的贸易活动产生的所得,不能享受农、林、牧、渔业项目的税收优惠政策。

(二)从事国家重点扶持的公共基础设施项目投资经营的所得

从事国家重点扶持的公共基础设施项目投资经营的所得,是指《公共基础设施项目企业所得税优惠目录》规定的港口码头、机场、铁路、公路、电力、水利等项目。

从事国家重点扶持的公共基础设施项目投资经营的所得自取得第一笔生产经营收入所属纳税年度起,第1～3年免征企业所得税,第4～6年减半征收企业所得税,即"三免三减半"。

企业承包经营、承包建设和内部自建自用的项目,不得享受上述规定的企业所得税优惠。

自2013年1月1日起,居民企业从事符合《公共基础设施项目企业所得税优惠目录

(2008 年版)》规定条件和标准的电网(输变电设施)的新建项目,可依法享受“三免三减半”的企业所得税优惠政策。

(三)从事符合条件的环境保护、节能节水项目所得

符合条件的环境保护、节能节水项目,包括公共污水处理、公共垃圾处理、沼气综合开发利用、节能减排技术改造、海水淡化等。

环境保护、节能节水项目所得,自项目取得第一笔生产经营收入所属纳税年度起,三免三减半。

符合条件的环境保护、节能节水项目,在减免税期限内转让的,受让方自受让之日起,可在剩余期限内享受规定的减免税优惠;减免税期限届满后转让的,受让方不得就该项目重复享受减免税待遇。

(四)符合条件的技术转让所得

符合条件的技术转让所得免征、减征企业所得税,是指一个纳税年度内,居民企业转让技术所有权所得不超过 500 万元的部分,免征企业所得税;超过 500 万元的部分,减半征收企业所得税。

技术转让的范围,包括居民企业转让专利技术、计算机软件著作权、集成电路布图设计权、植物新品种、生物医药新品种、5 年(含)以上非独占许可使用权,以及财政部和国家税务总局确定的其他技术。

享受减免企业所得税优惠的技术转让应符合以下条件:享受优惠的技术转让主体是企业所得税法规定的居民企业;技术转让属于财政部、国家税务总局规定的范围;境内技术转让经省级以上科技部门认定;向境外转让技术经省级以上商务部门认定;国务院税务主管部门规定的其他条件。

对企业投资者持有 2019～2023 年发行的铁路债券取得的利息收入,减半征收企业所得税。

二、高新技术企业优惠

(一)国家需要重点扶持的高新技术企业减按 15%的税率征收企业所得税

国家需要重点扶持的高新技术企业,是指拥有核心自主知识产权,并同时符合下列八个条件的企业:

(1)企业申请认定时须注册成立一年以上。

(2)企业通过自主研发、受让、受赠、并购等方式,获得对其主要产品(服务)在技术上发挥核心支持作用的知识产权的所有权。

(3)对企业主要产品(服务)发挥核心支持作用的技术属于《国家重点支持的高新技术领域》规定的范围。

(4)企业从事研发和相关技术创新活动的科技人员占企业当年职工总数的比例不低于 10%。

(5)企业近三个会计年度(实际经营期不满三年的按实际经营时间计算,下同)的研究开发费用总额占同期销售收入总额的比例符合如下要求:

①最近一年销售收入小于 5 000 万元(含)的企业,比例不低于 5%;

②最近一年销售收入在 5 000 万元至 2 亿元(含)的企业,比例不低于 4%;

③最近一年销售收入在2亿元以上的企业,比例不低于3%。

其中,企业在中国境内发生的研究开发费用总额占全部研究开发费用总额的比例不低于60%。

(6)近一年高新技术产品(服务)收入占企业同期总收入的比例不低于60%。

(7)企业创新能力评价应达到相应要求。

(8)企业申请认定前一年内未发生重大安全、重大质量事故或严重环境违法行为。

(二)高新技术企业境外所得适用税率及税收抵免

自2010年1月1日起,以境内、境外全部生产经营活动有关的研究开发费用总额、总收入、销售收入总额、高新技术产品(服务)收入等指标申请并经认定的高新技术企业,对其来源于境外所得可以按照15%的优惠税率缴纳企业所得税,在计算境外抵免限额时,可按照15%的优惠税率计算境内外应纳税总额。

(三)对经济特区和上海浦东新区内的高新技术企业的优惠政策

对经济特区和上海浦东新区内在2008年1月1日(含)之后完成登记注册的国家需要重点扶持的高新技术企业(以下简称"新设高新技术企业"),在经济特区和上海浦东新区内取得的所得,自取得第一笔生产经营收入所属纳税年度起,两免三减半。同时在区外有经营的,单独计算其在经济特区和上海浦东新区内取得的所得,并合理分摊企业的期间费用;没有单独计算的,不得享受企业所得税优惠。

三、加计扣除优惠

(一)研究开发费

(1)企业为开发新技术、新产品、新工艺发生的研究开发费用,未形成无形资产计入当期损益的,在按照规定据实扣除的基础上,按照本年度实际发生额的50%加计扣除;形成无形资产的,按照无形资产成本的150%摊销。

企业开展研发活动中实际发生的研发费用,未形成无形资产计入当期损益的,在按规定据实扣除的基础上,在2018年1月1日至2020年12月31日期间,再按照实际发生额的75%在税前加计扣除;形成无形资产的,在上述期间按照无形资产成本的175%在税前摊销。

(2)允许加计扣除的研发费用。企业开展研发活动中实际发生的研发费用,未形成无形资产计入当期损益的,在按规定据实扣除的基础上,按照本年度实际发生额的50%,从本年度应纳税所得额中扣除;形成无形资产的,按照无形资产成本的150%在税前摊销。研发费用的具体范围包括以下内容:

①人员人工费用。这是指直接从事研发活动人员的工资薪金、基本养老保险费、基本医疗保险费、失业保险费、工伤保险费、生育保险费和住房公积金,以及外聘研发人员的劳务费用。

②直接投入费用,主要有以下三个方面:

一是研发活动直接消耗的材料、燃料和动力费用。

二是用于中间试验和产品试制的模具、工艺装备开发及制造费,不构成固定资产的样品、样机及一般测试手段购置费,试制产品的检验费。

三是用于研发活动的仪器、设备的运行维护、调整、检验、维修等费用,以及通过经营租赁方式租入的用于研发活动的仪器、设备租赁费。

③折旧费用。这是指用于研发活动的仪器、设备的折旧费。

④无形资产摊销。这是指用于研发活动的软件、专利权、非专利技术(包括许可证、专有技术、设计和计算方法等)的摊销费用。

⑤新产品设计费、新工艺规程制定费、新药研制的临床试验费、勘探开发技术的现场试验费。

⑥其他相关费用。这是指与研发活动直接相关的其他费用,如技术图书资料费、资料翻译费、专家咨询费、高新科技研发保险费,研发成果的检索、分析、评议、论证、鉴定、评审、评估、验收费用,知识产权的申请费、注册费、代理费、差旅费、会议费等。此项费用总额不得超过可加计扣除研发费用总额的10%。

⑦财政部和国家税务总局规定的其他费用。

⑧企业委托外部机构或个人进行研发活动所发生的费用,按照费用实际发生额的80%计入委托方研发费用并计算加计扣除,受托方不得再进行加计扣除。委托境外进行研发活动所发生的费用,按照费用实际发生额的80%计入委托方的委托境外研发费用。委托境外研发费用不超过境内符合条件的研发费用2/3的部分,可以按规定在企业所得税前加计扣除。委托境外进行研发活动应签订技术开发合同,并由委托方到科技行政主管部门进行登记。相关事项按技术合同认定登记管理办法及技术合同认定规则执行。

委托外部研究开发费用实际发生额应按照独立交易原则确定。

委托方与受托方存在关联关系的,受托方应向委托方提供研发项目费用支出明细情况。

(二)不适用税前加计扣除政策的行业

(1)烟草制造业。

(2)住宿和餐饮业。

(3)批发和零售业。

(4)房地产业。

(5)租赁和商务服务业。

(6)娱乐业。

(7)财政部和国家税务总局规定的其他行业。

(三)安置残疾人员所支付的工资

企业安置残疾人员的,在按照支付给残疾职工工资据实扣除的基础上,按照支付给残疾职工工资的100%加计扣除。加计扣除应同时具备如下条件:

(1)残疾人员的范围适用《中华人民共和国残疾人保障法》的有关规定。

(2)依法与安置的每位残疾人签订了1年以上(含1年)的劳动合同或服务协议,并且安置的每位残疾人在企业实际上岗工作。

(3)为安置的每位残疾人按月足额缴纳了企业所在区县人民政府根据国家政策规定的基本养老保险、基本医疗保险、失业保险和工伤保险等社会保险。

(4)定期通过银行等金融机构向安置的每位残疾人实际支付了不低于企业所在区县适用的经省级人民政府批准的最低工资标准的工资。

(5)具备安置残疾人上岗工作的基本设施。

四、创投企业优惠

创投企业采取股权投资方式投资于未上市的中小高新技术企业2年以上,凡符合以下条件的，可以按照其对中小高新技术企业投资额的70%，在股权持有满2年的当年抵扣该创业投资企业的应纳税所得额；当年不足抵扣的，可在以后纳税年度结转抵扣：

(1)创投企业，是指依照《创业投资企业管理暂行办法》依法成立，并在中国境内设立的专门从事创业投资活动的企业或其他经济组织。其经营范围符合《创业投资企业管理暂行办法》规定，且登记为"创业投资有限责任公司""创业投资股份有限公司"等专业性法人创业投资企业。

(2)投资的中小高新技术企业，应通过高新技术企业认定，应符合职工人数不超过500人，年销售(营业)额不超过2亿元、资产总额不超过2亿元的条件。

中小企业接受创业投资之后，经认定符合高新技术企业标准的，应自其被认定为高新技术企业的年度起，计算创业投资企业的投资期限。该期限内中小企业接受创业投资后，企业规模超过中小企业标准，但仍符合高新技术企业标准的，不影响创业投资企业享受有关税收优惠。

五、加速折旧优惠

(一)一般性加速折旧

企业固定资产，由于以下原因确需加速折旧的，可以缩短折旧年限或者采取加速折旧的方法：

(1)由于技术进步，产品更新换代较快的固定资产。

(2)常年处于强震动、高腐蚀状态的固定资产。

采取缩短折旧年限方法的，最低折旧年限不得低于规定折旧年限的60%；采取加速折旧方法的，可以采取双倍余额递减法或者年数总和法。

企业在2018年1月1日至2020年12月31日期间新购进的设备、器具，单位价值不超过500万元的，允许一次性计入当期成本费用在计算应纳税所得额时扣除，不再分年度计算折旧。

(二)特殊性加速折旧

财税〔2014〕75号文件，对有关固定资产加速折旧企业所得税政策问题的规定如下：

(1)对生物药品制造业，专用设备制造业，铁路、船舶、航空航天和其他运输设备制造业，计算机、通信和其他电子设备制造业，仪器仪表制造业，信息传输、软件和信息技术服务业六个行业的企业，2014年1月1日后新购进的固定资产，可缩短折旧年限或采取加速折旧的方法。

对上述六个行业的小型微利企业2014年1月1日后新购进的研发和生产经营共用的仪器、设备，单位价值不超过100万元的，允许一次性计入当期成本费用在计算应纳税所得额时扣除，不再分年度计算折旧；单位价值超过100万元的，可缩短折旧年限或采取加速折旧的方法。

(2)对所有行业企业2014年1月1日后新购进的专门用于研发的仪器、设备，单位价值不超过100万元的，允许一次性计入当期成本费用在计算应纳税所得额时扣除，不再分年度计算折旧；单位价值超过100万元的，可缩短折旧年限或采取加速折旧的方法。

(3)对所有行业企业持有的单位价值不超过5 000元的固定资产，允许一次性计入当期成本费用在计算应纳税所得额时扣除，不再分年度计算折旧。

(4)企业按上述第(1)条、第(2)条规定缩短折旧年限的，最低折旧年限不得低于企业所得税法规定折旧年限的60%；采取加速折旧方法的，可采取双倍余额递减法或者年数总和法。第(1)至(3)条规定之外的企业固定资产加速折旧所得税处理问题，继续按照企业所得税法及其实施条例和现行税收政策规定执行。

(三)四个领域重点行业加速折旧

根据国家税务总局公告2015年第68号规定，四个领域重点行业加速折旧政策如下：

(1)对轻工、纺织、机械、汽车四个领域重点行业(以下简称"四个领域重点行业")企业2015年1月1日后新购进的固定资产(包括自行建造，下同)，允许缩短折旧年限或采取加速折旧方法。

四个领域重点行业企业是指以上述行业业务为主营业务，其固定资产投入使用当年的主营业务收入占企业收入总额50%(不含)以上的企业。

(2)对四个领域重点行业小型微利企业2015年1月1日后新购进的研发和生产经营共用的仪器、设备，单位价值不超过100万元(含)的，允许在计算应纳税所得额时一次性全额扣除；单位价值超过100万元的，允许缩短折旧年限或采取加速折旧方法。

(3)企业按第(1)条、第(2)条规定缩短折旧年限的，对其购置的新固定资产，最低折旧年限不得低于税法规定的折旧年限的60%；对其购置的已使用过的固定资产，最低折旧年限不得低于税法规定的最低折旧年限减去已使用年限后剩余年限的60%。最低折旧年限一经确定，不得改变。

自2019年1月1日起，适用《财政部、国家税务总局关于完善固定资产加速折旧企业所得税政策的通知》(财税〔2014〕75号)和《财政部、国家税务总局关于进一步完善固定资产加速折旧企业所得税政策的通知》(财税〔2015〕106号)规定固定资产加速折旧优惠的行业范围，扩大至全部制造业领域。

企业在2018年1月1日至2020年12月31日期间新购进的设备、器具(除房屋、建筑物以外的固定资产)，单位价值不超过500万元的，允许一次性计入当期成本费用在计算应纳税所得额时扣除，不再分年度计提折旧。

六、减计收入优惠

企业以《资源综合利用企业所得税优惠目录》规定的资源作为主要原材料，生产国家非限制和禁止并符合国家和行业相关标准的产品取得的收入，减按90%计入收入总额。

自2019年6月1日至2025年12月31日，提供社区养老、托育、家政服务取得的收入，在计算应纳税所得额时，减按90%计入收入总额。

七、税额抵免优惠

企业购置并实际使用《环境保护专用设备企业所得税优惠目录》《节能节水专用设备企业所得税优惠目录》等规定的环境保护、节能节水、安全生产等专用设备的，该专用设备投资额的10%可以从企业当年的应纳税额中抵免；当年不足抵免的，可在以后5个纳税年度结转抵免。

企业购置上述专用设备在5年内转让、出租的，应当停止享受企业所得税优惠，并补缴已经抵免的企业所得税税款；转让的受让方可以按照该专用设备投资额的10%抵免当年企业所得税应纳税额；当年应纳税额不足抵免的，可在以后5个纳税年度结转抵免。

如增值税进项税额允许抵扣，其专用设备投资额不再包括增值税进项税额；如增值税进项税额不允许抵扣，其专用设备投资额应为增值税专用发票上注明的价税合计金额。企业购买专用设备取得普通发票的，其专用设备投资额为普通发票上注明的金额。

八、非居民企业优惠

非居民企业减按10%的所得税税率征收企业所得税。该类非居民企业取得的下列所得免征企业所得税：

(1)外国政府向中国政府提供贷款取得的利息所得。

(2)国际金融组织向中国政府和居民企业提供优惠贷款取得的利息所得。

(3)经国务院批准的其他所得。

九、小型微利企业优惠

(1)小型微利企业减按20%的税率征收企业所得税。

(2)小型微利企业的条件：工业企业，年度应纳税所得额不超过30万元，从业人数不超过100人，资产总额不超过3 000万元；其他企业，年度应纳税所得额不超过30万元，从业人数不超过80人，资产总额不超过1 000万元。

上述“从业人数”按企业全年平均从业人数计算，“资产总额”按企业年初和年末的资产总额平均数计算。

(3)小型微利企业的优惠政策。

①按照财税〔2015〕34号规定，自2015年1月1日起至2017年12月31日，对年应纳税所得额低于20万元(含20万元)的小型微利企业，其所得减按50%计入应纳税所得额，按20%的税率缴纳企业所得税。

②按照财税〔2015〕99号规定，自2015年10月1日起至2017年12月31日，对年应纳税所得额在20万元到30万元(含30万元)之间的小型微利企业，其所得减按50%计入应纳税所得额，按20%的税率缴纳企业所得税。

根据《企业所得税法实施条例》《财政部、税务总局关于进一步扩大小型微利企业所得税优惠政策范围的通知》(财税〔2018〕77号)等规定，自2018年1月1日起至2020年12月31日，符合条件的小型微利企业，无论是采取查账征收方式还是采取核定征收方式，其年应纳税所得额低于100万元(含100万元，下同)的，均可以享受财税〔2018〕77号文件规定的所得减按50%计入应纳税所得额，按20%的税率计算缴纳企业所得税的政策(以下简称“减半征税政策”)。

根据《企业所得税法》及其实施条例、《财政部、税务总局关于实施小微企业普惠性税收减免政策的通知》(财税〔2019〕13号)，按照《国家税务总局关于实施小型微利企业普惠性所得税减免政策有关问题的公告》文件规定，自2019年1月1日起至2021年12月31日，对小型微利企业年应纳税所得额不超过100万元的部分，减按25%计入应纳税所得额，按20%的税率缴纳企业所得税；对年应纳税所得额超过100万元但不超过300万元的部分，减按50%计入应纳税所得额，按20%的税率缴纳企业所得税。小型微利企业无论是按查账征收方式还是按核定征收方式缴纳企业所得税，均可享受上述优惠政策。

小型微利企业是指从事国家非限制和禁止行业，且同时符合年度应纳税所得额不超过300万元、从业人数不超过300人、资产总额不超过5 000万元三个条件的企业。

(4)小型微利企业的征收管理。

①符合规定条件的小型微利企业，无论是采取查账征收方式还是采取核定征收方式，均可享受小型微利企业所得税优惠政策。

②符合规定条件的小型微利企业自行申报享受优惠。汇算清缴时，小型微利企业通过填报企业所得税年度纳税申报表中“从业人数、资产总额”等栏次履行备案手续。

③企业预缴时享受小型微利企业所得税优惠政策，按照以下规定执行：

a. 查账征收企业。上一纳税年度符合小型微利企业条件的，分别按照以下情况处理：按照实际利润预缴企业所得税的，预缴时累计实际利润不超过30万元(含，下同)的，可以享受减半征税政策；按照上一纳税年度应纳税所得额平均额预缴企业所得税的，预缴时可以享受减半征税政策。

b. 定率征收企业。上一纳税年度符合小型微利企业条件，预缴时累计应纳税所得额不超过30万元的，可以享受减半征税政策。

c. 定额征收企业。根据优惠政策规定需要调减定额的，由主管税务机关按照程序调整，依照原办法征收。

d. 本年度新办小型微利企业，预缴时累计实际利润或应纳税所得额不超过30万元的，可以享受减半征税政策。

④企业预缴时享受了减半征税政策，但汇算清缴时不符合规定条件的，应当按照规定补缴税款。

十、促进节能服务产业发展的优惠

对符合条件的节能服务公司实施合同能源管理项目，符合企业所得税税法有关规定的，自项目取得第一笔生产经营收入所属纳税年度起三免三减半。

所称“符合条件”，是指同时满足以下条件：

(1)具有独立法人资格，注册资金不低于100万元，且能够单独提供用能相关服务的专业化节能服务公司。

(2)相关技术应符合《合同能源管理技术通则》规定的技术要求。

(3)签订节能效益分享型合同，其合同格式和内容，符合《合同法》《合同能源管理技术通则》规定。

(4)符合(财税〔2009〕166号)“节能减排技术改造”类中第一项至第八项规定的项目和条件。

(5)节能服务公司投资额不低于实施合同能源管理项目投资总额的70%。

(6)节能服务公司拥有匹配的专职技术人员和合同能源管理人才，具有保障项目顺利实施和稳定运行的能力。

十一、西部大开发税收优惠

自2021年1月1日至2030年12月31日，对设在西部地区的鼓励类产业企业减按15%的税率征收企业所得税。鼓励类产业企业是指以《西部地区鼓励类产业目录》中规定的产业项目为主营业务，且其主营业务收入占企业收入总额60%以上的企业。

十二、民族自治地方的优惠

民族自治地方的自治机关对本民族自治地方的企业应缴纳的企业所得税中属于地方分享的部分，可以决定减征或者免征。自治州、自治县决定减征或者免征，须报省、自治区、直辖市人民政府批准的民族自治地方，是指依照《中华人民共和国民族区域自治法》的规定，实行民族区域自治的自治区、自治州、自治县。

对民族自治地方属于国家限制和禁止行业的企业，不得减征或者免征企业所得税。

任务四 企业所得税的计算

一、企业所得税的应纳税所得额和应纳税额的计算

企业所得税应纳税所得额是企业所得税的计税依据。按照《企业所得税法》的规定，应纳税所得额为企业每一个纳税年度的收入总额减去不征税收入额、免税收入额、各项扣除额，以及准予弥补的以前年度亏损额之后的余额。企业的应纳税额取决于应纳税所得额和适用税率两个因素。

企业应纳税所得额有两种计算方法。

直接计算法下的计算公式为：

应纳税所得额＝收入总额－不征税收入额－免税收入额－各项扣除额－准予弥补的以前年度亏损额

间接计算法下的计算公式为：

应纳税所得额＝利润总额±纳税调整项目金额

企业所得税应纳税额的计算公式为：

应纳税额＝应纳税所得额×适用税率－减免税额－抵免税额

减免税额和抵免税额，是指依照《企业所得税法》和国务院的税收优惠规定减征、免征和准予抵免的应纳税额。

注意：由于我国的财务会计只设置一套账表，而税务会计不需单独设置一套账表，因此对于税法与会计规定不一致的内容，应当在会计利润的基础上，根据税法规定对其进行纳税调整，以求得税法口径的应纳税所得额。

企业应纳税所得额的计算，应当以权责发生制为原则。

提示：会计利润与应纳税所得额是两个不同计算口径的所得，一个反映会计收益，另一个反映税收收益，计算应纳企业所得税的依据是税收收益。

二、收入总额

（一）一般收入的确认

企业以货币形式和非货币形式从各种来源取得的收入，为收入总额，包括销售货物收入、提供劳务收入、转让财产收入、股息和红利等权益性投资收益、利息收入、租金收入、特许权使用费收入、接受捐赠收入和其他收入。

1. 销售货物收入

销售货物收入是指企业销售商品、产品、原材料、包装物、低值易耗品以及其他存货取得

的收入。除法律法规另有规定外，企业销售货物收入的确认，必须遵循权责发生制原则和实质重于形式原则。

(1)符合收入确认条件，采取下列商品销售方式的，应按以下规定确认收入实现时间：

①销售商品采用托收承付方式，在办妥托收手续时确认收入。

②销售商品采用预收款方式，在发出商品时确认收入。

③销售商品需要安装和检验，在购买方接受商品以及安装和检验完毕时确认收入。如果安装程序比较简单，可在发出商品时确认收入。

④销售商品采用支付手续费方式委托代销的，在收到代销清单时确认收入。

(2)采用售后回购方式销售商品的，销售的商品按售价确认收入，回购的商品作为购进商品处理。有证据表明不符合销售收入确认条件的，如以销售商品方式进行融资，收到的款项应确认为负债，回购价格大于原售价的，差额应在回购期间确认为利息费用。

(3)销售商品以旧换新的，销售商品应当按照销售商品收入确认条件确认收入，回收的商品作为购进商品处理。

(4)企业为促进商品销售而在商品价格上给予的价格扣除属于商业折扣，商品销售涉及商业折扣的，应当按照扣除商业折扣后的金额确定销售商品收入金额。

(5)债权人为鼓励债务人在规定的期限内付款而向债务人提供的债务扣除属于现金折扣，销售商品涉及现金折扣的，应当按扣除现金折扣前的金额确定销售商品收入金额，现金折扣在实际发生时作为财务费用扣除。

(6)企业因售出商品的质量不合格等原因而在售价上给予的减让属于销售折让。企业因售出商品质量、品种不符合要求等原因而发生的退货属于销售退回。企业已经确认销售收入的售出商品发生销售折让和销售退回的，应当在发生当期冲减当期销售商品收入。

(7)采取买一赠一方式组合销售本企业商品时，应将总的销售金额按照各商品公允价值的比例来分摊确认各项的销售收入。

【做中学5－1】 2020年6月，苏宁电器(增值税一般纳税人，假设增值税税率为13%)采取“买冰箱送电水壶”的方式进行促销，销售冰箱30台。冰箱单位零售价为4 520元，成本为3 000元，赠送的电水壶单位零售价为120元，成本为80元。

请问：苏宁电器开展“买一赠一”活动，增值税和企业所得税应如何处理？

解析：苏宁电器所得税处理中，应确认销售收入＝4 520×30÷(1＋13%)＝120 000(元)，其中冰箱的销售收入＝120 000×4 520÷(4 520＋120)≈116 897(元)，应确认成本＝3 000×30＝90 000(元)；电水壶的销售收入＝120 000×120÷(4 520＋120)≈3 103(元)，应确认成本＝30×80＝2 400(元)。所得税处理中，应将以上确认的收入120 000元计入收入总额，计入可以扣除的成本＝90 000＋2 400＝92 400(元)，以此为基础计算应纳所得税额。

增值税中，该公司“买冰箱送电水壶”应计算的增值税销项税额＝30×(4 520＋120)÷(1＋13%)×13%≈16 014.16(元)。

2. 提供劳务收入

提供劳务收入，是提供增值税劳务、“营改增”服务的收入。具体包括企业从事建筑安装、修理修配、交通运输、仓储租赁、金融保险、邮电通信、咨询经纪、文化体育、科学研究、技术服务、教育培训、餐饮住宿、中介代理、卫生保健、社区服务、旅游、娱乐、加工以及其他劳务服务活动取得的收入。

企业在各个纳税期末，提供劳务交易的结果能够可靠估计的，应采用完工进度（百分比）法确认提供劳务收入。企业应按照从接受劳务方已收或应收的合同或协议价款确定劳务收入总额，根据纳税期末提供劳务收入总额乘以完工进度扣除以前纳税年度累计已确认提供劳务收入后的金额，确认当期劳务收入；同时，按照提供劳务估计总成本乘以完工进度扣除以前纳税期间累计已确认劳务成本后的金额，结转当期劳务成本。

3. 转让财产收入

转让财产收入，是指企业转让固定资产、生物资产、无形资产、股权、债权等财产取得的收入。转让财产收入应当按照从财产受让方已收或应收的合同或协议价款确认收入。

4. 股息、红利等权益性投资收益

股息、红利等权益性投资收益，是指企业因权益性投资从被投资方取得的收入。除国务院财政、税务主管部门另有规定外，企业取得股息、红利等权益性投资收益，应当按照被投资方作出利润分配决定的日期确认收入的实现。

5. 利息收入

利息收入，是指企业将资金提供他人使用但不构成权益性投资，或者因他人占用本企业资金取得的收入，包括存款利息、贷款利息、债券利息、欠款利息等收入。企业应当按照合同约定的债务人应付利息的日期确认收入的实现，按照有关借款合同或协议约定的金额确定利息收入金额。

6. 租金收入

租金收入，是指企业提供固定资产、包装物或者其他有形资产的使用权取得的收入。企业应当按照合同约定的承租人应付租金的日期确认收入的实现，以有关租赁合同或协议约定的金额全额确定租金收入金额。如果交易合同或协议中规定租赁期限跨年度，且租金提前一次性支付，出租人可对上述已确认的收入，在租赁期内，分期均匀计入相关年度收入。

7. 特许权使用费收入

特许权使用费收入，是指企业提供专利权、非专利技术、商标权、著作权以及其他特许权的使用权取得的收入。企业应当按照合同约定的特许权使用人应付特许权使用费的日期确认收入的实现，以有关使用合同或协议约定的金额全额确定特许使用费收入金额。

8. 接受捐赠收入

接受捐赠收入，是指企业接受的来自其他企业、组织或者个人无偿给予的货币性资产、非货币性资产。企业应当按照实际收到捐赠资产的日期确认收入的实现。

企业以买一赠一等方式组合销售本企业商品的，不属于捐赠，应将总的销售金额按各项商品的公允价值的比例来分摊确认各项的销售收入。

【做中学5－2】 某公司2020年6月接受捐赠机器设备一台，收到的增值税专用发票上注明价款20万元，增值税2.6万元；公司另支付运输费用0.9万元，取得增值税专用发票上注明的增值税税额为0.08万元。

请问：该公司受赠资产应交的企业所得税为多少？

解析：固定资产原值＝20＋0.9＝20.9（万元）

可以抵扣的增值税＝2.6＋0.08＝2.68（万元）

应纳税所得额＝20＋0.9＝20.9（万元）

应纳所得税＝20.9×25％≈5.23（万元）

9. 其他收入

其他收入，是指企业取得《企业所得税法》具体列举的收入外的其他收入，包括企业资产溢余收入、逾期未退包装物押金收入、确实无法偿付的应付款项、已作坏账损失处理后又收回的应收款项、债务重组收入、补贴收入、违约金收入、汇兑收益等。企业应当按照实际收入额或相关资产的公允价值确定其他收入金额。

（二）特殊收入的确认

（1）以分期收款方式销售货物，按照合同约定的收款日期确认收入的实现。

（2）企业受托加工制造大型机械设备、船舶、飞机，以及从事建筑、安装、装配工程业务或者提供其他劳务等，持续时间超过 12 个月的，按照纳税年度内完工进度或者完成的工作量确认收入的实现。

（3）采取产品分成方式取得收入，按照企业分得产品的日期确认收入的实现，其收入额按照产品的公允价值确定。

（4）企业发生非货币性资产交换，以及将货物、财产、劳务用于捐赠、偿债、赞助、集资、广告、样品、职工福利或者利润分配等用途的，应当视同销售货物、转让财产或者提供劳务，按照公允价值确定其收入，但国务院财政、税务主管部门另有规定的除外。

（三）处置资产收入的确认

1. 作为内部处置资产的情形

企业发生下列情形的处置资产，除将资产转移至境外以外，由于资产所有权属在形式和实质上均不发生改变，可作为内部处置资产，不视同销售确认收入，相关资产的计税基础延续计算：①将资产用于生产、制造、加工另一产品；②改变资产形状、结构和性能；③改变资产用途（如自建商品房转为自用或经营）；④将资产在总机构及其分支机构之间转移；⑤上述两种或两种以上情形的混合；⑥其他不改变资产所有权属的用途。

2. 资产移送他人的情形

企业将资产移送他人的下列情形，因资产所有权属已发生改变而不属于内部处置资产，应按规定视同销售确定收入：①用于市场推广或销售；②用于职工奖励或福利；③用于股息分配；④用于对外捐赠；⑤其他改变资产所有权属的用途。

3. 视同销售的情形

企业发生上述视同销售的情形时，属于企业自制的资产，应按企业同类资产同期对外销售价格确定销售收入；属于外购的资产，可按购入时的价格确定销售收入。

三、不征税收入和免税收入

国家为了扶持和鼓励某些特殊的纳税人和特定的项目，或者避免因征税影响企业的正常经营，对企业取得的某些收入予以不征税或免税的特殊政策。

（一）不征税收入

不征税收入，是指从性质和根源上不属于企业营利性活动带来的经济利益，不作为应纳税所得额组成部分的收入，不应列为征收范围的收入。

1. 财政拨款

财政拨款，是指各级人民政府对纳入预算管理的事业单位、社会团体等组织拨付的财政资金，但国务院和国务院财政、税务主管部门另有规定的除外。

县级以上人民政府将国有资产无偿划入企业，且指定专门用途并按规定进行管理的，企业可作为不征税收入进行企业所得税处理。其中，该项资产属于非货币性资产的，应按政府确定的接收价值计算不征税收入。

2. 依法收取并纳入财政管理的行政事业性收费、政府性基金

行政事业性收费，是指依照法律法规等有关规定，按照国务院规定程序批准，在实施社会公共管理，以及在向公民、法人或者其他组织提供特定公共服务过程中，向特定对象收取并纳入财政管理的费用。政府性基金，是指企业依照法律、行政法规等有关规定，代政府收取的具有专项用途的财政资金。

3. 国务院规定的其他不征税收入

国务院规定的其他不征税收入，是指企业取得的，由国务院财政、税务主管部门规定专项用途并经国务院批准的财政性资金。财政性资金是指企业取得的来源于政府及其有关部门的财政补助、补贴、贷款贴息，以及其他各类财政专项资金，包括直接减免的增值税和即征即退、先征后退、先征后返的各种税收，但不包括企业按规定取得的出口退税款。

提示：不征税收入是根本不属于企业所得税征税范围的收入，现在不纳税，以后也不会纳税。免税收入是属于企业所得税征税范围的收入，但是现在的政策是免税的，以后有可能会征税。

注意：企业的不征税收入用于支出所形成的费用，不得在计算应纳税所得额时扣除；企业的不征税收入用于支出所形成的资产，其计算的折旧、摊销不得在计算应纳税所得额时扣除。

（二）免税收入

免税收入，是指属于企业的应税所得但按照税法规定免予征收企业所得税的收入。

企业的下列收入为免税收入：

(1)国债利息收入。

(2)符合条件的居民企业之间的股息、红利等权益性投资收益(该收益是指居民企业直接投资于其他居民企业取得的投资收益，且该收益不包括连续持有居民企业公开发行并上市流通的股票不足12个月取得的投资收益)。

(3)在中国境内设立机构、场所的非居民企业从居民企业取得与该机构、场所有实际联系的股息、红利等权益性投资收益(该收益不包括连续持有居民企业公开发行并上市流通的股票不足12个月取得的投资收益)。

(4)符合条件的非营利组织的收入。

(5)非营利组织其他免税收入。具体包括：接受其他单位或者个人捐赠的收入；除《企业所得税法》第七条规定的财政拨款以外的其他政府补助收入，但不包括因政府购买服务取得的收入；按照省级以上民政、财政部门规定收取的会费；不征税收入和免税收入孳生的银行存款利息收入；财政部、国家税务总局规定的其他收入。

注意：不征税收入和免税收入都是企业“收入”。不征税收入属于“非营利性活动”带来的经济收益，理论上不应列为应税所得范畴，其本身就不负有纳税义务；而免税收入属于应税收入的组成部分，是国家为了实现某些经济和社会目标，在特定时期对特定项目取得的经济利益给予的税收优惠。也就是说，不征税收入是本身就不负有纳税义务的收入；而免税收入是本来应当纳税，但国家免除其纳税义务的收入。

四、准予扣除项目

税前扣除项目包括成本、费用、税金、损失和其他支出。

(1)成本,是指企业销售商品(产品、材料废料等),提供劳务,转让无形资产、固定资产的成本。

(2)费用,是指企业在生产经营活动中发生的销售费用、管理费用和财务费用,已经计入成本的有关费用除外。

(3)税金,是指企业发生的除企业所得税和允许抵扣的增值税以外的各项税金及其附加。

提示:可以扣除的“税金”是指各项税金及附加,包括消费税、资源税、土地增值税、关税、城镇土地使用税、房产税、车船税、印花税、城市维护建设税及教育费附加等,但缴纳的企业所得税和增值税不得扣除。

如何理解企业所得税和增值税不得税前扣除?要看税金能否税前扣除,可以结合会计中的利润表来分析。只要在利润表中“利润总额”项目之前能够体现的税金都可以扣除。“税前扣除”中的“税”字指的是企业所得税。企业所得税税前可以扣除的税金自然不包括企业所得税本身。另外,增值税是价外税,其计算与缴纳均不会影响到损益,不在利润表中体现。

(4)损失,是指企业在生产经营活动中发生的固定资产和存货的盘亏、毁损、报废损失,转让财产损失,呆账损失,坏账损失,自然灾害等不可抗力因素造成的损失以及其他损失。企业发生的损失,减除责任人赔偿和保险赔款后的余额,依照国务院财政、税务主管部门的规定扣除。企业已经作为损失处理的资产,在以后纳税年度又全部收回或者部分收回时,应当计入当期收入。

(5)其他支出,是指除成本、费用、税金、损失外,企业在生产经营活动中发生的与生产经营活动有关的、合理的支出,以及国务院财政、税务主管部门规定的其他支出。

五、不得扣除项目

不得扣除项目包括以下内容:

(1)向投资者支付的股息、红利等权益性投资收益款项。

(2)企业所得税税款。

(3)税收滞纳金。

(4)罚金、罚款和被没收财物的损失。

注意:合同违约金、银行罚息、罚款(经营性罚款)和诉讼费可以在企业所得税税前扣除。行政性罚款不得在企业所得税税前扣除,如企业因排污超标而被环保部门处以的罚款等。

(5)企业发生的公益性捐赠支出以外的捐赠支出。

(6)赞助支出,是指企业发生的与生产经营活动无关的各种非广告性支出。

注意:广告费和业务宣传费支出应与赞助支出严格区分,如果是广告性质的赞助支出,则按广告费的标准限额内扣除。

(7)未经核准的准备金支出,是指企业未经国务院财政、税务主管部门核定而提取的各项资产减值准备、风险准备等准备金。

(8)企业之间支付的管理费、企业内营业机构之间支付的租金和特许权使用费,以及非银行企业内营业机构之间支付的利息。

(9)与取得收入无关的其他支出。

六、准予限额扣除项目

准予限额扣除项目包括但不限于以下内容：

(1)工资、薪金。企业发生的合理的工资、薪金支出，准予扣除。

(2)社会保险费和住房公积金。

①企业依照国务院有关主管部门或者省级人民政府规定的范围和标准为职工缴纳的“五险一金”，即基本养老保险费、基本医疗保险费、失业保险费、工伤保险费、生育保险费等基本社会保险费和住房公积金，准予扣除。

②企业为投资者或者职工支付的补充养老保险费、补充医疗保险费，在国务院财政、税务主管部门规定的范围和标准内，准予扣除。企业依照国家有关规定为特殊工种职工支付的人身安全保险费和符合国务院财政、税务主管部门规定可以扣除的商业保险费准予扣除。

③企业参加财产保险，按照规定缴纳的保险费，准予扣除，企业为投资者或者职工支付的商业保险费，不得扣除。

(3)职工福利费、工会经费、职工教育经费。企业发生的职工福利费支出，不超过工资、薪金总额14%的部分，准予扣除。企业拨缴的工会经费，不超过工资、薪金总额2%的部分，准予扣除。除国务院财政、税务主管部门或者省级人民政府另有规定外，企业发生的职工教育经费支出，不超过工资、薪金总额2.5%的部分，准予扣除；超过部分，准予结转以后纳税年度扣除。自2018年1月1日起，将一般企业的职工教育经费税前扣除限额与高新技术企业的限额统一，从2.5%提高至8%。

注意：在职工福利费、工会经费、职工教育经费这三项经费中，只有“职工教育经费”支出可以结转以后纳税年度扣除，其他两项不能结转到以后纳税年度扣除。

【做中学5—3】 甲公司为一家居民企业，本年实际发生工资支出300万元，职工福利费50万元，工会经费5万元，职工教育经费36万元。

要求：计算甲公司本年计算应纳税所得额时，应调增的应纳税所得额。

解析：第一，职工福利费不超过工资、薪金总额14%的部分，准予扣除。

工资、薪金总额的14%=300×14%=42(万元)

职工福利费应调增所得额=50−42=8(万元)

第二，工会经费不超过工资、薪金总额2%的部分，准予扣除。

工资、薪金总额的2%=300×2%=6(万元)

工会经费的发生额为5万元，未超支，不需要纳税调整。

第三，职工教育经费不超过工资、薪金总额8%的部分，准予扣除。

工资、薪金总额的8%=300×8%=24(万元)

职工教育经费应调增应纳税所得额=36−24=12(万元)

合计应调增应纳税所得额=8+12=20(万元)

(4)业务招待费。企业发生的与生产经营活动有关的业务招待费支出，按照发生额的60%扣除，但最高不得超过当年销售(营业)收入的5‰。

【做中学5—4】 甲公司为一家居民企业，本年实现销售货物收入2 800万元，让渡专利使用权收入600万元，包装物出租收入100万元，视同销售货物收入200万元，转让商标所有权收入280万元，接受捐赠收入60万元，债务重组收益30万元，发生业务招待费70万元。

要求：计算甲公司本年可在企业所得税税前列支的业务招待费金额。

解析：转让商标所有权收入、接受捐赠收入、债务重组收益均属于企业所得税税收法律制度中的营业外收入范畴，不能作为计算业务招待费扣除限额的基数。可在企业所得税税前列支的业务招待费的扣除基数，即当年销售（营业）收入＝2 800＋600＋100＋200＝3 700（万元）。

第一标准为发生额的60%，即70×60%＝42（万元）。

第二标准为当年销售（营业）收入的5‰，即3 700×5‰＝18.5（万元）。

由于18.5万元＜42万元，因此本年可在企业所得税税前列支的业务招待费金额为18.5万元。

（5）广告费和业务宣传费。企业发生的符合条件的广告费和业务宣传费支出，除国务院财政、税务主管部门另有规定外，不超过当年销售（营业）收入15%的部分，准予扣除；超过部分，准予结转以后纳税年度扣除。

注意："广告费和业务宣传费支出"可以结转以后纳税年度扣除，而"业务招待费"不能结转以后纳税年度扣除。

提示：在计算业务招待费、广告费和业务宣传费的扣除限额时，销售（营业）收入包括销售货物收入、提供劳务收入、租金收入、视同销售收入等，但不包括"营业外收入"。同时，销售收入为不含增值税的收入。

【做中学5－5】 甲公司为一家居民企业，本年实现商品销售收入1 800万元，发生现金折扣60万元，接受捐赠收入70万元，转让无形资产所有权收入30万元。该公司当年实际发生业务招待费35万元，广告费230万元，业务宣传费90万元。

要求：计算甲公司本年可税前扣除的业务招待费、广告费、业务宣传费的合计额。

解析：销售商品涉及现金折扣，应按照扣除现金折扣前的金额确定销售收入。接受捐赠收入、转让无形资产所有权收入属于营业外收入范畴，不能作为计算业务招待费、广告费、业务宣传费扣除限额的基数。

业务招待费按发生额的60%扣除，但不得超过当年销售收入的5‰，可扣除业务招待费＝1 800×5‰＝9（万元）＜35×60%＝21（万元）。

广告费和业务宣传费不超过当年销售收入15%的部分准予扣除，可扣除广告费、业务宣传费＝1 800×15%＝270（万元）＜230＋90＝320（万元）。

合计可扣除金额＝9＋270＝279（万元）。

（6）利息费用。企业在生产经营活动中发生的下列利息支出，准予扣除：

①非金融企业向金融企业借款的利息支出、金融企业的各项存款利息支出和同业拆借利息支出、企业经批准发行债券的利息支出；

②非金融企业向非金融企业借款的利息支出，不超过按照金融企业同期同类贷款利率计算的数额的部分。

（7）借款费用。企业在生产、经营活动中发生的合理的不需要资本化的借款费用，准予扣除。企业为购置、建造固定资产、无形资产和经过12个月以上的建造才能达到预定可销售状态的存货发生借款的，在有关资产购置、建造期间发生的合理的借款费用，应当予以资本化，作为资本性支出计入有关资产的成本，并依照税法的规定扣除；有关资产交付使用后发生的借款利息，可在发生当期扣除。

(8)公益性捐赠支出。企业发生的公益性捐赠支出,不超过年度利润总额12%的部分,准予在计算应纳税所得额时扣除;超过年度利润总额12%的部分,准予结转以后3年内在计算应纳税所得额时扣除。

注意:年度利润总额,是指企业依照国家统一会计制度的规定计算的年度会计利润。

公益性捐赠,是指企业通过公益性社会团体或者县级以上人民政府及其部门,用于《中华人民共和国公益事业捐赠法》规定的公益事业的捐赠。

纳税人"直接"向受赠人的捐赠不属于公益性捐赠,不允许在企业所得税税前扣除。

注意:非公益性捐赠支出金额不得在企业所得税税前扣除;公益性捐赠支出在年度利润总额12%内的部分准予在企业所得税税前扣除。

(9)依照法律、法规规定的准予扣除的其他项目。

七、亏损弥补

纳税人发生年度亏损的,可以用下一纳税年度的所得弥补;下一纳税年度的所得不足弥补的,可以逐年延续弥补,但是延续弥补期最长不得超过5年。5年内不管是盈利还是亏损,都作为实际弥补期限。税法所指亏损的概念,不是企业财务会计报告中反映的亏损额,而是企业财务会计报告中的亏损额经税务机关按税法规定核实调整后的金额。自2018年1月1日起,将高新技术企业和科技型中小企业亏损结转年限由5年延长至10年。

对电影行业的企业2020年度发生的亏损,最长结转年限由5年延长至8年。

八、非居民企业的应纳税所得额

对于在中国境内未设立机构、场所的,或者虽设立机构、场所但取得的所得与其所设机构、场所没有实际联系的非居民企业的所得,按照下列方法计算应纳税所得额:

(1)股息、红利等权益性投资收益和利息、租金、特许权使用费所得,以收入全额为应纳税所得额。营改增试点中的非居民企业,应以不含增值税的收入全额作为应纳税所得额。

(2)转让财产所得,以收入全额减除财产净值后的余额为应纳税所得额。财产净值是指财产的计税基础减除已经按照规定扣除的折旧、折耗、摊销、准备金等后的余额。

(3)其他所得,参照前两项规定的方法计算应纳税所得额。

以此类非居民企业纳税人的所得实行源泉扣缴,以支付人为扣缴义务人。扣缴企业所得税应纳税额的计算公式为:

扣缴企业所得税应纳税额=应纳税所得额×实际征收率

【做中学5-6】 境外某公司在中国境内未设立机构、场所,2020年取得境内A公司支付的利息收入120万元,取得境内B公司支付的财产转让收入50万元,该项财产原值30万元,已提折旧20万元。

要求:计算2020年度该境外公司在我国应缴纳的企业所得税。

解析:应纳企业所得税=120×10%+[50-(30-20)]×10%=16(万元)。

企业所得税的计算知识点梳理

九、对《国家税务总局关于修订企业所得税年度纳税申报表有关问题的公告》的解读

(一)有关背景

2019年以来,为降低创业创新成本、增强小微企业发展动力、促进扩大就业,财税部门相

继出台了“小型微利企业所得税优惠政策”“企业扶贫捐赠所得税税前据实扣除”“取得的社区家庭服务收入在计算应纳税所得额时减计收入”等一系列企业所得税优惠政策。为全面落实各项政策，进一步减轻纳税人的办税负担，在征求各方意见的基础上，税务总局制发《公告》。

（二）主要内容

1. 修订《中华人民共和国企业所得税年度纳税申报表（A类，2017年版）》部分表单和填报说明

（1）为落实企业所得税相关政策，对《企业所得税年度纳税申报表填报表单》及《企业所得税年度纳税申报基础信息表》（A000000）等7张表单样式和填报说明、《企业所得税年度纳税申报表（A类）》（A100000）等3张表单填报说明进行修订。

（2）为进一步优化填报口径，对《企业所得税弥补亏损明细表》（A106000）、《境外所得纳税调整后所得明细表》（A108010）中个别数据项的填报说明进行完善。

2. 取消《研发项目可加计扣除研究开发费用情况归集表》填报和《“研发支出”辅助账汇总表》报送要求

为减轻企业办税负担，企业申报享受研发费用加计扣除政策时，不再填报《研发项目可加计扣除研究开发费用情况归集表》和报送《“研发支出”辅助账汇总表》，《“研发支出”辅助账汇总表》由企业留存备查。

（三）实施时间

《公告》适用于2019年度及以后年度企业所得税汇算清缴纳税申报。以前年度企业所得税纳税申报表相关规则与本《公告》不一致的，不追溯调整。纳税人调整以前年度涉税事项的，按照相应年度的企业所得税纳税申报表相关规则调整。

企业所得税月（季）度预缴纳税申报表（A类，2018年版，2020年修订）

企业所得税月（季）度预缴和年度纳税申报表（B类，2018年版，2020年修订）

任务五　企业资产的所得税处理

一、固定资产的税务处理

固定资产，是指企业为生产产品、提供劳务、出租或者经营管理而持有的，使用时间超过12个月的非货币性资产。

（一）固定资产的计税基础

固定资产按下列方法确定计税基础：

（1）外购的固定资产，以购买价款、相关税费、直接归属于使该资产达到预定用途发生的其他支出作为计税基础。“相关税费”不包括可抵扣的增值税。

（2）自行建造的固定资产，以竣工结算前发生的支出为计税基础。

（3）融资租入的固定资产，以合同约定的付款总额和承租人在签订合同过程中发生的相

关费用作为计税基础;合同未约定付款总额的,以该资产公允价值和承租人在签订合同过程中发生的相关费用作为计税基础。

(4)盘盈的固定资产,以同类固定资产的重置完全价值作为计税基础。

(5)通过捐赠、投资、非货币性资产交换、债务重组方式取得的固定资产,以该资产的公允价值和支付的相关费用作为计税基础。

(6)改建的固定资产,除已足额提取折旧的固定资产和租入的固定资产以外的,以改建过程中发生的改建支出增加计税基础。

(二)固定资产折旧的范围

在计算应纳税所得额时,企业按照规定计算的固定资产折旧,准予扣除。但下列固定资产不得计算折旧扣除:

(1)房屋、建筑物以外未投入使用的固定资产。

(2)以经营租赁方式租入的固定资产。

(3)以融资租赁方式租出的固定资产。

(4)已足额提取折旧仍继续使用的固定资产。

(5)与经营活动无关的固定资产。

(6)单独估价作为固定资产入账的土地。

(7)其他不得计算折旧扣除的固定资产。

(三)折旧方法

(1)企业应当自固定资产投入使用月份的次月起计算折旧;停止使用的固定资产,应当自停止月份的次月起停止计算折旧。

(2)企业应当根据固定资产的性质和使用情况,合理确定固定资产的预计净残值,预计净残值一经确定,不得变更。

(3)固定资产按照直线法计算的折旧,准予扣除。

(4)企业对房屋、建筑物固定资产在未足额提取折旧前进行改扩建的,按下列规定处理:

①属于推倒重置的,该资产原值减除提取折旧后的净值,应并入重置后的固定资产计税成本,并在该固定资产投入使用后的次月起,按照税法规定的折旧年限,一并计提折旧。

②属于提升功能、增加面积的,该固定资产的改扩建支出,并入该固定资产计税基础,并从改扩建完工投入使用后的次月起,重新按税法规定的该固定资产折旧年限计提折旧。如该改扩建后的固定资产尚可使用的年限低于税法规定的最低年限的,可以按尚可使用的年限计提折旧。

(四)固定资产折旧的计提年限

除国务院财政、税务主管部门另有规定外,固定资产计算折旧的最低年限为:

(1)房屋、建筑物 20 年。

(2)飞机、火车、轮船、机器、机械和其他生产设备 10 年。

(3)与生产经营活动有关的器具、工具、家具等 5 年。

(4)飞机、火车、轮船以外的运输工具 4 年。

(5)电子设备 3 年。

(五)固定资产折旧的企业所得税处理

(1)企业固定资产会计折旧年限如果短于税法规定的最低折旧年限,其按会计折旧年限计提的折旧高于按税法规定的最低折旧年限计提的折旧部分,应调增当期应纳税所得额。企业固定资产会计折旧年限已期满且会计折旧已提足，但税法规定的最低折旧年限尚未到期且税收折旧尚未足额扣除的，其未足额扣除的部分准予在剩余的税收折旧年限继续按规定扣除。

(2)企业固定资产会计折旧年限如果长于税法规定的最低折旧年限，其折旧应按会计折旧年限计算扣除，税法另有规定的除外。

(3)企业按会计规定提取的固定资产减值准备，不得税前扣除，其折旧仍按税法确定的固定资产计税基础计算扣除。

(4)企业按税法规定实行加速折旧的，其按加速折旧方法计算的折旧额可全额在税前扣除。

(5)石油天然气开采企业在计提油气资产折耗(折旧)时，由于会计与税法规定的计算方法不同导致的折耗(折旧)差异，应按税法规定进行纳税调整。

二、生物资产的税务处理

生物资产，是指有生命的动物和植物，分为消耗性生物资产、生产性生物资产和公益性生物资产。消耗性生物资产是指为出售而持有的，或在将来收获为农产品的生物资产；生产性生物资产是指为产出农产品、提供劳务或出租等目的而持有的生物资产；公益性生物资产是指以防护、环境保护为主要目的的生物资产。

(一)生物资产的计税基础

生物资产按下列方法确定计税基础：

(1)外购的生产性生物资产，以购买价款和支付的相关税费作为计税基础。

(2)通过捐赠、投资、非货币性资产交换、债务重组等方式取得的生产性生物资产，以该资产的公允价值和支付的相关税费作为计税基础。

(二)生物资产的折旧方法和折旧年限

生产性生物资产按照直线法计算的折旧，准予扣除。企业应当自生产性生物资产投入使用月份的次月起计算折旧；停止使用的生产性生物资产，应当自停止使用月份的次月起停止计算折旧。

企业应当根据生产性生物资产的性质和使用情况，合理确定生产性生物资产的预计净残值，一经确定，不得变更。

生产性生物资产计算折旧的最低年限如下：林木类生产性生物资产为10年，畜类生产性生物资产为3年。

消耗性生物资产和公益性生物资产不得计提折旧。

三、无形资产的税务处理

无形资产，是指企业长期使用但没有实物形态的资产。

(一)无形资产的计税基础

无形资产按照以下方法确定计税基础：

(1)外购无形资产，以购买价款和支付的相关税费以及直接归属于使该资产达到预定用途发生的其他支出作为计税基础。

(2)自行开发的无形资产，以开发过程中该资产符合资本化条件后至达到预定用途前发生的支出作为计税基础。

(3)通过捐赠、投资、非货币性资产交换、债务重组等方式取得的无形资产,以该资产的公允价值和支付的相关税费作为计税基础。

(二)无形资产的摊销范围

在计算应纳税所得额时,企业按照规定计算的无形资产摊销费用,准予扣除。下列无形资产不得计算摊销费用扣除:

(1)自行开发的支出已在计算应纳税所得额时扣除的无形资产。

(2)自创商誉。

(3)与经营活动无关的无形资产。

(4)其他不得计算摊销费用扣除的无形资产。

(三)无形资产的摊销方法及年限

无形资产的摊销采取直线法计算。

无形资产的摊销不得低于 10 年。作为投资或者受让的无形资产,有关法律规定或者合同约定使用年限的,可以按照规定或者约定的使用年限分期摊销。企事业单位购进软件,可以按照固定资产或无形资产进行核算,其折旧或摊销年限可以适当缩短,最短可为 2 年(含)。

外购商誉支出,在企业整体转让或者清算时准予扣除。

四、长期待摊费用的税务处理

长期待摊费用,是指企业发生的应在一个年度以上或几个年度进行摊销的费用。

企业发生的下列支出作为长期待摊费用,按照规定摊销的,准予扣除:

(1)已足额提取折旧的固定资产的改建支出。

(2)租入固定资产的改建支出。

(3)固定资产的大修理支出。

(4)其他应当作为长期待摊费用的支出。

企业的固定资产修理支出可在发生当期直接扣除。

企业发生的固定资产改良支出,如果有关固定资产尚未提足折旧,可增加固定资产价值;如果有关固定资产已提足折旧,可作为长期待摊费用,在规定的期间内平均摊销。

固定资产的改建支出,已足额提取折旧的,按固定资产预计尚可使用年限分期摊销;租入的固定资产的改建支出,按照合同约定的剩余租赁期限分期摊销;改建的固定资产延长使用年限的,除已足额提取折旧的固定资产、租入固定资产的改建支出外,其他固定资产发生的改建支出,应适当延长折旧年限。

大修理支出,按照固定资产尚可使用年限分期摊销。企业所得税法所指的固定资产的大修理支出,是指同时符合下列两个条件的支出:①修理支出达到取得固定资产时的计税基础 50%以上;②修理后固定资产的使用年限延长 2 年以上。

其他应当作为长期待摊费用的支出,自支出发生月份的次月起,分期摊销,摊销年限不得低于 3 年。

五、存货的税务处理

存货,是指企业持有以备出售的产品或者商品、处在生产过程中的在产品、在生产或者提供劳务过程中耗用的材料和物料等。

（一）存货的计税基础

存货按照以下方法确定成本：

(1)通过支付现金方式取得的存货，以购买价款和支付的相关税费作为成本。

(2)通过支付现金以外的方式取得的存货，以该存货的公允价值和支付的相关税费作为成本。

(3)生产性生物资产收获的农产品，以产出或者采收过程中发生的材料费、人工费和分摊的间接费用等必要支出作为成本。

（二）存货成本计算方法

企业使用或者销售的存货的成本计算方法，可以在先进先出法、加权平均法、个别计价法中选用一种。计价方法一经选用，不得随意变更。

六、投资资产的税务处理

投资资产，是指企业对外进行权益性投资和债权性投资形成的资产。企业对外投资期间，投资资产的成本在计算应纳税所得额时不得扣除。企业在转让或者处置投资资产时，投资资产的成本，准予扣除。

投资资产按照以下方式确定成本：

(1)通过支付现金方式取得的投资资产，以购买价款为成本；

(2)通过支付现金以外的方式取得的投资资产，以该资产的公允价值和支付的相关税费为成本。

七、资产损失的税务处理

资产损失，是指企业在生产经营活动中实际发生的、与取得应税收入有关的资产损失。它包括现金损失，存款损失，坏账损失，贷款损失，股权投资损失，固定资产和存货的盘亏、毁损、报废、被盗损失，由自然灾害等不可抗力因素造成的损失以及其他损失。企业发生上述资产损失，应在按税法规定实际确认或者实际发生的当年申报扣除。

企业以前年度发生的资产损失未能在当年税前扣除的，可以按照规定，向税务机关说明并进行专项申报扣除。其中，已发生的实际资产损失，准予追补至该项损失发生年度扣除，其追补确认期限一般不得超过5年。企业因以前年度实际资产损失未在税前扣除而多缴的企业所得税税款，可在追补确认年度企业所得税应纳税款中予以抵扣，不足抵扣的，向以后年度递延抵扣。

企业境内、境外营业机构发生的资产损失应分开核算，对境外营业机构由于发生资产损失而产生的亏损，不得在计算境内应纳税所得额时扣除。

任务六　企业所得税的征收管理

一、企业所得税的纳税期限

企业所得税实行按年计征、分月或分季预缴、年终汇算清缴、多退少补的征纳方法。纳税年度自公历1月1日起至12月31日止。自2020年10月1日起，纳税人需申报缴纳企业所得税(预缴)、城镇土地使用税、房产税、土地增值税、印花税中一个或多个税种时,可选择综合申报。综合申报主要适用于企业所得税按实际利润额按季预缴的查账征收企业,暂不涵盖按月预缴企业、核定征收企业和跨地区经营汇总纳税企业。

按月或按季预缴的,应当自月份或者季度终了之日起15日内,向税务机关报送预缴企业所得税纳税申报表,预缴税款。企业所得以人民币以外的货币计算的,预缴企业所得税时,应当按照月度或者季度最后1日的人民币汇率中间价,将其折合成人民币计算应纳税所得额。

企业应当自年度终了之日起5个月内,向税务机关报送年度企业所得税纳税申报表,并汇算清缴,结清应缴税款或应退税款。

企业在一个纳税年度中间开业,或者终止经营活动,使该纳税年度的实际经营期不足12个月的,应当以其实际经营期为1个纳税年度。企业依法清算时,应当以清算期间作为1个纳税年度。

企业在年度中间终止经营活动的,应当自实际经营终止之日起60日内,向税务机关办理当期企业所得税汇算清缴。依法清算时,应当以清算期间作为一个纳税年度。

二、企业所得税的纳税地点

(一)居民企业的纳税地点

除税收法律、行政法规另有规定外,居民企业以企业登记注册地为纳税地点;但登记注册地在境外的,以实际管理机构所在地为纳税地点;居民企业在中国境内设立不具有法人资格的营业机构的,应当汇总计算并缴纳企业所得税。

(二)非居民企业的纳税地点

非居民企业在中国境内设立机构、场所取得的所得,以及发生在中国境外但与其所设机构、场所有实际联系的所得,应当以机构、场所所在地为纳税地点;非居民企业在中国境内未设立机构场所,或者虽设立机构、场所但取得的所得与其所设机构、场所没有实际联系的非居民企业,以扣缴义务人所在地为纳税地点;非居民企业在中国境内设立两个或者两个以上机构、场所的,经税务机关审核批准,可以选择由其主要机构、场所汇总缴纳企业所得税。

非居民企业经批准汇总缴纳企业所得税后,需要增设、合并、迁移、关闭机构或场所,或者停止机构、场所业务的,应当事先由负责汇总申报缴纳企业所得税的主要机构、场所向其所在地税务机关报告;需要变更汇总缴纳企业所得税的主要机构、场所的,依照前述规定办理。

三、源泉扣缴

(一)扣缴义务人

在中国境内未设立机构、场所,或者虽设立机构、场所但取得的所得与其所设机构、场所没有实际联系的非居民企业,就其取得的来源于中国境内的所得应缴纳的所得税,实行源泉扣缴,以支付人为扣缴义务人。税款由扣缴义务人在每次支付或者到期应支付时,从支付或者到期应支付的款项中扣缴。

对非居民企业在中国境内取得工程作业和劳务所得应缴纳的所得税,税务机关可以指定工程价款或者劳务费的支付人为扣缴义务人。

(二)扣缴方法

扣缴企业所得税应纳税额的计算公式为:

扣缴企业所得税应纳税额＝应纳税所得额×实际征收率

式中，实际征收率是指《企业所得税法》及其实施条例等相关法律法规规定的税率，或者税收协定规定的更低的税率。

(1)股息、红利等权益性投资收益和利息、租金、特许权使用费所得，以收入全额为应纳税所得额，不得扣除税法规定之外的税费支出；

(2)转让财产所得，以收入全额减除财产净值后的余额为应纳税所得额；

(3)其他所得参照前两项规定。

(三)扣缴管理

扣缴义务人，由县级以上税务机关指定，并同时告知扣缴义务人所扣税款的计算依据、计算方法、扣缴期限和扣缴方式。扣缴义务人每次代扣的税款，应当自代扣之日起 7 日内缴入国库。

应知考核

一、单项选择题

1. 符合条件的小型微利企业，减按(　　)的税率征收企业所得税。

A. 10%　　B. 15%　　C. 20%　　D. 25%

2. 国家需要重点扶持的高新技术企业，减按(　　)的税率征收企业所得税。

A. 10%　　B. 15%　　C. 20%　　D. 25%

3. 现行企业所得税的适用税率是(　　)。

A. 10%　　B. 15%　　C. 20%　　D. 25%

4. 下列各项中，在计算企业应纳税所得额时不准从收入总额中扣除的是(　　)。

A. 增值税　　B. 印花税　　C. 资源税　　D. 关税

5. 下列税种中，在计算企业应纳税所得额时，不准从收入总额中扣除的是(　　)。

A. 增值税　　B. 消费税　　C. 城建税　　D. 土地增值税

二、多项选择题

1. 属于企业所得税纳税人的有(　　)。

A. 国有企业　　B. 外商投资企业和外国企业

C. 个人独资企业　　D. 个人合伙企业

2. 下列各项中，按《企业所得税法》规定应当提取折旧的有(　　)。

A. 大修理停用的机器设备　　B. 按规定提取维检费的固定资产

C. 以融资租赁方式租入的固定资产　　D. 以经营租赁方式租入的固定资产

3. 根据《企业所得税法》的规定，企业的下列收入中不征收企业所得税的有(　　)。

A. 财政拨款

B. 依法收取并纳入财政管理的行政事业性收费、政府性基金

C. 国务院规定的其他不征税收入

D. 接受捐赠收入

4. 企业发生的下列支出中，在计算应纳税所得额时不予扣除的有(　　)。

A. 市场监管机构所处罚款　　B. 银行加收的罚息

C. 司法机关所处罚金　　　　D. 税务机关加收的税收滞纳金

5. 根据企业所得税法律制度的有关规定，下列各项中，属于计算企业应纳税所得额时准予扣除的项目有(　　)。

A. 缴纳的消费税　　　　B. 缴纳的税收滞纳金

C. 市场监管机构所处罚款　　　　D. 缴纳的财产保险费

三、判断题

1. 企业纳税年度发生的亏损，准予向以后年度结转，用以后年度的所得弥补，但结转年限最长不得超过5年。(　　)

2. 在计算应纳税所得额时，企业财务会计处理办法与税收法律、行政法规的规定不一致的，应当依照税收法律、行政法规的规定计算。(　　)

3. 居民企业在中国境内设立不具有法人资格的营业机构的，应当汇总计算并缴纳企业所得税。(　　)

4. 企业发生的公益性捐赠支出，在年度利润总额12%以内的部分，准予在计算应纳税所得额时扣除。(　　)

5. 企业的应纳税所得额乘以适用税率，减除依照税法规定减免和抵免的税额后的余额，为应纳税额。(　　)

四、简述题

1. 简述企业所得税的特点。
2. 简述企业所得税的征税对象。
3. 简述存货成本的计算方法。
4. 简述企业所得税税前扣除项目的内容。
5. 简述固定资产折旧的企业所得税处理。

应会考核

■观念应用

小微企业所得税的应用

明光公司为一家小型微利企业，2020年纳税调整前所得额为28万元。该企业2020年度购入符合规定的环保设备，价格为25万元。

【考核要求】

计算明光公司2020年度应纳企业所得税税额。

■技能应用

安淮公司的应纳税所得额的应用

安淮公司2020年度有关财务资料如下：①全年销售收入3 000万元，营业外收入620万元，其中包括依法收取的政府性基金200万元，国债利息收入20万元，直接投资A公司取得红利收益100万元，租金收入140万元，特许权使用费收入160万元。②有关销售成本支出1 800万元，缴纳增值税336万元，预缴企业所得税120万元。③管理费用280万元，财务费用100万元，销售费用220万元。④营业外支出80万元，其中非公益性捐赠20万元。⑤上年度未弥补亏损12万元。

【技能要求】

(1)安淮公司收入是多少?

(2)安淮公司不征税收入是多少?

(3)安淮公司免税收入是多少?

(4)安淮公司不允许扣除的项目有哪些?

(5)安淮公司应纳税所得额是多少?

■案例分析

应纳税所得额的调整

安淮公司(一般纳税人)2020年5月为总经理配备一辆轿车并投入使用,用于企业的业务经营管理,取得机动车销售统一发票,上面注明的价款为40万元,增值税为5.2万元,缴纳车辆购置税和牌照费支出5.6万元(该公司确定折旧年限为4年,残值率为5%)。2020年底,会计师事务所审计人员审计时发现此项业务未进行会计处理。

【分析要求】

请结合本项目的内容进行此案例的分析。

项目实训

【实训项目】

企业所得税法的应用。

【实训情境】

大理公司的企业所得税

大理公司经税务机关核定,其2020年度的生产经营情况如下:全年取得产品销售收入5 600万元,发生产品销售成本4 000万元;其他业务收入800万元,其他业务成本660万元;购买国债取得利息收入40万元;缴纳税金及附加(不含增值税)300万元;发生管理费用760万元,其中业务招待费70万元;发生财务费用200万元;取得营业外收入100万元,发生营业外支出250万元(含公益性捐赠38万元)。利润总额中含在M国分公司取得的税前所得100万元人民币,在M国缴纳企业所得税16.5万元人民币。该公司适用的企业所得税税率为25%。

【实训任务】

1. 计算大理公司2020年应纳企业所得税税额。

2. 撰写《企业所得税法的应用》实训报告。

《企业所得税法的应用》实训报告		
项目实训班级：	项目小组：	项目组成员：
实训时间：　　年　　月　　日	实训地点：	实训成绩：
实训目的：		
实训步骤：		
实训结果：		
实训感言：		

个人所得税法

○ **知识目标：**

理解：个人所得税的概念，个人所得税的特点。

熟知：个人所得税的纳税人，个人所得税的税率。

掌握：个人所得税的计算，个人所得税的征收管理。

○ **技能目标：**

掌握个人所得税应纳税额的计算、个人所得税法修改后有关优惠政策的能力。

○ **素质目标：**

运用所学的个人所得税法的基本原理知识研究相关案例，培养和提高学生在特定业务情境中分析问题与决策设计的能力；结合行业规范或标准，运用个人所得税法的知识分析行为的善恶，强化学生的职业道德素质。

○ **项目引例：**

约翰应缴纳的个人所得税

美国一家公司欲拓展中国市场，在中国境内设立分支机构，总公司雇用美国公民约翰（其在中国无住所）为其在中国境内所设分支机构的工作人员进行业务培训，约翰于 2019 年 10 月 8 日来到中国，2020 年 3 月 20 日培训结束，离开中国，获得劳务报酬 30 000 美元，由美国总公司支付。

请问：约翰应如何向我国缴纳个人所得税？

○ **知识精讲：**

任务一　个人所得税概述

视频

个税推新政改革为民生

一、个人所得税的概念

个人所得税是以个人取得的各项应税所得为征税对象征收的一种税。个人，是指区别于法人的自然人，既包括作为要素所有者的个人，如财产所有者个人，也包括作为经营者的个人，如个体工商户、合伙企业的合伙人和独资企业的业主。所得，是指个人通过各种方式所获得的一切利益。

中华人民共和国成立以来，我国长期对个人所得税实行不课征的政策。党的十一届三中全会以后，我国实行对外开放，为了维护国家的税收权益，根据国际惯例，1980 年 9 月 10 日，第五届全国人民代表大会第三次会议审议通过并颁布《中华人民共和国个人所得税法》，首次对个人所得开征个人所得税。1986年至1987年，国务院先后颁布了《中华人民共和国城乡个体工商业户所得税暂行条例》和《中华人民共和国个人收入调节税暂行条例》，至此形成了个人所得税、城乡个体工商业户所得税和个人收入调节税"三税并存"的个人所得税征收制度格局。为了统一规范个人所得税制度，第八届全国人大常务委员会第四次会议在对原有三部个人所得税法律制度修改、合并的基础上，于1993年10月31日修订并颁布了修改后的《中华人民共和国个人所得税法》。之后的1999年、2005年、2007年和2011年，全国人民代表大会又分别对《中华人民共和国个人所得税法》进行了修订。我国现行个人所得税的主要法律依据是2011年6月30日第十一届全国人民代表大会常务委员会通过的《中华人民共和国个人所得税法》（以下简称《个人所得税法》）和2011年7月19日国务院修订的《中华人民共和国个人所得税法实施条例》（以下简称《个人所得税法实施条例》）。中华人民共和国国务院令第707号颁布修订后的《个人所得税法实施条例》，自2019年1月1日起施行。

二、个人所得税的特点

（一）实行分类征收

世界各国的个人所得税制大致分为分类所得税制、综合所得税制和混合所得税制三类。我国现行个人所得税采用分类所得税制，即将个人取得的所得划分为十一类，分别适用不同的费用减除规定、税率和计税方法。

（二）超额累进税率与比例税率并用

比例税率计算简便，便于实行源泉扣缴；超额累进税率可以合理调节收入分配，体现公平。我国现行个人所得税根据各类个人所得的不同性质和特点，将这两种形式的税率综合运用。对工资、薪金所得，个体工商户生产经营所得，对企事业单位承包、承租经营所得，采用超额累进税率；对除此之外的其他所得，采用比例税率。

（三）费用采取总额扣除法

我国个人所得税的费用扣除采取总额扣除法，免去了对个人实际生活费用支出逐项计算的麻烦。各类所得项目实行分类计算，并且有明确的费用扣除规定，计算方法易于掌握。

（四）采取源泉扣缴和个人申报两种征纳方法

对凡是可以在应税所得的支付环节扣缴个人所得税的，均由扣缴义务人履行代扣代缴义务；对没有扣缴义务人的或不便于扣缴税款的，规定由纳税人自行申报纳税。

任务二　个人所得税基本法律

一、个人所得税的纳税人

个人所得税的纳税人以住所和居住时间为标准，分为居民个人和非居民个人。

在中国境内有住所，是指因户籍、家庭、经济利益关系而在中国境内习惯性居住；所称从中国境内和中国境外取得的所得，分别是指来源于中国境内的所得和来源于中国境外的所得。

除国务院财政、税务主管部门另有规定外，下列所得，不论支付地点是否在中国境内，均为来源于中国境内的所得：

(1)因任职、受雇、履约等而在中国境内提供劳务取得的所得；

(2)在中国境内开展经营活动而取得与经营活动相关的所得；

(3)将财产出租给承租人在中国境内使用而取得的所得；

(4)许可各种特许权在中国境内使用而取得的所得；

(5)转让中国境内的不动产、土地使用权取得的所得，转让对中国境内企事业单位和其他经济组织投资形成的权益性资产取得的所得，在中国境内转让动产以及其他财产取得的所得；

(6)由中国境内企事业单位和其他经济组织以及居民个人支付或负担的稿酬所得、偶然所得；

(7)从中国境内企事业单位和其他经济组织或者居民个人取得的利息、股息、红利所得。

(一)居民个人

在中国境内有住所，或者无住所而一个纳税年度内在中国境内居住累计满 183 天的个人，为居民个人。居民个人从中国境内和境外取得的所得，依照规定缴纳个人所得税。

在中国境内无住所的个人，在中国境内居住累计满 183 天的年度连续不满 6 年的，经向主管税务机关备案，其来源于中国境外且由境外单位或者个人支付的所得，免予缴纳个人所得税；在中国境内居住累计满 183 天的任一年度中有一次离境超过 30 天的，其在中国境内居住累计满 183 天的年度的连续年限重新起算。

无住所个人一个纳税年度在中国境内累计居住满 183 天的，如果此前六年在中国境内每年累计居住天数都满 183 天而且没有任何一年单次离境超过 30 天，该纳税年度来源于中国境内、境外所得应当缴纳个人所得税；如果此前六年的任一年在中国境内累计居住天数不满 183 天或者单次离境超过 30 天，该纳税年度来源于中国境外且由境外单位或者个人支付的所得，免予缴纳个人所得税。

“此前六年”是指该纳税年度的前一年至前六年的连续六个年度，此前六年的起始年度自 2019 年(含)以后年度开始计算。

(二)非居民个人

在中国境内无住所又不居住，或者无住所而一个纳税年度内在中国境内居住累计不满 183 天的个人，为非居民个人。非居民个人从中国境内取得的所得，依照规定缴纳个人所得税。

在中国境内无住所，且在一个纳税年度中在中国境内连续或者累计居住不超过 90 天的个人，其来源于中国境内的所得，由境外雇主支付并且不由该雇主在中国境内的机构、场所负担的部分，免予缴纳个人所得税。

二、个人所得税的应税项目

居民个人取得下列第(一)项至第(四)项所得(以下称“综合所得”)，按纳税年度合并计算个人所得税；非居民个人取得下列第(一)项至第(四)项所得，按月或者按次分项计算个人所得税。纳税人取得下列第(五)项至第(九)项所得，分别计算个人所得税。

(一)工资、薪金所得

工资、薪金所得，是指个人因任职或者受雇而取得的工资、薪金、奖金、年终加薪、劳动分红、津贴、补贴以及与任职或者受雇有关的其他所得。

1. 工资、薪金所得涵盖范围

一般来说，工资、薪金所得属于非独立个人劳动所得。所谓非独立个人劳动，是指个人所从事的是由他人指定、安排并接受管理的劳动，工作或服务于公司、工厂、行政事业单位的人员(私营企业主除外)均为非独立劳动者。

除工资、薪金以外，奖金、年终加薪、劳动分红、津贴、补贴也被确定为工资、薪金范畴。其中，年终加薪、劳动分红不分种类和取得情况，一律按工资、薪金所得课税。奖金是指所有具有工资性质的奖金，免税奖金的范围在税法中另有规定。此外，还有一些所得的发放被视为取得工资、薪金所得的情形。例如，公司职工取得的用于购买企业国有股权的劳动分红，按“工资、薪金所得”项目计征个人所得税；出租汽车经营单位对出租车驾驶员采取单车承包或承租方式运营，出租车驾驶员从事客货营运取得的收入，按工资、薪金所得征税。

2. 个人取得的津贴、补贴，不计入工资、薪金所得的项目

根据我国目前个人收入的构成情况，税法规定对于一些不属于工资、薪金性质的补贴、津贴或者不属于纳税人本人工资、薪金所得项目的收入，不予征税。这些项目包括：

(1)独生子女补贴。

(2)执行公务员工资制度未纳入基本工资总额的补贴、津贴差额和家属成员的副食品补贴。

(3)托儿补助费。

(4)差旅费津贴、误餐补助。其中，误餐补助是指按照财政部的规定，个人因公在城区、郊区工作，不能在工作单位或返回就餐的，根据实际误餐顿数，按规定的标准领取的误餐费。注意：单位以误餐补助名义发给职工的补助、津贴不能包括在内。

(5)外国来华留学生领取的生活津贴费、奖学金，不属于工资、薪金范畴，不征个人所得税。

3. 军队干部取得的补贴、津贴不计入工资、薪金所得的项目

军队干部取得的补贴、津贴中有8项不计入工资、薪金所得项目征税，即：

(1)政府特殊津贴；

(2)福利补助；

(3)夫妻分居补助费；

(4)随军家属无工作生活困难补助；

(5)独生子女保健费；

(6)子女保教补助费；

(7)机关在职军以上干部公勤费(保姆费)；

(8)军粮差价补贴。

4. 军队干部取得的暂不征税的补贴、津贴

(1)军人职业津贴；

(2)军队设立的艰苦地区补助；

(3)专业性补助；

(4)基层军官岗位津贴(营连排长岗位津贴)；

(5)伙食补贴。

5. 工资、薪金所得的特殊规定

(1)内部退养取得一次性收入的征税问题。内部退养是指未办理退休手续，只是提前离开工作岗位。企业减员增效和行政事业单位、社会团体在机构改革过程中实行内部退养的人员，在办理内部退养手续后从原任职单位取得的一次性收入，应按办理内部退养手续后至法

定离退休年龄之间的所属月份进行平均，并与当月领取的“工资、薪金所得”合并后减除当月费用扣除标准，以余额为基数确定适用税率，再将当月工资、薪金加上取得的一次性收入，减去费用扣除标准，按适用税率计征个人所得税。个人在办理内部退养手续后至法定离退休年龄之间重新就业取得的“工资、薪金所得”，应与其从原任职单位取得的同一月份的“工资、薪金所得”合并，并依法自行向主管税务机关申报缴纳个人所得税。

(2)提前退休取得一次性补贴收入的征税问题。机关、企事业单位对未达到法定退休年龄、正式办理提前退休手续的个人，按照统一标准支付一次性补贴，其不属于免税的离退休工资收入。个人因办理提前退休手续而取得的一次性补贴收入，按照“工资、薪金所得”项目征收个人所得税，应按照办理提前退休手续至法定退休年龄之间实际年度数平均分摊，确定税率和速算扣除数，单独适用综合所得税率表计算纳税。其计算公式为：

应纳所得税额＝[(一次性补贴收入÷办理提前退休手续至法定退休年龄的实际年度数－费用扣除标准)×适用税率－速算扣除数]×办理提前退休手续至法定退休年龄的实际年度数

(3)个人因与用人单位解除劳动关系而取得的一次性补偿收入的征税问题。个人因与用人单位解除劳动关系而取得的一次性补偿收入(包括用人单位发放的经济补偿金、生活补助费和其他补助费用)，其收入在当地上年职工平均工资3倍数额以内的部分免税；超过3倍数额的部分，不并入当年综合所得，单独适用综合所得税率表计算纳税。个人在解除劳动合同后再任职、受雇的，已纳税的一次性补偿收入不再与再任职、受雇的工资薪金所得合并计算补缴个人所得税。个人领取一次性补偿收入时，按照国家和地方政府规定的比例实际缴纳的住房公积金、基本医疗保险费、基本养老保险费、失业保险费可以在计征其一次性补偿收入的个人所得税时予以扣除。

(4)退休人员再任职取得的收入的征税问题。退休人员再任职取得的收入，符合相关条件的，在减除按税法规定的费用扣除标准后，按“工资、薪金所得”项目缴纳个人所得税。

(5)离退休人员从原任职单位取得补贴等的征税问题。离退休人员除按规定领取离退休工资或养老金外，另从原任职单位取得的各类补贴、奖金、实物，不属于免税的退休工资、离休工资、离休生活补助费，应按“工资、薪金所得”项目的规定缴纳个人所得税。

(6)个人取得公务交通、通信补贴收入的征税问题。个人因公务用车和通信制度改革而取得的公务用车、通信补贴收入，扣除一定标准的公务费用后，按照“工资、薪金所得”项目计征个人所得税。按月发放的，并入当月“工资、薪金所得”计征个人所得税；不按月发放的，分解到所属月份并与该月份“工资、薪金所得”合并后计征个人所得税。公务费用的扣除标准，由省级税务局根据纳税人公务交通、通信费用的实际发生情况调查测算，报经省级人民政府批准后确定，并报国家税务总局备案。

(7)公司职工取得的用于购买企业国有股权的劳动分红的征税问题。公司职工取得的用于购买企业国有股权的劳动分红按“工资、薪金所得”项目计征个人所得税。

(8)个人取得股票增值权所得和限制性股票所得的征税问题。个人因任职、受雇从上市公司取得的股票增值权所得和限制性股票所得，由上市公司或其境内机构按照“工资、薪金所得”项目和股票期权所得个人所得税计税方法，依法扣缴其个人所得税。

(9)关于失业保险费的征税问题。城镇企业、事业单位及其职工个人实际缴付的失业保险费，超过《失业保险条例》规定比例的，应将其超过规定比例缴付的部分计入职工个人当期的工资、薪金收入，依法计征个人所得税。

(10)关于保险金的征税问题。企业为员工支付各项免税之外的保险金，应在企业向保险公司缴付时(即该保险落到被保险人的保险账户)并入员工当期的工资收入，按“工资、薪金所得”项目计征个人所得税，税款由企业负责代扣代缴。

(11)企业年金、职业年金的征税问题。企业和事业单位超过国家有关政策规定的标准，为在本单位任职或者受雇的全体职工缴付的企业年金或职业年金(以下统称“年金”)的单位缴费部分，应并入个人当期的“工资、薪金所得”，依法计征个人所得税。税款由建立年金的单位代扣代缴，并向主管税务机关申报解缴。个人根据国家有关政策规定缴付的年金个人缴费部分，超过本人缴费工资计税基数4%的部分，应并入个人当期的“工资、薪金所得”，依法计征个人所得税。税款由建立年金的单位代扣代缴，并向主管税务机关申报解缴。个人达到国家规定的退休年龄之后领取的年金，不并入综合所得，全额单独计算应纳税款。其中，按月领取的，适用按月换算后的综合所得税率表(以下简称“月度税率表”)计算纳税；按季领取的，平均分摊计入各月，按每月领取额适用月度税率表计算纳税；按年领取的，适用综合所得税率表计算纳税。

个人因出境定居而一次性领取的年金个人账户资金，或个人死亡后，其指定的受益人或法定继承人一次性领取的年金个人账户余额，适用综合所得税率表计算纳税。对个人除上述特殊原因外一次性领取年金个人账户资金或余额的，适用月度税率表计算纳税。

(12)兼职律师从律师事务所取得工资、薪金性质的所得的征税问题。兼职律师是指取得律师资格和律师执业证书，不脱离本职工作从事律师职业的人员。兼职律师从律师事务所取得工资、薪金性质的所得，律师事务所在代扣代缴其个人所得税时，不再减除个人所得税法规定的费用扣除标准，以收入全额(取得分成收入的，为扣除办理案件支出费用后的余额)直接确定适用税率，计算扣缴个人所得税。

(13)科技人员取得职务科技成果转化现金奖励征税问题。依法批准设立的非营利性研究开发机构和高等学校根据《中华人民共和国促进科技成果转化法》的规定，从职务科技成果转化收入中给予科技人员的现金奖励，可减按50%计入科技人员当月“工资、薪金所得”，依法缴纳个人所得税。

(14)单位为员工统一购买的商业健康保险产品支出，应分别计入员工个人的工资、薪金所得，依法缴纳个人所得税。

(二)劳务报酬所得

劳务报酬所得，是指个人从事劳务取得的所得。其内容包括设计、装潢、安装、制图、化验、测试、医疗、法律、会计、咨询、讲学、翻译、审稿、书画、雕刻、影视、录音、录像、演出、表演、广告、展览、技术服务、介绍服务、经纪服务、代办服务及其他劳务。

区分“劳务报酬所得”和“工资、薪金所得”，主要看是否存在雇用与被雇用的关系。“工资、薪金所得”是个人从事非独立劳动，从所在单位(雇主)领取的报酬，存在雇用与被雇用的关系，即在机关、团体、学校、部队、企事业单位及其他组织中任职、受雇而得到的报酬。而“劳务报酬所得”是指个人独立从事某种技艺，独立提供某种劳务而取得的报酬，一般不存在雇用关系。

(1)个人兼职取得的收入应按照“劳务报酬所得”项目缴纳个人所得税。

(2)律师以个人名义聘请其他人员为其工作而支付的报酬，应由该律师按照“劳务报酬所得”项目代扣代缴个人所得税。

(3)保险营销员、证券经纪人取得的佣金收入，属于劳务报酬所得，自 2019 年 1 月 1 日起，以不含增值税的收入减除 20%的费用后的余额为收入额，收入额减去展业成本以及附加税费后，并入当年综合所得，计算缴纳个人所得税。保险营销员、证券经纪人展业成本按照收入额的 25%计算。

(4)个人担任董事职务所取得的董事费收入分两种情形：个人担任公司董事、监事，且不在公司任职、受雇的，其取得的上述收入属于劳务报酬性质，按"劳务报酬所得"项目征税；个人在公司(包括关联公司)任职、受雇，同时兼任董事、监事的，应将董事费、监事费与个人工资收入合并，统一按"工资、薪金所得"项目缴纳个人所得税。

(5)自 2004 年 1 月 20 日起，对于商品营销活动中，企业和单位对营销业绩突出的雇员以培训班、研讨会、工作考察的名义组织旅游活动，通过免收差旅费、旅游费对个人实行营销业绩奖励，应将所发生费用全额并入营销人员的工资、薪金所得，按"工资、薪金所得"项目征收个人所得税。

对营销业绩突出的非雇员实行的上述奖励，应根据所发生费用全额作为该营销人员当期的劳务收入，按照"劳务报酬所得"项目征收个人所得税，并由提供上述费用的企业和单位代扣代缴。

(三)稿酬所得

稿酬所得是指个人因其作品以图书、报刊形式出版、发表而取得的所得。这里所说的作品包括文学作品、书画作品、摄影作品，以及其他作品。作者去世后，财产继承人取得的遗作稿酬，也应征收个人所得税。

根据《国家税务总局关于个人所得税若干业务问题的批复》(国税函〔2002〕146 号)，对报纸、杂志、出版等单位的职员在本单位的刊物上发表作品、出版图书取得所得的征税问题明确如下：

(1)任职、受雇于报纸、杂志等单位的记者、编辑等专业人员，因在本单位的报纸、杂志上发表作品而取得的所得，属于因任职、受雇而取得的所得，应与其当月工资收入合并，按"工资、薪金所得"项目征收个人所得税。

除上述专业人员以外，其他人员在本单位的报纸、杂志上发表作品取得的所得，应按"稿酬所得"项目征收个人所得税。

(2)出版社的专业作者撰写、编写或翻译的作品，由本社以图书形式出版而取得的稿费收入，应按"稿酬所得"项目征收个人所得税。

(四)特许权使用费所得

特许权使用费所得，是指个人提供专利权、商标权、著作权、非专利技术以及其他特许权的使用权取得的所得。提供著作权的使用权取得的所得，不包括稿酬所得。

(1)对于作者将自己的文字作品手稿原件或复印件公开拍卖(竞价)取得的所得，属于提供著作权的使用权取得的所得，应按"特许权使用费所得"项目征收个人所得税。

(2)对于剧本作者从电影、电视剧的制作单位取得的剧本使用费，不再区分剧本的使用方是否为其任职单位，统一按照特许权使用费所得项目计算缴纳个人所得税。

(3)对于个人取得的专利赔偿所得，应按"特许权使用费所得"项目缴纳个人所得税。

(五)经营所得

经营所得，是指以下内容：

(1)个体工商户从事生产、经营活动取得的所得,个人独资企业投资人、合伙企业的个人合伙人来源于境内注册的个人独资企业、合伙企业生产、经营的所得。个体工商户以业主为个人所得税纳税义务人。

(2)个人依法从事办学、医疗、咨询以及其他有偿服务活动取得的所得。

(3)个人对企业、事业单位承包经营、承租经营以及转包、转租取得的所得。

承包项目可分为多种,如生产经营、采购、销售、建筑安装等各种承包。转包包括全部转包或部分转包。

(4)个人从事其他生产、经营活动取得的所得。例如,个人因从事彩票代销业务而取得的所得,或者从事个体出租车运营的出租车驾驶员取得的收入,都应按照“经营所得”项目计征个人所得税。这里所说的从事个体出租车运营包括,出租车属个人所有,但挂靠出租汽车经营单位或企事业单位,驾驶员向挂靠单位缴纳管理费的,或出租汽车经营单位将出租车所有权转移给驾驶员的。

提示:个体工商户和从事生产、经营的个人,取得与生产、经营活动无关的其他各项应税所得,应分别按照其他应税项目的有关规定,计算征收个人所得税。如取得银行存款的利息所得、对外投资取得的股息所得,应按“利息、股息、红利所得”项目单独计征个人所得税。

个人独资企业、合伙企业的个人投资者以企业资金为本人、家庭成员及其相关人员支付与企业生产经营无关的消费性支出及购买汽车、住房等财产性支出,视为企业对个人投资者的利润分配,并入投资者个人的生产经营所得,依照“经营所得”项目计征个人所得税。

(六)利息、股息、红利所得

利息、股息、红利所得,是指个人拥有债权、股权而取得的利息、股息、红利所得。利息,是指个人拥有债权而取得的利息,包括存款利息、贷款利息和各种债券的利息。按税法的规定,个人取得的利息所得,除国债和国家发行的金融债券利息外,应当依法缴纳个人所得税。股息、红利,是指个人拥有股权取得的股息、红利。按照一定的比率对每股发放的息金为股息;公司、企业应分配的利润,按股份分配的为红利。股息、红利所得,除另有规定外,都应当缴纳个人所得税。

除个人独资企业、合伙企业以外的其他企业的个人投资者,以企业资金为本人、家庭成员及其相关人员支付与企业生产经营无关的消费性支出及购买汽车、住房等财产性支出,视为企业对个人投资者的红利分配,依照“利息、股息、红利所得”项目计征个人所得税。企业的上述支出不允许在所得税前扣除。

纳税年度内个人投资者从其投资企业(个人独资企业、合伙企业除外)借款,在该纳税年度终了后既不归还又未用于企业生产经营的,其未归还的借款可视为企业对个人投资者的红利分配,依照“利息、股息、红利所得”项目计征个人所得税。

(1)个人投资者收购企业股权后,将企业原有盈余积累转增股本个人所得税问题。一名或多名个人投资者以股权收购方式取得被收购企业100%的股权,股权收购前,被收购企业原账面金额中的“资本公积、盈余公积、未分配利润”等盈余积累未转增股本,而在股权交易时将其一并计入股权转让价格并履行所得税纳税义务。股权收购后,企业将原账面金额中的盈余积累向个人投资者(新股东,下同)转增股本,有关个人所得税问题区分以下情形处理:

①新股东以不低于净资产价格收购股权的,企业原盈余积累已全部计入股权交易价格,新股东取得盈余积累转增股本的部分,不征收个人所得税。

②新股东以低于净资产价格收购股权的，企业原盈余积累中，对于股权收购价格减去原股本的差额部分已经计入股权交易价格，新股东取得盈余积累转增股本的部分，不征收个人所得税；对于股权收购价格低于原所有者权益的差额部分未计入股权交易价格，新股东取得盈余积累转增股本的部分，应按照“利息、股息、红利所得”项目征收个人所得税。

新股东以低于净资产价格收购企业股权后转增股本，应按照下列顺序进行：先转增应税的盈余积累部分，再转增免税的盈余积累部分。

(2)个人从公开发行和转让市场取得的上市公司股票，持股期限在 1 个月以内(含 1 个月)的，其股息红利所得全额计入应纳税所得额；持股期限在 1 个月以上至 1 年(含 1 年)的，减按 50%计入应纳税所得额；上述所得统一适用 20%的税率计征个人所得税。对个人持有的上市公司限售股，解禁后取得的股息红利，按照上市公司股息红利差别化个人所得税政策规定计算纳税，持股时间自解禁日起计算；解禁前取得的股息红利继续暂减按 50%计入应纳税所得额，适用 20%的税率计征个人所得税。

自 2019 年 7 月 1 日至 2024 年 6 月 30 日，个人持有全国中小企业股份转让系统挂牌公司股票，持股期限超过 1 年的，对股息红利所得暂免征收个人所得税。持股期限在 1 个月以内(含 1 个月)的，其股息红利所得全额计入应纳税所得额；持股期限在 1 个月以上至 1 年(含 1 年)的，其股息红利所得暂减按 50%计入应纳税所得额；上述所得统一适用 20%的税率计征个人所得税。

对证券投资基金从挂牌公司取得的股息红利所得，按照前述规定计征个人所得税。

(七)财产租赁所得

财产租赁所得，是指个人出租不动产、机器设备、车船以及其他财产取得的所得。

(1)个人取得的财产转租收入，属于“财产租赁所得”的征税范围，由财产转租人缴纳个人所得税。

(2)房地产开发企业与商店购买者个人签订协议规定，房地产开发企业按优惠价格出售其开发的商店给购买者个人，但购买者个人在一定期限内必须将购买的商店无偿提供给房地产开发企业对外出租使用。其实质是购买者个人以所购商店交由房地产开发企业出租而取得的房屋租赁收入支付了部分购房价款。对购买者个人少支出的购房价款，应视同个人财产租赁所得，按照“财产租赁所得”项目征收个人所得税。每次财产租赁所得的收入额，按照少支出的购房价款和协议规定的租赁月份数平均计算确定。

(八)财产转让所得

财产转让所得，是指个人转让有价证券、股权、合伙企业中的财产份额、不动产、机器设备、车船以及其他财产取得的所得。

对个人取得的各项财产转让所得，除股票转让所得外，都要征收个人所得税。具体规定如下：

(1)股票转让所得。对股票转让所得暂不征收个人所得税。

(2)量化资产股份转让。集体所有制企业在改制为股份合作制企业时，对职工个人以股份形式取得的拥有所有权的企业量化资产，暂缓征收个人所得税；待个人将股份转让时，就其转让收入额，减除个人取得该股份时实际支付的费用支出和合理转让费用后的余额，按“财产转让所得”项目计征个人所得税。

(3)个人将投资于在中国境内成立的企业或组织(不包括个人独资企业和合伙企业)的股权

或股份，转让给其他个人或法人的行为，按照“财产转让所得”项目，依法计算缴纳个人所得税，具体包括以下情形：①出售股权；②公司回购股权；③发行人首次公开发行新股时，被投资企业股东将其持有的股份以公开发行方式一并向投资者发售；④股权被司法或行政机关强制过户；⑤以股权对外投资或进行其他非货币性交易；⑥以股权抵偿债务；⑦其他股权转移行为。

(4)个人因各种原因终止投资、联营、经营合作等行为，从被投资企业或合作项目、被投资企业的其他投资者以及合作项目的经营合作人取得股权转让收入、违约金、补偿金、赔偿金及以其他名目收回的款项等，均属于个人所得税应税收入，应按照“财产转让所得”项目适用的税率计算缴纳个人所得税。

(5)个人以非货币性资产投资，属于个人转让非货币性资产和投资同时发生。对个人转让非货币性资产的所得，应按照“财产转让所得”项目依法计算缴纳个人所得税。

(6)纳税人收回转让的股权征收个人所得税的方法。

①股权转让合同履行完毕、股权已作变更登记，且所得已经实现的，转让人取得的股权转让收入应当依法缴纳个人所得税。转让行为结束后，当事人双方签订并执行解除原股权转让合同、退回股权的协议，是另一次股权转让行为，对前次转让行为征收的个人所得税税款不予退回。

②股权转让合同未履行完毕，因执行仲裁委员会作出的解除股权转让合同及补充协议的裁决、停止执行原股权转让合同，并原价收回已转让股权的，由于其股权转让行为尚未完成、收入未完全实现，随着股权转让关系的解除，股权收益不复存在，纳税人不应缴纳个人所得税。

(7)自 2010 年 1 月 1 日起，对个人转让限售股取得的所得，按照“财产转让所得”适用 20%的比例税率征收个人所得税。个人转让限售股，以每次限售股转让收入，减除股票原值和合理税费后的余额，为应纳税所得额，即：

应纳税所得额＝限售股转让收入－(限售股原值＋合理税费)

应纳税额＝应纳税所得额×20%

式中，限售股转让收入是指转让限售股股票实际取得的收入。限售股原值是指限售股买入时的买入价及按照规定缴纳的有关费用。合理税费是指转让限售股过程中发生的印花税、佣金、过户费等与交易有关的税费。

(8)个人通过招标、竞拍或其他方式购置债权以后，通过相关司法或行政程序主张债权而取得的所得，应按照“财产转让所得”项目缴纳个人所得税。

(9)个人通过网络收购玩家的虚拟货币，加价后向他人出售取得的收入，属于个人所得税应税所得，应按照“财产转让所得”项目计算缴纳个人所得税。

(九)偶然所得

偶然所得，是指个人得奖、中奖、中彩以及其他偶然性质的所得。得奖是指参加各种有奖竞赛活动，取得名次得到的奖金；中奖、中彩是指参加各种有奖活动，如有奖销售、有奖储蓄或者购买彩票，经过规定程序，抽中、摇中号码而取得的奖金。偶然所得应缴纳的个人所得税税款，一律由发奖单位或机构代扣代缴。

(1)对个人购买社会福利有奖募捐奖券、体育彩票一次中奖收入不超过 1 万元的，暂免征收个人所得税；超过 1 万元的，按全额征税。

(2)企业对累积消费达到一定额度的顾客，给予额外抽奖机会，个人的获奖所得，按照“偶然所得”项目，全额适用 20%的税率缴纳个人所得税。

(3)个人取得单张有奖发票奖金所得超过 800 元的，应全额按照“偶然所得”项目征收个人所得税。税务机关或其指定的有奖发票兑奖机构，是有奖发票奖金所得个人所得税的扣缴义务人。

(4)个人为单位或他人提供担保获得收入，按照“偶然所得”项目计算缴纳个人所得税。

(5)房屋产权所有人将房屋产权无偿赠与他人的，受赠人因无偿受赠房屋取得的受赠收入，按照“偶然所得”项目计算缴纳个人所得税。符合以下情形的，对当事双方不征收个人所得税：

①房屋产权所有人将房屋产权无偿赠与配偶、父母、子女、祖父母、外祖父母、孙子女、外孙子女、兄弟姐妹；

②房屋产权所有人将房屋产权无偿赠与对其承担直接抚养或者赡养义务的抚养人或者赡养人；

③房屋产权所有人死亡，依法取得房屋产权的法定继承人、遗嘱继承人或者受遗赠人。

对受赠人无偿受赠房屋计征个人所得税时，其应纳税所得额为房地产赠与合同上标明的赠与房屋价值减除赠与过程中受赠人支付的相关税费后的余额。赠与合同标明的房屋价值明显低于市场价格或房地产赠与合同未标明赠与房屋价值的，税务机关可依据受赠房屋的市场评估价格或采取其他合理方式确定受赠人的应纳税所得额。

(6)企业在业务宣传、广告等活动中，随机向本单位以外的个人赠送礼品(包括网络红包，下同)，以及企业在年会、座谈会、庆典以及其他活动中向本单位以外的个人赠送礼品，个人取得的礼品收入，按照“偶然所得”项目计算缴纳个人所得税，但企业赠送的具有价格折扣或折让性质的消费券、代金券、抵用券、优惠券等礼品除外。

企业赠送的礼品是自产产品(服务)的，按该产品(服务)的市场销售价格确定个人的应税所得；是外购商品(服务)的，按该商品(服务)的实际购置价格确定个人的应税所得。

个人取得的所得，难以界定应纳税所得项目的，由国务院税务主管部门确定。

三、个人所得税的税率

1. 综合所得，适用3%～45%的超额累进税率

综合所得个人所得税税率表如表6－1所示。

表6－1　综合所得个人所得税税率表

级数	全年应纳税所得额	税率(%)	速算扣除数(元)
1	不超过36 000元的	3	0
2	超过36 000元至14 400元的部分	10	2 520
3	超过144 000元至300 000元的部分	20	16 920
4	超过300 000元至420 000元的部分	25	31 920
5	超过420 000元至660 000元的部分	30	52 920
6	超过660 000元至960 000元的部分	35	85 920
7	超过960 000元的部分	45	181 920

注：(1)本表所称全年应纳税所得额是指依照《个人所得税法》第六条的规定，居民个人取得综合所得以每一纳税年度收入额减除费用6万元以及专项扣除、专项附加扣除和依法确定的其他扣除后的余额。

(2)非居民个人取得工资、薪金所得，劳务报酬所得，稿酬所得和特许权使用费所得，依照本表按月换算后计算应纳税额。

2. 个体工商户、个人独资企业、合伙企业以及个人从事其他生产经营活动的经营所得，适用5%～35%的五级超额累进税率

经营所得适用个人所得税税率表如表6—2所示。

表6—2　　经营所得适用个人所得税税率表

级数	全年应纳税所得额	税率(%)	速算扣除数(元)
1	不超过30 000元的	5	0
2	超过30 000元至90 000元的部分	10	1 500
3	超过90 000元至300 000元的部分	20	10 500
4	超过300 000元至500 000元的部分	30	40 500
5	超过500 000元的部分	35	65 500

注：本表所称全年应纳税所得额是指依照《个人所得税法》第六条的规定，以每一纳税年度的收入总额减除成本、费用以及损失后的余额。

3. 个人所得税预扣率

国家税务总局发布《个人所得税扣缴申报管理办法(试行)》的公告(国家税务总局公告2018年第61号)，相关内容如表6—3、表6—4、表6—5所示。

表6—3　　个人所得税预扣率(一)

(居民个人工资、薪金所得预扣预缴适用)

级数	累计预扣预缴应纳税所得额	预扣率(%)	速算扣除数(元)
1	不超过36 000元	3	0
2	超过36 000元至144 000元的部分	10	2 520
3	超过144 000元至300 000元的部分	20	16 920
4	超过300 000元至420 000元的部分	25	31 920
5	超过420 000元至660 000元的部分	30	52 920
6	超过660 000元至960 000元的部分	35	85 920
7	超过960 000元的部分	45	181 920

表6—4　　个人所得税预扣率(二)

(居民个人劳务报酬所得预扣预缴适用)

级数	预扣预缴应纳税所得额	预扣率(%)	速算扣除数(元)
1	不超过20 000元	20	0
2	超过20 000元至50 000元的部分	30	2 000
3	超过50 000元的部分	40	7 000

表 6—5　**个人所得税税率**

（非居民个人工资、薪金所得，劳务报酬所得，稿酬所得，特许权使用费所得适用）

级数	应纳税所得额	税率(%)	速算扣除数(元)
1	不超过 3 000 元	3	0
2	超过 3 000 元至 12 000 元的部分	10	210
3	超过 12 000 元至 25 000 元的部分	20	1 410
4	超过 25 000 元至 35 000 元的部分	25	2 660
5	超过 35 000 元至 55 000 元的部分	30	4 410
6	超过 55 000 元至 80 000 元的部分	35	7 160
7	超过 80 000 元的部分	45	15 160

任务三　个人所得税优惠政策

一、免税项目

免税项目包括以下内容：

（1）省级人民政府、国务院部委和中国人民解放军军以上单位，以及外国组织、国际组织颁发的科学、教育、技术、文化、卫生、体育、环境保护等方面的奖金。

（2）国债和国家发行的金融债券利息。其中，国债利息，是指个人持有中华人民共和国财政部发行的债券而取得的利息；国家发行的金融债券利息，是指个人持有经国务院批准发行的金融债券而取得的利息所得。

（3）按照国家统一规定发给的补贴、津贴，是指按照国务院规定发放的政府特殊津贴、院士津贴、资深院士津贴，以及国务院规定免征个人所得税的其他补贴、津贴。

（4）福利费、抚恤金、救济金。其中，福利费是指根据国家有关规定，从企业、事业单位、国家机关、社会团体提留的福利费或者从工会经费中支付给个人的生活补助费；救济金是指国家民政部门支付给个人的生活困难补助费。

（5）保险赔款。

（6）军人的转业费、复员费。

（7）按照国家统一规定发给干部、职工的安家费、退职费、退休工资、离休工资、离休生活补助费。其中，退职费是指符合《国务院关于工人退休、退职的暂行办法》规定的退职条件，并按该办法规定的退职费标准所领取的退职费。

（8）依照我国有关法律规定应予免税的各国驻华使馆、领事馆的外交代表、领事官员和其他人员的所得。

（9）中国政府参加的国际公约、签订的协议中规定免税的所得。

（10）按照国家规定，单位为个人缴付的住房公积金、基本医疗保险费、基本养老保险费、失业保险费，从纳税义务人的应纳税所得额中扣除。

(11)按照国家有关城镇房屋拆迁管理办法规定的标准，个人取得的拆迁补偿款免征个人所得税。

(12)经国务院财政部门批准免税的其他所得。

二、减税项目

(1) 有下列情形之一的，可以减征个人所得税，减征幅度和期限由省、自治区、直辖市人民政府规定：①残疾、孤老人员和烈属的所得；②因严重自然灾害造成重大损失的项目；③其他经国务院财政部门批准减免的项目。

(2)对个人投资者持有2019～2023年发行的铁路债券取得的利息收入，减按50%计入应纳税所得额计算征收个人所得税。税款由兑付机构在向个人投资者兑付利息时代扣代缴。

(3)自2019年1月1日至2023年12月31日，一个纳税年度内在船航行时间累计满183天的远洋船员，其取得的工资薪金收入减按50%计入应纳税所得额，依法缴纳个人所得税。

三、暂免征税项目

根据《财政部、国家税务总局关于个人所得税若干政策问题的通知》和有关文件的规定，对下列所得暂免征收个人所得税：

(1)外籍个人以非现金形式或实报实销形式取得的住房补贴、伙食补贴、搬迁费、洗衣费。

(2)外籍个人按合理标准取得的境内、境外出差补贴。

(3)外籍个人取得的语言训练费、子女教育费等，经当地税务机关审核批准为合理的部分。

(4)外籍个人从外商投资企业取得的股息、红利所得。

(5)凡符合下列条件之一的外籍专家取得的工资、薪金所得，可免征个人所得税：

①根据世界银行专项借款协议，由世界银行直接派往我国工作的外国专家；

②联合国组织直接派往我国工作的专家；

③为联合国援助项目来华工作的专家；

④援助国派往我国专为该国援助项目工作的专家；

⑤根据两国政府签订的文化交流项目来华工作2年以内的文教专家，其工资、薪金所得由该国政府机构负担的；

⑥根据我国大专院校国际交流项目来华工作2年以内的文教专家，其工资、薪金所得由该国负担的；

⑦通过民间科研协定来华工作的专家，其工资、薪金所得由该国政府机构负担的。

(6)对股票转让所得，暂不征收个人所得税。

(7)个人举报、协查各种违法、犯罪行为而获得的奖金。

(8)个人办理代扣代缴手续，按规定取得的扣缴手续费。

(9)个人转让自用达5年以上，并且是唯一的家庭生活用房取得的所得，暂免征收个人所得税。

(10)达到离休、退休年龄，但确因工作需要，适当延长离休、退休年龄的高级专家(指享受国家发放的政府特殊津贴的专家、学者)，其在延长离休、退休年龄期间的工资、薪金所得，视同离休、退休工资，免征个人所得税。

(11)对国有企业职工,因企业依照《中华人民共和国企业破产法》宣告破产,从破产企业取得的一次性安置费收入,免予征收个人所得税。

(12)职工与用人单位解除劳动关系取得的一次性补偿收入(包括用人单位发放的经济补偿金、生活补助费和其他补助费用),在当地上年职工年平均工资3倍数额内的部分,可免征个人所得税。

(13)个人领取原提存的住房公积金、基本医疗保险金、基本养老保险金,以及失业保险金,免予征收个人所得税。

(14)对工伤职工及其近亲属按照《工伤保险条例》规定取得的工伤保险待遇,免征个人所得税。

(15)自2008年10月9日(含)起,对储蓄存款利息所得暂免征收个人所得税。

(16)个体工商户、个人独资企业和合伙企业或个人从事种植业、养殖业、饲养业、捕捞业取得的所得,暂不征收个人所得税。

(17)企业在销售商品(产品)和提供服务过程中向个人赠送礼品,属于下列情形之一的,不征收个人所得税:

①企业通过价格折扣、折让方式向个人销售商品(产品)和提供服务;

②企业在向个人销售商品(产品)和提供服务的同时给予赠品,如通信企业对个人购买手机赠话费、入网费,或者购话费赠手机等;

③企业对累积消费达到一定额度的个人按消费积分反馈礼品。

税收法律、行政法规、部门规章和规范性文件中明确规定纳税人享受减免税必须经税务机关审批的,或者纳税人无法准确判断其取得的所得是否应享受个人所得税减免的,必须经主管税务机关按照有关规定审核或批准后,方可减免个人所得税。

(18)对参加新型冠状病毒感染的肺炎疫情防治工作的医务人员和防疫工作者按照政府规定标准取得的临时性工作补助和奖金,免征个人所得税。政府规定标准包括各级政府规定的补助和奖金标准。对省级及省级以上人民政府规定的对参与疫情防控人员的临时性工作补助和奖金,比照执行。

单位发给个人用于预防新型冠状病毒感染的肺炎的药品、医疗用品和防护用品等实物(不包括现金),不计入工资、薪金收入,免征个人所得税。

(19)自2020年1月1日至2024年12月31日,对在海南自由贸易港工作的高端人才和紧缺人才,其个人所得税实际税负超过15%的部分,予以免征。享受上述优惠政策的所得包括来源于海南自由贸易港的综合所得、经营所得以及经海南省认定的人才补贴性所得。

(20)自2015年9月8日起,我国实施上市公司股息、红利差别化个人所得税政策,具体包括下列内容:①个人从公开发行和转让市场取得的上市公司股票,持股期限在1个月以内(含1个月)的,其股息、红利所得全额计入应纳税所得额;②持股期限在1个月以上至1年(含1年)的,暂减按50%计入应纳税所得额;③个人从公开发行和转让市场取得的上市公司股票,持股期限超过1年的,股息、红利所得暂免征收个人所得税。

(21)重点群体创业就业优惠,具体包括以下几点:

①扶持自主就业退役士兵创业就业税额扣减。2019年1月1日至2021年12月31日,自主就业退役士兵从事个体经营的,自办理个体工商户登记当月起,在3年(36个月,下同)内以每户每年12 000元为限额依次扣减其当年实际应缴纳的增值税、城市维护建设税、教育

费附加、地方教育附加和个人所得税。限额标准最高可上浮20%，各省、自治区、直辖市人民政府可根据本地区实际情况在此幅度内确定具体限额标准。纳税人在2021年12月31日享受本项税收优惠政策未满3年的，可继续享受至3年期满为止。

②支持和促进重点群体创业就业税额扣减。2019年1月1日至2021年12月31日，建档立卡贫困人口、持《就业创业证》(注明“自主创业税收政策”或“毕业年度内自主创业税收政策”)或《就业失业登记证》(注明“自主创业税收政策”)的人员从事个体经营的，自办理个体工商户登记当月起，在3年(36个月，下同)内以每户每年12 000元为限额依次扣减其当年实际应缴纳的增值税、城市维护建设税、教育费附加、地方教育附加和个人所得税。限额标准最高可上浮20%，各省、自治区、直辖市人民政府可根据本地区实际情况在此幅度内确定具体限额标准。纳税人在2021年12月31日享受税收优惠政策未满3年的，可继续享受至3年期满为止。

③随军家属从事个体经营，自领取税务登记证之日起，3年内免征个人所得税。

④自主择业的军队转业干部从事个体经营，自领取税务登记证之日起，3年内免征个人所得税。

⑤对残疾人个人取得的劳动所得，按照省(不含计划单列市)人民政府规定的减征幅度和期限减征个人所得税。

任务四 个人所得税的计算

视频

教你使用新版个人所得税办税系统

一、个人所得税应纳税所得额的规定

由于个人所得税的应税项目不同，并且取得某项所得所需费用也不相同，因此，计算个人所得税应纳税所得额，需按不同应税项目分项计算。以某项应税项目的收入额减去税法规定的该项目费用减除标准后的余额，为该应税项目的应纳税所得额。两个以上的个人共同取得同一项目收入的，应当对每个人取得的收入分别按照个人所得税法的规定计算纳税。

(一)每次收入的确定

个人所得税的征收方法有三种：一是按年计征，如经营所得、居民个人取得的综合所得；二是按月计征，如非居民个人取得的工资、薪金所得；三是按次计征，如利息、股息、红利所得，财产租赁所得，偶然所得，非居民个人取得的劳务报酬所得，稿酬所得，特许权使用费所得。

关于“次”的具体规定如下：

(1)非居民个人取得劳务报酬所得、稿酬所得、特许权使用费所得，根据不同所得项目的特点，分别规定如下：

①凡属于一次性收入的，以取得该项收入为一次，按次确定应纳税所得额。例如，提供设计、安装、装潢、制图、化验等劳务，往往是接受客户的委托，按照客户的要求，完成一次劳务后取得收入，因此，属于一次性的收入，应以每次提供劳务取得的收入为一次。

就稿酬来看，以每次出版、发表取得的收入为一次，不论出版单位是预付还是分笔支付稿酬，或者加印该作品后再付稿酬，均应合并其稿酬所得按一次计征个人所得税。

就特许权使用费来看，以某项使用权的一次转让所取得的收入为一次。一个非居民个人,可能不仅拥有一项特许权利,而且每一项特许权的使用权也可能不止一次地向我国境内提供。因此,对特许权使用费所得的“次”的界定,明确为每一项使用权的每次转让所取得的收入为一次。如果该次转让取得的收入是分笔支付的,则应将各笔收入相加为一次的收入,计征个人所得税。

②凡属于同一项目连续性收入的,以一个月内取得的收入为一次,据以确定应纳税所得额。例如,某歌手与一家酒吧签约,2020 年全年每天到酒吧演唱一次,每次演出后付酬 300 元。在计算其劳务报酬所得时,应将其视为同一事项的连续性收入,以其 1 个月内取得的收入为一次计征个人所得税,而不能以每天取得的收入为一次。

(2)财产租赁所得,以 1 个月内取得的收入为一次。

(3)利息、股息、红利所得,以支付利息、股息、红利时取得的收入为一次。

(4)偶然所得,以每次收入为一次。

(二)应纳税所得额和费用减除标准

1. 居民个人取得综合所得

居民个人取得综合所得,以每年收入额减除费用 60 000 元以及专项扣除、专项附加扣除和依法确定的其他扣除后的余额,为应纳税所得额。

(1)专项扣除。专项扣除,包括居民个人按照国家规定的范围和标准缴纳的基本养老保险、基本医疗保险、失业保险等社会保险费和住房公积金等。

(2)专项附加扣除。专项附加扣除,包括子女教育、继续教育、大病医疗、住房贷款利息或者住房租金、赡养老人等支出。取得综合所得和经营所得的居民个人可以享受专项附加扣除。

①子女教育。纳税人年满 3 岁的子女接受学前教育和学历教育的相关支出,按照每个子女每月 1 000 元(每年 12 000 元)的标准定额扣除。

学前教育包括年满 3 岁至小学入学前教育;学历教育包括义务教育(小学、初中教育)、高中阶段教育(普通高中、中等职业、技工教育)、高等教育(大学专科、大学本科、硕士研究生、博士研究生教育)。

父母可以选择由其中一方按扣除标准的 100%扣除,也可以选择由双方分别按扣除标准的 50%扣除,具体扣除方式在一个纳税年度内不得变更。

纳税人子女在中国境外接受教育的,纳税人应当留存境外学校录取通知书、留学签证等相关教育的证明资料备查。

计算时间:学前教育阶段,自子女年满 3 周岁当月至小学入学前一月。学历教育,自子女接受全日制学历教育入学的当月至全日制学历教育结束的当月。

②继续教育。纳税人在中国境内接受学历(学位)继续教育的支出,在学历(学位)继续教育期间按照每月 400 元(每年 4 800 元)定额扣除。同一学历(学位)继续教育的扣除期限不能超过 48 个月(4 年)。纳税人接受技能人员职业资格继续教育、专业技术人员职业资格继续教育支出,在取得相关证书的当年,按照 3 600 元定额扣除。

个人接受本科及以下学历(学位)继续教育,符合税法规定扣除条件的,可以选择由其父母扣除,也可以选择由本人扣除。

纳税人接受技能人员职业资格继续教育、专业技术人员职业资格继续教育的,应当留存相关证书等资料备查。

计算时间:学历(学位)继续教育,自在中国境内接受学历(学位)继续教育入学的当月至学历(学位)继续教育结束的当月。技能人员职业资格继续教育、专业技术人员职业资格继续教育,为取得相关证书的当年。

上述规定的学历教育和学历(学位)继续教育的期间,包含因病或其他非主观原因休学但学籍继续保留的休学期间,以及施教机构按规定组织实施的寒暑假等假期。

③大病医疗。在一个纳税年度内,纳税人发生的与基本医保相关的医药费用支出,扣除医保报销后个人负担(指医保目录范围内的自付部分)累计超过 15 000 元的部分,由纳税人在办理年度汇算清缴时,在 80 000 元限额内据实扣除。

纳税人发生的医药费用支出可以选择由本人或者其配偶扣除;未成年子女发生的医药费用支出可以选择由其父母一方扣除。纳税人及其配偶、未成年子女发生的医药费用支出,应按前述规定分别计算扣除额。

纳税人应当留存医药服务收费及医保报销相关票据原件(或复印件)等资料备查。医疗保障部门应当向患者提供在医疗保障信息系统记录的本人年度医药费用信息查询服务。

计算时间:医疗保障信息系统记录的医药费用实际支出的当年。

④住房贷款利息。纳税人本人或配偶,单独或共同使用商业银行或住房公积金个人住房贷款,为本人或其配偶购买中国境内住房,发生的首套住房贷款利息支出,在实际发生贷款利息的年度,按照每月 1 000 元(每年 12 000 元)的标准定额扣除,扣除期限最长不超过 240 个月(20 年)。纳税人只能享受一套首套住房贷款利息扣除。

所称首套住房贷款是指购买住房享受首套住房贷款利率的住房贷款。

经夫妻双方约定,可以选择由其中一方扣除,具体扣除方式在确定后,一个纳税年度内不得变更。

夫妻双方婚前分别购买住房发生的首套住房贷款,其贷款利息支出,婚后可以选择其中一套购买的住房,由购买方按扣除标准的 100%扣除,也可以由夫妻双方对各自购买的住房分别按扣除标准的 50%扣除,具体扣除方式在一个纳税年度内不得变更。

纳税人应当留存住房贷款合同、贷款还款支出凭证备查。

计算时间:自贷款合同约定开始还款的当月至贷款全部归还或贷款合同终止的当月。

⑤住房租金。纳税人在主要工作城市没有自有住房而发生的住房租金支出,可以按照以下标准定额扣除:

直辖市、省会(首府)城市、计划单列市以及国务院确定的其他城市,扣除标准为每月 1 500 元(每年 18 000 元)。除上述所列城市外,市辖区户籍人口超过 100 万人的城市,扣除标准为每月 1 100 元(每年 13 200 元);市辖区户籍人口不超过 100 万人的城市,扣除标准为每月 800 元(每年 9 600 元)。

市辖区户籍人口,以国家统计局公布的数据为准。

所称主要工作城市是指纳税人任职受雇的直辖市、计划单列市、副省级城市、地级市(地区、州、盟)全部行政区域范围;纳税人无任职受雇单位的,为受理其综合所得汇算清缴的税务机关所在城市。

夫妻双方主要工作城市相同的,只能由一方扣除住房租金支出。

住房租金支出由签订租赁住房合同的承租人扣除。

纳税人及其配偶在一个纳税年度内不得同时分别享受住房贷款利息专项附加扣除和住

房租金专项附加扣除。

纳税人应当留存住房租赁合同、协议等有关资料备查。

计算时间：自租赁合同(协议)约定的房屋租赁期开始的当月至租赁期结束的当月。提前终止合同(协议)的，以实际租赁期限为准。

⑥赡养老人。纳税人赡养一位及以上被赡养人的赡养支出，统一按以下标准等额扣除：

纳税人为独生子女的，按照每月 2 000 元(每年 24 000 元)的标准定额扣除；纳税人为非独生子女的，由其与兄弟姐妹分摊每月 2 000 元(每年 24 000 元)的扣除额度，每人分摊的额度最高不得超过每月 1 000 元(每年 12 000 元)。可以由赡养人均摊或者约定分摊，也可以由被赡养人指定分摊。约定或者指定分摊的须签订书面分摊协议，指定分摊优于约定分摊。具体分摊方式和额度在一个纳税年度内不得变更。

所称被赡养人是指年满 60 岁的父母，以及子女均已去世的年满 60 岁的祖父母、外祖父母。

计算时间：自被赡养人年满 60 周岁的当月至赡养义务终止的年末。

上述所称父母，是指生父母、继父母、养父母；子女，是指婚生子女、非婚生子女、继子女、养子女。父母之外的其他人担任未成年人的监护人的，比照执行。

(3)依法确定的其他扣除。依法确定的其他扣除，包括个人缴付符合国家规定的企业年金、职业年金，个人购买符合国家规定的商业健康保险、税收递延型商业养老保险的支出，以及国务院规定可以扣除的其他项目。

①企业年金、职业年金。企业年金和职业年金是指事业单位及其工作人员在依法参加基本养老保险的基础上，建立的补充养老保险制度。

个人因出境定居而一次性领取的年金个人账户资金，或个人死亡后，其指定的受益人或法定继承人一次性领取的年金个人账户余额，适用综合所得税率表计算纳税。对个人除上述特殊原因外一次性领取年金个人账户资金或余额的，适用月度税率表计算纳税。

②商业健康保险。对取得工资薪金所得、连续性劳务报酬所得的个人，以及取得个体工商户生产经营所得、对企事业单位的承包承租经营所得的个体工商户业主、个人独资企业投资者、合伙企业合伙人和承包承租经营者购买符合规定的商业健康保险产品的支出，允许在当年(月)计算应纳税所得额时予以税前扣除，扣除限额为 2 400 元/年(200 元/月)。单位统一为员工购买符合规定的商业健康保险产品的支出，应分别计入员工个人工资薪金，视同个人购买，按上述限额予以扣除。

连续性劳务报酬所得，是指纳税人连续 3 个月以上(含 3 个月)为同一单位提供劳务而取得的所得。

对取得工资薪金所得或连续性劳务报酬所得的个人，单位统一(或自行)购买符合规定的商业健康保险产品的，扣缴单位自购买产品(或个人提交保单凭证)的次月起，在不超过 200 元/月的标准内按月扣除。一年内保费金额超过 2 400 元的部分，不得税前扣除。以后年度续保时，按上述规定执行。个人自行退保时，应及时告知扣缴义务人。

个体工商户业主、企事业单位承包承租经营者、个人独资企业和合伙企业自然人投资者自行购买符合条件的商业健康保险产品的，在不超过 2 400 元/年的标准内据实扣除。一年内保费金额超过 2 400 元的部分，不得税前扣除。以后年度续保时，按上述规定执行。

③税收递延型商业养老保险。对试点地区个人通过个人商业养老资金账户购买符合规

定的商业养老保险产品的支出，允许在一定标准内税前扣除；记入个人商业养老资金账户的投资收益，暂不征收个人所得税；个人领取商业养老金时再征收个人所得税。

提示：专项扣除、专项附加扣除和依法确定的其他扣除，以居民个人一个纳税年度的应纳税所得额为限额；一个纳税年度扣除不完的，不得结转以后年度扣除。

2. 非居民个人取得工资、薪金所得

非居民个人的工资、薪金所得，以每月收入额减除费用 5 000 元后的余额为应纳税所得额；劳务报酬所得、稿酬所得、特许权使用费所得，以每次收入额为应纳税所得额。

3. 经营所得

经营所得，以每一纳税年度的收入总额减除成本、费用以及损失后的余额，为应纳税所得额。

所称成本、费用，是指生产、经营活动中发生的各项直接支出和分配计入成本的间接费用以及销售费用、管理费用、财务费用；所称损失，是指生产、经营活动中发生的固定资产和存货的盘亏、毁损、报废损失，转让财产损失，坏账损失，自然灾害等不可抗力因素造成的损失以及其他损失。

对个体工商户业主、个人独资企业和合伙企业自然人投资者的生产经营所得依法计征个人所得税时，个体工商户业主、个人独资企业和合伙企业自然人投资者本人的费用扣除标准统一确定为 60 000 元/年(5 000 元/月)。

对企事业单位的承包经营、承租经营所得，以每一纳税年度的收入总额，减除必要费用后的余额为应纳税所得额。每一纳税年度的收入总额，是指纳税义务人按照承包经营、承租经营合同规定分得的经营利润和工资、薪金性质的所得；所说的减除必要费用，是指按年减除 60 000 元。

4. 财产租赁所得

财产租赁所得，每次收入不超过 4 000 元的，减除费用为 800 元；每次收入在 4 000 元以上的，减除 20%的费用，其余额为应纳税所得额。

5. 财产转让所得

财产转让所得，以转让财产的收入额减除财产原值和合理费用后的余额，为应纳税所得额。财产原值，是指以下内容：

(1)有价证券，为买入价以及买入时按照规定缴纳的有关费用。

(2)建筑物，为建造费或者购进价格以及其他有关费用。

(3)土地使用权，为取得土地使用权所支付的金额、开发土地的费用以及其他有关费用。

(4)机器设备、车船，为购进价格、运输费、安装费以及其他有关费用。

(5)其他财产，参照以上方法确定。

纳税义务人未提供完整、准确的财产原值凭证，不能正确计算财产原值的，由主管税务机关核定其财产原值。

合理费用，是指卖出财产时按照规定支付的有关费用。

6. 利息、股息、红利所得和偶然所得

利息、股息、红利所得和偶然所得，以每次收入额为应纳税所得额。

(三)公益慈善事业捐赠的扣除

(1)个人通过中华人民共和国境内公益性社会组织、县级以上人民政府及其部门等国家机关，向教育、扶贫、济困等公益慈善事业的捐赠(以下简称“公益捐赠”)，发生的公益捐赠支出，可以按照个人所得税法有关规定在计算应纳税所得额时扣除。

(2)个人发生的公益捐赠支出金额，按照下列规定确定：

①捐赠货币性资产的，按照实际捐赠金额确定。

②捐赠股权、房产的，按照个人持有股权、房产的财产原值确定。

③捐赠除股权、房产以外的其他非货币性资产的，按照非货币性资产的市场价格确定。

(3)居民个人按照以下规定扣除公益捐赠支出：

①居民个人发生的公益捐赠支出可以在财产租赁所得、财产转让所得、利息股息红利所得、偶然所得(以下统称“分类所得”)、综合所得或者经营所得中扣除。在当期一个所得项目扣除不完的公益捐赠支出，可以按规定在其他所得项目中继续扣除。

②居民个人发生的公益捐赠支出，在综合所得、经营所得中扣除的，扣除限额分别为当年综合所得、当年经营所得应纳税所得额的30%；在分类所得中扣除的，扣除限额为当月分类所得应纳税所得额的30%。

③居民个人根据各项所得的收入、公益捐赠支出、适用税率等情况，自行决定在综合所得、分类所得、经营所得中扣除公益捐赠支出的顺序。

(4)居民个人在综合所得中扣除公益捐赠支出的，应按照以下规定处理：

①居民个人取得工资薪金所得的，可以选择在预扣预缴时扣除，也可以选择在年度汇算清缴时扣除。

居民个人选择在预扣预缴时扣除的，应按照累计预扣法计算扣除限额，其捐赠当月的扣除限额为截至当月累计应纳税所得额的30%(全额扣除的从其规定，下同)。个人从两处以上取得工资薪金所得，选择其中一处扣除，选择后当年不得变更。

②居民个人取得劳务报酬所得、稿酬所得、特许权使用费所得的，预扣预缴时不扣除公益捐赠支出，统一在汇算清缴时扣除。

③居民个人取得全年一次性奖金、股权激励等所得，且按规定采取不并入综合所得而单独计税方式处理的，公益捐赠支出扣除比照本公告分类所得的扣除规定处理。

(5)居民个人发生的公益捐赠支出，可在捐赠当月取得的分类所得中扣除。当月分类所得应扣除未扣除的公益捐赠支出，可以按照以下规定追补扣除：

①扣缴义务人已经代扣但尚未解缴税款的，居民个人可以向扣缴义务人提出追补扣除申请，退还已扣税款。

②扣缴义务人已经代扣且解缴税款的，居民个人可以在公益捐赠之日起90日内提请扣缴义务人向征收税款的税务机关办理更正申报追补扣除，税务机关和扣缴义务人应当予以办理。

③居民个人自行申报纳税的，可以在公益捐赠之日起90日内向主管税务机关办理更正申报追补扣除。

居民个人捐赠当月有多项多次分类所得的，应先在其中一项一次分类所得中扣除。已经在分类所得中扣除的公益捐赠支出，不再调整到其他所得中扣除。

(6)在经营所得中扣除公益捐赠支出，应按以下规定处理：

①个体工商户发生的公益捐赠支出，在其经营所得中扣除。

②个人独资企业、合伙企业发生的公益捐赠支出，其个人投资者应当按照捐赠年度合伙

企业的分配比例(个人独资企业分配比例为100%),计算归属于每一个人投资者的公益捐赠支出,个人投资者应将其归属的个人独资企业、合伙企业公益捐赠支出和本人需要在经营所得扣除的其他公益捐赠支出合并,在其经营所得中扣除。

③在经营所得中扣除公益捐赠支出的,可以选择在预缴税款时扣除,也可以选择在汇算清缴时扣除。

④经营所得采取核定征收方式的,不扣除公益捐赠支出。

(7)非居民个人发生的公益捐赠支出,未超过其在公益捐赠支出发生的当月应纳税所得额30%的部分,可以从其应纳税所得额中扣除。扣除不完的公益捐赠支出,可以在经营所得中继续扣除。

非居民个人按规定可以在应纳税所得额中扣除公益捐赠支出而未实际扣除的,可按照上述规定追补扣除。

(8)国务院规定对公益捐赠全额税前扣除的,按照规定执行。个人同时发生按30%扣除和全额扣除的公益捐赠支出,自行选择扣除次序。

(9)公益性社会组织、国家机关在接受个人捐赠时,应当按照规定开具捐赠票据;个人索取捐赠票据的,应予以开具。

个人发生公益捐赠时不能及时取得捐赠票据的,可以暂时凭公益捐赠银行支付凭证扣除,并向扣缴义务人提供公益捐赠银行支付凭证复印件。个人应在捐赠之日起90日内向扣缴义务人补充提供捐赠票据,如果个人未按规定提供捐赠票据的,扣缴义务人应在30日内向主管税务机关报告。

机关、企事业单位统一组织员工开展公益捐赠的,纳税人可以凭汇总开具的捐赠票据和员工明细单扣除。

(10)个人通过扣缴义务人享受公益捐赠扣除政策,应当告知扣缴义务人符合条件可扣除的公益捐赠支出金额,并提供捐赠票据的复印件,其中捐赠股权、房产的还应出示财产原值证明。扣缴义务人应当按照规定在预扣预缴、代扣代缴税款时予以扣除,并将公益捐赠扣除金额告知纳税人。

个人自行办理或扣缴义务人为个人办理公益捐赠扣除的,应当在申报时一并报送《个人所得税公益慈善事业捐赠扣除明细表》。个人应留存捐赠票据,留存期限为5年。

个人通过非营利的社会团体和国家机关向教育事业、红十字事业、农村义务教育、公益性青少年活动场所、福利性或非营利性的老年服务机构的捐赠,准予在缴纳个人所得税前的所得额中全额扣除。

(四)应纳税所得额的其他规定

(1)劳务报酬所得、稿酬所得、特许权使用费所得以收入减除20%的费用后的余额为收入额。稿酬所得的收入额减按70%计算。个人兼有不同的劳务报酬所得,应当分别减除费用,计算缴纳个人所得税。

(2)个人所得的形式,包括现金、实物、有价证券和其他形式的经济利益;所得为实物的,应当按照取得的凭证上所注明的价格计算应纳税所得额,无凭证的实物或者凭证上所注明的价格明显偏低的,参照市场价格核定应纳税所得额;所得为有价证券的,根据票面价格和市场价格核定应纳税所得额;所得为其他形式的经济利益的,参照市场价格核定应纳税所得额。

(3)对个人从事技术转让、提供劳务等过程中所支付的中介费,如能提供有效、合法凭证的，允许从其所得中扣除。

二、个人所得税应纳税额的计算

(一)居民个人综合所得应纳税额的计算

(1)工资、薪金所得全额计入收入额；而劳务报酬所得、特许权使用费所得的收入额为实际取得劳务报酬、特许权使用费收入的80%；此外，稿酬所得的收入额在扣除20%费用的基础上，再减按70%计算，即稿酬所得的收入额为实际取得稿酬收入的56%。

(2)居民个人取得的综合所得，以每一纳税年度的收入额减除费用60 000元以及专项扣除、专项附加扣除和依法确定的其他扣除后的余额，为应纳税所得额。

居民个人综合所得应纳税额的计算公式为：

应纳税额＝∑(每一级数的全年应纳税所得额×对应级数的适用税率)

＝∑[每一级数的全年收入额－60 000元－专项扣除－享受的专项附加扣除－享受的其他扣除)×对应级数的适用税率]

或者按下列公式计算：

应纳税额＝全年应纳税所得额×适用税率－速算扣除数

＝(全年收入额－60 000元－专项扣除－享受的专项附加扣除－享受的其他扣除)×适用税率－速算扣除数

【做中学6—1】 小张2020年工资总额为15万元，缴纳社保和住房公积金3万元，除住房贷款利息专项附加扣除外，该纳税人不享受其余专项附加扣除和税法规定的其他扣除。

要求：计算其当年应纳个人所得税税额。

解析：全年应纳税所得额＝150 000－60 000－30 000－12 000＝48 000(元)

应纳税额＝48 000×10%－2 520＝2 280(元)

【做中学6—2】小刘为独生子女，其2020年工资总额为26万元，缴纳社保和住房公积金6万元，取得劳务报酬1万元、稿酬1万元。该纳税人有两个孩子在读小学，且均由其扣除子女教育专项附加扣除。该纳税人的父母健在且均已年满60岁。

要求：计算其当年应纳个人所得税税额。

解析：全年应纳税所得额＝260 000－60 000－60 000＋10 000×(1－20%)＋10 000×(1－20%)×70%－12 000×2－24 000＝105 600(元)

应纳税额＝105 600×10%－2 520＝8 040(元)

(二)非居民个人取得工资、薪金所得，劳务报酬所得，稿酬所得和特许权使用费所得应纳税额的计算

非居民个人取得的劳务报酬所得、稿酬所得、特许权使用费所得均以收入减除20%的费用后的余额为收入额。其中，稿酬所得的收入额减按70%计算。

非居民个人取得的工资、薪金所得，以每月收入额减除费用5 000元后的余额为应纳税所得额；劳务报酬所得、稿酬所得、特许权使用费所得，以每次收入额为应纳税所得额。

【做中学6—3】 在某外商投资企业工作的英国专家为非居民个人，2020年2月取得由该企业发放的工资10 400元人民币，此外还从别处取得劳务报酬5 000元人民币。

要求：计算当月该专家应纳个人所得税税额。

解析：该专家当月工资、薪金所得应纳税额＝(10 400－5 000)×10%－210＝330(元)

该专家当月劳务报酬所得应纳税额＝5 000×(1－20%)×10%－210＝190(元)

(三)经营所得应纳税额的计算

经营所得应纳税额的计算公式为：

应纳税额＝全年应纳税所得额×适用税率－速算扣除数

或　　＝(全年收入总额－成本、费用以及损失)×适用税率－速算扣除数

1. 个体工商户应纳税额的计算

个体工商户应纳税所得额的计算，以权责发生制为原则，属于当期的收入和费用，不论款项是否收付，均作为当期的收入和费用；不属于当期的收入和费用，即使款项已经在当期收付，均不作为当期收入和费用。财政部、国家税务总局另有规定的除外。其基本规定如下：

(1)计税基本规定

①个体工商户的生产、经营所得，以每一纳税年度的收入总额，减除成本、费用、税金、损失、其他支出以及允许弥补的以前年度亏损后的余额，为应纳税所得额。

②个体工商户从事生产经营以及与生产经营有关的活动(以下简称“生产经营活动”)取得的货币形式和非货币形式的各项收入，为收入总额。这包括：销售货物收入、提供劳务收入、转让财产收入、利息收入、租金收入、接受捐赠收入、其他收入。其他收入包括个体工商户资产溢余收入、逾期一年以上的未退包装物押金收入、确实无法偿付的应付款项、已作坏账损失处理后又收回的应收款项、债务重组收入、补贴收入、违约金收入、汇兑收益等。

③成本，是指个体工商户在生产经营活动中发生的销售成本、销货成本、业务支出以及其他耗费。

④费用，是指个体工商户在生产经营活动中发生的销售费用、管理费用和财务费用，已经计入成本的有关费用除外。

⑤税金，是指个体工商户在生产经营活动中发生的除个人所得税和允许抵扣的增值税以外的各项税金及其附加。

⑥损失，是指个体工商户在生产经营活动中发生的固定资产和存货的盘亏、毁损、报废损失，转让财产损失，坏账损失，自然灾害等不可抗力因素造成的损失以及其他损失。

个体工商户发生的损失，减除责任人赔偿和保险赔款后的余额，参照财政部、国家税务总局有关企业资产损失税前扣除的规定扣除。

个体工商户已经作为损失处理的资产，在以后纳税年度又全部收回或者部分收回时，应当计入收回当期的收入。

⑦其他支出，是指除成本、费用、税金、损失外，个体工商户在生产经营活动中发生的与生产经营活动有关的、合理的支出。

⑧个体工商户发生的支出应当区分收益性支出和资本性支出。收益性支出在发生当期直接扣除；资本性支出应当分期扣除或者计入有关资产成本，不得在发生当期直接扣除。

所称支出，是指与取得收入直接相关的支出。

除税收法律法规另有规定外，个体工商户实际发生的成本、费用、税金、损失和其他支出，不得重复扣除。

⑨个体工商户下列支出不得扣除：个人所得税税款；税收滞纳金；罚金、罚款和被没收财物的损失；不符合扣除规定的捐赠支出；赞助支出；用于个人和家庭的支出；与取得生产经营收入无关的其他支出；国家税务总局规定不准扣除的支出。其中，赞助支出是指个体工商户发生的与生产经营活动无关的各种非广告性质的支出。

⑩个体工商户在生产经营活动过程中，应当分别核算生产经营费用和个人、家庭生活费用。对于生产经营与个人、家庭生活混用难以分清的费用，其40%视为与生产经营有关的费用，准予扣除。

⑪个体工商户纳税年度发生的亏损，准予向以后年度结转，用以后年度的生产经营所得弥补，但结转年限最长不得超过5年。亏损，是指个体工商户依照税法规定计算的应纳税所得额小于零的数额。

⑫个体工商户使用或者销售存货，按照规定计算的存货成本，准予在计算应纳税所得额时扣除。

⑬个体工商户转让资产，该项资产的净值准予在计算应纳税所得额时扣除。

⑭个体工商户与企业联营而分得的利润，按"利息、股息、红利所得"项目征收个人所得税。

⑮个体工商户和从事生产、经营的个人，取得与生产经营活动无关的各项应税所得，应按规定分别计算征收个人所得税。

(2)扣除项目及标准

①个体工商户实际支付给从业人员的、合理的工资薪金支出，准予扣除。个体工商户业主的费用扣除标准为60 000元/年。个体工商户业主的工资薪金支出不得税前扣除。

②个体工商户按照国务院有关主管部门或者省级人民政府规定的范围和标准为其业主和从业人员缴纳的基本养老保险费、基本医疗保险费、失业保险费、生育保险费、工伤保险费和住房公积金，准予扣除。

个体工商户为从业人员缴纳的补充养老保险费、补充医疗保险费，分别在不超过从业人员工资总额5%标准内的部分据实扣除；超过部分，不得扣除。

个体工商户业主本人缴纳的补充养老保险费、补充医疗保险费，以当地(地级市)上年度社会平均工资的3倍为计算基数，分别在不超过该计算基数5%标准内的部分据实扣除；超过部分，不得扣除。

③除个体工商户依照国家有关规定为特殊工种从业人员支付的人身安全保险费和财政部、国家税务总局规定可以扣除的其他商业保险费外，个体工商户业主本人或者为从业人员支付的商业保险费，不得扣除。

④个体工商户在生产经营活动中发生的合理的不需要资本化的借款费用，准予扣除。

个体工商户为购置、建造固定资产、无形资产和经过12个月以上的建造才能达到预定可销售状态的存货发生借款的，在有关资产购置、建造期间发生的合理的借款费用，应当作为资本性支出计入有关资产的成本并按规定扣除。

⑤个体工商户在生产经营活动中发生的下列利息支出，准予扣除：向金融企业借款的利息支出；向非金融企业和个人借款的利息支出，不超过按照金融企业同期同类贷款利率计算的数额的部分。

⑥个体工商户在货币交易中，以及纳税年度终了时将人民币以外的货币性资产、负债按照期末即期人民币汇率中间价折算为人民币时产生的汇兑损失，除已经计入有关资产成本部分外，准予扣除。

⑦个体工商户向当地工会组织拨缴的工会经费、实际发生的职工福利费支出、职工教育经费支出分别在工资薪金总额的2%、14%、2.5%的标准内据实扣除。

工资薪金总额是指允许在当期税前扣除的工资薪金支出数额。

职工教育经费的实际发生数额超出规定比例当期不能扣除的数额，准予在以后纳税年度结转扣除。

个体工商户业主本人向当地工会组织缴纳的工会经费、实际发生的职工福利费支出、职工教育经费支出，以当地（地级市）上年度社会平均工资的 3 倍为计算基数，分别在 2%、14%、2.5%的标准内据实扣除。

⑧个体工商户发生的与生产经营活动有关的业务招待费，按照实际发生额的 60%扣除，但最高不得超过当年销售（营业）收入的 5‰。业主自申请营业执照之日起至开始生产经营之日止所发生的业务招待费，按照实际发生额的 60%计入个体工商户的开办费。

⑨个体工商户每一纳税年度发生的与其生产经营活动直接相关的广告费和业务宣传费不超过当年销售（营业）收入 15%的部分，可以据实扣除；超过部分，准予在以后纳税年度结转扣除。

⑩个体工商户代其从业人员或者他人负担的税款，不得税前扣除。

⑪个体工商户按照规定缴纳的摊位费、行政性收费、协会会费等，按实际发生数额扣除。

⑫个体工商户根据生产经营活动需要租入固定资产支付的租赁费，按照以下方法扣除：以经营租赁方式租入固定资产发生的租赁费支出，按照租赁期限均匀扣除；以融资租赁方式租入固定资产发生的租赁费支出，按照规定构成融资租入固定资产价值的部分应当提取折旧费用，分期扣除。

⑬个体工商户参加财产保险，按照规定缴纳的保险费，准予扣除。

⑭个体工商户发生的合理的劳动保护支出，准予扣除。

⑮个体工商户自申请营业执照之日起至开始生产经营之日止所发生符合规定的费用，除为取得固定资产、无形资产的支出，以及应计入资产价值的汇兑损益、利息支出外，作为开办费，个体工商户可以选择在开始生产经营的当年一次性扣除，也可以自生产经营月份起在不短于 3 年期限内摊销扣除，但扣除方法一经选定，不得改变。

开始生产经营之日为个体工商户取得第一笔销售（营业）收入的日期。

⑯个体工商户通过公益性社会团体或者县级以上人民政府及其部门，用于《中华人民共和国公益事业捐赠法》规定的公益事业的捐赠，捐赠额不超过其应纳税所得额 30%的部分可以据实扣除。

财政部、国家税务总局规定可以全额在税前扣除的捐赠支出项目，按有关规定执行。

个体工商户直接对受益人的捐赠不得扣除。

公益性社会团体的认定，按照财政部、国家税务总局、民政部有关规定执行。

⑰个体工商户研究开发新产品、新技术、新工艺所发生的开发费用，以及研究开发新产品、新技术而购置单台价值在 10 万元以下的测试仪器和试验性装置的购置费准予直接扣除；单台价值在 10 万元以上（含 10 万元）的测试仪器和试验性装置，按固定资产管理，不得在当期直接扣除。

【做中学 6—4】 大家庭酒店为个体经营户，账证比较健全，2020 年 12 月取得营业额 320 000 元，购进菜、肉、蛋、面粉、大米等原料的费用为 90 000 元，电费、水费、房租、煤气费等费用为 25 000 元，缴纳其他税费合计 9 600 元。当月支付给 4 名雇员工资共 48 000 元。1～11 月累计应纳税所得额为 155 600 元（未扣除业主费用减除标准），1～11 月累计已预缴个人所得税 20 620 元。除经营所得外，业主本人没有其他收入，且 2020 年全年享受赡养老人专项附加扣除。假设不考虑专项扣除和符合税法规定的其他扣除。

要求：计算该个体经营户 12 月应缴纳的个人所得税。

解析：全年应纳税所得额＝320 000－90 000－25 000－9 600－48 000＋155 600－60 000－24 000＝219 000（元）

全年应纳个人所得税＝219 000×20％－10 500＝33 300（元）

2020 年 12 月应纳个人所得税＝33 300－20 620＝12 680（元）

2. 个人独资企业和合伙企业应纳税额的计算

个人独资企业和合伙企业生产经营所得个人所得税应纳税额的计算有以下两种方法：

（1）查账征收

①自 2019 年 1 月 1 日起，个人独资企业和合伙企业自然人投资者的生产经营所得依法计征个人所得税时，个人独资企业和合伙企业自然人投资者本人的费用扣除标准统一确定为 60 000 元/年，即 5 000 元/月。投资者的工资不得在税前扣除。

②投资者及其家庭发生的生活费用不允许在税前扣除。投资者及其家庭发生的生活费用与企业生产经营费用混合在一起，并且难以划分的，全部视为投资者个人及其家庭发生的生活费用，不允许在税前扣除。

③企业生产经营和投资者及其家庭生活共用的固定资产，难以划分的，由主管税务机关根据企业的生产经营类型、规模等具体情况，核定准予在税前扣除的折旧费用的数额或比例。

④企业向其从业人员实际支付的合理的工资、薪金支出，允许在税前据实扣除。

⑤企业拨缴的工会经费、发生的职工福利费、职工教育经费支出分别在工资薪金总额 2％、14％、2.5％的标准内据实扣除。

⑥每一纳税年度发生的广告费和业务宣传费用不超过当年销售（营业）收入 15％的部分，可据实扣除；超过部分，准予在以后纳税年度结转扣除。

⑦每一纳税年度发生的与其生产经营业务直接相关的业务招待费支出，按照发生额的 60％扣除，但最高不得超过当年销售（营业）收入的 5‰。

⑧企业计提的各种准备金不得扣除。

⑨投资者兴办两个或两个以上企业，并且企业性质全部是独资的，年度终了后，汇算清缴时，应纳税款的计算按以下方法进行：汇总其投资兴办的所有企业的经营所得作为应纳税所得额，以此确定适用税率，计算出全年经营所得的应纳税额，再根据每个企业的经营所得占所有企业经营所得的比例，分别计算出每个企业的应纳税额和应补缴税额。其计算公式为：

应纳税所得额＝∑各个企业的经营所得

应纳税额＝应纳税所得额×适用税率－速算扣除数

本企业应纳税额＝应纳税额×本企业的经营所得÷∑各个企业的经营所得

本企业应补缴的税额＝本企业应纳税额－本企业预缴的税额

⑩投资者兴办两个或两个以上企业的，根据前述规定准予扣除的个人费用，由投资者选择在其中一个企业的生产经营所得中扣除。

⑪企业的年度亏损，允许用本企业下一年度的生产经营所得弥补，下一年度所得不足弥补的，允许逐年延续弥补，但最长不得超过 5 年。

投资者兴办两个或两个以上企业的，企业的年度经营亏损不能跨企业弥补。

⑫投资者来源于中国境外的生产经营所得，已在境外缴纳所得税的，可以按照个人所得

税法的有关规定计算扣除已在境外缴纳的所得税。

(2)核定征收

核定征收方式包括定额征收、核定应税所得率征收以及其他合理的征收方式。

①有下列情形之一的,主管税务机关应采取核定征收方式征收个人所得税:企业依照国家有关规定应当设置但未设置账簿的;企业虽设置账簿,但账目混乱或者成本资料、收入凭证、费用凭证残缺不全,难以查账的;纳税人发生纳税义务,未按照规定的期限办理纳税申报,经税务机关责令限期申报,逾期仍不申报的。

②实行核定应税所得率征收方式的,应纳所得税额的计算公式为:

应纳所得税额=应纳税所得额×适用税率

应纳税所得额=收入总额×应税所得率

=成本费用支出额÷(1-应税所得率)×应税所得率

应税所得率应按规定的标准执行(见表6-6)。

表6-6　　个人所得税核定征收应税所得率表

行　业	应税所得率(%)
工业、交通运输业、商业	5~20
建筑业、房地产开发业	7~20
饮食服务业	7~25
娱乐业	20~40
其他行业	10~30

企业经营多种业务的,无论其经营项目是否单独核算,均应根据其主营项目确定其适用的应税所得率。

③实行核定征收的投资者,不能享受个人所得税的优惠政策。

④实行查账征收方式的个人独资企业和合伙企业改为核定征收方式后,在查账征收方式下认定的年度经营亏损未弥补完的部分,不得再继续弥补。

⑤个体工商户、个人独资企业和合伙企业因在纳税年度中间开业、合并、注销及其他原因,导致该纳税年度的实际经营期不足1年的,对个体工商户业主、个人独资企业投资者与合伙企业自然人合伙人的生产经营所得计算个人所得税时,以其实际经营期为1个纳税年度。投资者本人的费用扣除标准,应按照其实际经营月份数,以每月5 000元的减除标准确定。其计算公式为:

应纳税所得额=该年度收入总额-成本、费用及损失-当年投资者本人的费用扣除额

当年投资者本人的费用扣除额=月减除费用(5 000元/月)×当年实际经营月份数

应纳税额=应纳税所得额×税率-速算扣除数

提示:个人独资企业和合伙企业对外投资分回的利息或者股息、红利,不并入企业的收入,而应单独作为投资者个人取得的利息、股息、红利所得,按"利息、股息、红利所得"项目计算缴纳个人所得税。

企业进行清算时,投资者应当在注销登记之前,向主管税务机关结清有关税务事宜。企业的清算所得应当视为年度生产经营所得,由投资者依法缴纳个人所得税。

（四）财产租赁所得应纳税额的计算

1. 应纳税所得额

财产租赁所得一般以个人每次取得的收入，定额或定率减除规定费用后的余额为应纳税所得额。每次收入不超过 4 000 元的，定额减除费用 800 元；每次收入在 4 000 元以上的，定率减除 20%的费用。财产租赁所得以 1 个月内取得的收入为一次。

在确定财产租赁所得的应纳税所得额时，纳税人在出租财产过程中缴纳的税金和教育费附加，可持完税（缴款）凭证，从其财产租赁收入中扣除。准予扣除的项目除了规定费用和有关税费外，还准予扣除能够提供有效、准确的凭证，证明由纳税人负担的该出租财产实际开支的修缮费用。允许扣除的修缮费用，以每次 800 元为限。一次扣除不完的，准予在下一次继续扣除，直到扣完为止。

个人出租财产取得的财产租赁收入，在计算缴纳个人所得税时，应依次扣除以下费用：①财产租赁过程中缴纳的税金和国家能源交通重点建设基金、国家预算调节基金、教育费附加；②由纳税人负担的该出租财产实际开支的修缮费用；③税法规定的费用扣除标准。

财产租赁所得应纳税所得额的计算公式为：

（1）每次（月）收入不超过 4 000 元的：

应纳税所得额＝每次（月）收入额－准予扣除项目－修缮费用（800 元为限）－800 元

（2）每次（月）收入超过 4 000 元的：

应纳税所得额＝［每次（月）收入额－准予扣除项目－修缮费用（800 元为限）］×（1－20%）

2. 个人房屋转租应纳税额的计算

个人将承租房屋转租取得的租金收入，属于个人所得税应税所得，应按“财产租赁所得”项目计算缴纳个人所得税。

具体规定为：

（1）取得转租收入的个人向房屋出租方支付的租金，凭房屋租赁合同和合法支付凭据允许在计算个人所得税时，从该项转租收入中扣除。

（2）有关财产租赁所得个人所得税税前扣除税费的扣除次序调整为：①财产租赁过程中缴纳的税费；②向出租方支付的租金；③由纳税人负担的租赁财产实际开支的修缮费用；④税法规定的费用扣除标准。

3. 应纳税额的计算方法

财产租赁所得适用 20%的比例税率。但对个人按市场价格出租的居民住房取得的所得，自 2001 年 1 月 1 日起暂减按 10%的税率征收个人所得税。其应纳税额的计算公式为：

应纳税额＝应纳税所得额×适用税率

【做中学 6－5】　小王于 2020 年 1 月将其自有的面积为 150 平方米的公寓按市场价出租给张某居住。每月租金收入 6 500 元，全年租金收入 78 000 元。

要求：计算小王全年租金收入应缴纳的个人所得税（不考虑其他税费）。

解析：每月应纳税额＝6 500×（1－20%）×10%＝520（元）

全年应纳税额＝520×12＝6 240（元）

提示：如果对租金收入计征城市维护建设税、房产税和教育费附加等，还应将其从收入中先扣除后再计算应缴纳的个人所得税。

【做中学 6－6】　假定在做中学 6－5 中，当年 2 月因下水道堵塞找人修理，发生修理费用 1 000 元，有维修人员的正式收据。

要求：计算2月和3月的应纳税额。

解析：2月应纳税额＝(6 500－800)×(1－20％)×10％＝456(元)

3月应纳税额＝(6 500－200)×(1－20％)×10％＝504(元)

(五)财产转让所得应纳税额的计算

1. 一般情况下财产转让所得应纳税额的计算

财产转让所得应纳税额的计算公式为：

应纳税额＝应纳税所得额×适用税率＝(收入总额－财产原值－合理税费)×20%

【做中学6－7】 张三建房一幢，造价360 000元，支付其他费用50 000元。张三建成后将房屋出售，售价600 000元，在售房过程中按规定支付交易费等相关税费35 000元。其应纳个人所得税税额的计算过程为：

应纳税所得额＝财产转让收入－财产原值－合理费用＝600 000－(360 000＋50 000)－35 000＝155 000(元)

应纳税额＝155 000×20％＝31 000(元)

2. 个人住房转让所得应纳税额的计算

自2006年8月1日起，个人转让住房所得应纳个人所得税的计算具体规定如下：

(1)以实际成交价格为转让收入。纳税人申报的住房成交价格明显低于市场价格且无正当理由的，税务机关依法有权根据有关信息核定其转让收入，但必须保证各税种计税价格一致。

(2)纳税人可凭原购房合同、发票等有效凭证经税务机关审核后，允许从其转让收入中减除房屋原值、转让住房过程中缴纳的税金及有关合理费用。

转让住房过程中缴纳的税金是指纳税人在转让住房时实际缴纳的城市维护建设税、教育费附加、土地增值税、印花税等税金。

合理费用是指纳税人按照规定实际支付的住房装修费用、住房贷款利息、手续费、公证费等费用。

(3)纳税人未提供完整、准确的房屋原值凭证不能正确计算房屋原值和应纳税额的，税务机关可对其实行核定征收。具体比例由省级税务局或者省级税务局授权的地市级税务局根据纳税人出售住房的所处区域、地理位置、建造时间、房屋类型、住房平均价格水平等因素，在住房转让收入1％～3％的幅度内确定。

(4)关于个人转让离婚析产房屋的征税问题。

①通过离婚析产的方式分割房屋产权是夫妻双方对共同共有财产的处置，个人因离婚办理房屋产权过户手续，不征收个人所得税。

②个人转让离婚析产房屋所取得的收入允许扣除其相应的财产原值和合理费用后，余额按照规定的税率缴纳个人所得税；其相应的财产原值为房屋初次购置全部原值和相关税费之和乘以转让者占房屋所有权的比例。

③个人转让离婚析产房屋所取得的收入符合家庭生活自用5年以上唯一住房的，可以申请免征个人所得税，其购置时间按照个人购买住房以取得的房屋产权证或契税完税证明上注明的时间作为其购买房屋的时间执行。

3. 个人转让股权应纳税额的计算

个人转让股权，以股权转让收入减除股权原值和合理费用后的余额为应纳税所得额，按

"财产转让所得"项目缴纳个人所得税。合理费用是指股权转让时按照规定支付的有关税费。

4. 个人转让债券类债权时原值的确定

转让债券类债权，采用加权平均法确定其应予减除的财产原值和合理费用。即以纳税人购进的同一种类债券买入价和买进过程中缴纳的税费总和，除以纳税人购进的该种类债券数量之和，乘以纳税人卖出的该种类债券数量，再加上卖出该种类债券过程中缴纳的税费。用公式表示为：

一次卖出某一种类债券允许扣除的买入价和费用＝纳税人购进的该种类债券买入价和买进过程中缴纳的税费总和×一次卖出的该种类债券的数量÷纳税人购进的该种类债券总数量＋卖出该种类债券过程中缴纳的税费

（六）利息、股息、红利所得和偶然所得应纳税额的计算

利息、股息、红利所得和偶然所得应纳税额的计算公式为：

应纳税额＝应纳税所得额×适用税率

＝每次收入额×20％

（七）应纳税额计算中的特殊问题处理

1. 全年一次性奖金的规定

全年一次性奖金是指行政机关、企事业单位等扣缴义务人根据其全年经济效益和对雇员全年工作业绩的综合考核情况，向雇员发放的一次性奖金。一次性奖金包括年终加薪、实行年薪制和绩效工资办法的单位根据考核情况兑现的年薪和绩效工资。

居民个人取得全年一次性奖金，在 2021 年 12 月 31 日前，可选择不并入当年综合所得，按以下计税办法纳税，由扣缴义务人于发放时代扣代缴。

将居民个人取得的全年一次性奖金，除以 12 个月，按其商数依照按月换算后的综合所得税率表确定适用税率和速算扣除数。在一个纳税年度内，对每一个纳税人，该计税办法只允许采用一次。

实行年薪制和绩效工资的单位，居民个人取得年终兑现的年薪和绩效工资按上述方法执行。居民个人取得全年一次性奖金，也可以选择并入当年综合所得计算纳税。

居民个人取得除全年一次性奖金以外的其他各种名目的奖金，如半年奖、季度奖、加班奖、先进奖、考勤奖等，一律与当月工资、薪金收入合并，按税法规定缴纳个人所得税。

自 2022 年 1 月 1 日起，居民个人取得全年一次性奖金，应并入当年综合所得计算缴纳个人所得税。

【做中学 6—8】 居民个人李四 2020 年 12 月 31 日一次性领取年终含税奖金 60 000 元。李四选择全年一次性奖金不并入当年综合所得计算纳税。

要求：计算李四取得年终奖金应缴纳的个人所得税。

解析：(1)年终奖金适用的税率和速算扣除数为：60 000÷12＝5 000(元)，根据按月换算后的综合所得七级超额累进税率，确定适用的税率和速算扣除数分别为 10％和 210 元。

(2)年终奖金应缴纳的个人所得税为：

应纳税额＝年终奖金收入×适用税率－速算扣除数＝60 000×10％－210＝5 790(元)

2. 中央企业负责人取得年度绩效薪金延期兑现收入和任期奖励的规定

《国资委管理的中央企业名单》中列举的中央企业负责人，在 2021 年 12 月 31 日前，任期结束后取得的绩效薪金 40％的部分和任期奖励，参照上述居民个人取得全年一次性奖金的计税规定执行；2022 年 1 月 1 日之后的政策另行明确。

3. 雇主为雇员承担全年一次性奖金部分税款有关个人所得税的计算方法

(1)雇主为雇员负担全年一次性奖金部分个人所得税税款，属于雇员额外增加了收入，应将雇主负担的这部分税款并入雇员的全年一次性奖金，换算为应纳税所得额后，按照规定方法计征个人所得税。

(2)将不含税全年一次性奖金换算为应纳税所得额的计算方法。

①雇主为雇员定额负担税款的计算公式：

应纳税所得额＝雇员取得的全年一次性奖金＋雇主替雇员定额负担的税款
－当月工资薪金低于费用扣除标准的差额

②雇主为雇员按一定比例负担税款的计算公式：

应纳税所得额＝(未含雇主负担税款的全年一次性奖金收入－当月工资薪金低于费用扣除标准的差额－不含税级距的速算扣除数 A×雇主负担比例)÷(1－不含税级距的适用税率 A×雇主负担比例)

(3)将应纳税所得额除以 12，根据其商数找出对应的适用税率 B 和速算扣除数 B，据以计算税款。其计算公式为：

应纳税额＝应纳税所得额×适用税率 B－速算扣除数 B

实际缴纳税额＝应纳税额－雇主为雇员负担的税额

(4)雇主为雇员负担的个人所得税款，应属于个人工资薪金的一部分，凡单独作为企业管理费用列支的，在计算企业所得税时不得税前扣除。

4. 对在中国境内无住所的个人一次取得数月奖金或年终加薪、劳动分红(以下简称“奖金”，不包括应按月支付的奖金)的计税方法

对在中国境内无住所的个人取得的奖金，可单独作为 1 个月的工资、薪金所得计算纳税。由于对每月的工资、薪金所得计税时已按月扣除了费用，因此，对上述奖金不再减除费用，全额作为应纳税所得额直接按适用税率计算应纳税额，并且不再按居住天数进行划分计算。

5. 企事业单位以低于购置或建造成本价格销售住房给职工的个人所得税征收规定

(1)根据住房制度改革政策的有关规定，国家机关、企事业单位及其他组织在住房制度改革期间，按照所在地县级以上人民政府规定的房改成本价格向职工出售公有住房，职工因支付的房改成本价格低于房屋建造成本价格或市场价格而取得的差价收益，免征个人所得税。

(2)除上述符合规定的情形外，单位按低于购置或建造成本价格出售住房给职工，职工因此而少支出的差价部分，不并入当年综合所得，以差价收入除以 12 个月得到的数额，按照月度税率表确定适用税率和速算扣除数，单独计算纳税。其计算公式为：

应纳税额＝职工实际支付的购房价款低于该房屋的购置或建造成本价格的差额×适用税率
－速算扣除数

(3)对职工取得的上述应税所得，比照全年一次性奖金的征税办法计算征收个人所得税。此前未征税款不再追征，已征税款不予退还。

6. 企业为股东个人购买汽车的个人所得税征税方法

企业为股东购买车辆并将车辆所有权登记到股东个人名下，其实质为企业对股东进行了红利性质的实物分配，应按照“利息、股息、红利所得”项目征收个人所得税。考虑到该股东个人名下的车辆同时也为企业经营使用的实际情况，允许合理减除部分所得；减除的具体数额由主管税务机关根据车辆的实际使用情况合理确定。

7. 以企业资金为个人购房的个人所得税征税方法

(1)个人取得以下情形的房屋或其他财产，不论所有权人是否将财产无偿或有偿交付企

业使用，其实质均为企业对个人进行了实物性质的分配，应依法计征个人所得税。

①企业出资购买房屋及其他财产，将所有权登记为投资者个人、投资者家庭成员或企业其他人员的。

②企业投资者个人、投资者家庭成员或企业其他人员向企业借款用于购买房屋及其他财产，将所有权登记为投资者个人、投资者家庭成员或企业其他人员，且借款年度终了后未归还借款的。

(2)对个人独资企业、合伙企业的个人投资者或其家庭成员取得的上述所得，视为企业对个人投资者的利润分配，按照“经营所得”项目计征个人所得税；对除个人独资企业、合伙企业以外其他企业的个人投资者或其家庭成员取得的上述所得，视为企业对个人投资者的红利分配，按照“利息、股息、红利所得”项目计征个人所得税；对企业其他人员取得的上述所得，按照“工资、薪金所得”项目计征个人所得税。

8. 个人取得拍卖收入的个人所得税征收规定

(1)自 2007 年 5 月 1 日起，个人通过拍卖市场拍卖个人财产，对其取得所得按以下规定征税：

①作者将自己的文字作品手稿原件或复印件拍卖取得的所得，应以其转让收入额减除 800 元(转让收入额 4 000 元以下)或者 20%(转让收入额 4 000 元以上)后的余额为应纳税所得额，按照“特许权使用费所得”项目适用 20%的税率缴纳个人所得税。

②个人拍卖除文字作品原稿及复印件外的其他财产，应以其转让收入额减除财产原值和合理费用后的余额为应纳税所得额，按照“财产转让所得”项目适用 20%的税率缴纳个人所得税。

(2)对个人财产拍卖所得征收个人所得税时，以该项财产最终拍卖成交价格为其转让收入额。

(3)个人财产拍卖所得适用“财产转让所得”项目计算应纳税所得额时，纳税人凭合法有效凭证(税务机关监制的正式发票、相关境外交易单据或海关报关单据、完税证明等)，从其转让收入额中减除相应的财产原值、拍卖财产过程中缴纳的税金及有关合理费用。

①财产原值，是指售出方个人取得该拍卖品的价格(以合法有效凭证为准)。具体为：通过商店、画廊等途径购买的，为购买该拍卖品时实际支付的价款；通过拍卖行拍得的，为拍得该拍卖品实际支付的价款及缴纳的相关税费；通过祖传收藏的，为其收藏该拍卖品而发生的费用；通过赠送取得的，为其受赠该拍卖品时发生的相关税费；通过其他形式取得的，参照以上原则确定财产原值。

②拍卖财产过程中缴纳的税金，是指在拍卖财产时纳税人实际缴纳的相关税金及附加。

③有关合理费用，是指拍卖财产时纳税人按照规定实际支付的拍卖费(佣金)、鉴定费、评估费、图录费、证书费等费用。

(4)纳税人如不能提供合法、完整、准确的财产原值凭证，不能正确计算财产原值的，按转让收入额的 3%征收率计算缴纳个人所得税；拍卖品经文物部门认定为海外回流文物的，按转让收入额的 2%征收率计算缴纳个人所得税。

(5)纳税人的财产原值凭证内容填写不规范，或者一份财产原值凭证包括多件拍卖品且无法确认每件拍卖品一一对应的原值的，不得将其作为扣除财产原值的计算依据，应视为不能提供合法、完整、准确的财产原值凭证，并按上述规定的征收率计算缴纳个人所得税。

(6)纳税人能够提供合法、完整、准确的财产原值凭证，但不能提供有关税费凭证的，不得按征收率计算纳税，应当就财产原值凭证上注明的金额据实扣除，并按照税法规定计算缴纳个人所得税。

(7)个人财产拍卖所得应纳的个人所得税税款由拍卖单位负责代扣代缴，并按规定向拍卖单位所在地主管税务机关办理纳税申报。

9. 创业投资企业个人合伙人和天使投资个人有关个人所得税的规定

(1)合伙创投企业采取股权投资方式直接投资于初创科技型企业满 2 年(24 个月，下同)的，合伙创投企业的个人合伙人可以按照对初创科技型企业投资额的 70%抵扣个人合伙人从合伙创投企业分得的经营所得；当年不足抵扣的，可以在以后纳税年度结转抵扣。

(2)天使投资个人采取股权投资方式直接投资于初创科技型企业满 2 年的，可以按照投资额的 70%抵扣转让该初创科技型企业股权取得的应纳税所得额；当期不足抵扣的，可以在以后取得转让该初创科技型企业股权的应纳税所得额时结转抵扣。

(3)自 2019 年 1 月 1 日至 2023 年 12 月 31 日的有关规定如下：

①创投企业可以选择按单一投资基金核算或者按创投企业年度所得整体核算两种方式之一，对其个人合伙人来源于创投企业的所得计算个人所得税应纳税额。

②创投企业选择按单一投资基金核算的，其个人合伙人从该基金应分得的股权转让所得和股息红利所得，按照 20%税率计算缴纳个人所得税。

创投企业选择按年度所得整体核算的，其个人合伙人应从创投企业取得的所得，按照“经营所得”项目，适用 5%～35%的超额累进税率计算缴纳个人所得税。

10. 个人转让全国中小企业股份转让系统(以下简称“新三板”)挂牌公司股票有关个人所得税政策

(1)自 2018 年 11 月 1 日(含)起，对个人转让新三板挂牌公司非原始股取得的所得，暂免征收个人所得税。

(2)对个人转让新三板挂牌公司原始股取得的所得，按照“财产转让所得”项目，适用 20%的比例税率征收个人所得税。

11. 企业转增股本个人所得税规定

(1)股份制企业用资本公积转增股本不属于股息、红利性质的分配，对个人取得的转增股本数额，不作为个人所得，不征收个人所得税。

(2)股份制企业用盈余公积派发红股属于股息、红利性质的分配，对个人取得的红股数额，应作为个人所得征税。

12. 北京 2022 年冬奥会和冬残奥会个人所得税的规定

(1)个人捐赠北京 2022 年冬奥会、冬残奥会、测试赛的资金和物资支出可在计算个人应纳税所得额时予以全额扣除。

(2)对受北京冬奥组委邀请的，在北京 2022 年冬奥会、冬残奥会、测试赛期间临时来华，从事奥运相关工作的外籍顾问以及裁判员等外籍技术官员取得的由北京冬奥组委、测试赛赛事组委会支付的劳务报酬免征个人所得税。

13. 关于外籍个人有关津补贴的政策

(1)2019 年 1 月 1 日至 2021 年 12 月 31 日期间，外籍个人符合居民个人条件的，可以选择享受个人所得税专项附加扣除，也可以选择按照《财政部、国家税务总局关于个人所得税若干政策问题的通知》(财税〔1994〕20 号)、《国家税务总局关于外籍个人取得有关补贴征免个人所得税执行问题的通知》(国税发〔1997〕54 号)和《财政部、国家税务总局关于外籍个人取得港澳地区住房等补贴征免个人所得税的通知》(财税〔2004〕29 号)规定,享受住房补贴、语言训练费、子女教育费等津补贴免税优惠政策,但不得同时享受。外籍个人一经选择,在一个纳税年度内不得变更。

(2)自 2022 年 1 月 1 日起,外籍个人不再享受住房补贴、语言训练费、子女教育费津补贴免税优惠政策,应按规定享受专项附加扣除。

14. 境外所得的税额扣除

(1)下列所得,为来源于中国境外的所得:

①因任职、受雇、履约等在中国境外提供劳务取得的所得。

②中国境外企业以及其他组织支付且负担的稿酬所得。

③许可各种特许权在中国境外使用而取得的所得。

④在中国境外从事生产、经营活动而取得的与生产、经营活动相关的所得。

⑤从中国境外企业、其他组织以及非居民个人取得的利息、股息、红利所得。

⑥将财产出租给承租人在中国境外使用而取得的所得。

⑦转让中国境外的不动产、转让对中国境外企业以及其他组织投资形成的股票、股权以及其他权益性资产(以下称"权益性资产")或者在中国境外转让其他财产取得的所得。但转让对中国境外企业以及其他组织投资形成的权益性资产,该权益性资产被转让前三年(连续 36 个公历月份)内的任一时间,被投资企业或其他组织的资产公允价值 50%以上直接或间接来自位于中国境内的不动产的,取得的所得为来源于中国境内的所得。

⑧中国境外企业、其他组织以及非居民个人支付且负担的偶然所得。

⑨财政部、税务总局另有规定的,按照相关规定执行。

(2)居民个人应当依照个人所得税法及其实施条例规定,按照以下方法计算当期境内和境外所得应纳税额:

①居民个人来源于中国境外的综合所得,应当与境内综合所得合并计算应纳税额。

②居民个人来源于中国境外的经营所得,应当与境内经营所得合并计算应纳税额。居民个人来源于境外的经营所得,按照个人所得税法及其实施条例的有关规定计算的亏损,不得抵减其境内或他国(地区)的应纳税所得额,但可以用来源于同一国家(地区)以后年度的经营所得按中国税法规定弥补。

③居民个人来源于中国境外的利息、股息、红利所得,财产租赁所得,财产转让所得和偶然所得(以下称"其他分类所得"),不与境内所得合并,应当分别单独计算应纳税额。

(3)居民个人在一个纳税年度内来源于中国境外的所得,依照所得来源国家(地区)税收法律规定在中国境外已缴纳的所得税税额允许在抵免限额内从其该纳税年度应纳税额中抵免。

居民个人来源于一国(地区)的综合所得、经营所得以及其他分类所得项目的应纳税额为其抵免限额,按照下列公式计算:

来源于一国(地区)综合所得的抵免限额＝中国境内和境外综合所得依照本公告第二条规定计算的综合所得应纳税额×来源于该国(地区)的综合所得收入额÷中国境内和境外综合所得收入额合计

来源于一国(地区)经营所得的抵免限额＝中国境内和境外经营所得依照本公告第二条规定计算的经营所得应纳税额×来源于该国(地区)的经营所得应纳税所得额÷中国境内和境外经营所得应纳税所得额合计

来源于一国(地区)其他分类所得的抵免限额＝该国(地区)的其他分类所得依照我国税法规定计算的应纳税额

来源于一国(地区)所得的抵免限额＝来源于该国(地区)综合所得抵免限额＋来源于该国(地区)经营所得抵免限额＋来源于该国(地区)其他分类所得抵免限额

(4)可抵免的境外所得税税额,是指居民个人取得境外所得,依照该所得来源国(地区)税收法律应当缴纳且实际已经缴纳的所得税性质的税额。可抵免的境外所得税税额不包括以下情形:

①按照境外所得税法律属于错缴或错征的境外所得税税额;

②按照我国政府签订的避免双重征税协定以及内地与香港、澳门签订的避免双重征税安排(以下统称"税收协定")规定不应征收的境外所得税税额;

③因少缴或迟缴境外所得税而追加的利息、滞纳金或罚款;

④境外所得税纳税人或者其利害关系人从境外征税主体得到实际返还或补偿的境外所得税税款;

⑤按照我国个人所得税法及其实施条例规定,已经免税的境外所得负担的境外所得税税款。

(5)居民个人从与我国签订税收协定的国家(地区)取得的所得,按照该国(地区)税收法律享受免税或减税待遇,且该免税或减税的数额按照税收协定饶让条款规定应视同已缴税额在中国的应纳税额中抵免的,该免税或减税数额可作为居民个人实际缴纳的境外所得税税额按规定申报税收抵免。

(6)居民个人一个纳税年度内来源于一国(地区)的所得实际已经缴纳的所得税税额,低于来源于该国(地区)该纳税年度所得的抵免限额的,应以实际缴纳税额作为抵免额进行抵免;超过来源于该国(地区)该纳税年度所得的抵免限额的,应在限额内进行抵免,超过部分可以在以后五个纳税年度内结转抵免。

(7)居民个人取得境外所得的境外纳税年度与公历年度不一致的,取得境外所得的境外纳税年度最后一日所在的公历年度,为境外所得对应的我国纳税年度。

(8)居民个人申报境外所得税收抵免时,除另有规定外,应当提供境外征税主体出具的税款所属年度的完税证明、税收缴款书或者纳税记录等纳税凭证,未提供符合要求的纳税凭证的,不予抵免。

纳税人确实无法提供纳税凭证的,可同时凭境外所得纳税申报表(或者境外征税主体确认的缴税通知书)以及对应的银行缴款凭证办理境外所得抵免事宜。

(9)居民个人取得来源于境外的所得或者实际已经在境外缴纳的所得税税额为人民币以外货币,按照办理纳税申报或者扣缴申报的上一月最后一日人民币汇率中间价,折合成人民币。年度终了后办理汇算清缴的,对已经按月、按季或者按次预缴税款的人民币以外货币所得,不再重新折算;对应当补缴税款的所得部分,按照上一纳税年度最后一日人民币汇率中间价,折合成人民币计算应纳税所得额。

视频

办理个税年度汇算,这些事项要注意

三、对《国家税务总局关于修订个人所得税申报表的公告》的解读

(一)修订申报表的总体情况

本次个人所得税申报表的修订,结合税法有关规定,进一步完善申报内容、规范数据口径、引导鼓励网络申报,旨在确保个人所得税综合所得年度汇算清缴(以下称"年度汇算")顺

利实施和个人所得税重点政策有效落地。主要情况如下：

(1)根据税法年度汇算有关规定，对没有取得境外所得的居民个人，为便于其更好地理解并办理年度汇算，根据不同情况，将原《个人所得税年度自行纳税申报表》细分为《个人所得税年度自行纳税申报表(A 表)》《个人所得税年度自行纳税申报表(简易版)》《个人所得税年度自行纳税申报表(问答版)》，以便各类纳税人结合自身实际选用申报表，降低填报难度。

(2)根据税法及境外所得有关政策规定，制发《个人所得税年度自行纳税申报表(B 表)》《境外所得个人所得税抵免明细表》，以便取得境外所得的纳税人能够较为清晰地计算记录和填报抵免限额，并办理纳税申报。

(3)根据税法及相关政策规定，调整完善了原《个人所得税经营所得纳税申报表(A 表)》《个人所得税减免税事项报告表》相关填报内容和说明，以便纳税人填报享受捐赠扣除和税收优惠。

(4)根据税法以及“三代”手续费办理的有关要求，设计了《代扣代缴手续费申请表》，以便扣缴义务人能够较为便捷规范地申请个人所得税代扣代缴手续费。

(二)修订后各申报表的使用

《公告》发布的修订后的表证单书如下：

(1)《个人所得税年度自行纳税申报表(A 表)》。该表适用于纳税年度内仅从中国境内取得工资、薪金所得，劳务报酬所得，稿酬所得，特许权使用费所得(以下称“综合所得”)的居民个人，按税法规定进行年度汇算。

《个人所得税年度自行纳税申报表(简易版)》。该表适用于纳税年度内仅从中国境内取得综合所得，且年综合所得收入额不超过 6 万元的居民个人，按税法规定进行年度汇算。

《个人所得税年度自行纳税申报表(问答版)》。该表通过提问的方式引导居民个人完成纳税申报，适用于纳税年度内仅从中国境内取得综合所得的居民个人，按税法规定进行年度汇算。

(2)《个人所得税年度自行纳税申报表(B 表)》。该表适用于纳税年度内取得境外所得的居民个人，按税法规定进行个人所得税年度自行申报。同时，办理境外所得纳税申报时，需一并附报《境外所得个人所得税抵免明细表》，以便计算其取得境外所得的抵免限额。

(3)《个人所得税经营所得纳税申报表(A 表)》。该表适用于查账征收和核定征收的个体工商户业主、个人独资企业投资人、合伙企业个人合伙人、承包承租经营者个人以及其他从事生产、经营活动的个人在中国境内取得经营所得，按税法规定办理个人所得税预缴纳税申报。

(4)《个人所得税减免税事项报告表》。该表适用于个人在纳税年度内发生减免税事项，扣缴义务人预扣预缴时或者个人自行纳税申报时填报享受税收优惠。

年度自行纳税申报表(A表)详细解读

年度自行纳税申报表(B表)详细解读

个人所得税经营所得纳税申报表(A表)详细解读

个人所得税减免税事项报告表详细解读

代扣代缴手续费申请表详细解读

(5)《代扣代缴手续费申请表》。该表适用扣缴义务人申请个人所得税代扣代缴手续费。

(三)修订后申报表的启用日期

修订后的申报表自 2020 年 1 月 1 日起启用。

相关申报表格

任务五 个人所得税的征收管理

一、个人所得税的代扣代缴

个人所得税以所得人为纳税人,以支付所得的单位或者个人为扣缴义务人。

纳税人有中国居民身份证号码的,以中国居民身份证号码为纳税人识别号;纳税人没有中国居民身份证号码的,由税务机关赋予其纳税人识别号。扣缴义务人扣缴税款时,纳税人应当向扣缴义务人提供纳税人识别号。

有下列情形之一的,纳税人应当依法办理纳税申报:

(1)取得综合所得需要办理汇算清缴;

(2)取得应税所得没有扣缴义务人;

(3)取得应税所得,扣缴义务人未扣缴税款;

(4)取得境外所得;

(5)因移居境外注销中国户籍;

(6)非居民个人在中国境内从两处以上取得工资、薪金所得;

(7)国务院规定的其他情形。

扣缴义务人应当按照国家规定办理全员全额扣缴申报,并向纳税人提供其个人所得和已扣缴税款等信息。对扣缴义务人按照所扣缴的税款,付给 2%的手续费。

二、个人所得税的汇算清缴

居民个人取得综合所得,按年计算个人所得税;有扣缴义务人的,由扣缴义务人按月或者按次预扣预缴税款;需要办理汇算清缴的,应当在取得所得的次年 3 月 1 日至 6 月 30 日内办理汇算清缴。预扣预缴办法由国务院税务主管部门制定。

取得综合所得需要办理汇算清缴,包括下列情形:

(1)在两处或者两处以上取得综合所得,且综合所得年收入额减去专项扣除的余额超过 6 万元;

(2)取得劳务报酬所得、稿酬所得、特许权使用费所得中一项或者多项所得,且综合所得年收入额减去专项扣除的余额超过 6 万元;

(3)纳税年度内预缴税额低于应纳税额的。

居民个人向扣缴义务人提供专项附加扣除信息的,扣缴义务人按月预扣预缴税款时应当按照规定予以扣除,不得拒绝。

本期应预扣预缴税额=(累计预扣预缴应纳税所得额×预扣率-速算扣除数)-累计减免税额-累计已预扣预缴税额

累计预扣预缴应纳税所得额=累计收入-累计免税收入-累计减除费用-累计专项扣除-累计专项附加扣除-累计依法确定的其他扣除

上式中,累计减除费用,按照 5 000 元/月乘以纳税人当年截至本月在本单位的任职受雇月份数计算。

居民个人向扣缴义务人提供有关信息并依法要求办理专项附加扣除的，扣缴义务人应当按照规定在工资、薪金所得按月预扣预缴税款时予以扣除，不得拒绝。

年度预扣预缴税额与年度应纳税额不一致的，由居民个人于次年3月1日至6月30日内，向主管税务机关办理综合所得年度汇算清缴，税款多退少补。

【做中学6—9】 某居民个人2020年每月取得工资收入20 000元，每月缴纳社保费用和住房公积金1 500元。该居民个人全年均享受住房贷款利息专项附加扣除。

要求：不考虑其他因素，计算该居民个人的工资、薪金所得扣缴义务人2020年1至3月份应代扣代缴的税款金额。

解析：

(1)2020年1月份

应税收入＝20 000－1 500－1 000－5 000＝12 500(元)

代扣个税＝12 500×3%＝375(元)

(2)2020年2月份

1月和2月应税收入＝12 500×2＝25 000(元)

代扣个税＝25 000×3%－375＝375(元)

(3)2020年3月份

1月到3月应税收入＝12 500×3＝37 500(元)

代扣个税＝37 500×10%－2 520－375－375＝480(元)

为更好地贯彻落实党中央、国务院"六保""六稳"精神和要求，进一步减轻毕业学生等年度中间首次入职人员以及实习学生预扣预缴阶段的税收负担，国家税务总局制发了《关于完善调整部分纳税人个人所得税预扣预缴方法的公告》。2020年7月1日之前就业或者实习的纳税人，如存在多预缴个人所得税的，仍可在次年办理综合所得汇算清缴时申请退税。

对一个纳税年度内首次取得工资、薪金所得的居民个人，扣缴义务人在预扣预缴工资、薪金所得个人所得税时，可扣除从年初开始计算的累计减除费用(5 000元/月)。

例如，大学生小李2020年7月毕业后进入某公司工作，公司发放7月份工资、计算当期应预扣预缴的个人所得税时，可减除费用35 000元(7个月×5 000元/月)。

又如，学生小张7月份在某公司实习取得劳务报酬3 000元。扣缴单位在为其预扣预缴劳务报酬所得个人所得税时，可采取累计预扣法预扣预缴税款。如采用该方法，那么小张7月份劳务报酬扣除5 000元减除费用后则无须预缴税款，比预扣预缴方法完善调整前少预缴440元。如小张年内再无其他综合所得，也就无须办理年度汇算退税。

扣缴义务人向居民个人支付劳务报酬所得、稿酬所得、特许权使用费所得时，应当按照以下方法按次或者按月预扣预缴税款：

①劳务报酬所得、稿酬所得、特许权使用费所得以收入减除费用后的余额为收入额。其中，稿酬所得的收入额减按70%计算。

②减除费用：预扣预缴税款时，劳务报酬所得、稿酬所得、特许权使用费所得每次收入不超过4 000元的，减除费用按800元计算；每次收入4 000元以上的，减除费用按收入的20%计算。

③应纳税所得额：劳务报酬所得、稿酬所得、特许权使用费所得，以每次收入额为预扣预

缴应纳税所得额，计算应预扣预缴税额。劳务报酬所得适用居民个人劳务报酬所得预扣预缴率表（见表6—4），稿酬所得、特许权使用费所得适用20%的比例预扣率。

④预扣预缴税额计算公式：

劳务报酬所得应预扣预缴税额＝预扣预缴应纳税所得额×预扣率－速算扣除数

稿酬所得、特许权使用费所得应预扣预缴税额＝预扣预缴应纳税所得额×20%

居民个人办理年度综合所得汇算清缴时，应当依法计算劳务报酬所得、稿酬所得、特许权使用费所得的收入额，并入年度综合所得计算应纳税款，税款多退少补。

扣缴义务人向非居民个人支付工资、薪金所得，劳务报酬所得，稿酬所得和特许权使用费所得时，应当按照以下方法按月或者按次代扣代缴税款：

①非居民个人的工资、薪金所得，以每月收入额减除费用5 000元后的余额为应纳税所得额。

②劳务报酬所得、稿酬所得、特许权使用费所得，以每次收入额为应纳税所得额，适用相应税率表（见表6—5）计算应纳税额。劳务报酬所得、稿酬所得、特许权使用费所得以收入减除20%的费用后的余额为收入额。其中，稿酬所得的收入额减按70%计算。

③税款扣缴计算公式：

非居民个人工资、薪金所得，劳务报酬所得，稿酬所得，特许权使用费所得应纳税额＝应纳税所得额×适用税率－速算扣除数

非居民个人取得工资、薪金所得，劳务报酬所得，稿酬所得和特许权使用费所得，有扣缴义务人的，由扣缴义务人按月或者按次代扣代缴税款，不办理汇算清缴。

纳税人取得经营所得，按年计算个人所得税，由纳税人在月度或者季度终了后15日内向税务机关报送纳税申报表，并预缴税款；在取得所得的次年3月31日前办理汇算清缴。

纳税人取得利息、股息、红利所得，财产租赁所得，财产转让所得和偶然所得，按月或者按次计算个人所得税，有扣缴义务人的，由扣缴义务人按月或者按次代扣代缴税款。

纳税人取得应税所得没有扣缴义务人的，应当在取得所得的次月15日内向税务机关报送纳税申报表，并缴纳税款。

纳税人取得应税所得，扣缴义务人未扣缴税款的，纳税人应当在取得所得的次年6月30日前，缴纳税款；税务机关通知限期缴纳的，纳税人应当按照期限缴纳税款。

居民个人从中国境外取得所得的，应当在取得所得的次年3月1日至6月30日内申报纳税。

非居民个人在中国境内从两处以上取得工资、薪金所得的，应当在取得所得的次月15日内申报纳税。

纳税人因移居境外注销中国户籍的，应当在注销中国户籍前办理税款清算。

扣缴义务人每月或者每次预扣、代扣的税款，应当在次月15日内缴入国库，并向税务机关报送扣缴个人所得税申报表。

纳税人办理汇算清缴退税或者扣缴义务人为纳税人办理汇算清缴退税的，税务机关审核后，按照国库管理的有关规定办理退税。申报退税应当提供本人在中国境内开设的银行账户。

三、简便优化部分纳税人个人所得税预扣预缴方法

国家税务总局《公告》2020年第19号优化了两类纳税人的预扣预缴方法，自2021年1

月 1 日起施行。

(1)上一完整纳税年度各月均在同一单位扣缴申报了工资薪金所得个人所得税且全年工资薪金收入不超过 6 万元的居民个人。具体来说需同时满足三个条件：①上一纳税年度 1～12 月均在同一单位任职且预扣预缴申报了工资薪金所得个人所得税；②上一纳税年度 1～12 月的累计工资薪金收入(包括全年一次性奖金等各类工资薪金所得，且不扣减任何费用及免税收入)不超过 6 万元；③本纳税年度自 1 月起，仍在该单位任职受雇并取得工资薪金所得。

(2)按照累计预扣法预扣预缴劳务报酬所得个人所得税的居民个人，如保险营销员和证券经纪人。同样需同时满足以下三个条件：①上一纳税年度 1～12 月均在同一单位取酬且按照累计预扣法预扣预缴申报了劳务报酬所得个人所得税；②上一纳税年度 1～12 月的累计劳务报酬(不扣减任何费用及免税收入)不超过 6 万元；③本纳税年度自 1 月起，仍在该单位取得按照累计预扣法预扣预缴税款的劳务报酬所得。

【做中学 6－10】 小李 2020 年至 2021 年度都是 A 单位员工。A 单位 2020 年 1～12 月每月均为小李办理了全员全额扣缴明细申报。假设小李 2020 年工薪收入合计 54 000 元，则小李 2021 年可适用《公告》。

【做中学 6－11】 小赵 2020 年 3～12 月在 B 单位工作且全年工薪收入 54 000 元。假设小赵 2021 年还在 B 单位工作，但因其上年并非都在 B 单位，则不适用《公告》。

四、优化后的预扣预缴方法

对符合《公告》规定的纳税人，扣缴义务人在预扣预缴本纳税年度个人所得税时，累计减除费用自 1 月份起直接按照全年 6 万元计算扣除。即，在纳税人累计收入不超过 6 万元的月份，不用预扣预缴个人所得税；在其累计收入超过 6 万元的当月及年内后续月份，再预扣预缴个人所得税。同时，依据税法规定，扣缴义务人仍应按税法规定办理全员全额扣缴申报。

【做中学 6－12】 小张为 A 单位员工，2020 年 1～12 月在 A 单位取得工资薪金 50 000 元，单位为其办理了 2020 年 1～12 月的工资薪金所得个人所得税全员全额明细申报。假设 2021 年，A 单位 1 月给其发放 10 000 元工资，2～12 月每月发放 4 000 元工资。在不考虑“三险一金”等各项扣除情况下，按照原预扣预缴方法，小张 1 月需预缴个税 150 元[(10 000－5 000)×3%]，其他月份无须预缴个税；全年算账，因其年收入不足 6 万元，故通过汇算清缴可退税 150 元。采用《公告》规定的新预扣预缴方法后，小张自 1 月份起即可直接扣除全年累计减除费用 6 万元而无须预缴税款，年度终了也就不用办理汇算清缴。

【做中学 6－13】 小周为 A 单位员工，2020 年 1～12 月在 A 单位取得工资薪金 50 000 元，单位为其办理了 2020 年 1～12 月的工资薪金所得个人所得税全员全额明细申报。假设 2021 年，A 单位每月给其发放工资 8 000 元、个人按国家标准缴付“三险一金”2 000 元。在不考虑其他扣除情况下，按照原预扣预缴方法，小周每月需预缴个税 30 元。采用《公告》规定的新预扣预缴方法后，1～7 月份，小周因其累计收入(8 000×7 个月＝56 000 元)不足 6 万元而无须缴税；从 8 月份起，小张累计收入超过 6 万元，每月需要预扣预缴的税款计算如下：

8 月预扣预缴税款＝(8 000×8－2 000×8－60 000)×3%－0＝0 元

9 月预扣预缴税款＝(8 000×9－2 000×9－60 000)×3%－0＝0 元

10 月预扣预缴税款＝(8 000×10－2 000×10－60 000)×3%－0＝0 元

11 月预扣预缴税款＝(8 000×11－2 000×11－60 000)×3%－0＝180 元

12月预扣预缴税款＝(8 000×12－2 000×12－60 000)×3％－180＝180元

【注意】对符合本《公告》条件的纳税人，如扣缴义务人预计本年度发放给其的收入将超过6万元，纳税人需要纳税记录或者本人有多处所得合并后全年收入预计超过6万元等原因，扣缴义务人与纳税人可在当年1月份税款扣缴申报前经双方确认后，按照原预扣预缴方法计算并预缴个人所得税。

【做中学6－14】 承接做中学6－13，假设A单位2021年为小周全年发放工资96 000元，那么可以在2021年1月工资发放前和小周确认后，按照原预扣预缴方法每月扣缴申报30元税款。

【提示】扣缴义务人采用自然人电子税务局扣缴客户端和自然人电子税务局WEB端扣缴功能申报的，扣缴义务人在计算并预扣本年度1月份个人所得税时，系统会根据上一年度扣缴申报情况，自动汇总并提示可能符合条件的员工名单，扣缴义务人根据实际情况核对、确认后，即可按本《公告》规定的方法预扣预缴个人所得税。采用纸质申报的，扣缴义务人则需根据上一年度扣缴申报情况，判断符合《公告》规定的纳税人，再按本公告执行，并需从当年1月份税款扣缴申报起，在《个人所得税扣缴申报表》相应纳税人的备注栏填写“上年各月均有申报且全年收入不超过6万元”。

应知考核

一、单项选择题

1. 劳务报酬所得、稿酬所得、特许权使用费所得以收入减除(　　)的费用后的余额为收入额。

A. 10％　　B. 15％　　C. 20％　　D. 25％

2. 稿酬所得的收入额减按(　　)计算。

A. 15％　　B. 20％　　C. 60％　　D. 70％

3. 纳税人的子女接受全日制学历教育的相关支出，按照每个子女每月(　　)的标准定额扣除。

A. 1 000元　　B. 2 000元　　C. 3 000元　　D. 4 000元

4. 居民个人从中国境外取得所得的，应当在取得所得的次年(　　)内申报纳税。

A. 3月1日　　B. 6月30日

C. 3月1日至6月30日　　D. 6月1日至9月30日

5. 在两处或者两处以上取得综合所得，且综合所得年收入额减去专项扣除的余额超过(　　)万元，应当依法办理汇算清缴。

A. 6　　B. 8　　C. 10　　D. 12

二、多项选择题

1. 工资、薪金所得，是指个人因任职或者受雇取得的(　　)。

A. 年终加薪　　B. 劳动分红　　C. 津贴　　D. 偶然所得

2. 财产租赁所得，是指个人出租(　　)而取得的所得。

A. 不动产　　B. 土地使用权

C. 机器设备　　D. 车船以及其他财产

3. 财产转让所得，是指个人转让(　　)的所得。

A. 有价证券　　B. 股权

C. 合伙企业中的财产份额　　D. 不动产

4. 纳税人赡养一位及以上被赡养人的赡养支出，下列说法中正确的有(　　)。

A. 纳税人为独生子女的，按照每月 2 000 元的标准定额扣除

B. 纳税人为非独生子女的，由其与兄弟姐妹分摊每月 2 000 元的扣除额度，每人分摊的额度不能超过每月 1 000 元

C. 可以由赡养人均摊或者约定分摊，也可以由被赡养人指定分摊

D. 所称被赡养人是指年满 65 周岁的父母，以及子女均已去世的年满 65 周岁的祖父母、外祖父母

5. 下列各项个人所得中免征个人所得税的有(　　)。

A. 国债和国家发行的金融债券利息

B. 福利费、抚恤金、救济金

C. 保险赔款

D. 军人的转业费、复员费、退役金

三、判断题

1. 在中国境内有住所，或者无住所而一个纳税年度内在中国境内居住累计满 183 天的个人，为居民个人。(　　)

2. 稿酬所得，是指个人因其作品以图书、报刊形式出版、发表而取得的所得。(　　)

3. 个人所得税综合所得，适用 5%～35%的超额累进税率。(　　)

4. 住房租金直辖市、省会(首府)城市、计划单列市以及国务院确定的其他城市，扣除标准为每月 1 500 元。(　　)

5. 非居民个人在中国境内从两处以上取得工资、薪金所得的，应当在取得所得的次月 5 日内申报纳税。(　　)

四、简述题

1. 简述个人所得税的特点。

2. 简述个人所得税的纳税人。

3. 简述个人所得的专项附加扣除项目。

4. 简述个人所得税的应税项目。

5. 简述个人所得免征个人所得税的范围。

应会考核

■观念应用

新个人所得税的应用

星宇设计院 2020 年建造住宅楼一幢，建造成本为每平方米 3 000 元，但是以每平方米 2 400 元的价格将其销售给了本企业职工。该企业职工徐某 2020 年 10 月购买的房屋，面积为 100 平方米，徐某在该设计院取得当月工资 5 400 元。取得的其他收入如下：①为其他公

司设计产品营销方案，取得一次性设计收入 18 000 元；②购买福利彩票支出 500 元，取得一次性中奖收入 15 000 元。

【考核要求】

计算徐某 10 月份应缴纳的个人所得税。

■技能应用

利息、股息、红利所得的应用

孙某系 A 市某公司职员，2020 年 7～12 月收入情况如下：

(1)每月取得工资收入 4 500 元。

(2)9 月份取得特许权使用费所得 50 000 元(不含增值税)。

(3)10 月份取得上市公司分配的股息、红利所得 20 000 元。

(4)每月取得出租居民住房租金收入 5 000 元(不含增值税，按市场价出租，当期未发生修缮费用)。

【技能要求】

(1)计算 1～6 月工资应缴纳的个人所得税。

(2)计算特许权使用费应缴纳的个人所得税。

(3)计算股息、红利应缴纳的个人所得税。

(4)计算 7～12 月租金收入应缴纳的个人所得税(暂不考虑城市维护建设税、教育费附加)。

■案例分析

帮助李杰分析新个税税收优惠

李杰就职于华美设计院，2020 年取得收入如下：

(1)每月工资收入为 6 000 元，按所在省人民政府规定比例提取并缴付“五险一金”960 元，业余时间在一家设计公司兼职，每月取得兼职收入 3 000 元。

(2)12 月底，华美设计院发放年终奖 17 500 元。

(3)11 月 1 日，出租自有房屋一套，一次性收取 1 年房租 24 000 元。

【分析要求】

李杰是否可以自行申报纳税？纳税金额是多少？

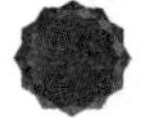

项目实训

【实训项目】

个人所得税法的应用。

【实训情境】

个人所得税预扣预缴及汇算清缴的计算

中国公民王某 2016 年入职，2020 年每月应发工资均为 30 000 元，每月减除费用 5 000 元，“三险一金”等专项扣除为 4 500 元，享受子女教育、赡养老人两项专项附加扣除共计 2 000 元，假设没有减免收入及减免税额等情况。此外，王某每月取得劳务报酬所得 8 000 元；11 月取得稿酬所得 40 000 元，12 月取得特许权使用费所得 2 000 元。每月没有其他综合所得收入。

【实训任务】

1. 计算王某每月应预扣预缴的税款及汇算清缴的税款。

2. 撰写《个人所得税法的应用》实训报告。

<table>
<tr><th colspan="3">《个人所得税法的应用》实训报告</th></tr>
<tr><td>项目实训班级：</td><td>项目小组：</td><td>项目组成员：</td></tr>
<tr><td>实训时间：　　年　　月　　日</td><td>实训地点：</td><td>实训成绩：</td></tr>
<tr><td colspan="3">实训目的：</td></tr>
<tr><td colspan="3">实训步骤：</td></tr>
<tr><td colspan="3">实训结果：</td></tr>
<tr><td colspan="3">实训感言：</td></tr>
</table>

资源税法和土地相关税法

○ **知识目标：**

理解：资源税法、城镇土地使用税法、耕地占用税法、土地增值税法的概念和特点。

熟知：资源税法、城镇土地使用税法、耕地占用税法、土地增值税法的基本法律。

掌握：资源税法、城镇土地使用税法、耕地占用税法、土地增值税法的计算和征收管理。

○ **技能目标：**

能够具备对资源税法、城镇土地使用税法、耕地占用税法、土地增值税法进行计算的能力。

○ **素质目标：**

运用所学的资源税法、城镇土地使用税法、耕地占用税法、土地增值税法法律制度知识研究相关案例，培养和提高学生在特定业务情境中分析问题与决策设计的能力；结合行业规范或标准，运用法律知识分析行为的善恶，强化学生的职业道德素质。

○ **项目引例：**

耕地占用税纠纷案

某县人力资源和社会保障局（以下简称“人社局”）是承担着部分政府行政职能的就业管理机构。从2018年1月至2020年10月，该局收取劳务管理费、劳务服务费、县内临时工管理服务费、临时工培训费和劳务市场收入等共计578 698.40元。2020年11月29日，该县税务局向人社局发出限期申报纳税通知书，12月2日和7日又两次发出限期缴纳税款31 394.71元的通知，人社局均未按期履行。12月13日，税务局依据《税收征收管理法》的有关规定，以税务字第1号税务处理决定，对人社局作出处以应缴未缴的增值税、城市维护建设税、教育费附加31 394.71元的3倍罚款计94 184.13元，限于12月18日前入库。人社局不服，提起行政诉讼。

人社局认为，自己是承担政府行政职能的就业管理机构，收费属于行政经费预算外的资金，因此本局不是纳税义务人。税务局令本局纳税，在遭到拒绝后又以行政处理决定对本局罚款。该处理决定适用法律错误，程序违法，请求人民法院予以撤销。而税务局则称，原告虽然是承担着部分政府行政职能的社保管理机构，但是属于自收自支的事业单位，应当依法纳税。原告未及时纳税，应当受到处罚。人民法院应当维持本局的行政处理决定。

法院经过审理认为，依照《行政处罚法》第41条的规定，税务局违背该法规定的程序作出的行政处罚，不能成立。该行政处理决定从程序上违法，依法应予撤销，法院无须再就行政执法实体方面的争议继续进行审理。据此，法院撤销了税务局的税务处理决议，本案的诉讼费由税务局承担。一审宣判后，双方当事人均未上诉，判决发生法律效力。

请问：我国对行政性事业单位收费纳税是如何规定的？行政事业单位哪些收入应该纳税？

○ **知识精讲：**

任务一　资源税概述

一、资源税的概念

资源税是对在我国领域及管辖海域从事应税矿产品开采和生产盐的单位和个人，以其应税产品的销售额或销售数量和自用数量为计税依据而征收的一种税，属于对自然资源占用课税的范畴。通过开征资源税，可以促进资源的合理开采、节约使用、有效配置。

我国现行资源税只对特定的资源征税，实行“普遍征收，级差调节”的原则。征收资源税对于促进企业之间开展平等竞争、促进自然资源的合理开发利用发挥着重要作用。

二、资源税的特点

（1）对特定资源产品征税，征税范围小。资源税采取列举方法，征税范围仅包括应税矿产品和盐，实质是一个矿产资源税制，范围仅限于采掘业。

（2）征税目的主要在于调节级差收入。资源税的立法目的主要在于调节资源开采企业因资源开采条件的差异所形成的级差收入，为资源开采企业之间开展公平竞争创造条件。

（3）实行从价计征和从量计征两种方式。

（4）资源税具有单一环节一次课征的特点，只在开采后出厂销售或移送自用环节纳税，其他批发、零售环节不再纳税。

三、资源税的基本法律

（一）资源税的征税范围

资源税的征税范围涉及下列五大类，涵盖了所有已经发现的矿种和盐。

1. 能源矿产

（1）原油，是指开采的天然原油，不包括人造石油；

（2）天然气、页岩气、天然气水合物；

（3）煤炭，包括原煤和以未税原煤加工的洗选煤；

（4）煤成（层）气；

（5）铀、钍；

（6）油页岩、油砂、天然沥青、石煤；

（7）地热。

2. 金属矿产

（1）黑色金属。包括铁、锰、铬、钒、钛。

（2）有色金属。包括铜、铅、锌、锡、镍、锑、镁、钴、铋、汞；铝土矿；钨；钼；金、银；铂、钯、钌、锇、铱、铑；轻稀土；中重稀土；铍、锂、锆、锶、铷、铯、铌、钽、锗、镓、铟、铊、铪、铼、镉、硒、碲。

3. 非金属矿产

(1)矿物类。包括高岭土;石灰岩;磷;石墨;萤石、硫铁矿、自然硫;天然石英砂、脉石英、粉石英、水晶、工业用金刚石、冰洲石、蓝晶石、硅线石(矽线石)、长石、滑石、刚玉、菱镁矿、颜料矿物、天然碱、芒硝、钠硝石、明矾石、砷、硼、碘、溴、膨润土、硅藻土、陶瓷土、耐火黏土、铁矾土、凹凸棒石黏土、海泡石黏土、伊利石黏土、累托石黏土;叶蜡石、硅灰石、透辉石、珍珠岩、云母、沸石、重晶石、毒重石、方解石、蛭石、透闪石、工业用电气石、白垩、石棉、蓝石棉、红柱石、石榴子石、石膏;其他黏土(铸型用黏土、砖瓦用黏土、陶粒用黏土、水泥配料用黏土、水泥配料用红土、水泥配料用黄土、水泥配料用泥岩、保温材料用黏土)。

(2)岩石类。包括大理岩、花岗岩、白云岩、石英岩、砂岩、辉绿岩、安山岩、闪长岩、板岩、玄武岩、片麻岩、角闪岩、页岩、浮石、凝灰岩、黑曜岩、霞石正长岩、蛇纹岩、麦饭石、泥灰岩、含钾岩石、含钾砂页岩、天然油石、橄榄岩、松脂岩、粗面岩、辉长岩、辉石岩、正长岩、火山灰、火山渣、泥炭;砂石(天然砂、卵石、机制砂石)。

(3)宝玉石类。包括宝石、玉石、宝石级金刚石、玛瑙、黄玉、碧玺。

4. 水气矿产

(1)二氧化碳气、硫化氢气、氦气、氡气;

(2)矿泉水。

5. 盐

(1)钠盐、钾盐、镁盐、锂盐;

(2)天然卤水;

(3)海盐。

(二)资源税的税目及税率

现行资源税包括 5 个税目,下设 164 个子税目。征税时,有的对原矿征税,有的对选矿征税,具体适用的征税对象按照《资源税税目税率表》(见表 7—1)的规定执行。

征税对象主要包括以下三类:

(1)对原矿征税。

(2)对选矿征税。

(3)对原矿或选矿征税。纳税人以自采原矿(经过采矿过程采出后未进行选矿或者加工的矿石)直接销售,或者自用于应当缴纳资源税情形的,按照原矿计征资源税。纳税人以自采原矿洗选加工为选矿产品(通过破碎、切割、洗选、筛分、磨矿、分级、提纯、脱水、干燥等过程形成的产品,包括富集的精矿和研磨成粉、粒级成型、切割成型的原矿加工品)销售,或者将选矿产品自用于应当缴纳资源税情形的,按照选矿产品计征资源税,在原矿移送环节不缴纳资源税。对于无法区分原生岩石矿种的粒级成型砂石颗粒,按照砂石税目征收资源税。

《资源税税目税率表》中规定实行幅度税率的,其具体适用税率由省、自治区、直辖市人民政府统筹考虑该应税资源的品位、开采条件以及对生态环境的影响等情况,在《资源税税目税率表》规定的税率幅度内提出,报同级人民代表大会常务委员会决定,并报全国人民代表大会常务委员会和国务院备案。

纳税人开采或者生产不同税目应税产品的,应当分别核算不同税目应税产品的销售额或者销售数量;未分别核算或者不能准确提供不同税目应税产品的销售额或者销售数量的,从高适用税率。

表 7—1

资源税税目税率表

（2020 年 9 月 1 日起执行）

<table>
<tr><th colspan="3">税　目</th><th>征税对象</th><th>税　率</th></tr>
<tr><td rowspan="7">能源矿产</td><td colspan="2">原油</td><td>原矿</td><td>6%</td></tr>
<tr><td colspan="2">天然气、页岩气、天然气水合物</td><td>原矿</td><td>6%</td></tr>
<tr><td colspan="2">煤</td><td>原矿或者选矿</td><td>2%～10%</td></tr>
<tr><td colspan="2">煤成（层）气</td><td>原矿</td><td>1%～2%</td></tr>
<tr><td colspan="2">铀、钍</td><td>原矿</td><td>4%</td></tr>
<tr><td colspan="2">油页岩、油砂、天然沥青、石煤</td><td>原矿或者选矿</td><td>1%～4%</td></tr>
<tr><td colspan="2">地热</td><td>原矿</td><td>1%～20%或者每立方米 1～30 元</td></tr>
<tr><td rowspan="11">金属矿产</td><td>黑色金属</td><td>包括铁、锰、铬、钒、钛</td><td>原矿或者选矿</td><td>1%～9%</td></tr>
<tr><td rowspan="10">有色金属</td><td>铜、铅、锌、锡、镍、锑、镁、钴、铋、汞</td><td>原矿或者选矿</td><td>2%～10%</td></tr>
<tr><td>铝土矿</td><td>原矿或者选矿</td><td>2%～9%</td></tr>
<tr><td>钨</td><td>选矿</td><td>6.5%</td></tr>
<tr><td>钼</td><td>选矿</td><td>8%</td></tr>
<tr><td>金、银</td><td>原矿或者选矿</td><td>2%～6%</td></tr>
<tr><td>铂、钯、钌、锇、铱、铑</td><td>原矿或者选矿</td><td>5%～10%</td></tr>
<tr><td>轻稀土</td><td>选矿</td><td>7%～12%</td></tr>
<tr><td>中重稀土</td><td>选矿</td><td>20%</td></tr>
<tr><td>铍、锂、锆、锶、铷、铯、铌、钽、锗、镓、铟、铊、铪、铼、镉、硒、碲</td><td>原矿或者选矿</td><td>2%～10%</td></tr>
<tr><td rowspan="8">非金属矿产</td><td rowspan="8">矿物类</td><td>高岭土</td><td>原矿或者选矿</td><td>1%～6%</td></tr>
<tr><td>石灰岩</td><td>原矿或者选矿</td><td>1%～6%或者每吨（或者每立方米）1～10 元</td></tr>
<tr><td>磷</td><td>原矿或者选矿</td><td>3%～8%</td></tr>
<tr><td>石墨</td><td>原矿或者选矿</td><td>3%～12%</td></tr>
<tr><td>萤石、硫铁矿、自然硫</td><td>原矿或者选矿</td><td>1%～8%</td></tr>
<tr><td>天然石英砂、脉石英、粉石英、水晶、工业用金刚石、冰洲石、蓝晶石、硅线石（矽线石）、长石、滑石、刚玉、菱镁矿、颜料矿物、天然碱、芒硝、钠硝石、明矾石、砷、硼、碘、溴、膨润土、硅藻土、陶瓷土、耐火黏土、铁矾土、凹凸棒石黏土、海泡石黏土、伊利石黏土、累托石黏土</td><td>原矿或者选矿</td><td>1%～12%</td></tr>
<tr><td>叶蜡石、硅灰石、透辉石、珍珠岩、云母、沸石、重晶石、毒重石、方解石、蛭石、透闪石、工业用电气石、白垩、石棉、蓝石棉、红柱石、石榴子石、石膏</td><td>原矿或者选矿</td><td>2%～12%</td></tr>
<tr><td>其他黏土（铸型用黏土、砖瓦用黏土、陶粒用黏土、水泥配料用黏土、水泥配料用红土、水泥配料用黄土、水泥配料用泥岩、保温材料用黏土）</td><td>原矿或者选矿</td><td>1%～5%或者每吨（或者每立方米）0.1～5 元</td></tr>
</table>

续表

税目			征税对象	税率
非金属矿产	岩石类	大理岩、花岗岩、白云岩、石英岩、砂岩、辉绿岩、安山岩、闪长岩、板岩、玄武岩、片麻岩、角闪岩、页岩、浮石、凝灰岩、黑曜岩、霞石正长岩、蛇纹岩、麦饭石、泥灰岩、含钾岩石、含钾砂页岩、天然油石、橄榄岩、松脂岩、粗面岩、辉长岩、辉石岩、正长岩、火山灰、火山渣、泥炭	原矿或者选矿	1%～10%
		砂石(天然砂、卵石、机制砂石)	原矿或者选矿	1%～5%或者每吨(或者每立方米)0.1～5元
	宝玉石类	宝石、玉石、宝石级金刚石、玛瑙、黄玉、碧玺	原矿或者选矿	4%～20%
水气矿产	二氧化碳气、硫化氢气、氦气、氡气		原矿	2%～5%
	矿泉水		原矿	1%～20%或者每立方米1～30元
盐	钠盐、钾盐、镁盐、锂盐		选矿	3%～15%
	天然卤水		原矿	3%～15%或者每吨(或者每立方米)1～10元
	海盐			2%～5%

(三)资源税的纳税人

资源税的纳税人,是指在中华人民共和国领域和中华人民共和国管辖的其他海域开发应税资源的单位和个人。

单位,是指国有企业、集体企业、私营企业、股份制企业、其他企业和行政单位、事业单位、军事单位、社会团体及其他单位。这里所称个人,是指个体经营者和其他个人。

其他单位和个人包括外商投资企业、外国企业和外籍个人。

四、资源税应纳税额的计算

资源税按照《资源税税目税率表》实行从价计征或者从量计征。《资源税税目税率表》中规定可以选择实行从价计征或者从量计征的,具体计征方式由省、自治区、直辖市人民政府提出,报同级人民代表大会常务委员会决定,并报全国人民代表大会常务委员会和国务院备案。

实行从价计征的,应纳税额按照应税产品的销售额乘以具体适用税率计算。实行从量计征的,应纳税额按照应税产品的销售数量乘以具体适用税率计算。

(一)从价定率征收资源税应纳税额的计算

按照从价定率方式计算资源税应纳税额,是以应税产品的销售额乘以纳税人具体适用的比例税率计算。其计算公式为:

应纳税额=销售额×适用的比例税率

1. 销售额的概念

销售额是指纳税人销售应税矿产品向购买方收取的全部价款和价外费用,但不包括收取的增值税销项税额。

(1)价外费用，包括价外向购买方收取的手续费、补贴、基金、集资费、返还利润、奖励费、违约金、滞纳金、延期付款利息、赔偿金、代收款项、代垫款项、包装费、包装物租金、储备费、优质费、运输装卸费以及其他各种性质的价外收费。

(2)运杂费用是指应税产品从坑口或洗选(加工)地到车站、码头或购买方指定地点的运输费用、建设基金以及随运销产生的装卸、仓储、港杂费用。运杂费应与销售额分别核算，凡未取得相应凭据或不能与销售额分别核算的，应当一并计征资源税。

计税销售额或者销售数量，包括应税产品实际销售和视同销售两部分。视同销售包括以下情形：

(1)纳税人以自采原矿直接加工为非应税产品的，视同原矿销售；

(2)纳税人以自采原矿洗选(加工)后的精矿连续生产非应税产品的，视同精矿销售；

(3)以应税产品投资、分配、抵债、赠予、以物易物等，视同应税产品销售。

纳税人有视同销售应税产品行为而无销售价格的，或者申报的应税产品销售价格明显偏低且无正当理由的，税务机关应按下列顺序确定其应税产品计税价格：

(1)按纳税人最近时期同类产品的平均销售价格确定。

(2)按其他纳税人最近时期同类产品的平均销售价格确定。

(3)按应税产品组成计税价格确定。其计算公式为：

组成计税价格＝成本×(1＋成本利润率)÷(1－资源税税率)

(4)按后续加工非应税产品销售价格，减去后续加工环节的成本利润后确定。

(5)按其他合理方法确定。

纳税人与其关联企业之间的业务往来，应当按照独立企业之间的业务往来收取或者支付价款、费用。不按照独立企业之间的业务往来收取或者支付价款、费用，而减少其计税销售额的，税务机关可以按照《税收征收管理法》及其实施细则的有关规定进行合理调整。

对同时符合以下条件的运杂费用，纳税人在计算应税产品计税销售额时，可予以扣减：

(1)包含在应税产品销售收入中；

(2)属于纳税人销售应税产品环节发生的运杂费用，具体是指运送应税产品从坑口或者洗选(加工)地到车站、码头或者购买方指定地点的运杂费用；

(3)取得相关运杂费用发票或者其他合法有效凭据；

(4)将运杂费用与计税销售额分别进行核算。

纳税人扣减的运杂费用明显偏高导致应税产品价格偏低且无正当理由的，主管税务机关可以合理调整计税价格。

对同时符合以下条件代为收取的政府性基金或者行政事业性收费，纳税人在计算应税产品计税销售额时，可予以扣减：

(1)由国务院或者财政部批准设立的政府性基金，由国务院或者省级人民政府及其财政、价格主管部门批准设立的行政事业性收费；

(2)收取时开具省级以上财政部门印制的财政票据；

(3)所收款项全额上缴财政。

2. 销售额的外币折算

纳税人以人民币以外的货币结算销售额的，应当折合成人民币计算。其销售额的人民币折合率可以选择销售额发生的当天或者当月 1 日的人民币汇率中间价。纳税人应事先确定采用何种折合率计算方法，确定后1年内不得变更。

3. 将开采的原煤用于连续生产洗选煤

纳税人将其开采的原煤，自用于连续生产洗选煤的，在原煤移送使用环节不缴纳资源税；将开采的原煤加工为洗选煤销售的，以洗选煤销售额乘以折算率作为应税煤炭销售额，计算缴纳资源税。

洗选煤销售额包括洗选副产品的销售额，不包括洗选煤从洗选煤厂到车站、码头等的运输费用。

折算率可通过洗选煤销售额扣除洗选环节成本、利润计算，也可通过洗选煤市场价格与其所用同类原煤市场价格的差额及综合回收率计算。折算率由省、自治区、直辖市财税部门或其授权地市级财税部门确定。

纳税人同时以自采未税原煤和外购已税原煤加工洗选煤的，应当分别核算；未分别核算的，按上述规定计算缴纳资源税。

纳税人将其开采的原煤自用于其他方面的，视同销售原煤；将其开采的原煤加工为洗选煤自用的，视同销售洗选煤缴纳资源税。

4. 原矿与精矿销售额的换算

征税对象为精矿的，纳税人销售原矿时，应将原矿销售额换算为精矿销售额缴纳资源税；征税对象为原矿的，纳税人销售自采原矿加工的精矿，应将精矿销售额折算为原矿销售额缴纳资源税。换算比或折算率原则上应通过原矿售价、精矿售价和选矿比计算，也可通过原矿销售额、加工环节平均成本和利润计算。

金矿以标准金锭为征税对象，纳税人销售金原矿、金精矿的，应比照上述规定将其销售额换算为金锭销售额缴纳资源税。

换算比或折算率应按简便可行、公平合理的原则，由省级财税部门确定，并报财政部、国家税务总局备案。

纳税人销售其自采原矿的，可采用成本法或市场法将原矿销售额换算为精矿销售额计算缴纳资源税。

成本法公式为：

精矿销售额＝原矿销售额＋原矿加工为精矿的成本×(1＋成本利润率)

市场法公式为：

精矿销售额＝原矿销售额×换算比

换算比＝同类精矿单位价格÷(原矿单位价格×选矿比)

选矿比＝加工精矿耗用的原矿数量÷精矿数量

5. 销售额明显偏低且无正当理由的处理

纳税人申报的应税产品销售额明显偏低并且无正当理由的、视同销售应税产品行为而无销售额的，除财政部、国家税务总局另有规定外，按下列顺序确定销售额：

(1)按纳税人最近时期同类产品的平均销售价格确定。

(2)按其他纳税人最近时期同类产品的平均销售价格确定。

(3)按组成计税价格确定。其计算公式为：

组成计税价格＝成本×(1＋成本利润率)÷(1－税率)

式中，成本是指应税产品的实际生产成本。公式中的成本利润率由省、自治区、直辖市税务机关确定。

（二）从量定额征收资源税应纳税额的计算

实行从量定额计征办法的应税产品，以销售数量为资源税计税依据。其计算公式为：

应纳税额＝应税产品的销售数量×适用的定额税率

应税产品的销售数量确定方法如下：

（1）纳税人开采或者生产应税产品销售的，以实际销售数量作为销售数量。

（2）纳税人开采或者生产应税产品自用的，以移送时的自用数量作为销售数量。自产自用包括生产自用和非生产自用。

（3）纳税人不能准确提供应税产品销售数量或移送使用数量的，以应税产品的产量或按主管税务机关确定的折算比换算成的数量作为计征资源税的销售数量。

纳税人将其开采的矿产品原矿自用于连续生产精矿产品，无法提供移送使用原矿数量的，可将其精矿按选矿比折算成原矿数量，以此作为销售数量。

（4）纳税人的减税、免税项目，应当单独核算销售额和销售数量；未单独核算或者不能准确提供销售额和销售数量的，不予减税或者免税。

【做中学 7—1】 某油田 2020 年 8 月生产原油 10 万吨，其中销售 7 万吨，实现销售收入 1 120 万元，加热、修井用 1 万吨，库存 2 万吨。当月在采油过程中回收并销售伴生天然气 20 000 千立方米，实现销售收入 320 万元。已知该油田原油适用的资源税税率为 6%，天然气适用的资源税税率为 6%。

要求：计算该油田 2020 年 8 月应纳资源税税额。

解析：根据税法规定，开采原油过程中用于加热、修井的原油免税。采油过程中伴生的天然气应征收资源税。

原油应纳资源税税额＝1 120×6%＝67.2（万元）

天然气应纳资源税税额＝320×6%＝19.2（万元）

该油田 12 月份应纳资源税税额＝67.2＋19.2＝86.4（万元）

（三）扣缴义务人代扣代缴资源税应纳税额的计算

计算公式为：

代扣代缴应纳税额＝收购未税矿产品的数量×适用的定额税率

五、资源税税收优惠

（一）免征资源税项目

有下列情形之一的，免征资源税：

（1）开采原油以及在油田范围内运输原油过程中用于加热的原油、天然气；

（2）煤炭开采企业因安全生产需要抽采的煤成（层）气。

（二）减征资源税项目

有下列情形之一的，减征资源税：

（1）从低丰度油气田开采的原油、天然气，减征 20%资源税；

（2）高含硫天然气、三次采油和从深水油气田开采的原油、天然气，减征 30%资源税；

（3）稠油、高凝油减征 40%资源税；

（4）从衰竭期矿山开采的矿产品，减征 30%资源税。

根据国民经济和社会发展需要，国务院对有利于促进资源节约集约利用、保护环境等情形可以规定免征或者减征资源税，报全国人民代表大会常务委员会备案。

(三)由省、自治区、直辖市人民政府决定的减税或者免税项目

有下列情形之一的,省、自治区、直辖市可以决定免征或者减征资源税:

(1)纳税人开采或者生产应税产品过程中,因意外事故或者自然灾害等原因遭受重大损失;

(2)纳税人开采共伴生矿、低品位矿、尾矿。

上述两项的免征或者减征资源税的具体办法,由省、自治区、直辖市人民政府提出,报同级人民代表大会常务委员会决定,并报全国人民代表大会常务委员会和国务院备案。

(四)其他减税、免税项目

(1)对青藏铁路公司及其所属单位运营期间自采自用的砂、石等材料免征资源税;

(2)自2018年4月1日至2021年3月31日,对页岩气资源税(按6%的规定税率)减征30%;

(3)自2019年1月1日至2021年12月31日,对增值税小规模纳税人可以在50%的税额幅度内减征资源税;

(4)自2014年12月1日至2023年8月31日,对充填开采置换出来的煤炭,资源税减征50%。

纳税人的免税、减税项目,应当单独核算销售额或者销售数量;未单独核算或者不能准确提供销售额或者销售数量的,不予免税或者减税。

纳税人开采或者生产同一应税产品,其中既有享受减免税政策的,又有不享受减免税政策的,按照免税、减税项目的产量占比等方法分别核算确定免税、减税项目的销售额或者销售数量。

纳税人开采或者生产同一应税产品同时符合两项或者两项以上减征资源税优惠政策的,除另有规定外,只能选择其中一项执行。

(五)出口应税产品不退(免)资源税的规定

资源税规定仅对在中国境内开采或生产应税产品的单位和个人征收,进口的矿产品和盐不征收资源税。由于对进口应税产品不征收资源税,相应地,对出口应税产品也不免征或退还已纳资源税。

六、资源税征收管理

(一)纳税义务发生时间

资源税在应税产品的销售或自用环节计算缴纳。以自采原矿加工精矿产品的,在原矿移送使用时不缴纳资源税,在精矿销售或自用时缴纳资源税。

提示:资源税在生产(开采)销售或自用环节计算缴纳,在进口、批发、零售等环节不缴纳资源税。

(1)纳税人销售应税产品采取分期收款结算方式的,销售合同规定的收款日期的当天是纳税义务发生时间。

(2)纳税人销售应税产品采取预收货款结算方式的,发出应税产品的当天是纳税义务发生时间。

(3)纳税人销售应税产品采取其他结算方式的,其纳税义务发生时间为收讫销售款或者取得索取销售款凭据的当天。

(4)纳税人自产自用应税产品纳税义务发生时间为移送使用应税产品的当天。

(二)纳税期限

资源税按月或者按季申报缴纳;不能按固定期限计算缴纳的,可以按次申报缴纳。

纳税人按月或者按季申报缴纳的,应当自月度或者季度终了之日起15日内,向税务机关办理纳税申报并缴纳税款;按次申报缴纳的,应当自纳税义务发生之日起15日内,向税务机关办理纳税申报并缴纳税款。

(三)纳税地点

纳税人应当在矿产品的开采地或者海盐的生产地缴纳资源税。

任务二　城镇土地使用税

一、城镇土地使用税的概念

城镇土地使用税是以开征范围内的土地作为征税对象,以实际占用的土地面积作为计税依据,按规定税额对拥有土地使用权的单位和个人征收的一种税。

我国人多地少,珍惜土地、节约用地是一项基本国策。中华人民共和国成立后,中央人民政府政务院于1951年8月颁布了《城市房地产税暂行条例》,规定对城市中的房屋及占地合并征收房产税和地产税,称为城市房地产税。1973年简化税制,将对企业征收的该税种并入工商税。长期以来,我国对非农业土地基本实行行政划拨、无偿使用的办法,这种做法不利于合理和节约使用土地。为了控制乱占滥用耕地,国务院于1987年4月1日发布了《中华人民共和国耕地占用税暂行条例》,用经济手段对耕地进行管理,但城镇非农业土地使用中的浪费现象仍然存在。1988年9月27日,国务院发布了《中华人民共和国城镇土地使用税暂行条例》,并于当年11月1日起施行,对节约用地和调节土地级差收入起到了一定的作用。2006年12月31日,国务院颁布了修订的《中华人民共和国城镇土地使用税暂行条例》,将外商投资企业和外国企业纳入征税范围。

二、城镇土地使用税的特点

(一)对占用土地的行为征税

根据我国宪法规定,城镇土地的所有权归国家,单位和个人对占用的土地只有使用权而无所有权。因此,现行城镇土地使用税实质上是对占用土地资源或行为的课税,属于准财产税。

(二)征税对象是土地

城镇土地的所有权归国家,因此,国家可以凭借政治权力对土地使用者征税。开征城镇土地使用税,实质上是运用国家政治权力,将纳税人获取的本应属于国家的土地收益集中到国家手中。

(三)征税范围有所限定

现行城镇土地使用税的征税范围限定在城市、县城、建制镇、工矿区,上述范围之外的土地不属于城镇土地使用税的征税范围。

(四)实行差别幅度税额

开征城镇土地使用税的主要目的之一,是调节土地的级差收入,而级差收入的产生主要取决于土地的位置。占用土地位置优越的纳税人，可以获得额外的经济收益。因此，城镇土地使用税实行差别幅度税额，不同城镇适用不同税额；对同一城镇的不同地段，根据市政建设状况和经济繁荣程度确定不同的负担水平。

三、城镇土地使用税基本法律

（一）城镇土地使用税的征税范围

城镇土地使用税的征税范围是税法规定的纳税区域内的土地。凡在城市、县城、建制镇、工矿区范围内的土地，不论是国家所有的土地，还是集体所有的土地，都属于城镇土地使用税的征税范围。

提示：城市，是指国务院批准设立的市。城市的征税范围包括市区和郊区。

县城，是指县人民政府所在地，县城的征税范围为县人民政府所在地的城镇。

建制镇，是经省级人民政府批准设立的建制镇，建制镇的征税范围为镇人民政府所在地的地区，但不包括镇政府所在地所辖行政村。

工矿区，是指工商业比较发达，人口比较集中，符合国务院规定的建制镇标准，但尚未设立建制镇的大中型工矿企业所在地。工矿区的设立必须经省级人民政府批准。

建立在城市、县城、建制镇和工矿区以外的工矿企业不需要缴纳城镇土地使用税。

自 2009 年 1 月 1 日起，公园、名胜古迹内的索道公司的经营用地，应按规定缴纳城镇土地使用税。

（二）城镇土地使用税的纳税人

城镇土地使用税的纳税人，是指在税法规定的征税范围内使用土地的单位和个人。

提示：“单位”，包括国有企业、集体企业、私营企业、股份制企业、外商投资企业、外国企业以及其他企业和事业单位、社会团体、国家机关、军队以及其他单位；“个人”，包括个体工商户以及其他个人。

城镇土地使用税的纳税人，根据用地者的不同情况分别确定为：

（1）城镇土地使用税由拥有土地使用权的单位或个人缴纳。

（2）拥有土地使用权的纳税人不在土地所在地的，由代管人或实际使用人缴纳。

（3）土地使用权未确定或权属纠纷未解决的，由实际使用人纳税。

（4）土地使用权共有的，共有各方均为纳税人，由共有各方分别纳税。

土地使用权共有的，以共有各方实际使用土地的面积占总面积的比例，分别计算缴纳城镇土地使用税。

提示：用于租赁的房屋，由“出租方”缴纳城镇土地使用税。

（三）城镇土地使用税的税率

城镇土地使用税采用定额税率，即采用有幅度的差别税额，按大、中、小城市和县城、建制镇、工矿区分别规定每平方米城镇土地使用税年应纳税额。

城镇土地使用税税率表如表 7—2 所示。

表 7—2　　城镇土地使用税税率表

级　别	人　口	每平方米税额（元）
大城市	50 万人以上	1.5～30

续表

级　别	人　口	每平方米税额(元)
中等城市	20 万～50 万人	1.2～24
小城市	20 万人以下	0.9～18
县城、建制镇、工矿区		0.6～12

经省、自治区、直辖市人民政府批准，经济落后地区城镇土地使用税的税额标准可以适当降低，但降低额不得超过上述规定最低税额的 30%。经济发达地区城镇土地使用税的税额标准可以适当提高，但须报经财政部批准。

四、城镇土地使用税税收优惠

(一)下列用地免征城镇土地使用税

(1)国家机关、人民团体、军队自用的土地；

(2)由国家财政部门拨付事业经费的单位自用的土地；

(3)宗教寺庙、公园、名胜古迹自用的土地；

(4)市政街道、广场、绿化地带等公共用地；

(5)直接用于农、林、牧、渔业的生产用地；

(6)经批准开山填海整治的土地和改造的废弃土地，从使用的月份起免缴土地使用税；

(7)由财政部另行规定免税的能源、交通、水利设施用地和其他用地。

(二)税收优惠的特殊规定

1. 城镇土地使用税与耕地占用税的征税范围衔接

为避免对一块土地同时征收耕地占用税和城镇土地使用税，凡是缴纳了耕地占用税的，从批准征用之日起满 1 年后征收城镇土地使用税；征用非耕地因不需要缴纳耕地占用税，故应从批准征用之次月起征收城镇土地使用税。

2. 免税单位与纳税单位之间无偿使用的土地

对免税单位无偿使用纳税单位的土地(如公安、海关等单位使用铁路、民航等单位的土地)，免征城镇土地使用税；对纳税单位无偿使用免税单位的土地，纳税单位应照章缴纳城镇土地使用税。

3. 房地产开发公司开发建造商品房的用地

房地产开发公司开发建造商品房的用地，除经批准开发建设经济适用房的用地外，对各类房地产开发用地一律不得减免城镇土地使用税。

4. 基建项目在建期间的用地

对基建项目在建期间使用的土地，原则上应征收城镇土地使用税。但对有些基建项目，特别是国家产业政策扶持发展的大型基建项目占地面积大，建设周期长，在建期间又没有经营收入，纳税确有困难的，可由各省、自治区、直辖市税务局根据具体情况予以免征或减征城镇土地使用税；对已经完工或已经使用的建设项目，其用地应照章征收城镇土地使用税。

5. 城镇内的集贸市场(农贸市场)用地

城镇内的集贸市场(农贸市场)用地，按规定应征收城镇土地使用税。为了促进集贸市场的发展及照顾各地的不同情况，各省、自治区、直辖市税务局可根据具体情况，自行确定对集贸市场用地征收或免征城镇土地使用税。

6. 防火、防爆、防毒等安全防范用地

对于各类危险品仓库、厂房所需的防火、防爆、防毒等安全防范用地，可由各省、自治区、直辖市税务局确定，暂免征收城镇土地使用税；对仓库库区、厂房本身用地，应依法征收城镇土地使用税。

7. 关闭、撤销的企业占地

企业关闭、撤销后，其占地未作他用的，经各省、自治区、直辖市税务局批准，可暂免征收城镇土地使用税；若土地转让给其他单位使用或企业重新用于生产经营的，应依照规定征收城镇土地使用税。

8. 搬迁企业的用地

(1)企业搬迁后原场地不使用的和企业范围内荒山等尚未利用的土地，免征城镇土地使用税。免征税额由企业在申报缴纳城镇土地使用税时自行计算扣除，并在申报表附表或备注栏中作相应说明。

(2)对搬迁后原场地不使用的和企业范围内荒山等尚未利用的土地，凡企业申报暂免征收城镇土地使用税的，应事先向土地所在地的主管税务机关报送有关部门的批准文件或认定书等相关证明材料，以备税务机关查验具体报送材料，由各省、自治区、直辖市和计划单列市地方税务局确定。

(3)企业按上述规定暂免征收城镇土地使用税的土地开始使用时，应从使用的次月起自行计算和申报缴纳城镇土地使用税。

9. 企业的铁路专用线、公路等用地

对企业的铁路专用线、公路等用地除另有规定外，在企业厂区(包括生产、办公及生活区)以内的，应照章征收城镇土地使用税；在厂区以外、与社会公用地段未加隔离的，暂免征收城镇土地使用税。

10. 企业范围内的荒山、林地、湖泊等占地

对 2014 年以前已按规定免征城镇土地使用税的企业范围内的荒山、林地、湖泊等占地，自 2014 年 1 月 1 日起至 2015 年 12 月 31 日，按应纳税额减半征收城镇土地使用税；自 2016 年 1 月 1 日起，全额征收城镇土地使用税。

11. 中国物资储运总公司所属物资储运企业用地

对物资储运企业的仓库库房用地，办公、生活区用地，以及其他非直接从事储运业务的生产、经营用地，应按规定征收城镇土地使用税；对物资储运企业的露天货场、库区道路、铁路专用线等非建筑物用地，免征城镇土地使用税问题，可由省、自治区、直辖市税务局按照下述原则处理：

(1)对经营情况较好、有纳税能力的企业，应恢复征收城镇土地使用税。

(2)对经营情况差、纳税确有困难的企业，可在授权范围内给予适当减免城镇土地使用税的照顾。

12. 中国石油天然气总公司所属单位用地

(1)下列油气生产建设用地暂免征收城镇土地使用税：

①石油地质勘探、钻井、井下作业、油田地面工程等施工临时用地。

②各种采油(气)井、注水、(气)井、水源井用地。

③油田内办公、生活区以外的公路、铁路专用线及输油(气、水)管道用地。

④石油长输管线用地。

⑤通信、输变电线路用地。

(2)在城市、县城、建制镇以外工矿区内的油气生产、生活用地,暂免征收城镇土地使用税。

13. 林业系统用地

(1)对林区的育林地、运材道、防火道、防火设施用地,免征城镇土地使用税。

(2)林业系统的森林公园、自然保护区可比照公园免征城镇土地使用税。

(3)林业系统的林区贮木场、水运码头用地,原则上应按税法规定缴纳城镇土地使用税,考虑到林业系统目前的困难,为扶持其发展,暂予免征城镇土地使用税。

(4)除上述列举免税的土地外,对林业系统的其他生产用地及办公、生活区用地,均应征收城镇土地使用税。

14. 盐场、盐矿用地

(1)对盐场、盐矿的生产厂房、办公、生活区用地,应照章征收城镇土地使用税。

(2)盐场的盐滩、盐矿的矿井用地,暂免征收城镇土地使用税。

(3)对盐场、盐矿的其他用地由各省、自治区、直辖市税务局根据实际情况,确定征收城镇土地使用税或给予定期减征、免征的照顾。

15. 矿山企业用地

(1)矿山的采矿场、排土场、尾矿库、炸药库的安全区,以及运矿运岩公路、尾矿输送管道及回水系统用地,免征城镇土地使用税。

(2)对位于城镇土地使用税征税范围内的煤炭企业已取得土地使用权、未利用的塌陷地,自 2006 年 9 月 1 日起恢复征收城镇土地使用税。

除上述规定外,对矿山企业的其他生产用地及办公、生活区用地,均应征收城镇土地使用税。

16. 电力行业用地

(1)火电厂厂区围墙内的用地,均应征收城镇土地使用税。对厂区围墙外的灰场、输灰管、输油(气)管道、铁路专用线用地,免征城镇土地使用税;厂区围墙外的其他用地,应照章征税。

(2)水电站的发电厂房用地(包括坝内、坝外式厂房),生产、办公、生活用地,应征收城镇土地使用税;对其他用地给予免税照顾。

(3)对供电部门的输电线路用地、变电站用地,免征城镇土地使用税。

17. 水利设施用地

(1)水利设施及其管扩用地(如水库库区、大坝、堤防、灌渠、泵站等用地),免征城镇土地使用税;其他用地,如生产、办公、生活用地,应照章征税。

(2)对兼有发电的水利设施用地城镇土地使用税的征免,具体办法比照电力行业征免城镇土地使用税的有关规定办理。

18. 核工业总公司所属企业用地

对生产核系列产品的厂矿,为照顾其特殊情况,除生活区、办公区用地应依照规定征收城镇土地使用税外,其他用地暂免征收城镇土地使用税。

19. 中国海洋石油总公司及其所属公司用地

下列用地暂免征收城镇土地使用税：

(1)导管架、平台组块等海上结构物建造用地。

(2)码头用地。

(3)输油气管线用地。

(4)通信天线用地。

(5)办公、生活区以外的公路、铁路专用线、机场用地。

除上述列举免税的土地外，其他在开征范围内的油气生产及办公、生活区用地，均应依照规定征收城镇土地使用税。

20. 民航机场用地

(1)机场飞行区(包括跑道、滑行道、停机坪、安全带、夜航灯光)用地、场内外通信导航设施用地，免征城镇土地使用税。

(2)在机场道路中，场外道路用地免征城镇土地使用税；场内道路用地依照规定征收城镇土地使用税。

(3)机场工作区(包括办公、生产和维修用地及候机楼、停车场)用地、生活区用地、绿化用地，均按照规定征收城镇土地使用税。

21. 老年服务机构自用的土地

老年服务机构是指专门为老年人提供生活照料、文化、护理、健身等多方面服务的福利性、非营利性的机构，主要包括老年社会福利院、敬老院(养老院)、老年服务中心、老年公寓(含老年护理院、康复中心、托老所)等老年服务机构，其自用土地免征城镇土地使用税。

22. 邮政部门的土地

对邮政部门坐落在城市、县城、建制镇、工矿区范围内的土地，应当依法征收城镇土地使用税；对坐落在城市、县城、建制镇、工矿区范围以外的，尚在县邮政局内核算的土地，在单位财务账中划分清楚的，不征收城镇土地使用税。

23. 供热企业暂免征收城镇土地使用税

供热企业是指向居民供热并向居民收取采暖费的企业，包括专业供热企业、兼营供热企业、单位自供热及为小区居民供热的物业公司等，不包括从事热力生产但不直接向居民供热的企业。

24. 物流企业大宗商品仓储设施用地

自2020年1月1日起至2022年12月31日止，对物流企业自有的(包括自用和出租)大宗商品仓储设施用地，减按所属土地等级适用税额标准的50%计征城镇土地使用税。

五、城镇土地使用税计税依据

城镇土地使用税的计税依据是纳税人实际占用的土地面积。土地面积以平方米为计量标准。具体按以下办法确定：

(1)凡由省级人民政府确定的单位组织测定土地面积的，以测定的土地面积为准。

(2)尚未组织测定，但纳税人持有政府部门核发的土地使用证书的，以证书确定的土地面积为准。

(3)尚未核发土地使用证书的，应由纳税人据实申报土地面积，并据以纳税，待核发土地使用证书后再作调整。

六、城镇土地使用税应纳税额的计算

城镇土地使用税是以纳税人实际占用的土地面积作为计税依据，按照规定的适用税额计算征收。其年应纳税额计算公式为：

年应纳税额＝实际占用应税土地面积（平方米）×适用税额

【做中学7－2】 某企业实际占地面积为25 000平方米，经税务机关核定，该企业所在地段适用的城镇土地使用税每平方米税额为2元。

要求：计算该企业全年应缴纳的城镇土地使用税税额。

解析：年应缴纳的城镇土地使用税税额＝实际占用应税土地面积（平方米）×适用税额

＝25 000×2＝50 000（元）

七、城镇土地使用税的征收管理

（一）纳税义务发生时间

（1）购置新建商品房，为房屋交付使用的次月。

（2）购置存量房，为房地产权属登记机关签发房屋权属证书的次月。

（3）出租、出借房产，为交付出租、出借房产的次月。房地产开发企业自用、出租和出借本企业建造的商品房，为房屋使用或交付的次月。

（4）以出让或转让方式有偿取得土地使用权的，为合同约定交付土地时间的次月；合同未约定交付土地时间的，为合同签订的次月。

（5）新征用的土地，属于耕地的，自批准征用之日起满1年时纳税；属于非耕地的，自批准征用次月起纳税。

通过招标、拍卖、挂牌方式取得的建设用地，不属于新征用的耕地，纳税人应按照规定，从合同约定交付土地时间的次月起缴纳城镇土地使用税；合同未约定交付土地时间的，从合同签订的次月起缴纳城镇土地使用税。

（二）纳税期限

城镇土地使用税按年计算、分期缴纳。具体纳税期限由省、自治区、直辖市人民政府确定。

（三）纳税申报

纳税人应依照当地税务机关规定的期限，填写“城镇土地使用税纳税申报表”，将其占用土地的权属、位置、用途、面积和税务机关规定的其他内容，据实向当地税务机关办理纳税申报登记，并提供有关的证明材料。纳税人新征用的土地，必须于批准新征用之日起30日内申报登记。

（四）纳税地点

城镇土地使用税在土地所在地缴纳。纳税人使用的土地不属于同一省、自治区、直辖市管辖的，由纳税人分别向土地所在地的税务机关缴纳城镇土地使用税。在同一省、自治区、直辖市管辖范围内，纳税人跨地区使用的土地，其纳税地点由各省、自治区、直辖市地方税务局确定。

任务三 耕地占用税

一、耕地占用税的概念

为了用经济手段加强对耕地的管理,国务院于 1987 年 4 月 1 日发布《中华人民共和国耕地占用税暂行条例》。2007 年 12 月 1 日,国务院重新修改颁布《中华人民共和国耕地占用税暂行条例》(以下简称《耕地占用税暂行条例》);2008 年 2 月 26 日,财政部、国家税务总局颁布《中华人民共和国耕地占用税暂行条例实施细则》(以下简称《耕地占用税暂行条例实施细则》)。耕地占用税指的是占用耕地建房的人或者拿耕地从事其他非农业建设的人,需要向其征收的相关税费。耕地占用税一般采用定额税率,其标准取决于人均占有耕地的数量和经济发展程度。2018 年 12 月 29 日,第十三届全国人民代表大会常务委员会第七次会议通过《中华人民共和国耕地占用税法》,自 2019 年 9 月 1 日起施行。

二、耕地占用税的特点

(一)兼具资源税与行为税的性质

耕地占用税以占用耕地建房或从事其他非农用建设的行为征税,目的在于约束占用耕地的行为、促进土地资源的合理利用,因此兼具资源税和行为税的特点。

(二)采用地区差别税率

我国地域辽阔、各地区之间耕地质量差别大、人均占有耕地面积相差悬殊,因此国家对征收的耕地占用税税率采用地区差别税率的形式,以保证增加财政收入的同时适应不同地区的实际情况。

(三)属于一次课征税种

耕地占用税在纳税人获准占用耕地的环节一次征收,属于一次课征税种。

三、耕地占用税的基本法律

(一)耕地占用税征税范围

耕地占用税的征税范围包括纳税人为建房或从事其他非农业建设而占用的国家所有和集体所有的耕地。

耕地,是指用于种植农作物的土地,包括菜地、园地。其中,园地包括花圃、苗圃、茶园、果园、桑园和其他种植经济林木的土地。

纳税人因建设项目施工或者地质勘查临时占用耕地,应当依规定缴纳耕地占用税。纳税人在批准临时占用耕地期满之日起一年内依法复垦、恢复种植条件的,全额退还已经缴纳的耕地占用税。

占用园地、林地、草地、农田水利用地、养殖水面、渔业水域滩涂以及其他农用地建设建筑物、构筑物或者从事非农业建设的,依规定缴纳耕地占用税。

占用规定的农用地的,适用税额可以适当低于本地区的适用税额,但降低的部分不得超过 50%。具体适用税额由省、自治区、直辖市人民政府提出,报同级人民代表大会常务委员会决定,并报全国人民代表大会常务委员会和国务院备案。

占用规定的农用地建设直接为农业生产服务的生产设施，不缴纳耕地占用税。

税务机关应当与相关部门建立耕地占用税涉税信息共享机制和工作配合机制。县级以上地方人民政府自然资源、农业农村、水利等相关部门应当定期向税务机关提供农用地转用、临时占地等信息，协助税务机关加强耕地占用税征收管理。

税务机关发现纳税人的纳税申报数据资料异常或者纳税人未按照规定期限申报纳税的，可以提请相关部门进行复核，相关部门应当自收到税务机关复核申请之日起30日内向税务机关出具复核意见。

（二）耕地占用税纳税人

（1）占用耕地的企业、行政单位、事业单位，需要缴纳耕地占用税；

（2）占用耕地的乡镇集体企业、事业单位，需要缴纳耕地占用税；

（3）占用耕地的农村居民和其他公民，需要缴纳耕地占用税。

（三）耕地占用税税率

耕地占用税采用地区差别定额税率，相关内容如表7—3所示。

表7—3　耕地占用税平均税额表

人均耕地占用面积（以县级行政区域为单位）	每平方米年税额（元）
不超过1亩的地区	10～50
超过1亩但不超过2亩的地区	8～40
超过2亩但不超过3亩的地区	6～30
超过3亩以上的地区	5～25

经济特区、经济技术开发区和经济发达且人均耕地特别少的地区，适用税额可以适当提高，但最高不得超过规定的当地适用税额的50%。

（四）耕地占用税税收优惠

（1）下列项目占用耕地，可以免征耕地占用税：

①军事设施，包括地上、地下的军事指挥、作战工程；军用机场、港口、码头；营区、训练场、试验场；军用洞库、仓库；军用通信、侦察、导航、观测台站和测量、导航、助航标志；军用公路、铁路专用线，军用通信、输电线路，军用输油、输水管道；其他直接用于军事用途的设施。

②学校，包括县级以上人民政府教育行政部门批准成立的大学、中学、小学、学历性职业教育学校和特殊教育学校。学校内经营性场所和教职工住房占用耕地的，按照当地适用税率缴纳耕地占用税。

③幼儿园，包括在县级以上人民政府教育行政部门登记或者备案的幼儿园用于幼儿保育、教育的场所。

④养老院，包括经批准设立的养老院为老年人提供生活照顾的场所。

⑤医院，包括县级以上人民政府卫生行政部门批准设立的医院用于提供医疗服务的场所及其配套设施。医院内职工住房占用耕地的，按照当地适用税率缴纳耕地占用税。

提示：农村烈士遗属、因公牺牲军人遗属、残疾军人以及符合农村最低生活保障条件的农村居民，在规定用地标准以内新建自用住宅，免征耕地占用税。

（2）下列项目占用耕地，可以减征耕地占用税：

①铁路线路、公路线路、飞机场跑道、停机坪、港口、航道占用耕地，减按每平方米2元的

税额征收耕地占用税。

②农村居民占用耕地新建住宅,按照当地适用税额减半征收耕地占用税。

另外,农村居民经批准搬迁,原宅基地恢复耕种,新建住宅占用应税土地超过原宅基地面积的,对超过部分按照当地适用税额减半征收耕地占用税。

注:免征或者减征耕地占用税后,纳税人改变原占地用途,不再属于免征或者减征耕地占用税情形的,应当按照当地适用税额补缴耕地占用税。

四、耕地占用税计税依据

耕地占用税以纳税人实际占用的耕地面积作为计税依据,按照适用税额标准计算应纳税额,一次性缴纳。

纳税人实际占用耕地面积的核定以农用地转用审批文件为主要依据,必要时应当实地勘测。

五、耕地占用税应纳税额的计算

耕地占用税应纳税额的计算公式为:

应纳税额=实际占用耕地面积(平方米)×适用税率

【做中学7—3】 某市一家企业新占用19 800平方米耕地用于工业建设,所占耕地适用的定额税率为20元/平方米。

要求:计算该企业应纳的耕地占用税。

解析:应纳税额=19 800×20=396 000(元)

六、耕地占用税的征收管理

(一)耕地占用税的纳税义务发生时间

耕地占用税的纳税义务发生时间为纳税人收到自然资源主管部门办理占用耕地手续的书面通知的当日。自然资源主管部门凭耕地占用税完税凭证或者免税凭证和其他有关文件发放建设用地批准书。

(二)耕地占用税的纳税期限

纳税人应当自纳税义务发生之日起30日内申报缴纳耕地占用税。

(三)耕地占用税的纳税地点

耕地占用税由税务机关负责征收。

任务四 土地增值税

一、土地增值税的概念

土地增值税是对转让国有土地使用权、地上建筑物及其附着物并取得收入的单位和个人,就其转让房地产所取得的增值额征收的一种税。

二、土地增值税的特点

土地增值税的特点包括以下四点:

(1)以转让房地产取得的增值额作为征税对象。

(2)凡在我国境内转让房地产并取得增值收入的单位和个人,除税法规定免税外,均应依照税法规定缴纳土地增值税。

(3)采取扣除法和评估法计算增值额。土地增值税在计算方法上考虑我国实际情况,以纳税人转让房地产取得的收入,减除法定扣除项目金额后的余额作为计税依据;对旧房及建筑物的转让,以及对纳税人转让房地产申报不实、成交价格偏低的,采用评估价格确定增值额计征增值税。

(4)实行超率累进税率。

(5)在房地产转让环节实行按次征收。

三、土地增值税的基本法律

(一)土地增值税的征税范围

土地增值税的征税范围是有偿转让国有土地使用权及地上建筑物和其附着物产权所取得的增值额。

1. 一般规定

(1)土地增值税只对转让国有土地使用权的行为征税,转让非国有土地和出让国有土地的行为不征税。

属于集体所有的土地,按现行规定须先由国家征用后才能转让,未经国家征用的集体土地不得转让。自行转让集体土地是一种违法行为,应由有关部门依照相关法律处理,而不纳入土地增值税的征收范围。

国有土地出让是指国家以土地所有者的身份将土地使用权在一定的年限内让与土地使用者,并由土地使用者向国家支付土地出让金的行为。出让金收入在性质上属于政府凭借所有权在土地一级市场上收取的租金,所以,政府出让土地的行为及取得的收入不征收土地增值税。

(2)土地增值税既对转让土地使用权征税,也对转让地上建筑物和其他附着物的产权征税。

地上建筑物是指建于土地上的一切建筑物,包括地上地下的各种附属设施,如厂房、仓库、住宅、地下室、围墙等。

附着物是指附着于土地上、不能移动,一经移动即遭损坏的种植物、养殖物及其他物品。

(3)土地增值税只对有偿转让的房地产征税。权属已转让但未取得收入的房地产转让行为,不征收土地增值税。

2. 特殊规定

(1)房地产继承、赠予。以继承、赠予等方式无偿转让房地产的行为,不征收土地增值税。但不征收土地增值税的房地产赠予行为只包括以下两种情况:

①赠予直系亲属或承担直接赡养义务人。

②公益性捐赠。公益性捐赠是指房产所有人、土地使用权所有人通过中国境内的非营利的社会团体、国家机关将房屋产权、土地使用权赠予教育、民政和其他社会福利、公益事业的行为。

(2)合作建房,对一方出地,另一方出资金,双方合作建房,建成后分房自用的,暂免征收土地增值税;建成后转让的,依法征收土地增值税。

(3)交换房地产,交换房地产行为既发生了房产产权、土地使用权的转移,交换双方又取得了实物形态的收入,按照规定征收土地增值税。但个人之间互换自有居住用房,经当地税务机关核实,可免征土地增值税。

(4)房地产抵押,抵押期间不征土地增值税,抵押期满后,以房抵债发生房地产产权转移的,依法征收土地增值税。

(5)房地产出租,没有发生房地产产权转移,不属于土地增值税征税范围。

(6)房地产评估增值,没有发生房地产权属转让,不属于土地增值税征税范围。

(7)国家收回土地使用权、征用地上建筑物及附着物,按政策规定可以免征土地增值税。

(8)房地产的代建房行为,没有发生房地产产权转移,不属于土地增值税征税范围。

(9)实质征税。土地使用者转让、抵押或置换土地,无论其是否取得了该土地的使用权属证书,无论其在转让、抵押或置换土地过程中是否与对方当事人办理了土地使用权证书变更登记手续,只要土地使用者享有占有、使用、收益或处分该土地的权利,且有合同等证据表明其实质转让、抵押或置换了土地并取得了相应经济利益,土地使用者及对方当事人应当依法缴纳土地增值税。

(二)土地增值税的纳税人

土地增值税的纳税人为转让国有土地使用权、地上建筑物及其附着物(以下简称"转让房地产")并取得收入的单位和个人。

单位包括各类企业单位、事业单位、国家机关和社会团体及其他组织;个人包括个体经营者。此外,土地增值税的纳税人还包括外商投资企业、外国企业、外国驻华机构及海外华侨、港澳台同胞和外国公民。

(三)土地增值税的税率

土地增值税实行四级超率累进税率,相关内容如表 7—4 所示。

表 7—4　　土地增值税四级超率累进税率表

级 数	增值额与扣除项目金额的比率	税率(%)	速算扣除系数(%)
1	不超过 50%的部分	30	0
2	超过 50%至 100%的部分	40	5
3	超过 100%至 200%的部分	50	15
4	超过 200%的部分	60	35

(四)土地增值税的税收优惠

(1)建造普通标准住宅出售,其增值率未超过 20%的,免征土地增值税;增值率超过 20%的,应就其全部增值额按规定征收土地增值税。

自 2005 年 6 月 1 日起,普通标准住宅是指同时满足以下条件的住宅:住宅小区建筑容积率在 1.0 以上,单套建筑面积在 120 平方米以下,实际成交价格低于同级别土地上住房平均交易价格 1.2 倍以下。各省、自治区、直辖市要根据实际情况,制定本地区享受普通住房具体标准,允许单套建筑面积和价格标准适当浮动,但向上浮动的比例不得超过上述标准的 20%。

对纳税人既建造普通标准住宅又进行其他房地产开发的,应分别核算增值额;不分别核算增值额或不能准确核算增值额的，其建造的普通标准住宅不适用该免税规定。

(2)因国家建设需要而被政府征用、收回的房地产，免征土地增值税。

(3)对居民个人拥有的普通住宅，在其转让时暂免征土地增值税。

个人因工作调动或改善居住条件而转让原自用住房(非普通住宅)，经向税务机关申报核准，凡居住满5年或5年以上的，免予征收土地增值税；居住满3年未满5年的，减半征收土地增值税；居住未满3年的，按规定计征。

(4)对企事业单位、社会团体以及其他组织转让旧房作为公租房房源，且增值额未超过扣除项目金额20%的，免征土地增值税。

(5)对个人之间互换自有居住用房地产的，经当地税务机关核实，可免征土地增值税。

四、土地增值税的计税依据

土地增值税的计税依据是纳税人转让房地产所取得的增值额。转让房地产的增值额，是纳税人转让房地产的收入减除税法规定的扣除项目金额后的余额。土地增值额的大小，取决于转让房地产的收入额和扣除项目金额两个因素。

(一)应税收入的确定

根据《中华人民共和国土地增值税暂行条例》(以下简称《土地增值税暂行条例》)及其实施细则的规定，纳税人转让房地产取得的应税收入，应包括转让房地产的全部价款及有关的经济收益。从收入的形式来看，包括货币收入、实物收入和其他收入。

(二)扣除项目及其金额

依照《土地增值税暂行条例》的规定，准予纳税人从房地产转让收入额减除的扣除项目金额具体包括以下内容：

(1)取得土地使用权所支付的金额。取得土地使用权所支付的金额包括以下两方面：

①纳税人为取得土地使用权所支付的地价款。地价款的确定有三种方式：如果是以协议、招标、拍卖等出让方式取得土地使用权的，地价款为纳税人所支付的土地出让金；如果是以行政划拨方式取得土地使用权的，地价款为按照国家有关规定补缴的土地出让金；如果是以转让方式取得土地使用权的，地价款为向原土地使用权人实际支付的地价款。

②纳税人在取得土地使用权时按国家统一规定缴纳的有关费用和税金。这是指纳税人在取得土地使用权过程中为办理有关手续，必须按国家统一规定缴纳的有关登记、过户手续费和契税。

(2)房地产开发成本。房地产开发成本，是指纳税人开发房地产项目实际发生的成本，包括土地的征用及拆迁补偿费、前期工程费、建筑安装工程费、基础设施费、公共配套设施费、开发间接费用等。

(3)房地产开发费用。房地产开发费用，是指与房地产开发项目有关的销售费用、管理费用和财务费用。在计算土地增值税时，房地产开发费用并不是按照纳税人实际发生额进行扣除，应分别按以下两种情况扣除：

①凡能够按转让房地产项目计算分摊并提供金融机构证明的，允许据实扣除，但最高不得超过按商业银行同类同期贷款利率计算的金额。其他房地产开发费用，在按规定(即取得土地使用权所支付的金额和房地产开发成本，下同)计算的金额之和的5%以内计算扣除。计算公式为：

$$\text{允许扣除的房地产开发费用}=\text{利息}+\left(\text{取得土地使用权所支付的金额}+\text{房地产开发成本}\right)\times 5\%$$

②凡不能按转让房地产项目计算分摊利息支出或不能提供金融机构证明的，房地产开发费用在按规定计算的金额之和的10%以内计算扣除。计算公式为：

$$\text{允许扣除的房地产开发费用}=\left(\text{取得土地使用权所支付的金额}+\text{房地产开发成本}\right)\times 10\%$$

与转让房地产有关的税金。与转让房地产有关的税金，是指在转让房地产时缴纳的城市维护建设税、教育费附加、印花税。因转让房地产缴纳的教育费附加，也可视同税金予以扣除。

提示：房地产开发企业按照《施工、房地产开发企业财务制度》有关规定，其在转让时缴纳的印花税因列入管理费用中，故在此不允许单独再扣除。其他纳税人缴纳的印花税（按产权转移书据所载金额的0.5‰贴花）允许在此扣除。

（4）财政部确定的其他扣除项目。对从事房地产开发的纳税人可按规定计算的金额之和，加计20%扣除。此条优惠只适用于从事房地产开发的纳税人，除此之外的其他纳税人均不适用。

加计扣除费用＝（取得土地使用权所支付的金额＋房地产开发成本）×20%

（三）旧房及建筑物的扣除金额

（1）按评估价格扣除。计算公式为：

评估价格＝重置成本×成新度折扣率

纳税人转让旧房及建筑物，凡不能取得评估价格但能提供购房发票的，经当地税务部门确认，《土地增值税暂行条例》规定的扣除项目的金额，可按发票所载金额并从购买年度起至转让年度止每年加计5%计算。对于纳税人购房时缴纳的契税，凡能够提供契税完税凭证的，准予作为“与转让房地产有关的税金”予以扣除，但不作为加计5%的基数。

（2）取得土地使用权所支付的地价款和按国家统一规定缴纳的有关费用（评估费可以扣除）。取得土地使用权时未支付地价款或不能提供已支付的地价款凭据的，在计征土地增值税时不允许扣除。

（3）转让环节的税金及附加，包括城市维护建设税、印花税和教育费附加。

五、土地增值税应纳税额的计算

（一）应纳税额的计算公式

土地增值税按照纳税人转让房地产所取得的增值额和规定的税率计算征收。计算公式为：

土地增值税应纳税额＝$\sum$（每级距的增值额×适用税率）

由于分步计算比较烦琐，一般可以采用速算扣除法计算，即计算土地增值税税额，可按增值额乘以适用的税率减去扣除项目金额乘以速算扣除系数的简便方法计算。计算公式为：

土地增值税应纳税额＝增值额×适用税率－扣除项目金额×速算扣除系数

（二）应纳税额的计算步骤

根据上述计算公式，土地增值税应纳税额的计算可分为以下四步：

（1）计算增值额。计算公式为：

增值额＝房地产转让收入－扣除项目金额

(2)计算增值率。计算公式为：

增值率＝增值额÷扣除项目金额×100%

(3)确定适用税率。按照计算出的增值率，从土地增值税税率表中确定适用税率。

(4)计算应纳税额。

【做中学7—4】 某企业转让一块土地的使用权，取得收入560万元。年初取得该土地使用权时支付金额420万元，转让时发生相关费用6万元，与转让土地使用权有关的税金17万元。

要求：计算该企业应纳的土地增值税。

解析：第一步，土地使用权转让扣除项目＝420＋6＋17＝443(万元)

第二步，土地增值额＝560－443＝117(万元)

第三步，增值额与扣除项目金额之比＝117÷443×100%＝27.02%

第四步，应纳土地增值税税额＝117×30%＝35.1(万元)

六、土地增值税征收管理

(一)土地增值税的纳税期限

纳税人应在转让房地产合同签订后的7日内，到房地产所在地主管税务机关办理纳税申报，并向税务机关提交房屋及建筑物产权、土地使用权证书，土地转让、房产买卖合同，房地产评估报告及其他与转让房地产有关的资料，然后在税务机关规定的期限内缴纳土地增值税。

纳税人因经常发生房地产转让而难以在每次转让后申报的，经税务机关审核同意后，可以按月或按季定期进行纳税申报，具体期限由主管税务机关根据情况确定。

纳税人采取预售方式销售房地产的，对在项目全部竣工结算前转让房地产取得的收入，税务机关可以预征土地增值税。具体办法由各省、自治区、直辖市地方税务局根据当地情况制定。

对于纳税人预售房地产所取得的收入，凡当地税务机关规定预征土地增值税的，纳税人应当到主管税务机关办理纳税申报，并按规定比例预缴，待办理完土地增值税清算后，多退少补。

(二)土地增值税的清算

1. 土地增值税的清算单位

土地增值税以国家有关部门审批的房地产开发项目为单位进行清算，对于分期开发的项目，以分期项目为单位清算。

开发项目中同时包含普通住宅和非普通住宅的，应分别计算增值额。

2. 土地增值税的清算条件

符合下列情形之一的，纳税人应进行土地增值税的清算：

(1)房地产开发项目全部竣工、完成销售的。

(2)整体转让未竣工决算房地产开发项目的。

(3)直接转让土地使用权的。

符合下列情形之一的，主管税务机关可要求纳税人进行土地增值税清算：

(1)已竣工验收的房地产开发项目，已转让的房地产建筑面积占整个项目可售建筑面积的比例在85%以上，或该比例虽未超过85%，但剩余的可售建筑面积已经出租或自用的。

(2)取得销售(预售)许可证满3年仍未销售完毕的。

(3)纳税人申请注销税务登记但未办理土地增值税清算手续的。

(4)省级税务机关规定的其他情况。

注意:应当进行清算的情形是纳税人的开发项目已经完全转让。

(三)土地增值税的纳税地点

土地增值税的纳税人应向房地产所在地主管税务机关办理纳税申报,并在税务机关核定的期限内缴纳土地增值税。

提示:"房地产所在地"是指房地产的坐落地。纳税人转让的房地产坐落在两个或两个以上地区的,应按房地产所在地分别申报纳税。

在实际工作中,纳税地点的确定又可分为以下两种情况:

(1)纳税人是法人的。当转让的房地产坐落地与其机构所在地或经营所在地一致时,则在办理税务登记的原管辖税务机关申报纳税即可;如果转让的房地产坐落地与其机构所在地或经营所在地不一致时,则应在房地产坐落地所管辖的税务机关申报纳税。

(2)纳税人是自然人的。当转让的房地产坐落地与其居住所在地一致时,则在住所所在地税务机关申报纳税;当转让的房地产坐落地与其居住所在地不一致时,在办理过户手续所在地的税务机关申报纳税。

应知考核

一、单项选择题

1. 下列单位出售的矿产品中,不缴纳资源税的是(　　)。

A. 开采单位销售自行开采的天然大理石　　B. 油田出售自行开采的天然气

C. 盐场销售自行开采的卤水　　D. 进口的天然气

2. 城镇土地使用税的计税依据是(　　)。

A. 实际占用的土地面积　　B. 纳税人申报面积

C. 评估面积　　D. 建筑面积

3. 不征收城镇土地使用税的区域是(　　)。

A. 城市　　B. 县城

C. 建制镇和工矿区　　D. 农村

4. 房地产开发企业在确定土地增值税的扣除项目时,允许单独扣除的税金是(　　)。

A. 增值税　　B. 消费税

C. 城市维护建设税　　D. 印花税

5. 下列各项中,应当征收土地增值税的是(　　)。

A. 国有土地使用权的出让　　B. 国有土地使用权的转让

C. 房地产出租　　D. 房地产被国家征用

二、多项选择题

1. 下列各项中,属于资源税应税范围的有(　　)。

A. 进口原油　　B. 生产销售固体盐

C. 生产销售选煤　　D. 开采销售有色金属矿原矿

2. 下列各项中，应缴纳城镇土地使用税的有（　　）。

A. 用于水产养殖业的生产用地　　B. 名胜古迹园区内附设的照相馆用地

C. 公园中管理单位的办公用地　　D. 学校食堂对外营业的餐馆用地

3. 下列选项中，不属于免征耕地占用税范围的有（　　）。

A. 学校占用耕地　　B. 医院占用耕地

C. 铁路线路占用耕地　　D. 农村居民占用耕地新建住宅

4. 下列国有土地使用权变动项目中，属于土地增值税征税范围的有（　　）。

A. 出让国有土地使用权　　B. 出租国有土地使用权

C. 转让国有土地使用权　　D. 交换国有土地使用权

5. 纳税人在计算土地增值税时，允许从收入中扣减的税金及附加有（　　）。

A. 所得税　　B. 增值税

C. 城市维护建设税　　D. 教育费附加

三、判断题

1. 资源税的应税产品在缴纳增值税时均适用10%的低税率。（　　）

2. 城镇土地使用税的征税范围是城市、县城、镇和工矿区范围内的国家所有的土地。（　　）

3. 几个人或几个单位共同拥有同一块土地的使用权，则由其轮流缴纳这块土地的城镇土地使用税。（　　）

4. 土地增值税的计税依据为转让房地产的全部收入。（　　）

5. 与转让房地产有关的税金是指增值税、城市维护建设税、印花税。（　　）

四、简述题

1. 简述资源税的特点。

2. 简述城镇土地使用税的特点。

3. 简述城镇土地使用税的计税依据。

4. 简述耕地占用税的特点。

5. 简述土地增值税的特点。

应会考核

■观念应用

资源税的应用

开源铁矿是新开矿山，2020年10月销售自采原矿2万吨，每吨不含增值税单价800元；销售自采铁矿连续加工的精矿3万吨，每吨不含增值税单价1 600元。已知该铁矿选矿比为1.6。其主管税务机关发现该矿山申报缴纳资源税的金额不对，指出其应纳资源税的销售额为6 600万元，应缴纳资源税＝6 600×6.5%＝429（万元）。矿山负责人对此有所不解，明明销售额是6 400万元，为什么要按6 600万元计算缴纳资源税？

【考核要求】

请结合本项目的知识点,分析应缴纳的资源税。

■技能应用

土地增值税的应用

A 房地产有限公司于 2020 年 5 月将一栋新建的办公楼转让给 B 企业,B 企业以 1 500 万元和一批价值 500 万元的货物支付;A 公司取得土地使用权所支付的地价款和按国家统一规定缴纳的税费合计为 300 万元;投入房地产开发的成本为 400 万元;房地产开发费用中的利息支出为 120 万元,已知该公司发生的利息支出不高于同期银行贷款利率且能够合理分摊并能提供金融机构的证明;按规定缴纳与转让房地产有关的税金 10 万元。A 公司所在地适用的房地产开发费用计算扣除比例为 5%,城市维护建设税适用的税率为 7%,教育费附加征收率为 3%。

【技能要求】

计算 A 公司应缴纳的土地增值税。

■案例分析

城镇土地使用税、耕地占用税的分析

资料一:某市肉制品加工企业 2020 年占地 60 000 平方米,其中办公占地 5 000 平方米,生猪养殖基地占地 28 000 平方米,肉制品加工车间占地 16 000 平方米,企业内部道路及绿化占地 11 000 平方米。企业所在地城镇使用税单位税额每平方米 0.8 元。

资料二:2020 年 6 月,农村居民陈某因受灾住宅倒塌,经批准占用 150 平方米耕地新建住宅,当地耕地占用税税率为 20 元/平方米。

【分析要求】

根据资料一,该企业全年应缴纳城镇土地使用税为多少元?

根据资料二,陈某应缴纳耕地占用税为多少元?

项目实训

【实训项目】

资源税法的应用。

【实训情境】

土地使用税

A 公司为位于某市郊区的一国有企业,2020 年土地使用的相关资料如下:

(1)公司提供的政府部门核发的土地使用证书显示,A 公司实际占用的土地面积中,公司内托儿所和医院共占地 1 000 平方米,厂区以外的公用绿化用地为 2 000 平方米。

(2)1 月 1 日将一块 100 平方米的土地无偿借给某国家机关作为公务用途使用。

(3)1 月 1 日从某公园无偿借到一块 50 平方米的土地作为办公室。

(4)A 公司参股的某外商投资企业与 A 公司共同拥有一栋办公楼。该办公楼建筑面积为 5 000 平方米,A 公司实际使用 2 000 平方米,其余归外商投资企业使用。该办公楼占用土地为 3 000 平方米。

(5)除上述土地外,其余土地为 10 000 平方米,均为 A 公司生产经营用地。

当地城镇土地使用税每年征收一次,年税额为 1 元/平方米。

【实训任务】

1. 计算A公司2020年应纳的城镇土地使用税。

2. 撰写《资源税法的应用》实训报告。

《资源税法的应用》实训报告		
项目实训班级：	项目小组：	项目组成员：
实训时间：　年　月　日	实训地点：	实训成绩：
实训目的：		
实训步骤：		
实训结果：		
实训感言：		

其他相关税法

○ **知识目标:**

理解:财产税税法、行为目的税税法、烟叶税税法、非税征收制度的概念。

熟知:财产税税法、行为目的税税法、烟叶税税法、非税征收制度的基本法律及相关制度。

掌握:财产税税法、行为目的税税法、烟叶税税法、非税征收制度的应纳税额计算及征收管理。

○ **技能目标:**

能够具备对财产税税法、行为目的税税法、烟叶税税法、非税征收制度进行计算的能力。

○ **素质目标:**

运用所学的财产税税法、行为目的税税法、烟叶税税法、非税征收制度知识研究相关案例,培养和提高学生在特定业务情境中分析问题与决策设计的能力;结合行业规范或标准,运用法律知识分析行为的善恶,强化学生的职业道德素质。

○ **项目引例:**

未缴小小印花税,结果被罚50多万元

近日,广州地税第五稽查局在某商贸公司进行税务检查时发现,该公司大多数“转销为代”合同没有贴花,共未缴印花税110多万元,税务机关除了追缴该公司未缴税款外,还处以50多万元的罚款。该公司的财务负责人表示,此前一直认为“转销为代”合同与“代购代销”一样,不需要缴纳印花税,没想到这样一个小小的误解给公司造成了这么大的损失。

据悉,所谓“转销为代”,是指企业接受委托进行代购代销活动,并签订代理合同,其实际是一种销售行为,应该缴纳印花税。而代购代销行为则必须符合三个条件:受托方不垫付资金;销货方将增值税专用发票开具给委托方,并由受托方将该项发票转交给委托方;受托方将代购实际发生的销售额和增值税额与委托方结算货款,并另外收取手续费。代购代销合同按规定不用缴纳印花税,因此纳税人务必区分“转销为代”合同和“代购代销”合同,谨防违法。

请问:什么是印花税?印花税的缴纳方法有哪些?

○ **知识精讲：**

任务一　财产税税法

一、房产税

（一）房产税的概念

房产税法是调整房产税征纳关系的法律规范的总称。我国现行房产税法主要是 1986 年 9 月 15 日国务院颁布的《中华人民共和国房产税暂行条例》（以下简称《房产税暂行条例》）。

自 2009 年 1 月 1 日起，废止《城市房地产税暂行条例》，对外资企业及外籍个人的房产也开始征收房产税。在征税范围、计税依据、税率、税收优惠、征收管理等方面按照《房产税暂行条例》及有关规定执行。

房产税是以房屋为征税对象，按房屋的计税余值或租金收入为计税依据，向房产所有人征收的一种财产税。它具有以下特点：

（1）房产税属于财产税中的个别财产税，其征税对象只是房屋。

（2）征收范围限于城镇的经营性房屋。房产税在城市、县城、建制镇和工矿区范围内征收，为了不增加农民的负担，房产税未将农村划入征税范围。同时，房产税并非针对所有的房屋，而是专门针对用于经营或用于出租的房屋。

（3）区别房屋的经营使用方式规定不同的征税办法，自用的房屋按房产计税余值征收，出租、出典的房屋按租金收入征收。

（二）房产税基本法律

1. 征税对象和范围

房产税的征税对象是房产。与房屋不可分割的各种附属设施或不单独计价的配套设施，也属于房屋房产税，应一并征收。独立于房屋之外的建筑物（如水塔、围墙、加油站罩棚等）不属于房屋，不征房产税。所谓房产，是以房屋形态表现的财产，是指有屋面和围护结构（有墙或两边有柱），能遮风避雨，可供人们在其中生产、工作、学习、娱乐、居住或储藏物资的场所。房产不等于建筑物。

房产税的征税范围为位于城市、县城、建制镇和工矿区的房屋，对坐落在农村的房屋暂不征收房产税。

（1）城市，是指国务院批准设立的市，包括市区、郊区和市辖县县城，但不包括农村。

（2）县城，是指未设立建制镇的县人民政府所在地。

（3）建制镇，是指经省、自治区、直辖市人民政府批准设立的建制镇，但不包括所辖的行政村。

（4）工矿区，是指工商业比较发达、人口比较集中，符合国务院规定的建制镇标准，但尚未设立建制镇的大中型工矿企业所在地。开征房产税的工矿区须经省、自治区、直辖市人民政府批准。

2. 纳税人

房产税以在征税范围内的房屋产权所有人为纳税人。产权属于全民的，由经营管理单位缴纳；产权出典的，由承典人缴纳；产权所有人、承典人不在房产所在地的，或者产权未确定及租典纠纷未解决的，由房产代管人或者使用人缴纳。

自2009年1月1日起，外商投资企业、外国企业和组织以及外籍个人（包括中国港澳台资企业和组织以及华侨、港澳台同胞，统称外资企业及外籍个人）依照《房产税暂行条例》缴纳房产税，属于房产税纳税人。

纳税单位和个人无租使用房产管理部门、免税单位及纳税单位的房产，如企业无租使用政府机构办公楼办公，应由使用人代为缴纳房产税。

3. 税率

我国现行房产税采用比例税率。

(1)以房产原值一次减除10%～30%后的房产余值为计税依据的，年税率为1.2%。

(2)以房产租金收入为计税依据的，税率为12%，但对个人出租住房，不区分用途，按4%的税率征收房产税。

4. 税收优惠

(1)国家机关、人民团体、军队自用的房产免征房产税。但上述免税单位的出租房产以及非自身业务使用的生产、营业用房，不属于免税范围。

(2)由国家财政部门拨付事业经费（全额或差额）的单位（学校、医疗卫生单位、托儿所、幼儿园、敬老院以及文化、体育、艺术类单位）所有的、本身业务范围内使用的房产免征房产税。由国家财政部门拨付事业经费的单位，其经费来源实行自收自支后，从事业单位实行自收自支的年度起，免征房产税3年。上述单位所属的附属工厂、商店、招待所等不属于单位公务、业务的用房，应照章纳税。

(3)宗教寺庙、公园、名胜古迹自用的房产免征房产税。宗教寺庙自用的房产，是指举行宗教仪式等的房屋和宗教人员使用的生活用房屋。公园、名胜古迹自用的房产，是指供公共参观游览的房屋及其管理单位的办公用房屋。宗教寺庙、公园、名胜古迹中附设的营业单位，如影剧院、饮食部、茶社、照相馆等所使用的房产及出租的房产，不属于免税范围，应照章征税。

(4)个人所有非营业用的房产免征房产税。个人所有的非营业用房，主要是指居民住房，不论面积多少，一律免征房产税。

(5)经财政部批准免税的其他房产。

①毁损不堪居住的房屋和危险房屋，经有关部门鉴定，在停止使用后，可免征房产税。

②纳税人因房屋大修导致连续停用半年以上的，在房屋大修期间免征房产税，免征税额由纳税人在申报缴纳房产税时自行计算扣除，并在申报表附表或备注栏中作相应说明。纳税人房屋大修停用半年以上需要免征房产税的，应在房屋大修前向主管税务机关报送相关的证明材料，包括大修房屋的名称、坐落地点，产权证编号，房产原值、用途，房屋大修的原因、大修合同及大修的起止时间等信息和资料，以备税务机关查验。具体报送材料由各省、自治区、直辖市和计划单列市地方税务局确定。

③在基建工地为基建工地服务的各种工棚、材料棚、休息棚和办公室、食堂、茶炉房、汽车房等临时性房屋，施工期间一律免征房产税。但工程结束后，施工企业将这种临时性房屋交还或估价转让给基建单位的，应从基建单位接收的次月起，照章纳税。

④对房管部门经租的居民住房，在房租调整改革之前收取租金偏低的，可暂缓征收房产税。对房管部门经租的其他非营业用房，是否给予照顾，由各省、自治区、直辖市根据当地具

体情况按税收管理体制的规定办理。

⑤对高校学生公寓免征房产税。

⑥对非营利性医疗机构、疾病控制机构和妇幼保健机构等卫生机构自用的房产，免征房产税。

⑦老年服务机构自用的房产免征房产税。老年服务机构是指专门为老年人提供生活照料、文化、护理、健身等多方面服务的福利性、非营利性的机构，主要包括老年社会福利院、敬老院（养老院）、老年服务中心、老年公寓（含老年护理院、康复中心、托老所）等。

房产税减免税明细表

⑧对按政府规定价格出租的公有住房和廉租住房，包括企业和自收自支事业单位向职工出租的单位自有住房，房管部门向居民出租的公有住房，落实私房政策中带户发还产权并以政府规定租金标准向居民出租的私有住房等，暂免征收房产税。

⑨向居民供热并向居民收取采暖费的供热企业暂免征收房产税。供热企业包括专业供热企业、兼营供热企业，如自供热单位及为小区居民供热的物业公司等，不包括从事热力生产但不直接向居民供热的企业。

⑩自 2018 年 10 月 1 日至 2020 年 12 月 31 日，对按照去产能和调结构政策要求停产停业、关闭的企业，自停产停业次月起免征房产税、城镇土地使用税。企业享受免税政策的期限累计不得超过两年。

自 2019 年 1 月 1 日至 2021 年 12 月 31 日，对国家级、省级科技企业孵化器、大学科技园和国家备案众创空间自用以及无偿或通过出租等方式提供给在孵对象使用的房产、土地，免征房产税。

自 2019 年 1 月 1 日至 2021 年 12 月 31 日，对农产品批发市场、农贸市场（包括自有和承租）专门用于经营农产品的房产、土地，暂免征收房产税。对同时经营其他产品的农产品批发市场和农贸市场使用的房产、土地，按其他产品与农产品交易场地面积的比例确定征免房产税。农产品批发市场、农贸市场的行政办公区、生活区，以及商业餐饮娱乐等非直接为农产品交易提供服务的房产、土地，应按规定征收房产税。

自 2016 年 1 月 1 日起，国家机关、军队、人民团体、财政补助事业单位、居民委员会、村民委员会拥有的体育场馆，用于体育活动的房产、土地，免征房产税。经费自理事业单位、体育社会团体、体育基金会、体育类民办非企业单位拥有并运营管理的体育场馆，符合规定条件的，其用于体育活动的房产、土地，免征房产税。企业拥有并运营管理的大型体育场馆，其用于体育活动的房产、土地，减半征收房产税。

（三）房产税的计税依据

房产税的计税依据是房产的计税余值或房产的租金收入。按照房产计税余值征税的，称为从价计征；按照房产租金收入征税的，称为从租计征。

（1）从价计征。这是指以房产原值一次减除 10％～30％后的余值为计税依据，具体减除幅度由省、自治区、直辖市人民政府确定。

房产原值，是指纳税人按照会计制度的规定，在会计账簿“固定资产”科目中记载的房屋原价。

对依照房产原值计税的房产，不论是否记载在会计账簿“固定资产”科目中，均应按照房屋原价计算缴纳房产税。房屋原价应根据国家有关会计制度的规定进行核算。对纳税人未按国家会计制度的规定核算并记载的，应按规定予以调整或重新评估。

其一，对按照房产原值计税的房产，无论会计如何核算，房产原值均应包含地价，包括为取得土地使用权支付的价款、开发土地发生的成本费用等。宗地容积率低于0.5的，按房产建筑面积的2倍计算土地面积并据此确定计入房产原值的地价。

容积率＝总建筑面积÷土地面积

其二，房产原值应包括与房屋不可分割的各种附属设备或一般不单独计算价值的配套设施。

①以房屋为载体，不可随意移动的附属设备和配套设施，如给排水、采暖、消防、中央空调、电气及智能化楼宇设备等，无论在会计核算中是否单独记账与核算，都应计入房产原值，计征房产税。

②对于更换房屋附属设备和配套设施的，在其价值计入房产原值时，可扣减原来相应设施的价值。

③对附属设备和配套设施中易损坏、需要经常更换零配件的，更新后不再计入房产原值。

其三，纳税人对原有房屋进行改建、扩建，要相应增加房产原值。

其四，投资联营房产的计税依据。

①对于以房产投资联营，投资者参与投资利润分红、共担风险的，按房产的计税余值作为计税依据计征房产税（被投资方是纳税人）。

②对以房产投资，收取固定收入、不承担联营风险的，实际上是以联营的名义取得房产租金，应由出租方按租金收入计算缴纳房产税。

③融资租赁的房产，由承租人自租赁合同约定开始日的次月起依照房产余值缴纳房产税。合同未约定开始日的，由承租人自合同签订的次月起依照房产余值缴纳房产税。

其五，对居民住宅区内业主共有的经营性房产，由实际经营（包括自营和出租）的代管人或使用人缴纳房产税。其中，自营的，依照房产原值减除10%～30%后的余值计征；没有房产原值或不能将业主共有房产与其他房产的原值准确划分开的，由房产所在地税务机关参照同类房产核定房产原值；出租的，依照租金收入计征。

其六，无租使用其他单位房产的应税单位和个人，依照房产余值代缴纳房产税；产权出典的房产，由承典人依照房产余值缴纳房产税。

其七，凡在房产税征收范围内的具备房屋功能的地下建筑，包括与地上房屋相连的地下建筑以及完全建在地面以下的建筑、地下人防设施等，均应当依照有关规定征收房产税。

从价计征房产税税源明细表

对于与地上房屋相连的地下建筑，如房屋的地下室、地下停车场、商场的地下部分等，应将地下部分与地上房屋视为一个整体，按照地上房屋建筑的有关规定计算征收房产税。

（2）从租计征。房屋出租的，以取得的租金收入作为计税依据。租金收入是房屋产权所有人出租房产使用权所得的报酬，包括货币收入、实物收入及其他形式的收入。

①对出租房产，租赁双方签订的租赁合同约定有出租的地下建筑，按照出租地上房屋建筑的有关规定计算征收房产税。

②如果是以劳务或者其他形式为报酬抵付房租收入的，应根据当地同类房产的租金水平，确定一个标准租金额从租计征。

从租计征房产税税源明细表

③合同约定免收租金期限的，免收租金期间由产权所有人按照房产原值缴纳房产税（区别于无租使用房产的规定）。

（四）房产税应纳税额的计算

（1）按房产余值从价计征的计算公式为：

应纳税额＝房产原值×（1－减除比例）×税率

（2）按租金收入从租计征的计算公式为：

应纳税额＝房产租金收入×税率

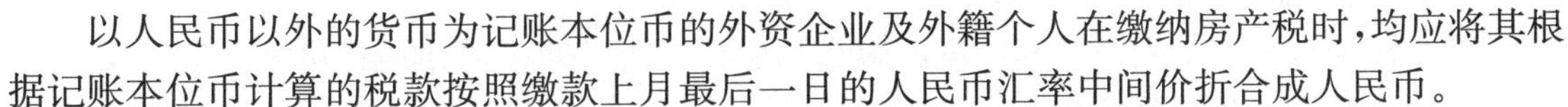

以人民币以外的货币为记账本位币的外资企业及外籍个人在缴纳房产税时，均应将其根据记账本位币计算的税款按照缴款上月最后一日的人民币汇率中间价折合成人民币。

【做中学8－1】　位于建制镇的某公司主要经营农产品采摘、销售、观光业务，占地3万平方米。其中，采摘、观光的种植用地2.5万平方米，职工宿舍和办公用地0.5万平方米。房产原值300万元。该公司2020年发生以下业务：

（1）全年取得旅游观光收入150万元、农产品零售收入180万元；

（2）6月30日签订房屋租赁合同一份，将价值50万元的办公室从7月1日起出租给他人使用，租期12个月，月租0.2万元，每月收租金1次；

（3）8月与保险公司签订农业保险合同一份，支付保险费3万元；

（4）9月与租赁公司签订融资租赁合同一份，租赁价值30万元的鲜果拣选机一台，租期5年，租金共计40万元，每年支付8万元。

该公司适用的城镇土地使用税税率为每平方米5元，省里规定计算房产余值的扣除比例为30%。

要求：计算该公司2020年应缴纳的城镇土地使用税和房产税。

解析：（1）应缴纳城镇土地使用税＝（3－2.5）×5×10 000＝25 000（元）

（2）应缴纳房产税＝300×（1－30%）×1.2%×50%×10 000＋（300－50）×（1－30%）×1.2%×50%×10 000＋0.2×6×12%×10 000

＝24 540（元）

（五）征收管理

1. 纳税义务发生时间

（1）纳税人将原有房产用于生产经营，从生产经营之次月起，缴纳房产税。

（2）纳税人自行新建房屋用于生产经营，自建成之次月起，缴纳房产税。

（3）纳税人委托施工企业建设的房屋，从办理验收手续之次月起，缴纳房产税。

（4）纳税人购置新建商品房，自房屋交付使用之次月起，缴纳房产税。

（5）纳税人购置存量房，自办理房屋权属转移、变更登记手续，房地产权属登记机关签发房屋权属证书之次月起，缴纳房产税。

（6）纳税人出租、出借房产，自交付出租、出借房产之次月起，缴纳房产税。

（7）房地产开发企业自用、出租、出借本企业建造的商品房，自房屋使用或交付之次月起，缴纳房产税。

（8）纳税人因房产的实物或权利状态发生变化而依法终止房产税的纳税义务的，其应纳税款的计算应截至房产的实物或权利发生变化的当月末。

2. 纳税期限

房产税实行按年计算、分期缴纳的征收方法，具体纳税期限由省、自治区、直辖市人民政府规定。

3. 纳税地点

房产税由纳税人向房产所在地税务机关缴纳。房产不在同一地方的纳税人,应按房产的坐落地点分别向房产所在地税务机关缴纳。

二、车船税法

(一)车船税的概念

车船税是对在中华人民共和国境内属于车船税法规定的车辆、船舶的所有人或管理人征收的一种财产税。我国分别在 2011 年 2 月 25 日和 2011 年 11 月 23 日通过了《中华人民共和国车船税法》(以下简称《车船税法》)和《中华人民共和国车船税法实施条例》(以下简称《车船税法实施条例》),2012 年 1 月 1 日开始施行。2019 年 3 月 2 日国务院修订了《车船税法实施条例》。2019 年 4 月 23 日第十三届全国人民代表大会常务委员会第十次会议修订了《车船税法》。

(二)车船税的基本法律

1. 车船税纳税义务人及扣缴义务人

所谓纳税义务人,是在中华人民共和国境内,属于规定范围的车辆、船舶的所有人或者管理人。从事机动车第三者责任强制保险业务的保险机构为机动车车船税的扣缴义务人。

提示:外商投资企业、外国企业、华侨、港澳台同胞以及外籍个人也是车船税的纳税人。

2. 车船税征税对象及范围

车船税的征税对象是车辆和船舶。车船税的征税范围有:

(1)依法应当在车船登记管理部门登记的机动车辆和船舶;

(2)依法不需要在车船登记管理部门登记的在单位内部场所行驶或者作业的机动车辆和船舶。

提示:境内单位和个人租入外国籍船舶的,不征收车船税。境内单位和个人将船舶出租到境外的,应依法征收车船税。

3. 车船税税收优惠

(1)法定减免。

①捕捞、养殖渔船,是指在渔业船舶管理部门登记为捕捞船或者养殖船的船舶。

②军队、武装警察部队专用的车船,是指按照规定在军队、武装警察部队车船管理部门登记,并领取军队、武警牌照的车船。

③警用车船,是指公安机关、国家安全机关、监狱、劳动教养管理机关和人民法院、人民检察院领取警用牌照的车辆和执行警务的专用船舶。

④依照法律规定应当予以免税的外国驻华使领馆、国际组织驻华代表机构及其有关人员的车船。

⑤根据财政部《关于节能新能源车船享受车船税优惠政策的通知》(财税〔2018〕74 号),自 2018 年 7 月 31 日起,对获得许可在中国境内销售的排量为 1.6 升以下(含 1.6 升)的燃用汽油、柴油的乘用车(含非插电式混合动力、双燃料和两用燃料乘用车)减半征收车船税。

自 2018 年 7 月 31 日起,对使用新能源的车辆,免征车船税。免征车船税的新能源汽车是指纯电动商用车、插电式(含增程式)混合动力汽车、燃料电池商用车。

纯电动乘用车和燃料电池乘用车不属于车船税征税范围,对其不征收车船税。

⑥省、自治区、直辖市人民政府根据当地实际情况,可以对公共交通车船,农村居民拥有并主要在农村地区使用的摩托车、三轮汽车和低速载货汽车定期减征或者免征车船税。

⑦2019 年 4 月 23 日,第十三届全国人民代表大会常务委员会第十次会议决定对《车船税法》作出修改:悬挂应急救援专用号牌的国家综合性消防救援车辆和国家综合性消防救援专用船舶免征车船税。

(2)特定减免。

①经批准临时入境的外国车船和香港特别行政区、澳门特别行政区、台湾地区的车船,不征收车船税。

②按照规定缴纳船舶吨税的机动船舶,自《车船税法》实施之日起 5 年内免征车船税。

③依法不需要在车船登记管理部门登记的机场、港口内部行驶或作业的车船,自《车船税法》实施之日起 5 年内免征车船税。

4. 车船税税目与税额

车船税税目与税额如表 8—1 所示。

表 8—1　　车船税税目与税额表

税　目		计税单位	年基准税额	备　注
乘用车	按发动机气缸容量(排气量)分档(1.0～4.0 升)	每辆	60～5 400 元	核定载客人数 9 人(含)以下
商用车	客车	每辆	480～1 440 元	核定载客人数 9 人(含)以上,包括电车
	货车	整备质量每吨	16～120 元	包括半挂牵引车、三轮汽车和低速载货汽车、客货两用车等
挂车		整备质量每吨		按照货车税额的 50%计算
其他车辆	专用作业车	整备质量每吨	16～120 元	不包括拖拉机
	轮式专用机械车		16～120 元	
摩托车		每辆	36～180 元	—
船舶	机动船舶	净吨位每吨	3～6 元	拖船、非机动驳船分别按照机动船舶税额的 50%计算,拖船按照发动机功率 1 千瓦折合净吨位 0.67 吨计算征收车船税
	游艇	艇身长度每米	600～2 000 元	—

车船税实行定额税率。适用的税额依照车船税税目税额表执行。具体适用税额由省、自治区、直辖市人民政府在规定子税目和税额幅度内确定。

(三)车船税计税依据

(1)乘用车、商用客车和摩托车,以辆数为计税依据。

(2)商用货车、专用作业车和轮式专用机械车,以整备质量吨位数为计税依据。

(3)机动船舶、非机动驳船、拖船,按净吨位每吨为计税依据;游艇按艇身长度每米为计税依据。

(四)车船税应纳税额的计算

车船税按年申报,分月计算,一次性缴纳。

乘用车、客车及摩托车的应纳税额=车辆数×适用年基准税额

货车、专用作业车和轮式专用机械车的应纳税额＝车辆数×适用年基准税额

机动船舶的应纳税额＝净吨位数×适用年基准税额

拖船和非机动驳船的应纳税额＝净吨位数×适用年基准税额×50%

游艇的应纳税额＝艇身长度×适用年基准税额

购置的新车船，购置当年的应纳税额自纳税义务发生的当月起按月计算。

应纳税额＝年应纳税额×应纳税月份数÷12

应纳税月份数＝12－纳税义务发生时间（取月份）＋1

从事机动车第三者责任强制险业务的保险机构为机动车车船税的扣缴义务人，应当在收取保险费时依法代收车船税，并出具代收税款凭证。

已经缴纳船舶车船税的船舶在同一纳税年度内办理转让过户的，在原登记地不予退税，在新登记地凭完税凭证不再纳税，新登记地海事管理机构应记录上述船舶的完税凭证号和出具该凭证的税务机关或海事管理机构名称，并将完税凭证的复印件存档备查。

（五）车船税征收管理

1. 纳税义务发生时间

车船纳税义务发生时间为取得车船所有权或者管理权的当月，以购买车船的发票或者其他证明文件所载日期的当月为准。

2. 纳税地点

车船税的纳税地点为车船的登记地或者车船税扣缴义务人所在地。纳税人自行申报缴纳的，应在车船的登记地缴纳车船税；保险机构代收代缴车船税的，应在保险机构所在地缴纳车船税；依法不需要办理登记的车船，应在车船的所有人或者管理人所在地缴纳车船税。

3. 纳税期限

车船税按年申报缴纳，分月计算，一次性缴纳，纳税年度为公历1月1日至12月31日。

三、契税

（一）契税的概念

《中华人民共和国契税法》（以下简称《契税法》）已由中华人民共和国第十三届全国人民代表大会常务委员会第二十一次会议于2020年8月11日通过，自2021年9月1日起施行。契税是指在中华人民共和国境内转移土地、房屋权属，承受权属的单位和个人为纳税人，应当依照规定缴纳的税收。

提示：转移土地、房屋权属，是指下列行为：①土地使用权出让；②土地使用权转让，包括出售、赠与、互换，但不包括土地承包经营权和土地经营权的转移；③房屋买卖、赠与、互换。

注意：以作价投资（入股）、偿还债务、划转、奖励等方式转移土地、房屋权属的，应当依照规定征收契税。

（二）契税的基本法律

1. 契税征税范围

契税以在我国境内转移土地、房屋权属的行为作为征税对象。土地、房屋权属未发生转移的，不征收契税。契税的征税范围主要包括以下方面：

（1）国有土地使用权出让。国有土地使用权出让是指土地使用者向国家交付土地使用权出让费用，国家将国有土地使用权在一定年限内让与土地使用者的行为。

（2）土地使用权转让。土地使用权转让是指土地使用者以出售、赠予、交换或者其他方式将土地使用权转移给其他单位和个人的行为。土地使用权的转让不包括农村集体土地承包经营权的转移。

(3)房屋买卖、赠予和交换。房屋买卖是指房屋所有者将其房屋出售，由承受者交付货币、实物、无形资产或其他经济利益的行为。房屋赠予是指房屋所有者将其房屋无偿转让给受赠者的行为。房屋交换是指房屋所有者之间相互交换房屋的行为。

(4)其他情形。除上述情形外，在实际中还有其他一些转移土地、房屋权属的形式，如以土地、房屋权属作价投资、入股，以土地、房屋权属抵债；以获奖方式承受土地、房屋权属；以预购方式或者预付集资建房款方式承受土地、房屋权属等。对于这些转移土地、房屋权属的形式，可以分别视同土地使用权转让、房屋买卖或者房屋赠予征收契税。再如，土地使用权受让人通过完成土地使用权转让方约定的投资额度或投资特定项目，以此获取低价转让或无偿赠予的土地使用权的，属于契税征收范围，其计税价格由征收机关参照纳税义务发生时当地的市场价格核定。此外，公司增资扩股中，对以土地、房屋权属作价入股或作为出资投入企业的，征收契税；企业破产清算期间，对非债权人承受破产企业土地、房屋权属的，征收契税。

提示：土地、房屋典当、继承、分拆(分割)、抵押以及出租等行为，不属于契税的征税范围。

2. 契税的纳税人

契税的纳税人，是指在我国境内承受土地、房屋权属转移的单位和个人。契税由权属的承受人缴纳。这里所说的“承受”，是指以受让、购买、受赠、交换等方式取得土地、房屋权属的行为。

提示：“土地、房屋权属”，是指土地使用权和房屋所有权；“单位”，是指企业单位、事业单位、国家机关、军事单位和社会团体以及其他组织；“个人”，是指个体经营者和其他个人，包括中国公民和外籍人员。

转让房地产权属行为的转让方和承受方的纳税情况一览表如表8—2所示。

表8—2 转让房地产权属行为的转让方和承受方的纳税情况一览表

转让方	承受方
(1)增值税(销售不动产、转让土地使用权) (2)城市维护建设税、教育费附加及地方教育附加 (3)印花税(产权转移书据) (4)土地增值税 (5)企业所得税(或个人所得税)	(1)印花税(产权转移书据) (2)契税

3. 契税税收减免优惠

(1)国家机关、事业单位、社会团体、军事单位承受土地、房屋权属用于办公、教学、医疗、科研、军事设施；

(2)非营利性的学校、医疗机构、社会福利机构承受土地、房屋权属用于办公、教学、医疗、科研、养老、救助；

(3)承受荒山、荒地、荒滩土地使用权用于农、林、牧、渔业生产；

(4)婚姻关系存续期间夫妻之间变更土地、房屋权属；

(5)法定继承人通过继承承受土地、房屋权属；

(6)依照法律规定应当予以免税的外国驻华使馆、领事馆和国际组织驻华代表机构承受土地、房屋权属。

(7)根据国民经济和社会发展的需要，国务院对居民住房需求保障、企业改制重组、灾后重建等情形可以规定免征或者减征契税，报全国人民代表大会常务委员会备案。

(8)省、自治区、直辖市可以决定对下列情形免征或者减征契税：

①因土地、房屋被县级以上人民政府征收、征用，重新承受土地、房屋权属；

②因不可抗力灭失住房，重新承受住房权属。

提示：规定的免征或者减征契税的具体办法，由省、自治区、直辖市人民政府提出，报同级人民代表大会常务委员会决定，并报全国人民代表大会常务委员会和国务院备案。

(9)纳税人改变有关土地、房屋的用途，或者有其他不再属于《契税法》第六条规定的免征、减征契税情形的，应当缴纳已经免征、减征的税款。

4. 契税税率

契税采用比例税率，并实行3%～5%的幅度税率。具体税率由各省、自治区、直辖市人民政府在幅度税率规定的范围内，按照本地区的实际情况确定，以适应不同地区纳税人的负担水平和调控房地产交易的市场价格。

自2010年10月1日起，对个人购买普通住房，且该住房属于家庭唯一住房的，减半征收契税；对个人购买90平方米及以下普通住房，且该住房属于家庭唯一住房的，减按1%税率征收契税。

(三)契税计税依据

(1)土地使用权出让、出售，房屋买卖，为土地、房屋权属转移合同确定的成交价格，包括应交付的货币以及实物、其他经济利益对应的价款；

(2)土地使用权互换、房屋互换，为所互换的土地使用权、房屋价格的差额；

(3)土地使用权赠与、房屋赠与以及其他没有价格的转移土地、房屋权属行为，为税务机关参照土地使用权出售、房屋买卖的市场价格依法核定的价格。

提示：纳税人申报的成交价格、互换价格差额明显偏低且无正当理由的，由税务机关依照《税收征收管理法》的规定核定。

(四)契税应纳税额的计算

契税应纳税额依照省、自治区、直辖市人民政府确定的适用税率和税法规定的计税依据计算征收。其计算公式为：

契税应纳税额＝计税依据×税率

【做中学8－2】 甲房地产开发公司与乙企业签订协议，协议约定：由甲房地产开发公司按照乙企业的要求建设厂房，并由甲房地产开发公司垫付资金，待工程完工由乙企业验收合格后，乙企业向甲房地产开发公司支付垫付资金的利息100万元，同时按照工程决算支付全部价款。甲房地产开发公司按乙企业的要求按期完成了工程。经决算，甲房地产开发公司共计垫付资金1 000万元，其中支付土地出让金300万元，支付被拆迁人的安置补助费50万元，委托拆迁，支付拆迁公司手续费10万元，支付城市配套费20万元。又以另外的500平方米土地使用权抵顶被拆迁企业丙公司的拆迁补偿费50万元，其余620万元支付了工程价款。乙企业对甲房地产开发公司支付的款项均无异议，且该工程已验收合格。

要求：计算各方应缴纳的契税(契税税率为5%)。

解析：(1)甲房地产开发公司接受委托代建房屋，应按规定为取得土地使用权支付的征地费用、开发费用、地租全额征收契税。

甲房地产开发公司应缴纳契税=(300+50+20+50)×5%=21(万元)

(2)企业委托建房,应按其支付的全部价款缴纳契税。

乙企业应缴纳契税=1 100×5%=55(万元)

(3)丙公司接受房地产开发公司的土地使用权,应缴纳契税。

丙公司应缴纳契税=50×5%=2.5(万元)

(五)契税征收管理

1. 纳税义务发生时间

契税的纳税义务发生时间,为纳税人签订土地、房屋权属转移合同的当日,或者纳税人取得其他具有土地、房屋权属转移合同性质凭证的当日。

注意:纳税人应当在依法办理土地、房屋权属登记手续前申报缴纳契税。

2. 纳税地点

契税实行属地征收管理。纳税人发生契税纳税义务时,应向土地、房屋所在地的税务征收机关申报纳税。

3. 纳税期限

纳税人应当自纳税义务发生之日起10日内,向土地、房屋所在地的税收征收机关办理纳税申报,并在税收征收机关核定的期限内缴纳税款。

4. 契税完税凭证

纳税人办理纳税事宜后,税务机关应当开具契税完税凭证。纳税人办理土地、房屋权属登记,不动产登记机构应当查验契税完税、减免税凭证或者有关信息。未按照规定缴纳契税的,不动产登记机构不予办理土地、房屋权属登记。

在依法办理土地、房屋权属登记前,权属转移合同、权属转移合同性质凭证不生效、无效、被撤销或者被解除的,纳税人可以向税务机关申请退还已缴纳的税款,税务机关应当依法办理。

税务机关应当与相关部门建立契税涉税信息共享和工作配合机制。自然资源、住房和城乡建设、民政、公安等相关部门应当及时向税务机关提供与转移土地、房屋权属有关的信息,协助税务机关加强契税征收管理。

任务二 行为目的税税法

一、印花税

(一)印花税的概念

印花税是对经济活动和经济交往中书立、领受、使用的应税经济凭证征收的一种税。因纳税人主要是通过在应税凭证上粘贴印花税票来完成纳税义务,故名印花税。

(二)印花税的特点

(1)印花税的征收以凭证为依据,实行“一征一税,一票一用”。凡已足额贴花的凭证不再缴纳印花税,凡已使用过的印花税票不得重复使用,多粘贴税票不得退还。

(2)印花税税率虽低,但税源广泛,是取得地方财政收入的一个重要来源。

(三)印花税基本法律

1. 印花税的征税范围

我国经济活动中发生的经济凭证种类繁多、数量巨大，现行印花税采取正列举形式，只对《中华人民共和国印花税暂行条例》(以下简称《印花税暂行条例》)列举的凭证征收，没有列举的凭证不征税。列举的凭证分为五类，即经济合同、产权转移书据、营业账簿、权利和许可证照、经财政部门确定征税的其他凭证。具体征税范围如下：

(1)经济合同。印花税税目中的合同比照我国原《经济合同法》对经济合同的分类，在税目税率表中列举了十大类合同。其分别是：购销合同、加工承揽合同、建设工程勘察设计合同、建筑安装工程承包合同、财产租赁合同、货物运输合同、仓储保管合同、借款合同、财产保险合同、技术合同。

(2)产权转移书据。产权转移即财产权利关系的变更行为，表现为产权主体发生变更。产权转移书据是在产权的买卖、交换、继承、赠予、分割等产权主体变更过程中，由产权出让人与受让人之间所订立的民事法律文书。

我国印花税税目中的产权转移书据包括财产所有权、版权、商标专用权、专利权、专有技术使用权共5项产权的转移书据。

提示："财产所有权转移书据"是指经政府管理机关登记注册的不动产、动产的所有权转移所书立的书据，包括股份制企业向社会公开发行的股票，因购买、继承、赠予所书立的产权转移书据。其他4项则属于无形资产的产权转移书据。

另外，土地使用权出让合同、土地使用权转让合同、商品房销售合同按照产权转移书据征收印花税。

(3)营业账簿。印花税税目中的营业账簿归属于财务会计账簿，是按照财务会计制度的要求设置的，反映生产经营活动的账册。按照营业账簿反映的内容不同，在税目中可分为记载资金的账簿(简称"资金账簿")和其他营业账簿两类，以便于分别采用按金额计税和按件计税两种计税方法。

①资金账簿。资金账簿是反映生产经营单位"实收资本"和"资本公积"金额增减变化的账簿。

②其他营业账簿。其他营业账簿是反映除资金资产以外的其他生产经营活动内容的账簿，即除资金账簿以外的，归属于财务会计体系的其他生产经营用账册。

从2018年5月1日起，将对纳税人设立的资金账簿按实收资本和资本公积合计金额征收的印花税减半，对按件征收的其他账簿免征印花税。

(4)权利和许可证照。权利和许可证照是政府授予单位、个人某种法定权利和准予从事特定经济活动的各种证照的统称。

例如，政府部门发给的房屋产权证、工商营业执照(五证合一后为"一照一码"营业执照)、商标注册证、专利证、土地使用证等，都属于权利、许可证照。

(5)经财政部门确定征税的其他凭证。除了税法列举的以上五大类应税经济凭证之外，在确定经济凭证的征免税范围时，需要注意以下三点：

①由于目前同一性质的凭证名称各异，不够统一，因此，各类凭证不论以何种形式或名称书立，只要其性质属于条例中列举征税范围内的凭证，均应照章纳税。

②应税凭证均是指在中华人民共和国境内具有法律效力，受中华人民共和国法律保护的凭证。

③适用于中华人民共和国境内，并在中华人民共和国境内具备法律效力的应税凭证，无

论是在中华人民共和国境内还是在境外书立，均应依照印花税的规定贴花。

2. 印花税的纳税人

印花税的纳税人，是指在中华人民共和国境内书立、领受、使用税法所列举凭证的单位和个人。

提示："单位和个人"是指国内各类企业、事业单位、国家机关、社会团体、部队及中外合资经营企业、中外合作经营企业、外资企业、外国企业和其他经济组织及其在华机构等单位和个人。

如果一份合同或应税凭证由两方或两方以上当事人共同签订，签订合同或应税凭证的各方都是纳税人，应各就其所持合同或应税凭证的计税金额履行纳税义务。

根据书立、领受、使用应税凭证的不同，纳税人可分为立合同人、立账簿人、立据人、领受人和使用人等。

(1)立合同人。立合同人是指合同的当事人，即对凭证有直接权利和义务关系的单位与个人，但不包括合同的担保人、证人、鉴定人。当事人的代理人有代理纳税义务。

提示："合同"是指根据《合同法》的规定订立的各类合同，包括购销、加工承揽、建筑工程、财产租赁、货物运输、仓储保管、借款、财产保险以及具有合同性质的凭证。

(2)立账簿人。立账簿人是指开立并使用营业账簿的单位和个人。例如，某企业因生产需要，设立了若干营业账簿，该企业即为印花税的纳税人。

(3)立据人。立据人是指书立产权转移书据的单位和个人。

(4)领受人。领受人是指领取并持有权利、许可证照的单位和个人。例如，领取房屋产权证的单位和个人，即为印花税的纳税人。

(5)使用人。使用人是指在国外书立、领受，但在国内使用应税凭证的单位和个人。

(6)各类电子应税凭证的签订人。该签订人即以电子形式签订的各类应税凭证的当事人。

3. 印花税的税收优惠

其一，法定免税优惠。根据《印花税暂行条例》及其实施细则的规定，下列凭证免征印花税：

(1)已缴纳印花税的凭证副本或抄本。但以副本或抄本作为正本使用的，应另行贴花。

(2)财产所有人将财产赠给政府、社会福利单位、学校所立的书据。其中，社会福利单位是指集中收养孤老、残、幼的社会福利单位。

(3)国家指定的收购部门与村民委员会、农民个人书立的农业产品收购合同。

(4)无息、贴息贷款合同。

(5)外国政府或者国际金融组织向我国政府及国家金融机构提供优惠贷款所书立的合同。

其二，其他减免优惠。

(1)房地产管理部门与个人订立的租房合同，凡房屋用于生活居住的，暂免贴花。

(2)军事物资运输、抢险救灾物资运输，以及新建铁路临管线运输等特殊货运凭证。

(3)对国家邮政局及所属各级邮政企业，从 1999 年 1 月 1 日起独立运营新设立的资金账簿，凡属在邮电管理局分营前已贴花的资金免征印花税，1999 年 1 月 1 日以后增加的资金按规定贴花。

(4)对经国务院和省级人民政府决定或批准进行的国有(含国有控股)企业改组改制而发生的上市公司国有股权无偿转让行为,暂不征收证券(股票)交易印花税。对不属于上述情况的上市公司国有股权无偿转让行为,仍应征收证券(股票)交易印花税。

(5)经县级以上人民政府及企业主管部门批准改制的企业改制前签订但尚未履行完的各类应税合同,改制后需要变更执行主体的,对仅改变执行主体,其余条款未作变动且改制前已贴花的,不再贴花。

(6)经县级以上人民政府及企业主管部门批准改制的企业因改制签订的产权转移书据免予贴花。

(7)对投资者(个人和机构)买卖封闭式证券投资基金免征印花税。

(8)对国家石油储备基地第一期项目建设过程中涉及的印花税予以免征。

(9)证券投资者保护基金有限责任公司发生的凭证和产权转移书据享受印花税的优惠政策:

①新设立的资金账簿免征印花税。

②与中国人民银行签订的再贷款合同、与证券公司行政清算机构签订的借款合同,免征印花税。

③接收被处置证券公司财产签订的产权转移书据,免征印花税。

④以保护基金自有财产和接收的受偿资产与保险公司签订的财产保险合同,免征印花税。与保护基金有限责任公司签订的上述应税合同或产权转移书据,只是对保护基金有限责任公司免征印花税,而对其他的当事人应该照章征收印花税。

(10)对公共租赁住房经营管理单位免征建设、管理公共租赁住房涉及的印花税。

在其他住房项目中配套建设公共租赁住房,依据政府部门出具的相关材料,按公共租赁住房建筑面积占总建筑面积的比例免征建设、管理公共租赁住房涉及的印花税。

(11)对公共租赁住房经营管理单位购买住房作为公共租赁住房,免征契税、印花税;对公共租赁住房租赁双方免征签订租赁协议涉及的印花税。

(12)对商品储备管理公司及其直属库资金账簿免征印花税;对其承担商品储备业务过程中书立的购销合同免征印花税,对合同其他各方当事人应缴纳的印花税照章征收。

(13)自2014年11月1日起至2017年12月31日止,对金融机构与小型、微型企业签订的借款合同免征印花税。

(14)自2014年1月1日起至2018年12月31日止,暂免征收飞机租赁企业购机环节购销合同印花税。

(15)对改造安置住房经营管理单位、开发商与改造安置住房相关的印花税以及购买安置住房的个人涉及的印花税予以免征。

在商品住房等开发项目中配套建造安置住房的,依据政府部门出具的相关材料、房屋征收(拆迁)补偿协议或棚户区改造合同(协议),按改造安置住房建筑面积占总建筑面积的比例免征印花税。

(16)对与高校学生签订的高校学生公寓租赁合同,免征印花税。"高校学生公寓"是指为高校学生提供住宿服务,按照国家规定的收费标准收取住宿费的学生公寓。

(17)对经营性文化事业单位转制中资产评估增值、资产转让或划转涉及的印花税,自2014年1月1日起至2018年12月31日止,符合现行规定的享受相应税收优惠政策。

(18)自2016年1月1日起至2018年12月31日止,对饮水工程运营管理单位为建设饮水工程取得土地使用权而签订的产权转移书据,以及与施工单位签订的建设工程承包合同免征印花税。

4. 印花税的税率

印花税的税率有比例税率和定额税率两种形式。印花税税目和税率如表8—3所示。

表8—3 **印花税税目和税率表**

税 目	范 围	税 率	纳税人	说 明
1. 购销合同	包括供应、预购、采购、购销结合及协作、调剂、补偿、易货等合同	按购销金额0.3‰贴花	立合同人	
2. 加工承揽合同	包括加工、定做、修缮、修理、印刷广告、测绘、测试等合同	按加工或承揽收入0.5‰贴花	立合同人	
3. 建设工程勘察设计合同	包括勘察、设计合同	按收取费用0.5‰贴花	立合同人	
4. 建筑安装工程承包合同	包括建筑、安装工程承包合同	按承包金额0.3‰贴花	立合同人	
5. 财产租赁合同	包括租赁房屋、船舶、飞机、机动车辆、机械、器具、设备等	按租赁金额1‰贴花,税额不足1元的按1元贴花	立合同人	
6. 货物运输合同	包括民用航空、铁路运输、海上运输、内河运输、公路运输和联运合同	按运输费用0.5‰贴花	立合同人	单据作为合同使用的,按合同贴花
7. 仓储保管合同	包括仓储、保管合同	按仓储保管费用1‰贴花	立合同人	仓单或栈单作为合同使用的,按合同贴花
8. 借款合同	银行及其他金融组织和借款人(不包括银行同业拆借)所签订的借款合同	按借款金额0.05‰贴花	立合同人	单据作为合同使用的,按合同贴花
9. 财产保险合同	包括财产、责任、保证、信用等保险合同	按收取保险费收入1‰贴花	立合同人	单据作为合同使用的,按合同贴花
10. 技术合同	包括技术开发、转让、咨询、服务等合同	按所记载金额0.3‰贴花	立合同人	
11. 产权转移书据	包括财产所有权和版权、商标专用权、专利权、专有技术使用权等转移书据以及土地使用权出让合同、土地使用权转让合同、商品房销售合同	按所记载金额0.5‰贴花	立据人	
12. 营业账簿	生产、经营用账册	记载资金的账簿,按实收资本和资本公积的合计金额0.5‰贴花	立账簿人	从2018年5月1日起,将对纳税人设立的资金账簿按实收资本和资本公积合计金额征收的印花税减半,对按件征收的其他账簿免征印花税
13. 权利和许可证照	包括政府部门发给的房屋产权证、营业执照、商标注册证、专利证、土地使用证	按件贴花5元	领受人	

(四)印花税的计税依据

(1)合同或具有合同性质的凭证,以凭证所载金额作为计税依据。

提示：载有两个或两个以上应适用不同税目税率经济事项的同一凭证，分别记载金额的，应分别计算应纳税额，相加后按合计税额贴花；如未分别记载金额的，按税率高的计算贴花。

(2)营业账簿中记载资金的账簿，以“实收资本”与“资本公积”两项的合计金额为其计税依据。

(3)政府部门发给的房屋产权证、营业执照(五证合一后为“一照一码”营业执照)、专利证等权利许可证照，以凭证的件数作为计税依据。

(4)纳税人有以下情形的，地方税务机关可以核定纳税人印花税计税依据：

①未按规定建立印花税应税凭证登记簿，或未如实登记和完整保存应税凭证的。

②拒不提供应税凭证或不如实提供应税凭证致使计税依据明显偏低的。

③采用按期汇总缴纳办法的，未按地方税务机关规定的期限报送汇总缴纳印花税情况报告，经地方税务机关责令限期报告，逾期仍不报告的，或者地方税务机关在检查中发现纳税人有未按规定汇总缴纳印花税情况的。仓单或栈单作为合同使用的，按合同贴花。

提示：地方税务机关核定征收印花税的，应当根据纳税人的实际生产经营收入，参考纳税人各期印花税情况及同行业合同签订情况，确定科学、合理的数额或比例作为纳税人印花税计税依据。

(五)印花税应纳税额的计算

(1)实行比例税率的凭证，印花税应纳税额的计算公式为：

应纳税额＝应税凭证计税金额×比例税率

(2)实行定额税率的凭证，印花税应纳税额的计算公式为：

应纳税额＝应税凭证件数×定额税率

(3)记载资金的营业账簿应纳税额的计算。营业账簿中记载资金的账簿，自 2018 年 5 月 1 日起，对按 0.5‰的税率贴花的资金账簿减半征收印花税。印花税应纳税额的计算公式为：

应纳税额＝(实收资本＋资本公积)×0.5‰×50%

营业账簿中记载资金的账簿，以“实收资本”与“资本公积”两项的合计金额作为其计税依据。

(4)其他营业账簿应纳税额的计算。2018 年 5 月 1 日前，其他账簿按件贴花，每件 5 元。自 2018 年 5 月 1 日起，对按件贴花 5 元的其他账簿，免征印花税。

印花税计算时的注意事项有：

(1)按金额比例贴花的应税凭证，未标明金额的，应按凭证所载数量及市场价格计算金额，依适用税率贴足印花。

(2)应税凭证所载金额为外币的，按应税凭证书立当日的国家外汇管理局公布的外汇牌价折合人民币，计算应纳税额。

(3)同一凭证由两方或者两方以上当事人签订并各执一份的，应由各方所执一份全额贴花。

(4)同一凭证因载有两个或者两个以上的经济事项而适用不同的税率，如分别载有金额，应分别计算应纳税额，相加后按合计税额贴花；如未分别记载金额，按税率高的计算贴花。

(5)已贴花的凭证，修改后所载金额增加的，其增加的部分应当补贴印花税票。

(6)按比例税率计算纳税而应纳税额不足 1 角的，免纳印花税；应纳税额在 1 角以上的，其税额尾数不满 5 分的不计，满 5 分的按 1 角计算贴花。对财产租赁合同的应纳税额超过 1 角但不足 1 元的，按 1 元贴花。

【做中学8—3】　山东长江有限责任公司(纳税人识别号为91370755432220890S)2020年11月发生如下交易或事项:该公司2020年11月1日与乙公司签订购买价值为3 000万元设备的合同。该公司为购买此设备准备向丙商业银行借款,并于2020年11月10日与丙商业银行签订借款金额为2 000万元的借款合同。但因故购销合同作废,2020年11月20日与乙公司改签融资租赁合同,租赁费3 000万元。

要求:计算该公司应纳的印花税。

解析:购销合同应纳印花税=3 000×0.3‰=0.9(万元)

产生纳税义务后合同作废不能免税。

借款合同应纳印花税=2 000×0.05‰=0.1(万元)

融资租赁合同属于借款合同。

融资租赁合同应纳印花税=3 000×0.05‰=0.15(万元)

甲公司应纳印花税合计=0.9+0.1+0.15=1.15(万元)

(六)印花税的征收管理

1. 印花税的纳税义务发生时间

印花税应当在书立或领受时贴花。具体是指在合同签订时、账簿启用时和证照领受时贴花。如果合同是在国外签订,并且不便在国外贴花的,应在将合同带入境时办理贴花纳税手续。

2. 印花税的纳税期限

印花税按季或者按次计征。实行按季计征的,纳税人应当于季度终了之日起十五日内申报并缴纳税款,自2020年10月1日起施行。

3. 印花税的纳税地点

印花税一般实行就地纳税。对于全国性商品物资订货会(包括展销会、交易会等)上所签订合同应纳的印花税,由纳税人回其所在地后及时办理贴花完税手续;对地方主办、不涉及省际关系的订货会、展销会上所签合同的印花税,其纳税地点由各省、自治区、直辖市人民政府自行确定。

4. 印花税的缴纳方法

根据税额大小,应税项目纳税次数多少以及税源控管的需要,印花税分别采用自行贴花、汇贴或汇缴和委托代征三种缴纳方法。

(1)自行贴花方法。所谓自行贴花方法,是指纳税人在书立、领受或者使用应税凭证的同时,根据应纳税凭证的性质和适用的税目税率,自行计算应纳税额,自行购买印花税票,自行一次贴足印花税票并加以注销或划销,纳税义务才算全部履行完毕。

提示:自行贴花方法一般适用于应税凭证较少或者贴花次数较少的纳税人。

对已贴花的凭证,修改后所记载金额增加的,其增加部分应当补贴印花税票。凡多贴印花税票者,不得申请退税或者抵用。

(2)汇贴或汇缴方法。一份凭证应纳税额超过500元的,应向当地税务机关申请填写缴款书或者完税凭证,将其中一联粘贴在凭证上或者由税务机关在凭证上加注完税标记代替贴花。这就是所谓的汇贴方法。

同一种类应税凭证需频繁贴花的,应向税务机关申请按期汇总缴纳印花税。获准汇总缴纳印花税的纳税人,应持有税务机关发给的汇缴许可证。汇缴的限期限额由当地税务机关确定，但最长期限不得超过1个月，这就是所谓的汇缴方法。

提示：汇贴或汇缴方法一般适用于应纳税额较大或者贴花次数频繁的纳税人。

(3)委托代征方法。该方法主要是通过税务机关的委托，经由发放或者办理应税凭证的单位代为征收印花税税款。税务机关应与代征单位签订代征委托书。“发放或者办理应税凭证的单位”，是指发放权利、许可证照的单位和办理凭证的鉴证、公证及其他有关事项的单位。

二、车辆购置税

(一)车辆购置税的概念

车辆购置税，是对在中国境内购置规定车辆的单位和个人征收的一种税。就性质而言，它属于直接税的范畴，由车辆购置附加费演变而来。《中华人民共和国车辆购置税法》(简称《车购税法》)于2019年7月1日起实施。

(二)车辆购置税基本法律

1. 车辆购置税的征收范围

在中华人民共和国境内购置汽车、有轨电车、汽车挂车、排气量超过150毫升的摩托车(以下简称“应税车辆”)的单位和个人，为车辆购置税的纳税人，应当依照规定缴纳车辆购置税。

注意：地铁、轻轨等城市轨道交通车辆，装载机、平地机、挖掘机、推土机等轮式专用机械车，以及起重机(吊车)、叉车、电动摩托车，不属于应税车辆。

2. 车辆购置税的纳税人

在我国境内购置规定车辆的单位和个人，为车辆购置税的纳税人。

购置，包括购买、进口、自产、受赠、获奖或者以其他方式取得并自用应税车辆的行为。

提示：“单位”，包括国有企业、集体企业、私营企业、股份制企业、外商投资企业、外国企业以及其他企业、事业单位、社会团体、国家机关、部队以及其他单位；“个人”，包括个体工商户以及其他个人。

3. 车辆购置税税收优惠

下列车辆免征车辆购置税：

(1)依照法律规定应当予以免税的外国驻华使馆、领事馆和国际组织驻华机构及其有关人员自用的车辆；

(2)中国人民解放军和中国人民武装警察部队列入装备订货计划的车辆；

(3)悬挂应急救援专用号牌的国家综合性消防救援车辆；

(4)设有固定装置的非运输专用作业车辆；

(5)城市公交企业购置的公共汽电车辆。

①防汛部门和森林消防部门用于指挥、检查、调度、报汛(警)、联络的设有固定装置的指定型号的车辆。

②回国服务的在外留学人员用现汇购买1辆个人自用国产小汽车。

③长期来华定居专家进口的1辆自用小汽车。

④自2018年1月1日至2022年12月31日，对购置的新能源汽车免征车辆购置税。免征车辆购置税的新能源汽车是指纯电动汽车、插电式混合动力(含增程式)汽车、燃料电池汽车。

⑤自 2018 年 7 月 1 日至 2021 年 6 月 30 日，对购置挂车减半征收车辆购置税。挂车是指由汽车牵引才能正常使用且用于载运货物的无动力车辆。

⑥对中国妇女发展基金会申请用于"母亲健康快车"项目的流动医疗车免征车辆购置税。

⑦对北京 2022 年冬奥会和冬残奥会组织委员会新购置车辆免征车辆购置税。

⑧原公安现役部队和原武警黄金、森林、水电部队改制后换发地方机动车牌证的车辆(公安消防、武警森林部队执行灭火救援任务的车辆除外)，一次性免征车辆购置税。

4. 车辆购置税税率

车辆购置税实行一次性征收。购置已征车辆购置税的车辆，不再征收车辆购置税。车辆购置税采用 10%的比例税率。

(三)车辆购置税的计税依据

车辆购置税的计税依据为应税车辆的计税价格。计税价格根据不同情况，按照下列规定确定：

(1)纳税人购买自用的应税车辆的计税价格，为纳税人购买应税车辆而支付给销售者的全部价款和价外费用，不包括增值税税款。

注意：价外费用是指销售方价外向购买方收取的基金、集资费、违约金(延期付款利息)和手续费、包装费、储存费、运输装卸费、保管费以及其他各种性质的价外收费，但不包括销售方代办保险等而向购买方收取的保险费，以及向购买方收取的代购买方缴纳的车辆购置税、车辆牌照费。

(2)纳税人进口自用的应税车辆的计税价格的计算公式为：

计税价格＝关税完税价格＋关税＋消费税

(3)纳税人自产、受赠、获奖或者以其他方式取得并自用的应税车辆的计税价格，由主管税务机关参照国家税务总局规定的最低计税价格核定。

提示：最低计税价格是指国家税务总局依据机动车生产企业或者经销商提供的车辆价格信息，参照市场平均交易价格核定的车辆购置税计税价格。

(4)纳税人购买自用或者进口自用应税车辆，申报的计税价格低于同类型应税车辆的最低计税价格，又无正当理由的，计税价格为国家税务总局核定的最低计税价格。

(5)国家税务总局未核定最低计税价格的车辆，计税价格为纳税人提供的有效价格证明注明的价格。有效价格证明注明的价格明显偏低的，主管税务机关有权核定应税车辆的计税价格。

(四)车辆购置税应纳税额的计算

车辆购置税实行从价定率的方法计算应纳税额。计算公式如下：

应纳税额＝计税依据×税率

进口应税车辆应纳税额＝(关税完税价格＋关税＋消费税)×税率

提示：纳税人购买自用应税车辆的计税价格，为纳税人实际支付给销售者的全部价款，不包括增值税税款。

【做中学 8—4】　北京长江有限责任公司 2020 年 5 月 10 日从美国购买的高档轿车一辆。该公司进口报关时，经海关核定的关税完税价格为 300 000 元，进口关税税率为 20%，消费税税率为 25%。该公司于 2020 年 5 月 25 日对车辆购置税进行纳税申报。

要求：计算该公司应纳的车辆购置税。

解析：应纳关税＝300 000×20%＝60 000(元)

组成计税价格=(300 000+60 000)÷(1-25%)=480 000(元)

应纳增值税=480 000×13%=62 400(元)

应纳消费税=480 000×25%=120 000(元)

应纳车辆购置税=480 000×10%=48 000(元)

(五)征收管理

1. 纳税申报

2018年12月29日,第十三届全国人大常委会第七次会议审议通过了《中华人民共和国车辆购置税法》(以下简称《车购税法》)。《车购税法》明确将车购税完税或免税电子信息代替了纸质车购税完税证明,并于2019年7月1日起实施。

2. 纳税期限及缴税方法

车辆购置税的纳税义务发生时间为纳税人购置应税车辆的当日。纳税人应当自纳税义务发生之日起60日内申报缴纳车辆购置税。

3. 纳税地点

纳税人应当在向公安机关交通管理部门办理车辆注册登记前,缴纳车辆购置税。

4. 退税办理

已缴纳车辆购置税的车辆,发生下列情形之一的,准予纳税人申请退税:

(1)车辆退回生产企业或者经销商的,纳税人申请退税时,主管税务机关自纳税人办理纳税申报之日起,按已缴纳税款每满1年扣减10%计算退税额;未满1年的,按已缴纳税款全额退税。

应退税额的计算公式为:

应退税额=已纳税额×(1-使用年限×10%)

(2)符合免税条件的设有固定装置的非运输车辆但已征税的。

(3)其他依据法律、法规的规定应予退税的情形。

其他退税情形,纳税人申请退税时,主管税务机关依据有关规定计算退税额。

三、环境保护税

(一)环境保护税法的概念

环境保护税法是调整环境保护税征纳关系法律规范的总称。我国现行环境保护税的基本规范是2016年12月25日第十二届全国人民代表大会常务委员会第二十五次会议通过的《中华人民共和国环境保护税法》(以下简称《环境保护税法》)和2017年12月30日国务院颁布的《中华人民共和国环境保护税法实施条例》(自2018年1月1日起施行)。同时,不再征收排污费。

《环境保护税法》是党的十八届三中全会提出"落实税收法定原则"要求后,全国人大常委会审议通过的第一部单行税法,也是我国第一部专门体现"绿色税制"、推进生态文明建设的单行税法。本法的总体思路是由"费"改"税",即按照"税负平移"原则,实现排污费制度向环境税制度的平稳转移。

视频

三分钟带你看懂环保税

实行环境保护费改税,有利于解决排污费制度存在的执法刚性不足、地方政府干预等问题,有利于提高纳税人环保意识和遵从度,强化企业治污减排的责任,有利于构建促进经济结构调整、发展方式转变的绿色税制体系,有利于规范政府分配秩序，优化财政收入结构，强化预算约束。

（二）环境保护税法的基本法律

1. 征税对象

环境保护税是对我国领域以及管辖的其他海域，直接向环境排放应税污染物的企业、事业单位和其他生产经营者征收的一种税。它由英国经济学家庇古（A. C. Pigou）最先提出，荷兰是征收环境保护税比较早的国家。我国的环境保护税由排污费改革而来。

环境保护税针对应税污染物征税，是指《环境保护税法》所附环境保护税税目税额表、应税污染物和当量值表规定的大气污染物、水污染物、固体废物和噪声。

大气污染物是指向大气排放，导致大气污染的物质，包括二氧化硫、氮氧化物、粉尘等。

水污染物是指直接或者间接向水体排放，能导致水体污染的物质，包括重金属、悬浮物、动植物油等。

固体废物是指在生产、生活和其他活动中产生的丧失原有利用价值或者虽未丧失利用价值但被抛弃或者放弃的固态、半固态和置于容器中的气态的物品、物质以及法律和行政法规规定纳入固体废物管理的物品、物质，包括煤矸石、尾矿等。

噪声是指工业噪声，即在工业生产活动中使用固定设备时产生的超过国家规定的环境噪声排放标准的、干扰周围生活环境的声音。

依法设立的城乡污水集中处理、生活垃圾集中处理场所超过国家和地方规定的排放标准向环境排放应税污染物的，应当缴纳环境保护税。

企业、事业单位和其他生产经营者贮存或者处置固体废物不符合国家和地方环境保护标准的，应当缴纳环境保护税。

有下列情形之一的，不属于直接向环境排放污染物，不缴纳相应污染物的环境保护税：

（1）企业、事业单位和其他生产经营者向依法设立的污水集中处理、生活垃圾集中处理场所排放应税污染物的；

（2）企业、事业单位和其他生产经营者在符合国家和地方环境保护标准的设施、场所贮存或者处置固体废物的。

对为社会公众提供生活污水处理服务的城乡污水集中处理场所，在达标排放的情况下给予免征环境保护税的优惠。但对服务工业园区企业的污水处理厂，需要缴纳环境保护税。

根据《环境保护税法》的规定，目前未将建筑施工噪声和交通噪声纳入征收范围。

2. 纳税人

在我国领域和管辖的其他海域，直接向环境排放应税污染物的企业、事业单位和其他生产经营者为环境保护税的纳税人。

居民个人不属于税法规定的企业、事业单位和其他生产经营者，不缴纳环境保护税。

自 2018 年 1 月 1 日起，在中华人民共和国领域和中华人民共和国管辖的其他海域，直接向环境排放应税污染物的企事业单位和其他生产经营者为环境保护税的纳税人，应当依照《环境保护税法》的规定缴纳环境保护税。

3. 环境保护税法税收减免优惠

（1）暂予免征环境保护税的情形：

①农业生产（不包括规模化养殖）排放应税污染物的；

②机动车、铁路机车、非道路移动机械、船舶和航空器等流动污染源排放应税污染物的；

③依法设立的城乡污水集中处理、生活垃圾集中处理场所排放相应应税污染物，不超过国家和地方规定的排放标准的；

④纳税人综合利用的固体废物，符合国家和地方环境保护标准的；

⑤国务院批准免税的其他情形。

(2)部分减免环境保护税的情形：

①纳税人排放应税大气污染物或者水污染物的浓度值低于国家和地方规定的污染物排放标准30%的，减按75%征收环境保护税。

②纳税人排放应税大气污染物或者水污染物的浓度值低于国家和地方规定的污染物排放标准50%的，减按50%征收环境保护税。

上述应税大气污染物或者水污染物的浓度值，是指纳税人安装使用的污染物自动监测设备当月自动监测的应税大气污染物浓度值的小时平均值再平均所得数值或者应税水污染物浓度值的日平均值再平均所得数值，或者监测机构当月监测的应税大气污染物、水污染物浓度值的平均值。

4. 税目与税额

环境保护税采用定额税率。环境保护税税目和税额如表8—4所示。

表8—4　　环境保护税税目和税额表

<table>
<tr><th colspan="2">税　目</th><th>计税单位</th><th>税　额</th></tr>
<tr><td colspan="2">大气污染物</td><td>每污染当量</td><td>1.2～12元</td></tr>
<tr><td colspan="2">水污染物</td><td>每污染当量</td><td>1.4～14元</td></tr>
<tr><td rowspan="4">固体废物</td><td>煤矸石</td><td>每吨</td><td>5元</td></tr>
<tr><td>尾矿</td><td>每吨</td><td>15元</td></tr>
<tr><td>危险废物</td><td>每吨</td><td>1 000元</td></tr>
<tr><td>冶炼渣、粉煤灰、炉渣、其他固体废物（含半固态、液态废物）</td><td>每吨</td><td>25元</td></tr>
<tr><td rowspan="6">噪声</td><td rowspan="6">工业噪声</td><td>超标1～3分贝</td><td>每月350元</td></tr>
<tr><td>超标4～6分贝</td><td>每月700元</td></tr>
<tr><td>超标7～9分贝</td><td>每月1 400元</td></tr>
<tr><td>超标10～12分贝</td><td>每月2 800元</td></tr>
<tr><td>超标13～15分贝</td><td>每月5 600元</td></tr>
<tr><td>超标16分贝以上</td><td>每月11 200元</td></tr>
</table>

注意事项：

①一个单位边界上有多处噪声超标，根据最高一处超标声级计算应纳税额；当沿边界长度超过100米有两处以上噪声超标，按照两个单位计算应纳税额。

②一个单位有不同地点作业场所的，应当分别计算应纳税额，合并计征。

③昼夜均超标的环境噪声，昼夜分别计算应纳税额，累计计征。

④声源一个月内超标不足15天的，减半计算应纳税额。

⑤夜间频繁突发和夜间偶然突发厂界超标噪声，按等效声级和峰值噪声两种指标中超标分贝值高的一项计算应纳税额。

(三)环境保护税法计税依据

环境保护税实行从量计征，即直接按征税对象的自然单位计算。

1. 应税污染物的计税依据确定方法

(1)应税大气污染物、水污染物,按照污染物排放量折合的污染当量数确定。

①应税大气污染物、水污染物当量数,以该污染物的排放量除以该污染物的污染当量值计算。每种应税大气污染物的具体污染当量值,依照"应税污染物和当量值表"执行。

②每一排放口或者没有排放口的应税大气污染物,按照污染当量数从大到小排序,对前三项污染物征收环境保护税。

③每一排放口的应税水污染物,按照"应税污染物和当量值表",区分第一类水污染物和其他类水污染物,按照污染当量数从大到小排序,对第一类水污染物按照前五项征收环境保护税,对其他类水污染物按照前三项征收环境保护税。

④纳税人有下列情形之一的,以其当期应税大气污染物、水污染物的产生量作为污染物的排放量:未依法安装使用污染物自动监测设备或者未将污染物自动监测设备与环境保护主管部门的监控设备联网;损毁或者擅自移动、改变污染物自动监测设备;篡改、伪造污染物监测数据;通过暗管、渗井、渗坑、灌注或者稀释排放以及不正常运行防治污染设施等方式违法排放应税污染物;进行虚假纳税申报。

(2)应税固体废物按照固体废物的排放量确定。固体废物的排放量为当期应税固体废物的产生量减去当期应税固体废物的贮存量、处置量、综合利用量后的余额。固体废物的贮存量、处置量是指在符合国家和地方环境保护标准的设施、场所贮存或者处置的固体废物数量;固体废物的综合利用量是指按照国务院发展改革、工业和信息化主管部门关于资源综合利用要求以及国家和地方环境保护标准进行综合利用的固体废物数量。

纳税人有下列情形之一的,以其当期应税固体废物的产生量作为固体废物的排放量:非法倾倒应税固体废物;进行虚假纳税申报。

(3)应税噪声按照超过国家规定标准的分贝数确定。

2. 应税污染物的计税依据特殊规定

(1)应税大气污染物、水污染物、固体废物的排放量和噪声的分贝数,按照下列方法和顺序计算:

①纳税人安装使用符合国家规定和监测规范的污染物自动监测设备的,按照污染物自动监测数据计算。

②纳税人未安装使用污染物自动监测设备的,按照监测机构出具的符合国家有关规定和监测规范的监测数据计算。

③因排放污染物种类多等原因不具备监测条件的,按照国务院环境保护主管部门规定的排污系数、物料衡算方法计算。

④不能按照上述规定方法计算的,按照省、自治区、直辖市人民政府环境保护主管部门规定的抽样测算的方法核定计算。

(2)从两个以上排放口排放应税污染物的,对每一排放口排放的应税污染物分别计算征收环境保护税;纳税人持有排污许可证的,其污染物排放口按照排污许可证载明的污染物排放口确定。

3. 应税污染物项目数的增加权限规定

省、自治区、直辖市人民政府根据本地区污染物减排的特殊需要,可以增加同一排放口征收环境保护税的应税污染物项目数,报同级人民代表大会常务委员会决定,并报全国人民代表大会常务委员会和国务院备案。

(四)环境保护税法应纳税额计算

(1)应税大气污染物的应纳税额为污染当量数乘以具体适用税额。计算公式为:

污染当量数=该污染物的排放量(单位)÷该污染物的污染当量值(单位)

应纳税额=污染当量数×定额税率

【做中学8—5】 某纳税人当月排放汞及其化合物1 000千克,查询"应税污染物和当量值表",汞及其化合物污染当量值(千克)为0.000 1,适用税额为每污染当量12元。

要求:计算该纳税人污染当量数及应纳税额。

解析:污染当量数=1 000÷0.000 1=10 000 000

应纳税额=10 000 000×12=120 000 000(元)

(2)应税水污染物的应纳税额为污染当量数乘以具体适用税额。

①一般污染物的污染当量计算。计算公式为:

某污染物的污染当量数=该污染物的排放量(千克)÷该污染物的污染当量值(千克)

②pH值、大肠菌群数、余氯量的污染当量数计算。计算公式为:

某污染物的污染当量数=污水排放量(吨)÷该污染物的污染当量值(吨)

③色度的污染当量数计算。计算公式为:

色度的污染当量数=污水排放量(吨)×色度超标倍数

④禽畜养殖业、小型企业和第三产业的污染当量数计算。计算公式为:

污染当量数=污染排放特征值÷污染当量值

(3)应税固体废物的应纳税额为固体废物排放量乘以具体适用税额。

(4)应税噪声的应纳税额为超过国家规定标准的分贝数对应的具体适用税额。

(五)环境保护税法征收管理

1. 纳税义务发生时间

环境保护税的纳税义务发生时间为纳税人排放应税污染物的当日。

2. 纳税地点

纳税人应当向应税污染物排放地的税务机关申报缴纳环境保护税。

3. 纳税期限

环境保护税按月计算,按季申报缴纳;不能按固定期限计算缴纳的,可以按次申报缴纳。

纳税人申报缴纳时,应当向税务机关报送所排放应税污染物的种类、数量,大气污染物、水污染物的浓度值,以及税务机关根据实际需要要求纳税人报送的其他纳税资料。

纳税人按季申报缴纳的,应当自季度终了之日起15日内,向税务机关办理纳税申报并缴纳税款。纳税人按次申报缴纳的,应当自纳税义务发生之日起15日内,向税务机关办理纳税申报并缴纳税款。

4. 税务争议和税收法律责任

(1)环境保护税由税务机关依照《税收征收管理法》《环境保护税法》的有关规定征收管理。

环境保护主管部门依照法律和有关环境保护法规的规定负责对污染物的监测管理。

县级以上地方人民政府应当建立税务机关、环境保护主管部门和其他相关单位分工协作工作机制,加强环境保护税征收管理,保障税款及时足额入库。

(2)环境保护主管部门和税务机关应当建立涉税信息共享平台和工作配合机制。

环境保护主管部门应当将排污单位的排污许可、污染物排放数据、环境违法和受行政处罚情况等环境保护相关信息，定期交送税务机关。

税务机关应当将纳税人的纳税申报、税款入库、减免税额、欠缴税款以及风险疑点等环境保护税涉税信息，定期交送环境保护主管部门。

四、城市维护建设税

（一）城市维护建设税的概念

城市维护建设税是对从事市场经营，缴纳增值税、消费税的单位和个人征收的一种税。

中华人民共和国成立以来，我国城市维护和建设在不同时期都取得了较大成绩，但是国家在城市建设方面一直资金不足。1979 年之前，我国用于城市维护建设的资金由当时的工商税附加、城市公用事业附加和国拨城市维护费组成。1979 年，国家开始在部分大中城市试行从上年工商利润中提取 5%用于城市维护和建设，但是未能从根本上解决问题。1981 年，国务院在批转财政部关于改革工商税制的设想中提出："根据城市建设需要，开征城市维护建设税，作为县以上城市和工矿区市政建设的专项资金。"1985 年 2 月 8 日，国务院正式颁布《中华人民共和国城市维护建设税暂行条例》（以下简称《城建税暂行条例》），并于 1985 年 1 月起在全国范围内施行。2020 年 8 月 11 日第十三届全国人民代表大会常务委员会第二十一次会议通过《中华人民共和国城市维护建设税法》。

（二）城市维护建设税基本法律

1. 征收范围

城市维护建设税的征收范围比较广，具体包括城市市区、县城、建制镇以及税法规定征收增值税和消费税的其他地区。城市、县城、建制镇的范围，应以行政区划为标准，不能随意扩大或缩小各自行政区域的管辖范围。

2. 纳税人

在中华人民共和国境内缴纳增值税、消费税的单位和个人，为城市维护建设税的纳税人，应当依照规定缴纳城市维护建设税。不论是国有企业、集体企业、私营企业、个体工商业户，还是其他单位和个人，只要缴纳了增值税、消费税中的任何一种税，都必须同时缴纳城市维护建设税。

个体商贩及个人在集市上出售商品，对其征收临时经营的增值税，是否同时按其实缴税额征收城市维护建设税，由各省、自治区、直辖市人民政府根据实际情况确定。

3. 税收优惠

城市维护建设税以增值税、消费税为计税依据，并与增值税和消费税同时征收。这样，税法规定对纳税人减免增值税和消费税时，相应也减免了城市维护建设税。因此，城市维护建设税原则上不单独规定减免税。但是，针对一些特殊情况，财政部和国家税务总局还是陆续作出了一些特案税收优惠规定：

（1）对进口货物或者境外单位和个人向境内销售劳务、服务、无形资产缴纳的增值税、消费税税额，不征收城市维护建设税。

（2）对由于减免增值税、消费税而发生的退税，同时退还已纳的城市维护建设税，但对出口产品退还增值税、消费税的，不退还已缴纳的城市维护建设税；生产企业出口货物实行免、抵、退税办法后，经国家税务局正式审核批准的当期免抵的增值税税额应纳入城市维护建设税和教育费附加的计征范围，分别按规定的税(费)率征收城市维护建设税和教育费附加。

(3)对国家石油储备基地第一期项目建设过程中涉及的城市维护建设税、教育费附加予以免征。

(4)对新办的商贸企业(从事批发、批零以及其他非零售业务的商贸企业除外)，当年新招用下岗失业人员达到职工总数30%以上(含30%)，并与其签订1年以上期限劳动合同的，经劳动保障部门认定、税务机关审核，3年内免征城市维护建设税。

(5)对下岗失业人员从事个体经营(除建筑业、娱乐业以及广告业、桑拿、按摩、网吧、氧吧外)的，自领取税务登记证之日起，3年内免征城市维护建设税、教育费附加。

(6)为支持国家重大水利工程建设，对国家重大水利工程建设基金自2010年5月25日起免征城市维护建设税。

(7)自2004年1月1日起，对为安置自谋职业的城镇退役士兵就业而新办的服务型企业(除广告业、桑拿、按摩、网吧、氧吧外)，当年新安置自谋职业的城镇退役士兵达到职工总数30%以上，并与其签订1年以上期限劳动合同的，经县以上民政部门认定、税务机关审核，3年内免征城市维护建设税。

(8)经中国人民银行依法决定撤销的金融机构及其分设于各地的分支机构(包括被依法撤销的商业银行、信托投资公司、财务公司、金融租赁公司、城市信用社和农村信用社)，用其财产清偿债务时，免征被撤销金融机构转让货物、不动产、无形资产、有价证券、票据等应缴纳的城市维护建设税。

此外，对增值税、消费税实行先征后返、先征后退、即征即退办法的，除另有规定外，对随增值税和消费税附征的城市维护建设税和教育费附加，一律不予退(返)还。

(9)根据国民经济和社会发展的需要，国务院对重大公共基础设施建设、特殊产业和群体以及重大突发事件应对等情形可以规定减征或者免征城市维护建设税，报全国人民代表大会常务委员会备案。

(10)城市维护建设税的纳税义务发生时间与增值税、消费税的纳税义务发生时间一致，分别与增值税、消费税同时缴纳。

(11)城市维护建设税的扣缴义务人为负有增值税、消费税扣缴义务的单位和个人，在扣缴增值税、消费税的同时扣缴城市维护建设税。

4. 税率

城市维护建设税实行地区差别比例税率。按照纳税人所在地的不同，税率分别规定为7%、5%、1%三个档次。不同地区的纳税人，适用不同档次的税率。具体适用范围是：

(1)纳税人所在地在市区的，税率为7%；

(2)纳税人所在地在县城、镇的，税率为5%；

(3)纳税人所在地不在市区、县城或者镇的，税率为1%。

提示：所称纳税人所在地，是指纳税人住所地或者与纳税人生产经营活动相关的其他地点，具体地点由省、自治区、直辖市确定。

纳税单位和个人缴纳城市维护建设税的适用税率，一律按其纳税所在地的规定税率执行。县政府设在城市市区，其在市区办的企业，按照市区的规定税率计算纳税。纳税人所在地为工矿区的，应根据行政区划分别按照7%、5%、1%的税率缴纳城市维护建设税。撤县建市后，城市维护建设税适用税率应为7%。

城市维护建设税的适用税率，一般规定按纳税人所在地的适用税率执行。但对下列两种情况，可按纳税人缴纳增值税、消费税所在地的规定税率就地缴纳城市维护建设税：

(1)由受托方代收、代扣增值税、消费税的单位和个人；

(2)流动经营等无固定纳税地点的单位和个人。

(三)城市维护建设税计税依据

城市维护建设税以纳税人依法实际缴纳的增值税、消费税税额为计税依据。城市维护建设税的计税依据应当按照规定扣除期末留抵退税退还的增值税税额。

提示：城市维护建设税计税依据的具体确定办法，由国务院依据《城市维护建设税法》和有关税收法律、行政法规规定，报全国人民代表大会常务委员会备案。

(四)城市维护建设税应纳税额的计算

城市维护建设税应纳税额的计算公式为：

应纳税额＝(实际缴纳的增值税＋实际缴纳的消费税)×适用税率

【做中学8－6】　甲公司为国有企业，位于某市东城区，2020年11月应缴增值税90 000元，实际缴纳增值税80 000元；应缴消费税70 000元，实际缴纳消费税60 000元。已知适用的城市维护建设税税率为7%。

要求：计算该公司当月应纳城市维护建设税税额。

解析：根据城市维护建设税法律制度规定，城市维护建设税以纳税人实际缴纳的增值税和消费税之和为计税依据。

应纳城市维护建设税税额＝(80 000＋60 000)×7%＝9 800(元)

(五)城市维护建设税征收管理

城市维护建设税的征收管理、纳税环节等事项，比照增值税、消费税的有关规定执行。

根据税法规定的原则，针对一些比较复杂并有特殊性的纳税地点，财政部和国家税务总局作了以下规定：

(1)纳税人直接缴纳增值税和消费税的，在缴纳地缴纳城市维护建设税。

(2)代扣代缴的纳税地点。代征、代扣、代缴增值税、消费税的企业单位，同时也要代征、代扣、代缴城市维护建设税。没有代扣城市维护建设税的，应由纳税单位或个人回到其所在地申报纳税。

(3)对中国国家铁路集团有限公司(简称“中国铁路”)的分支机构预征1%的增值税所应缴纳的城市维护建设税和教育费附加，由中国铁路按季向北京市税务局缴纳。

由于城市维护建设税是与增值税、消费税同时征收的，因此在一般情况下，城市维护建设税不单独加收滞纳金或罚款。但是，如果纳税人缴纳了增值税和消费税之后，却不按规定缴纳城市维护建设税，则可以对其单独加收滞纳金，也可以单独进行罚款。

任务三　烟叶税税法

一、烟叶税的概念

烟叶税税法是国家制定的用于调整烟叶税征收和缴纳之间权利与义务关系的法律规范。现行烟叶税的基本规范是2017年12月27日第十二届全国人民代表大会常务委员会第三十一次会议通过的《中华人民共和国烟叶税法》,自2018年7月1日起施行。

烟叶税的诞生是税制改革的结果,也是国家对烟草实行"寓禁于征"政策的继续,标志着由消费税、增值税和烟叶税形成的烟草税收调控体系已经形成。

二、烟叶税的基本法律

1. 烟叶税征税范围

烟叶税的征税范围包括晾晒烟叶、烤烟叶。晾晒烟叶包括列入名晾晒烟名录的晾晒烟叶和未列入名晾晒烟名录的其他晾晒烟叶。

2. 烟叶税纳税人

烟叶税的纳税人为在中华人民共和国境内收购烟叶的单位。因为我国实行烟草专卖制度,所以烟叶税的纳税人具有特定性,一般是有权收购烟叶的烟草公司或者受其委托收购烟叶的单位。

3. 烟叶税税率

烟叶税实行比例税率,税率为20%。

三、烟叶税计税依据

烟叶税的计税依据是纳税人收购烟叶的收购金额,具体包括纳税人支付给烟叶销售者的烟叶收购价款和价外补贴。价外补贴统一暂按烟叶收购价款的10%计入收购金额。收购金额的计算公式为:

收购金额=收购价款×(1+10%)

四、烟叶税应纳税额的计算

烟叶税应纳税额的计算公式为:

应纳税额=烟叶收购金额×税率

=烟叶收购价款×(1+10%)×税率

五、烟叶税征收管理

(一)烟叶税的纳税义务发生时间

烟叶税的纳税义务发生时间为纳税人收购烟叶的当天,具体是指纳税人向烟叶销售者付讫收购烟叶款项或者开具收购烟叶凭证的当天。烟叶税在烟叶收购环节征收。纳税人收购烟叶就发生纳税义务。

(二)烟叶税的纳税期限

烟叶税按月计征,纳税人应当于纳税义务发生月终了之日起15日内申报并缴纳税款。

(三)烟叶税的纳税地点

对依照《中华人民共和国烟草专卖法》查处没收的违法收购的烟叶,由收购罚没烟叶的单位按照购买金额计算缴纳烟叶税。烟叶税由地方税务机关征收。纳税人收购烟叶,应当向烟叶收购地的主管税务机关(指县级地方税务局或者其所指定的税务分局、所)申报纳税。

提示:购进农产品,按照农产品收购发票或者销售发票上注明的农产品买价(包括按规定缴纳的烟叶税)和13%的扣除率计算抵扣增值税进项税额。

任务四　非税征收制度

一、教育费附加

(一)教育费附加的概念

教育费附加是以单位和个人缴纳的增值税、消费税税额为计税依据征收的一种附加费。教育费附加名义上是一种专项资金,但实质上具有税的性质。为了调动各种社会力量办教育的积极性,开辟多种渠道筹措教育经费,国务院于1986年4月28日颁布了《征收教育费附加的暂行规定》,并于同年7月1日起在全国范围内征收教育费附加。

(二)教育费附加的基本法律

1. 教育费附加的征收范围和计税依据

教育费附加对缴纳增值税、消费税的单位和个人征收,以其实际缴纳的增值税、消费税税额为计税依据,分别与增值税、消费税同时缴纳。自2010年12月1日起,对外商投资企业、外国企业及外籍个人开始征收教育费附加。

2. 教育费附加的税收优惠

(1)对海关进口的产品征收的增值税、消费税,不征收教育费附加。

(2)对由于减免增值税、消费税而发生退税的,可以同时退还已征收的教育费附加。但对出口产品退还增值税、消费税的,不退还已征的教育费附加。

(3)对新办的商贸企业(从事批发、批零以及其他非零售业务的商贸企业除外),当年新招用下岗失业人员达到职工总数30%以上(含30%),并与其签订1年以上期限劳动合同的,经劳动保障部门认定、税务机关审核,3年内免征教育费附加。

(4)对下岗失业人员从事个体经营(除建筑业、娱乐业以及广告业、桑拿、按摩、网吧、氧吧外)的,自领取税务登记证之日起,3年内免征教育费附加。

(5)自2004年1月1日起,对为安置自谋职业的城镇退役士兵就业而新办的服务型企业(除广告业、桑拿、按摩、网吧、氧吧外)当年新安置自谋职业的城镇退役士兵达到职工总数30%以上,并与其签订1年以上期限劳动合同的,经县以上民政部门认定、税务机关审核,3年内免征教育费附加。

对为安置自谋职业的城镇退役士兵就业而新办的商业零售企业当年新安置自谋职业的城镇退役士兵达到职工总数30%以上,并与其签订1年以上期限劳动合同的,经县以上民政部门认定、税务机关审核,3年内免征教育费附加。

对自谋职业的城镇退役士兵,在国办发〔2004〕10号文件下发后从事个体经营(除建筑业、娱乐业以及广告业、桑拿、按摩、网吧、氧吧外)的,自领取税务登记证之日起,3年内免征教育费附加。

(6)经中国人民银行依法决定撤销的金融机构及其分设于各地的分支机构(包括被依法撤销的商业银行、信托投资公司、财务公司、金融租赁公司、城市信用社和农村信用社),用其财产清偿债务时,免征被撤销金融机构转让货物、不动产、无形资产、有价证券、票据等应缴纳的教育费附加。

(7)自2016年2月1日起,按月缴纳的月销售额或营业额不超过10万元(按季度缴纳季度销售额或营业额不超过30万元)的纳税义务人,免征教育费附加和地方教育附加。

3. 教育费附加计征比率

随着经济的发展,社会各界对各级教育投入的需求也在增加,与此相适应,教育费附加计征比率也经历了一个由低到高的变化过程。1986年开征时,比率为1%;1990年5月增至2%;自1994年1月1日至今,教育费附加比率为3%。根据《财政部关于统一地方教育附加政策有关问题的通知》(财综〔2010〕98号),各地统一开征地方教育费附加,地方教育费附加的征收标准统一为单位和个人(包括外商投资企业、外国企业和外籍个人)实际缴纳的增值税、消费税税额的2%。

(三)教育费附加的计算

教育费附加的计算公式为:

应纳教育费附加=(实际缴纳的增值税税额+实际缴纳的消费税税额)×征收比率

【做中学8-7】 某大型国有商场2019年12月应缴纳增值税260 000元,实际缴纳增值税200 000元,实际缴纳消费税100 000元。

要求:计算该商场当月应纳教育费附加。

解析:应纳教育费附加=(200 000+100 000)×3%=9 000(元)

二、文化事业建设费

(一)文化事业建设费的概念

文化事业建设费是国家为了引导和调控文化事业的发展而征收的一种专项资金。1996年9月,国务院发布《国务院关于进一步完善文化经济政策的若干规定》,从1997年1月起在全国范围内开征文化事业建设费;1997年7月,财政部、国家税务总局发布了经国务院批准的《文化事业建设费征收管理暂行办法》,进一步完善征收制度。

为促进我国文化事业的发展,加强全国营业税改征增值税试点中文化事业建设费的征收管理,2013年8月,财政部、国家税务总局制定了《关于营业税改征增值税试点有关文化事业建设费征收管理问题的通知》;2016年3月,财政部、国家税务总局制定了《关于营业税改征增值税试点有关文化事业建设费政策及征收管理问题的通知》。

(二)文化事业建设费的计征办法

(1)缴纳人与扣缴人。在中国境内提供广告服务的广告媒介单位和户外广告经营单位为缴纳人。中国境外的广告媒介单位和户外广告经营单位在境内提供广告服务,在境内未设有经营机构的,以广告服务接受方为文化事业建设费的扣缴义务人。

(2)免征政策的规定。提供应税服务未达到增值税起征点的个人,以及增值税小规模纳税人中月销售额不超过2万元(按季纳税6万元)的企业和非企业性单位提供的应税服务,免征文化事业建设费。自2015年1月1日起至2017年12月31日,对按月纳税的月销售额不超过3万元(含3万元),以及按季纳税的季度销售额不超过9万元(含9万元)的缴纳义务人,免征文化事业建设费。

财税〔2019〕46号规定自2019年7月1日至2024年12月31日,对归属中央收入的文化事业建设费,按照缴纳义务人应缴费额的50%减征;对归属地方收入的文化事业建设费,各省(区、市)财政、党委宣传部门可以结合当地经济发展水平、宣传思想文化事业发展等因素,在应缴费额50%的幅度内减征。

2020年5月，财政部、税务总局发布《财政部、税务总局关于电影等行业税费支持政策的公告》，明确自2020年1月1日至2020年12月31日，免征文化事业建设费。

(3)应缴费额的计算。缴纳人应按照提供广告服务取得的计费销售额和3%的费率计算应缴费额；扣缴人应按提供广告服务支付的广告服务含税价款和3%的费率，计算应扣缴费额。其计算公式为：

应缴费额＝计费销售额×3%

应扣缴费额＝支付的广告服务含税价款×3%

上述的计费销售额是指为纳税人提供广告服务取得的全部含税价款和价外费用，减除支付给其他广告公司或广告发布者的含税广告发布费后的余额。缴纳人减除价款为应取得增值税专用发票或国家税务总局规定的其他合法有效凭证，否则不得减除。

(三)文化事业建设费的征收管理

文化事业建设费缴纳义务发生时间、缴纳期限和缴纳地点，与缴纳人的增值税纳税义务发生时间、纳税期限和纳税地点相同。

文化事业建设费由国家税务总局征收，纳入财政预算管理，建立专项资金，用于文化事业建设。

应知考核

一、单项选择题

1. 车船税实行(　　)，即按单位征税对象直接确定固定的税额，简便易算。

A. 比例税率　　B. 定额税率　　C. 累进税率　　D. 累退税率

2. 应纳印花税的凭证应当于(　　)时贴花。

A. 年度内　　B. 书立或领受时　　C. 履行完毕时　　D. 开始履行时

3. 下列选项中免缴契税的是(　　)。

A. 国家机关办公用房　　B. 以房产对外投资

C. 土地使用权转让　　D. 房屋买卖

4. 烟叶税的征税对象为(　　)。

A. 烟叶　　B. 烟丝　　C. 卷烟　　D. 烟草

5. 下列情况中，符合城市维护建设税有关规定的是(　　)。

A. 个体经营者不缴纳城市维护建设税

B. 流动经营的纳税人在经营地缴纳城市维护建设税

C. 流动经营的纳税人在居住地缴纳城市维护建设税

D. 城市维护建设税的减免只有省、市、自治区政府有权决定

二、多项选择题

1. 下列行为中，需要缴纳城市维护建设税和教育费附加的有(　　)。

A. 政府机关出租房屋行为　　B. 企业购买房屋行为

C. 油田开采天然原油并销售的行为　　D. 企业产权整体转让行为

2. 以下房产需要征收房产税的有(　　)。

A. 城市的农副产品加工用房　　B. 建制镇的农副产品生产用房

C. 农村的农副业生产用房　　D. 农村的居住用房

3. 属于车辆购置税应税车辆的有(　　)。

A. 汽车　　B. 摩托车　　C. 电车　　D. 自行车

4. 下列车船中,以自重吨位作为车船税计税依据的有(　　)。

A. 载客汽车　　B. 载货汽车　　C. 船舶　　D. 专项作业车

5. 下列各项中,应当征收印花税的有(　　)。

A. 产品加工合同　　B. 法律咨询合同

C. 技术开发合同　　D. 出版印刷合同

三、判断题

1. 城市维护建设税的计税依据是纳税人实际缴纳的增值税和消费税税额之和。(　　)

2. 纳税人购置房屋,应自办理房屋权属转移、变更登记手续,房地产权属登记机关签发房屋权属证书之次月起,缴纳房产税。(　　)

3. 车船税采取的是按年计征分期预缴的办法。(　　)

4. 印花税征税范围包括所有合同。(　　)

5. 房屋交换,双方都不缴纳契税。(　　)

四、简述题

1. 简述房产税的特点。

2. 简述车船税的征税对象及范围。

3. 简述契税的征税范围。

4. 简述印花税的特点。

5. 简述文化事业建设费的计征办法。

应会考核

■观念应用

教育费附加和城市维护建设税

资料一:美华公司2020年5月被查补的增值税为70 000元、所得税为50 000元,被加收滞纳金1 000元,被处罚款6 000元。

资料二:美华公司2020年1月缴纳增值税34万元、消费税60万元、所得税13万元。假设按7%的税率计算。

【考核要求】

根据资料一,该企业应补缴教育费附加为多少?

根据资料二,该企业应缴纳的城市维护建设税为多少?

■技能应用

车辆购置税、车船税的应用

资料一:2020年10月,老王从某汽车贸易公司(增值税一般纳税人)购买轿车一辆供自己使用,支付含增值税的价款229 000元,另支付购置工具件和零配件价款1 000元,车辆装饰费4 000元。已知车辆购置税适用10%的税率,增值税税率为13%。

资料二：某运输公司2020年拥有并使用以下车辆和船舶：从事运输用的整备质量每吨为2吨的三轮汽车5辆；整备质量每吨为5吨载货卡车10辆；净吨位为4吨的拖船5艘；2辆客车，载客容量为20人。当地政府规定，载货汽车的车辆税额为60元/吨，乘坐20人的客车税额为500元/辆，船舶每年税额为6元/吨。

【技能要求】

根据资料一，小轿车车辆购置税计税价格是多少？老王应当缴纳多少车辆购置税？

根据资料二，计算该运输公司2020年应纳的车船税。

■案例分析

烟叶税的分析

淮阴卷烟公司是增值税一般纳税人，2020年10月份收购烟叶生产卷烟，取得的合法收购凭证上注明的买价为60万元。该卷烟公司按照规定的方式向烟叶生产者支付了10%的价外补贴，并与烟叶收购价格在同一收购凭证上分别注明。

【分析要求】

计算该笔业务可以抵扣多少增值税进项税额。

项目实训

【实训项目】

其他各税税法的应用。

【实训情境】

契税、印花税、房产税、环境保护税的应用

资料一：A公司2020年自有6栋房屋，其中的5栋用于生产经营，房产原值为7 000万元；1栋房屋与B公司互换经营用房产，A公司房产价格为600万元，B公司房产价格为800万元。假设该地区规定契税税率为3%。

资料二：某企业2020年9月开业，当月与其他企业订立专有技术使用权书据一件，所载金额为150万元；订立产品购销合同3件，所载金额为300万元；订立借款合同一份，所载金额为80万元。此外，企业的营业账簿中，“实收资本”科目记载有资金500万元，其他账簿5本。

资料三：美华公司自营地下商场，应税房产原值为40万元。

【实训任务】

1. 要求：

(1)根据资料一，A公司应缴纳契税多少万元？

(2)根据资料二，该企业9月份应缴纳印花税多少元？

(3)根据资料三，该公司每年需要缴纳的房产税税额最多为多少元？

2. 撰写《其他相关税法的应用》实训报告。

<table>
<tr><th colspan="3">《其他相关税法的应用》实训报告</th></tr>
<tr><td>项目实训班级：</td><td>项目小组：</td><td>项目组成员：</td></tr>
<tr><td>实训时间： 年 月 日</td><td>实训地点：</td><td>实训成绩：</td></tr>
<tr><td colspan="3">实训目的：</td></tr>
<tr><td colspan="3">实训步骤：</td></tr>
<tr><td colspan="3">实训结果：</td></tr>
<tr><td colspan="3">实训感言：</td></tr>
</table>

税收征收管理法

○ **知识目标：**

理解：纳税申报和税务检查；税务行政复议的申请、受理、审查和决定。

熟知：税收征收管理中征纳双方的权利和义务；账簿、凭证管理和发票管理。

掌握：税务登记管理、税款征收、税务行政复议范围和管辖。

○ **技能目标：**

能够办理税务登记和纳税申报工作；能够办理发票领购和开具工作。

○ **素质目标：**

运用所学的税收征收管理法律制度知识研究相关案例，培养和提高学生在特定业务情境中分析问题与决策设计的能力；结合行业规范或标准，运用税收征收管理法律知识分析行为的善恶，强化学生的职业道德素质。

○ **项目引例：**

偷税想逃跑，追踪到你家

李某是河南省嵩县的一个烧炭户。他于 2020 年 2 月份开始正式加工焦炭，既不办理税务登记证，也不到税务所申报纳税。当地税务所税务人员了解到这一情况后，多次上门催缴，可员工总是谎称李老板不在。

4 月初，当地税务所经报县局领导批准向李某下达了“税务稽查通知书”，李某见势不妙，弃窑逃离。过了几天，李某派其弟带车转移窑内焦炭，被该所稽查人员发现，采取了税收保全措施。不得已，李某从汝阳赶到税务所，拿出 3 000 元打算贿赂税务人员，被税务人员严词拒绝。为了防止李某出逃，使这笔税款尽快入库，最后该所决定，派出 3 名税务人员跟随李某到汝阳追缴税款。一直到当晚 22 时，李某看这笔税款非缴不可，无奈之下，只好于 23 时 10 分缴纳了 6 000 元税款。

请问：税收保全的措施有哪些？

○ **知识精讲：**

任务一 税收征收管理法概述

一、税收征收管理法的概念

税收征收管理法是指调整税收征收与管理过程中所发生的社会关系的法律规范的总称，包括国家权力机关制定的税收征管法律、国家权力机关授权行政机关制定的税收征管行政法规和有关税收征管的规章制度等。税收征收管理法是以规定税收实体法中所确定的权利和义务的履行程序为主要内容的法律规范，属税收程序法。

税收征收管理法不仅是纳税人全面履行纳税义务必须遵守的法律准则，而且是税务机关履行征税职责的法律依据。我国现行的税收征收管理法律制度的核心是1992年9月4日全国人大常委会第二十七次会议通过、1995年2月28日第八届全国人民代表大会常务委员会第十二次会议修正、2011年4月28日第九届全国人民代表大会常务委员会第二十一次会议修订的《中华人民共和国税收征收管理法》(以下简称《税收征收管理法》)。它是中华人民共和国成立后的第一部税收程序法，也是我国税收征管的基本法。2016年2月，国务院又修订颁布了《税收征收管理法实施细则》。

自2015年5月1日起，国家税务总局在全国范围内试行了《全国税收征管规范(1.0版)》。该法规全面梳理了税收征管的所有具体事项，对每一个业务事项的流程、环节、操作要求作出详细规定，明确税收管理行政行为标准，压缩自由裁量空间，限定税收行政行为的随意性，更好地服务纳税人。

二、税收征收管理法的适用范围

凡依法由税务机关征收的各种税收的征收管理均适用《税收征收管理法》。就现行有效税种而言，增值税、消费税、关税、车辆购置税、企业所得税、个人所得税、资源税、房产税、城镇土地使用税、车船税、土地增值税、印花税、城市维护建设税、耕地占用税、契税、烟叶税和环境保护税等税种的征收管理适用《税收征收管理法》。

由海关负责征收的关税以及海关代征的进口环节的增值税、消费税，依法律、行政法规的有关规定执行。

三、税收征收管理法律关系

(一)税收法律关系

税收法律关系是指税法所确认和调整的税收征纳主体之间在税收分配过程中形成的权利和义务关系，由主体、客体和内容三部分构成。

(1)税收法律关系的主体，是指在税收法律关系中依法享有权利和承担义务的当事人，即税收法律关系的参与者，分为征税主体和纳税主体。

①征税主体，是指在税收法律关系中享有国家税收征管职权和履行国家税收征管职责的国家机关，即税务主管机关，包括各级税务机关、海关等。

②纳税主体，是指在税收法律关系中负有纳税义务的当事人，即通常所说的纳税人(包括

法人、自然人和其他组织)、扣缴义务人和纳税担保人。

在税收法律关系中,双方当事人虽然是行政管理者与被管理者的关系,但法律地位是平等的。

(2)税收法律关系的内容,是指税收法律关系主体所享受的权利和应承担的义务。

(3)税收法律关系的客体,是指税收法律关系主体双方的权利和义务所共同指向的对象,如所得税征纳关系中的所得。

(二)征纳双方的权利和义务

1. 征税主体的权利和义务

征税主体的权利和义务,即征税机关和税务人员的职权和职责。

(1)征税主体的权利。

①税收立法权,包括参与起草税收法律法规草案,提出税收政策建议,在职权范围内制定、发布关于税收征管的部门规章等。

②税务管理权,包括对纳税人进行税务登记管理、账簿和凭证管理、发票管理、纳税申报管理等。

③税款征收权,包括依法计征权、核定税款权、税收保全和强制执行权、追征税款权等。

④税务检查权,包括查账权、场地检查权、询问权、责成提供资料权、存款账户核查权等。

⑤税务行政处罚权,如依法定标准予以行政制裁的职权,如罚款等。

⑥其他职权,如委托代征权。

(2)征税主体的义务。

①宣传税法,普及纳税知识,无偿为纳税人提供纳税咨询服务。

②依法为纳税人、扣缴义务人的情况保守秘密,为检举违反税法行为者保密。

③加强队伍建设,提高税务人员的政治业务素质。

④秉公执法、忠于职守、清正廉洁,尊重和保护纳税人、扣缴义务人的权利,依法接受监督。

⑤税务人员不得索贿受贿、徇私舞弊、玩忽职守、不征或少征应征税款;不得滥用职权多征税款。

⑥税务人员在核定应纳税额、调整税收定额、进行税务检查、实施税务行政处罚、办理税务行政复议时,与纳税人、扣缴义务人或者其他法定代表人、直接责任人有利害关系的,应当回避。

⑦建立、健全内部制约和监督管理制度。

2. 纳税主体的权利和义务

(1)纳税主体的权利。主要包括:知情权,要求保密权,依法享受税收优惠权,申请退还多缴税款权,申请延期申报权,纳税申报方式选择权,申请延期缴纳税款权,索取有关税收凭证的权利,委托税务代理权,陈述权,申辩权,对未出示税务检查证和税务检查通知书的拒绝检查权,依法要求听证的权利,税收法律救济权,税收监督权。

(2)纳税主体的义务。

①按期办理税务登记,并按规定使用税务登记证件的义务。

②依法设置账簿、保管账簿和有关资料以及依法开具、使用、取得和保管发票义务。

③财务会计制度和会计核算软件备案的义务。

④按照规定安装、使用税控装置的义务。

⑤按期、如实办理纳税申报的义务。

⑥按期缴纳或解缴税款的义务。

⑦接受税务检查的义务。

⑧代扣、代收税款的义务。

⑨及时提供信息的义务，如纳税人有歇业、经营情况变化、遭受各种灾害等特殊情况的，应及时向征税机关说明等。

⑩报告其他涉税信息的义务，如企业合并、分立报告义务等。

任务二　税务管理

税务管理是指税收征收管理机关为了贯彻、执行国家税收法律制度，加强税收工作，协调征税关系而开展的一项有目的的活动。税务管理是税收征收管理的重要内容，是税款征收的前提和基础性工作。税务管理主要包括税务登记管理、账簿和凭证管理、发票管理等。

一、税务登记管理

税务登记是税务机关对纳税人的基本情况及生产经营项目进行登记管理的一项基本制度，是税务机关对纳税人实施管理、了解掌握税源情况的基础，也是纳税人为履行纳税义务就有关纳税事宜依法向税务机关办理登记的一种法定手续。

税务登记是整个税收征收管理的起点。税务登记的作用在于掌握纳税人的基本情况和税源分布情况。从税务登记开始，纳税人的身份及征纳双方的法律关系即得到确认。

（一）税务登记申请人

企业，企业在外地设立的分支机构和从事生产经营的场所，个体工商户和从事生产经营的事业单位，统称从事生产经营的纳税人，都应当办理税务登记。

从事生产经营的纳税人以外的纳税人，除国家机关、个人和无固定生产经营场所的流动性农村小商贩外，统称非从事生产经营但依照规定负有纳税义务的单位和个人，也应当办理税务登记。

根据税收法律、行政法规的规定，负有扣缴税款义务的扣缴义务人（国家机关除外），应当办理扣缴税款登记。

【做中学 9—1】　2020 年 10 月，下岗职工李某开办了一个小卖部，按规定享受一定期限内的免税优惠。他认为既然免税就不需要办理税务登记。

要求：分析李某的观点是否正确。

解析：李某的观点不正确。根据税收征收管理法律制度的规定，凡是从事生产经营的单位和个体工商户均应办理税务登记。

（二）税务登记主管机关

县以上（含本级，下同）税务局（分局）是税务登记的主管机关，负责税务登记的设立登记、变更登记、注销登记和税务登记证验证、换证以及非正常户处理、报验登记等有关事项。

（三）税务登记种类

税务登记包括设立税务登记，变更税务登记，停业、复业登记，注销税务登记，外出经营报验登记。

1. 设立税务登记

设立税务登记，也称开业税务登记，是指在我国境内从事生产经营，并经市场监管部门批准开业，或依照法律、行政法规负有纳税义务的单位和个人，在从事正式生产经营之前依法向税务机关办理的登记。企业只有办理了开业税务登记手续，才算真正取得合法的经营资格，也才拥有合法纳税人的权利。

自2015年10月1日起，“三证合一、一照一码”的登记制度改革在全国推行。新设立企业和农民专业合作社领取由市场监管部门核发加载法人和其他组织统一社会信用代码（以下简称“统一代码”）的营业执照后，无须再次进行税务登记，不再领取税务登记证。企业办理涉税事宜时，在完成补充信息采集后，凭加载统一代码的营业执照可代替税务登记证使用。

工商登记“一个窗口”统一受理申请后，申请材料和登记信息在部门间共享，各部门数据互换、档案互认。各级税务机关应加强与登记机关的沟通协调，确保登记信息采集准确、完整。

2016年6月30日，国务院办公厅发布《关于加快推进“五证合一、一照一码”登记制度改革的通知》（国办发〔2016〕53号），在全国实施工商营业执照、组织机构代码证、税务登记证“三证合一”登记制度改革的基础上，再整合社会保险登记证和统计登记证。

视频

五证合一

除企业、农民专业合作社外，其他税务登记按照原有法律制度执行，即个体工商户、其他机关（编办、民政、司法等）批准设立的主体，仍按照现行有关规定执行。

2. 变更税务登记

变更税务登记是纳税人在办理税务登记后因登记内容发生变化需要对原登记内容进行变更而向税务机关申报办理的税务登记。

涉及工商登记事项的，先办理工商变更登记，后办理税务变更登记；不涉及工商登记事项的，直接向税务机关申请变更。

领取“一照一码”营业执照企业变更登记流程。生产经营地、财务负责人、核算方式由企业登记机关在新设时采集，在企业经营过程中，上述信息发生变化的，企业应向主管税务机关申请变更，不向市场监管登记部门申请变更。除前述三项信息外，企业在登记机关新设时采集的信息发生变更，均由企业向市场监管登记部门申请变更。对于税务机关在后续管理中采集的其他必要涉税基础信息发生变更的，直接向税务机关申请变更即可。

3. 停业、复业登记

实行定期定额征收方式的个体工商户需要停业的，应当在停业前向税务机关申报办理停业登记。纳税人的停业期限不得超过1年。纳税人在停业期间发生纳税义务的，应当按照税收法律、行政法规的规定申报缴纳税款。纳税人应当于恢复生产经营之前，向税务机关申报办理复业登记，如实填写“停业、复业报告书”，领回并启用税务登记证件、发票领购簿及其停业前领购的发票。纳税人停业期满不能及时恢复生产经营的，应当在停业期满前向税务机关提出延长停业登记申请，并如实填写“停业、复业报告书”。

4. 注销税务登记

注销税务登记是纳税人发生纳税义务终止或作为纳税主体资格消亡，或因住所、经营地点变动而涉及改变税务机关情形时，向原税务机关办理的注销登记。

“五证合一、一照一码”登记制度

应当办理注销登记的情形包括：①纳税人发生解散、破产、撤销以及其他情形，依法终止纳税义务的；②按规定不需要在市场监管机关或者其他机关办理注销登记的，但经有关机关批准或者宣告终止的；③纳税人被市场监管机关吊销营业执照或者被其他机关予以撤销登记的；④纳税人因住所、经营地点变动，涉及改变税务登记机关的；⑤境外企业在中国境内承包建筑、安装、勘探工程和提供劳务，项目完工后离开中国的。

纳税人办理注销税务登记前，应当向税务机关提交相关证明文件和资料，结清应纳税款、多退(免)税款、滞纳金和罚款，缴销发票和其他税务证件，经税务机关核准后，办理注销税务登记手续。

领取“一照一码”营业执照的企业办理注销。已实行“一照一码”登记模式的企业办理注销登记，应向税务机关申报清税，填写“清税申报表”。纳税人持“清税申报表”办理后续注销事宜。

5. 外出经营报验登记

外出经营活动税收管理证明

纳税人到外县(市)临时从事生产经营活动的，应当在外出生产经营以前，持税务登记证向主管税务机关申请开具“外出经营活动税收管理证明”(以下简称“外管证”)。税务机关按照一地一证的原则核发“外管证”。“外管证”的有效期限一般为30日，最长不得超过180天。

纳税人应当在“外管证”注明地进行生产经营前向当地税务机关报验登记。纳税人外出经营活动结束，应当向经营地税务机关填报“外出经营活动情况申报表”，并结清税款、缴销发票。纳税人应当在“外管证”有效期届满后10日内，持“外管证”回原税务登记地税务机关办理“外管证”缴销手续。

二、账簿和凭证管理

账簿和凭证是纳税人进行生产经营活动和核算财务收支的重要资料，也是税务机关对纳税人进行征税、管理、核查的重要依据。纳税人所使用的凭证、登记的账簿、编制的报表及其所反映的内容是否真实、可靠，直接关系到计征税款依据的真实性，从而影响应纳税款及时、足额入库。账簿和凭证管理是税收管理的基础性工作。

(一)账簿的设置管理

纳税人、扣缴义务人应按照有关法律、行政法规和国务院财政、税务主管部门的规定设置账簿，根据合法、有效的凭证记账，进行核算。具体要求如下：

(1)从事生产经营的纳税人应当自领取营业执照或者发生纳税义务之日起15日内，按照国家有关规定设置账簿。

(2)生产经营规模小又确无建账能力的纳税人，可以聘请经批准从事会计代理记账业务的专业机构或者经税务机关认可的财会人员代为建账和办理账务。聘请上述机构或者人员有实际困难的，经县以上税务机关批准，可以按照税务机关的规定，建立收支凭证粘贴簿，进行销货登记或者使用税控装置。

(3)扣缴义务人应当自税收法律、行政法规规定的扣缴义务发生之日起10日内，按照所代扣代收的税种，分别设置代扣代缴、代收代缴税款账簿。

(二)对纳税人财务会计制度及其处理办法的管理

纳税人的财务会计制度及其处理办法，是其进行会计核算的依据，直接关系到计税依据是否真实、合理。

(1)纳税人使用计算机记账的,应当在使用前将会计电算化系统的会计核算软件、使用说明书以及有关资料报送主管税务机关备案。纳税人建立的会计电算化系统应当符合国家有关规定,并能正确、完整地核算其收入或者所得。

(2)纳税人、扣缴义务人的财务制度、会计制度或者财务会计处理办法与国务院或者国务院财政、税务主管部门有关税收的规定抵触的,依照国务院或者国务院财政、税务主管部门有关税收的规定计算应纳税款、代扣代缴和代收代缴税款。

(3)账簿、会计凭证和报表,应当使用中文。民族自治地方可以同时使用当地通用的一种民族文字。外商投资企业和外国企业可以同时使用一种外国文字。

(三)账簿、凭证等涉税资料的保存和管理

从事生产经营的纳税人、扣缴义务人必须按照国务院财政、税务主管部门规定的保管期限保管账簿、记账凭证、完税凭证及其他有关资料。账簿、记账凭证、报表、完税凭证、发票、出口凭证以及其他有关涉税资料应当保存10年,但是法律、行政法规另有规定的除外。账簿、记账凭证、完税凭证及其他有关资料不得伪造、变造或者擅自损毁。

三、发票管理

我国现行的发票管理制度主要有2010年12月公布的《中华人民共和国发票管理办法》(以下简称《发票管理办法》)和2011年2月公布的《中华人民共和国发票管理办法实施细则》(以下简称《发票管理办法实施细则》)。

(一)发票的概念和种类

1. 发票的概念

发票是指在购销商品、提供或者接受服务以及从事其他经营活动中开具、收取的收付款凭证。它是确定经营收支行为发生的法定凭证,是会计核算的原始依据,也是税务稽查的重要依据。税务机关是发票的主管机关,负责发票印刷、领购、开具、取得、保管、缴销的管理和监督。发票的种类、联次和内容以及使用范围由国家税务总局规定。

2. 发票的种类

发票按照行业特点和纳税人生产经营项目,可划分为普通发票、增值税专用发票和专业发票三种。

(1)普通发票主要由增值税小规模纳税人使用,增值税一般纳税人在不能开具专用发票的情况下也可使用普通发票。普通发票是最常见的一种发票,适用面最广。

(2)增值税专用发票是指专门用于结算销售货物和提供加工修理修配劳务使用的一种特殊发票,并且具备抵扣增值税税款的功能。增值税专用发票只限于增值税一般纳税人领购使用,增值税小规模纳税人和非增值税纳税人不得领购使用。

(3)专业发票是指国有金融、保险企业的存贷、汇兑、转账凭证、保险凭证;国有邮政、电信企业的邮票、邮单、话务、电报收据;国有铁路、国有航空企业和交通部门、国有公路、水上运输企业的客票、货票等。

(二)发票的联次和内容

发票的基本联次包括存根联、发票联、记账联。存根联由收款方或开票方留存备查;发票联由付款方或受票方作为付款原始凭证;记账联由收款方或开票方作为记账原始凭证。省以上税务机关可根据发票管理情况以及纳税人经营业务需要，增减除发票联以外的其他联次，并确定其用途。

发票的基本内容包括发票的名称、发票代码和号码、联次及用途、客户名称、开户银行及账号、商品名称或经营项目、计量单位、数量、单价、大小写金额、开票人、开票日期、开票单位（个人）名称（章）等。省以上税务机关可根据经济活动以及发票管理需要，确定发票的具体内容。

有固定生产经营场所、财务和发票管理制度健全的纳税人，发票使用量较大或统一发票式样不能满足经营活动需要的，可以向省以上税务机关申请印有本单位名称的发票。

（三）发票的印刷

增值税专用发票由国务院税务主管部门确定的企业印制；其他发票，按照国务院税务主管部门的规定，由省、自治区、直辖市税务机关确定的企业印制。禁止私自印制、伪造、变造发票。

印制发票应当使用国务院税务主管部门确定的全国统一的发票防伪专用品。禁止非法制造发票防伪专用品。

发票应当套印全国统一发票监制章。全国统一发票监制章的式样和发票版面印刷的要求，由国务院税务主管部门规定。发票监制章由省、自治区、直辖市税务机关制作。禁止伪造发票监制章。发票实行不定期换版制度。

发票应当使用中文印制。民族自治地方的发票，可以加印当地一种通用的民族文字。有实际需要的，也可以同时使用中外两种文字印制。

各省、自治区、直辖市内的单位和个人使用的发票，除增值税专用发票外，应当在本省、自治区、直辖市范围内印制；确有必要到外省、自治区、直辖市印制的，应当由省、自治区、直辖市税务机关商印制地省、自治区、直辖市税务机关同意，由印制地省、自治区、直辖市税务机关指定的印制发票的企业印制。禁止在境外印制发票。

（四）发票的领购

需要领购发票的单位和个人，应当持“统一社会信用代码”营业执照、经办人身份证明、按照国务院税务主管部门规定式样制作的发票专用章的印模，向主管税务机关办理发票领购手续。主管税务机关根据领购单位和个人的经营范围和规模，确认领购发票的种类、数量以及领购方式，在5个工作日内发给发票领购簿。单位和个人领购发票时，应当按照税务机关的规定报告发票使用情况，税务机关应当按照规定进行查验。

需要临时使用发票的单位和个人，可以凭购销商品、提供或接受服务以及从事其他经营活动的书面证明、经办人身份证明，直接向经营地税务机关申请代开发票。依照税收法律、行政法规规定应当缴纳税款的，税务机关应当先征收税款，再开具发票。税务机关根据发票管理的需要，可以按照国务院税务主管部门的规定委托其他单位代开发票。禁止非法代开发票。

临时到本省、自治区、直辖市以外从事经营活动的单位或个人，应当凭所在地税务机关的证明，向经营地税务机关领购经营地的发票。临时在本省、自治区、直辖市以内跨市、县从事经营活动领购发票的办法，由省、自治区、直辖市税务机关规定。

税务机关对外省、自治区、直辖市来本辖区从事临时经营活动的单位和个人领购发票的，可以要求其提供保证人或根据所领购发票的票面限额以及数量缴纳不超过1万元的保证金，并限期缴销发票。按期缴销发票的，解除保证人的担保义务或退还保证金；未按期缴销发票的，由保证人或以保证金承担法律责任。

（五）发票的开具

销售商品、提供服务以及从事其他经营活动的单位和个人，对外发生经营业务收取款项，收款方应当向付款方开具发票；特殊情况下，由付款方向收款方开具发票。特殊情况是指：①收购单位和扣缴义务人支付个人款项时；②国家税务总局认为其他需要由付款方向收款方开具发票的。

所有单位和从事生产经营活动的个人购买商品、接受服务以及其他经营活动支付款项的，应当向收款方取得发票。取得发票时，不得要求变更品名和金额。

开具发票应当按照规定的时限、顺序、栏目，全部联次一次性如实开具，并加盖发票专用章。不符合规定的发票，不得作为财务报销凭证，任何单位和个人都有权拒收。

任何单位和个人不得有下列虚开发票的行为：

(1)为他人、为自己开具与实际经营业务情况不符的发票。

(2)让他人为自己开具与实际经营业务情况不符的发票。

(3)介绍他人开具与实际经营业务情况不符的发票。

安装税控装置的单位和个人，应当按照规定使用税控装置开具发票，并按期向主管税务机关报送开具发票的数据。使用非税控电子器具开具发票的，应当将非税控电子器具使用的软件程序说明资料报主管税务机关备案，并按照规定保存、报送开具发票的数据。

（六）发票的使用

任何单位和个人应当按照发票管理规定使用发票，不得有下列行为：

(1)转借、转让、介绍他人转让发票、发票监制章和发票防伪专用品。

(2)知道或者应当知道是私自印制、伪造、变造、非法取得或者废止的发票而受让、开具、存放、携带、邮寄、运输。

(3)拆本使用发票。

(4)扩大发票使用范围。

(5)以其他凭证代替发票使用。

除国家税务总局规定的特殊情形外，发票限于领购单位和个人在本省、自治区、直辖市内开具。省、自治区、直辖市税务机关可以规定跨市、县开具发票的办法。除国家税务总局规定的特殊情形外，任何单位和个人不得跨规定使用区域携带、邮寄、运输空白发票。禁止携带、邮寄或者运输空白发票出入境。

（七）发票的保管

开具发票的单位和个人应当建立发票使用登记制度，设置发票登记簿，并定期向主管税务机关报告发票使用情况。

开具发票的单位和个人应当在办理变更或注销税务登记的同时，办理发票和发票领购簿的变更、缴销手续。

开具发票的单位和个人应当按照税务机关的规定存放和保管发票，不得擅自损毁。已经开具的发票存根联和发票登记簿，应当保存5年，保存期满，报经税务机关查验后销毁。

（八）发票的检查

税务机关在发票管理中有权检查印制、领购、开具、取得、保管和缴销发票的情况；调出发票查验;查阅、复制与发票有关的凭证、资料;向当事各方询问与发票有关的问题和情况;在查处发票案件时,对与案件有关的情况和资料,可以记录、录音、录像、照相和复制。

印制、使用发票的单位和个人必须接受税务机关依法检查,如实反映情况,提供有关资料,不得拒绝、隐瞒。税务人员进行检查时,应当出示税务检查证。

税务机关需要将已开具的发票调出查验时,应当向被查验的单位和个人开具发票换票证。发票换票证与所调出查验的发票有同等的效力。被调出查验发票的单位和个人不得拒绝接受。税务机关需要将空白发票调出查验时,应当开具收据。经查没有问题的,应当及时返还。

税务机关在发票检查中需要核对发票存根联与发票联填写情况时,可以向持有发票或者发票存根联的单位发出“发票填写情况核对卡”,有关单位应当如实填写,按期报回。

对增值税专用发票的管理,国家税务总局可以根据增值税专用发票管理的特殊需要,制定增值税专用发票的具体管理办法。

对专业发票的管理,国家税务总局可以根据有关行业特殊的经营方式和业务需求,会同国务院有关主管部门制定该行业的发票管理办法。

任务三 税款征收

税款征收是税务机关依照税收法律、法规的规定,将纳税人依法应当缴纳的税款组织入库的一系列活动的总称。它是税收征收管理工作的中心环节,是全部税收征管工作的目的和归宿。

一、纳税申报

纳税申报是纳税人按照税法规定,就定期计算缴纳税款的有关事项向税务机关提交书面报告的法定手续。实行申报纳税制度有利于明确征纳双方的法律责任,强化纳税人的纳税意识,促使纳税人依法纳税。

(一)纳税申报的对象

一切负有纳税义务以及扣缴义务的单位和个人,都是办理纳税申报的对象。

依法负有纳税义务的单位和个人,包括从事生产经营活动负有纳税义务的企业、事业单位、其他组织和个人;临时取得应税收入或发生应税行为,以及其他不从事生产经营活动但依照税法规定负有纳税义务的单位和个人。

纳税人在纳税期内没有应纳税款的,也应按照规定办理纳税申报。

纳税人享有减免税待遇的,在减免税期间应按照规定办理纳税申报。

(二)纳税申报的内容

为了全面反映纳税人一定时期内的生产经营活动,纳税人在进行纳税申报时,要报送以下资料:纳税申报表、代扣代缴或代收代缴税款报告表、财务会计报表以及税务机关根据实际需要要求纳税人或扣缴义务人报送的其他资料。

我国各税种都有相应的纳税申报表,实行税源控制的税种还有由扣缴义务人填报的代扣代缴或代收代缴税款报告表。不同税种的纳税申报表格式各不相同,但申报的主要内容基本相同,一般包括纳税人名称、税款所属期限、税种、税目、应纳税项目、适用税率或单位税额、计税依据、应纳税额等。代扣代缴或代收代缴税款报告表的内容一般包括纳税人名称、代扣代收税款所属期限、应代扣代收税款项目、适用税率、计税依据、应代扣代收税款以及税务机关规定的其他应申报的项目。

(三)纳税申报的方式

1. 直接申报

直接申报即上门申报,是指纳税人、扣缴义务人在规定的申报期内,直接到税务机关办理纳税申报或税款扣缴申报。该方式是我国目前最主要的纳税申报方式。

2. 电子申报

电子申报,即数据电文申报,是指纳税人、扣缴义务人通过税务机关确定的电话语音、电子数据交换和网络传输等电子方式向主管税务机关办理纳税申报或税款扣缴申报。电子申报的日期以税务机关计算机网络系统收到该数据电文的时间为准。该方式是我国当前重点推广的纳税申报方式。

采用电子申报方式,必须有相对固定的计算机操作人员,并且在进行网上申报前,应向主管税务机关受理部门提出申请,附送网上申报操作人员的身份证复印件一份,办理电子签名、电子印章以及用户注册。纳税人采用电子申报的,还必须将与电子申报数据相同的纳税申报资料定期书面报送主管税务机关,或按税务机关的要求保存。

3. 邮寄申报

邮寄申报是指纳税人、扣缴义务人经税务机关批准,在规定的申报期限内,通过邮寄的方式向主管税务机关办理纳税申报或税款扣缴申报。邮寄申报应使用统一的纳税申报专用信封,以邮政部门的收据作为申报凭据,以寄出的邮戳日期作为实际申报日期。该申报方式主要适用于到税务机关申报有困难、电子申报不具备条件的纳税人或扣缴义务人。

4. 简易申报、简并征期

实行定期定额缴纳税款的纳税人,经税务机关批准,可以实行简易申报或简并征期等方式申报纳税。

(1)简易申报是指纳税人按照税务机关核定的税额按期缴纳税款,以税务机关开具的完税凭证代替纳税申报。

(2)简并征期是指纳税人按照税务机关核定的税额,采取将纳税期合并为按季、半年或年的方式缴纳税款的纳税申报方式。

【做中学9—2】 某企业按照规定享受3年内免纳企业所得税的优惠待遇。当税务局要求该企业进行纳税申报时,会计小李认为,既然本企业享受免税待遇,就不用办理企业所得税纳税申报了。

要求:分析小李的看法是否正确。

解析:小李的看法不正确。根据税收征收管理法律制度的规定,纳税人享受减税、免税待遇的,在减税、免税期间仍应当按照规定办理纳税申报。法律作这样的规定,既有助于提高国民的纳税意识,也有利于税务机关及时掌握、分析税源情况。

二、税款征收与缴纳方式

(一)税款征收方式

税款征收方式是指税务机关根据各税种的不同特点和纳税人的具体情况而确定的计算、

征收税款的形式和方法。

1. 查账征收

查账征收是指税务机关根据纳税人的会计账册资料计算税额的一种方式。该方式适用于经营规模较大、财务会计制度健全、能够如实核算和提供生产经营情况、正确计算应纳税款的纳税人。

2. 查定征收

查定征收是指税务机关根据纳税人的从业人数、生产设备、耗用的原材料等因素，查实核定其在正常生产经营条件下应税产品的产量、销售额，并据以确定税额的一种方式。该方式适用于生产规模小、账册不健全，但能够控制原材料或进销货的纳税人。

3. 查验征收

查验征收是指税务机关对纳税人的应税商品，通过查验数量，按市场一般销售单价计算其销售收入并据以确定税额的一种方式。该方式适用于经营品种比较单一，经营地点、时间和商品来源不固定的纳税单位。

4. 定期定额征收

定期定额征收是指对一些营业额、所得额不能准确计算的小型工商户，税务机关通过典型调查，核定一定时期的营业额和所得额，实行多税种合并征税的一种方式。该方式适用于无完整考核依据的小型纳税单位。

(二)应纳税额的核定与调整

1. 核定应纳税额的情形

纳税人有下列情形之一的，税务机关有权核定其应纳税额：

(1)依照法律、行政法规的规定可以不设置账簿的。

(2)依照法律、行政法规的规定应当设置账簿但未设置的。

(3)擅自销毁账簿或拒不提供纳税资料的。

(4)虽设置账簿，但账目混乱或成本资料、收入凭证、费用凭证残缺不全，难以查账的。

(5)发生纳税义务，未按照规定的期限办理纳税申报，经税务机关责令限期申报，逾期仍不申报的。

(6)申报的计税依据明显偏低，又无正当理由的。

2. 核定应纳税额的方法

税务机关有权采用下列任何一种方法核定应纳税额，当其中一种方法不足以正确核定应纳税额时，可以同时采用两种以上的方法核定：

(1)参照当地同类行业或类似行业中经营规模和收入水平相近的纳税人的税负水平核定。

(2)按照营业收入或成本加合理费用和利润的方法核定。

(3)按照耗用的原材料、燃料、动力等推算或测算核定。

(4)按照其他合理的方法核定。

(三)税款缴纳方式

1. 纳税人直接向国库经收处缴纳

纳税人先向税务机关领取税票，自行填写，然后到国库经收处缴纳税款。该方式适用于在设有国库经收处的银行和其他金融机构开设账户的纳税人。

2. 税务机关自收税款

税务机关自收税款即由税务机关直接收取税款并办理入库手续。该方式适用于由税务机关代开发票的纳税人缴纳的税款；临时发生纳税义务需向税务机关直接缴纳的税款；税务机关采取强制措施，以拍卖所得或变卖所得缴纳的税款。

3. 代收代缴

代收代缴是指负有代收代缴税款义务的单位和个人，在向纳税人收取款项的同时，依法收取纳税人应缴纳的税款并按照规定的期限申报解缴的一种方式。该方式一般适用于税收网络覆盖不到或很难控制的领域。

4. 代扣代缴

代扣代缴是指负有代扣代缴税款义务的单位和个人，在向纳税人支付款项时，依法从支付款额中扣收纳税人应缴纳的税款并按照规定的期限申报解缴的一种方式。其目的是对零星分散、不易控制的税源实行源泉控制。

5. 委托代征

委托代征是指税务机关委托有关单位和个人，以税务机关的名义向纳税人依法征收税款的一种方式。该方式适用于零星分散和异地缴纳的税款。

三、税款征收保障措施

(一)责令缴纳

所有的纳税人都应按照税法的规定如期缴纳税款。纳税人有特殊困难，不能按期缴纳税款的，经省、自治区、直辖市税务机关批准，可以延期缴纳税款，但最长不得超过 3 个月。上述所述的特殊困难主要指两种情况：一是因不可抗力，导致纳税人发生较大损失，正常生产经营受到较大影响的；二是当期货币资金在扣除应付职工工资、社会保险费后，不足以缴纳税款的。纳税人在申请延期缴纳税款时，必须以书面形式提出申请，税务机关应在收到申请延期缴纳税款报告之日起 20 日内作出批复，批准延期内免予加收滞纳金。

从事生产经营的纳税人、扣缴义务人未按照规定的期限缴纳税款的，纳税担保人未按照规定的期限缴纳所担保的税款的，由税务机关发出限期缴纳税款通知书，责令其限期缴纳。责令限期缴纳的最长期限不得超过 15 日。

纳税人未按规定期限缴纳税款的，扣缴义务人未按规定期限解缴税款的，税务机关除责令限期缴纳外，从滞纳税款之日起，按日加收滞纳税款万分之五的滞纳金。滞纳金必须在税务机关发出催缴税款通知书、责令限期缴纳税款、纳税人未能按期缴纳税款的情况下才能加收。加收滞纳金的起止日期为法律、行政法规规定的税款缴纳期限届满次日起至纳税人、扣缴义务人实际缴纳税款或解缴税款之日止。纳税人拒绝缴纳滞纳金的，可以按不履行纳税义务实行强制措施。

(二)责令提供纳税担保

纳税担保是指经税务机关同意或确认，纳税人或其他自然人、法人、经济组织以保证、抵押、质押的方式，为纳税人应当缴纳的税款及滞纳金提供担保的行为。

1. 适用纳税担保的情形

(1)税务机关有根据认为从事生产经营的纳税人有逃避纳税义务行为，在规定的纳税期之前经责令其限期缴纳应纳税款，在限期内发现纳税人有明显的转移、隐匿其应纳税的商品、货物，以及其他财产或应纳税收入的迹象，责成纳税人提供纳税担保的。

(2)欠缴税款、滞纳金的纳税人或其他法定代表人需要出境的。

(3)纳税人同税务机关在纳税上发生争议而未缴清税款，需要申请行政复议的。

(4)税收法律、行政法规规定可以提供纳税担保的其他情形。

2. 纳税担保的范围

纳税担保的范围包括税款、滞纳金和实现税款、滞纳金的费用。费用包括抵押、质押登记费用，质押保管费用，以及保管、拍卖、变卖担保财产等相关费用支出。

(三)采取税收保全措施

1. 适用税收保全措施的情形及措施

税务机关有根据认为从事生产经营的纳税人有逃避纳税义务行为的，可以在规定的纳税期限之前，责令限期缴纳税款。在限期内发现纳税人有明显的转移、隐匿其应纳税商品、货物以及其他财产或应纳税收入迹象的，税务机关应责令其提供纳税担保。如果纳税人不能提供纳税担保，经县以上税务局(分局)局长批准，税务机关可以采取下列税收保全措施：

(1)书面通知纳税人开户银行或其他金融机构冻结纳税人的金额相当于应纳税款的存款。

(2)扣押、查封纳税人价值相当于应纳税款的商品、货物或其他财产。其他财产包括纳税人的房地产、现金、有价证券等不动产和动产。个人及其所照顾家属维持生活必需的住房和用品，不在税收保全措施的范围之内。

注意：个人及其所照顾家属维持生活必需的住房和用品，不在税收保全的范围之内，但不包括机动车辆、金银首饰、古玩字画、豪华住宅或者一处以外的住房、单位价值在5 000元以上的其他生活用品。

2. 税收保全措施的终止

纳税人在税务机关采取税收保全措施后，按照税务机关规定的期限缴纳税款的，税务机关自收到税款或银行转回的完税凭证之日起1日内解除税收保全。

纳税人在限期满仍未缴纳税款的，经县以上税务局(分局)局长批准，税务机关可以采取强制执行措施：书面通知纳税人开户银行或其他金融机构，从其冻结的存款中扣缴税款，或依法拍卖或变卖所扣押、查封的商品、货物或其他财产，以拍卖或变卖所得抵缴税款。

3. 税收保全措施的法律责任

采取税收保全措施的权力，不得由法定的税务机关以外的单位和个人行使。采取税收保全措施不当，或纳税人在期限内已缴纳税款，税务机关未立即解除税收保全措施，使纳税人的合法利益遭受损失的，税务机关应当承担赔偿责任。

(四)采取税收强制执行措施

1. 税收强制执行措施的实施

从事生产经营的纳税人、扣缴义务人未按规定的期限缴纳税款或解缴税款，纳税担保人未按规定的期限缴纳所担保的税款，由税务机关责令限期缴纳，逾期仍未缴纳的，经县以上税务局(分局)局长批准，税务机关可以采取下列强制执行措施：

(1)书面通知其开户银行或其他金融机构从其存款中扣缴税款。

(2)扣押、查封、依法拍卖或变卖其价值相当于应纳税款的商品、货物或其他财产，以拍卖或变卖所得抵缴税款。

税务机关将拍卖或变卖所得抵缴税款、滞纳金、罚款以及扣押、查封、保管、拍卖、变卖等费用后，剩余部分应在3日内退还被执行人。

2. 税收强制执行措施的法律责任

采取税收强制执行措施的权力，不得由法定的税务机关以外的单位和个人行使。税务机关滥用职权违法采取强制执行措施，或采取强制执行措施不当，致使纳税人、扣缴义务人或纳税担保人的合法权益遭受直接损失的，税务机关依法承担赔偿责任。

四、税款征收的结算

（一）欠税清缴

税务机关可以实行的欠税清缴措施主要有以下内容：

1. 行使税收优先权

除法律另有规定外，税务机关征收税款，税收优先于无担保债权。

纳税人欠缴的税款发生在纳税人以其财产设定抵押、质押或纳税人的财产被留置之前的，税收应当优先于抵押权、质权和留置权执行。

纳税人欠缴税款，同时又被行政机关决定处以罚款、没收违法所得的，税收优先于罚款、没收违法所得。

2. 行使代位权与撤销权

为防止欠税的纳税人借债权和债务关系逃避纳税，我国《税收征收管理法》引入了代位权与撤销权的概念。欠缴税款的纳税人因怠于行使其到期债权，或放弃到期债权，或无偿转让财产，或以明显不合理的低价转让财产而受让人知道该情形，对国家税收造成损害的，税务机关可依照《合同法》的规定行使代位权、撤销权。税务机关行使代位权、撤销权的，不免除欠缴税款纳税人尚未履行的纳税义务和应承担的法律责任。

3. 欠税公告与报告

县以上（含县）税务机关应当按期在办税场所或广播、电视、报纸、期刊、网络等新闻媒体上公告纳税人的欠缴税款情况，以督促纳税人自觉缴纳欠税，保证国家税款的及时足额入库。

欠缴税款数额较大（5万元以上）的纳税人在处分其不动产或大额资产之前，应当向税务机关报告。

纳税人有合并、分立情形的，应当向税务机关报告，并依法缴清税款。纳税人合并时未缴清税款的，应当由合并后的纳税人继续履行未履行的纳税义务；纳税人分立时未缴清税款的，分立后的纳税人对未履行的纳税义务应当承担连带责任。

纳税人有解散、撤销、破产情形的，在清算前应当向其主管税务机关报告；未结清税款的，由其主管税务机关参加清算。

4. 离境清税

欠缴税款的纳税人或其法定代表人需要出境的，应当在出境前向税务机关结清应纳税款、滞纳金或提供担保。未结清税款、滞纳金，又不提供担保的，税务机关可以通知出境管理机关阻止其出境。

（二）税款的补缴与追征

因税务机关责任，致使纳税人、扣缴义务人未缴或少缴税款的，税务机关在3年内可要求纳税人、扣缴义务人补缴税款，但不得加收滞纳金。

因纳税人、扣缴义务人计算等失误，未缴或少缴税款的，税务机关在 3 年内可以追征税款、滞纳金；纳税人或扣缴义务人因计算失误，未缴或少缴、未扣或少收税款，累计数额在 10 万元以上的，追征期可以延长到 5 年。

对偷税、抗税、骗税的，税务机关追征其未缴或少缴的税款、滞纳金或所骗取的税款，不受前款规定期限的限制。

(三)税款的退还

纳税人超过应纳税额缴纳的税款，税务机关发现后应当立即退还；纳税人自结算缴纳税款之日起 3 年内发现的，可以向税务机关要求退还多缴的税款，并加算银行同期存款利息，税务机关及时查实后应当立即退还；涉及从国库中退库的，依有关国库管理的规定退还。

税务机关发现纳税人多缴税款的，应当自发现之日起 10 日内办理退还手续；纳税人发现多缴税款，要求退还的，税务机关应自接到纳税人退还申请之日起 30 日内查实并办理退还手续。

任务四 税务检查

一、税务检查的概念

广义的税务检查是指税务机关依法对纳税人、扣缴义务人履行纳税义务、扣缴义务情况所进行的监督、审查和处理的总称。狭义的税务检查是税务机关下设的享有稽查权的专业机构，依照税收法律、行政法规的规定，按照一定的程序和标准，对有税收违法嫌疑的税收管理相对人履行税收义务情况进行检查、处理的税收执法活动。税收实践中的税务检查主要是指狭义的税务检查，也称税务稽查。

二、税务检查的形式

根据税务检查对象的来源和税务检查的目的不同，税务检查的形式可分为以下几种：

(一)日常检查

日常检查是指税务稽查机构对通过计算机或人工筛选出来的稽查对象进行的常规性稽查。日常检查通常是对迟申报、零申报、负申报和税负变化异常的纳税人进行的综合性检查。它是税务稽查机构的一项日常工作。

(二)专项检查

专项检查是指税务机关对根据特定目的选取的稽查对象进行的专门稽查，如增值税专用发票专项检查、企业所得税专项检查等。专项检查有较强的目的性、针对性和时间性。其检查对象是根据特定目的选取的，通常是上级或本级税务机关为查实和解决某些行业、某些税种或某些事项存有的问题而安排的。专项检查可以解决某一特定领域存在的普遍性问题，促进税收征管。

(三)专案检查

专案检查是指税务机关对举报、转办、交办等案件进行的专门检查。专案检查具有较强的针对性。其检查对象主要来源于公民举报、其他部门转办、上级交办、国际税收情报交换，或在日常检查、专项检查中发现的重大涉税案件。专案检查可以有效查处举报、转办、交办、情报交换中所列举的税收违法行为。

三、税务检查中的权责划分

（一）税务机关的检查权限

（1）检查纳税人的账簿、记账凭证、报表和有关资料，检查扣缴义务人代扣代缴、代收代缴税款账簿、记账凭证和有关资料。

（2）到纳税人的生产经营场所和货物存放地检查纳税人应纳税的商品、货物或其他财产，检查扣缴义务人与代扣代缴、代收代缴税款有关的经营情况。

（3）责成纳税人、扣缴义务人提供与纳税或代扣代缴、代收代缴税款有关的文件、证明材料和有关资料。

（4）询问纳税人、扣缴义务人与纳税或代扣代缴、代收代缴税款有关的问题和情况。

（5）到车站、码头、机场、邮政企业及其分支机构检查纳税人托运、邮寄应纳税商品、货物或其他财产的有关单据、凭证和有关资料。

（6）经县以上税务局（分局）局长批准，凭全国统一格式的检查存款账户许可证明，查询从事生产经营的纳税人、扣缴义务人在银行或其他金融机构的存款账户。税务机关在调查税收违法案件时，经设区的市、自治州以上税务局（分局）局长批准，可以查询案件涉嫌人员的储蓄存款。税务机关查询所获得的资料，不得用于税收以外的用途。

（7）税务机关对从事生产经营的纳税人以前纳税期的纳税情况依法进行税务检查时，发现纳税人有逃避纳税义务行为，并有明显的转移、隐匿其应纳税的商品、货物以及其他财产或应纳税的收入的迹象的，可以按照法律规定的批准权限采取税收保全措施或强制执行措施。

（8）税务机关依法进行税务检查时，有权向有关单位和个人调查纳税人、扣缴义务人和其他当事人与纳税或代扣代缴、代收代缴税款有关的情况，有关单位和个人有义务向税务机关如实提供有关资料及证明材料。税务机关调查税务违法案件时，对与案件有关的情况和资料，可以记录、录音、录像、照相和复制。

（二）纳税人、扣缴义务人的权责

纳税人、扣缴义务人必须接受税务机关依法进行的税务检查，如实反映情况，提供有关资料，不得拒绝、隐瞒。

任务五 税务行政复议

一、税务行政复议的概念

税务行政复议，是指当事人（纳税人、扣缴义务人、纳税担保人及其他税务当事人）不服税务机关及其工作人员作出的税务具体行政行为，依法向上一级税务机关（复议机关）提出申请，复议机关依法对原行政行为的合理性、合法性作出裁决的行政司法活动。实行税务行政复议制度的目的是为了维护和监督税务机关依法行使税收执法权，防止和纠正违法或者不当的税务具体行政行为，保护纳税人和其他当事人的合法权益。

二、税务行政复议的范围

纳税人及其他当事人（以下简称“申请人”）认为税务机关（以下简称“被申请人”）的具体

行政行为侵犯其合法权益，可依法向税务行政复议机关申请行政复议。税务行政复议机关（以下简称“复议机关”）是指依法受理税务行政复议申请，对具体行政行为进行审查并作出行政复议决定的税务机关。

申请人对下列具体行政行为不服的，可以提出行政复议申请：

（1）税务机关作出的征税行为，包括确认纳税主体、征税对象、征税范围、减税、免税、退税、抵扣税款、适用税率、计税依据、纳税环节、纳税期限、纳税地点和税款征收方式等具体行政行为，征收税款、加收滞纳金，扣缴义务人、受税务机关委托的单位和个人作出的代扣代缴、代收代缴、代征行为等。

（2）行政许可、行政审批行为。

（3）发票管理行为，包括发售、收缴、代开发票等。

（4）税收保全措施、强制执行措施。

（5）税务机关作出的行政处罚行为，包括罚款、没收财物和违法所得、停止出口退税权。

（6）税务机关不依法履行下列职责的行为，包括颁发税务登记证，开具、出具完税凭证、外出经营活动税收管理证明，行政赔偿，行政奖励，其他不依法履行职责的行为。

（7）资格认定行为。

（8）不依法确认纳税担保行为。

（9）政府公开信息工作中的具体行政行为。

（10）纳税信用等级评定行为。

（11）税务机关通知出入境管理机关阻止出境行为。

（12）税务机关作出的其他具体行政行为。

申请人认为税务机关的具体行政行为所依据的下列规定不合法，对具体行政行为申请行政复议时，可以一并向行政复议机关提出对有关规定（不包括规章）的审查申请：①国家税务总局和国务院其他部门的规定；②其他各级税务机关的规定；③地方各级人民政府的规定；④地方人民政府工作部门的规定。申请人对具体行政行为提出行政复议申请时不知道具体行政行为所依据的规定的，可以在行政复议机关作出行政复议决定之前提出对该规定的审查申请。

三、税务行政复议管辖

（一）复议管辖的一般规定

（1）对各级税务机关的具体行政行为不服的，可以向其上一级税务机关申请行政复议。

（2）省、自治区、直辖市人民代表大会及其常务委员会、人民政府对税务机关的行政复议管辖另有规定的，从其规定。

（3）对国家税务总局的具体行政行为不服的，可以向国家税务总局申请行政复议。对行政复议决定不服的，可以向人民法院提起行政诉讼，也可以向国务院申请裁决。国务院的裁决为最终裁决。

（二）复议管辖的特殊规定

（1）对计划单列市国家税务局的具体行政行为不服的，可以向国家税务总局申请行政复议；对计划单列市地方税务局的具体行政行为不服的，可以选择向省地方税务局或者本级人民政府申请行政复议。

(2)对税务所(分局)、各级税务局的稽查局的具体行政行为不服的,可以向其所属税务局申请行政复议。

(3)对两个以上税务机关共同作出的具体行政行为不服的,可以向共同上一级税务机关申请行政复议;对税务机关与其他行政机关共同作出的具体行政行为不服的,可以向其共同上一级行政机关申请行政复议。

(4)对被撤销的税务机关在撤销以前所作出的具体行政行为不服的,可以向继续行使其职权的税务机关的上一级税务机关申请行政复议。

(5)对税务机关作出逾期不缴纳罚款加处罚款的决定不服的,可以向作出行政处罚决定的税务机关申请行政复议。但是对已处罚款和加处罚款都不服的,一并向作出行政处罚决定的税务机关的上一级税务机关申请行政复议。

申请人向具体行政行为发生地的县级地方人民政府提交行政复议申请的,由接受申请的县级地方人民政府依照《行政复议法》第十五条和第十八条的规定予以转送。

四、税务行政复议申请与受理

(一)税务行政复议申请

申请人可以在知道税务机关作出具体行政行为之日起 60 日内提出行政复议申请。因不可抗力或者被申请人设置障碍等原因耽误法定申请期限的,申请期限的计算应当扣除被耽误时间。

申请人对复议范围第(1)项规定(即税务机关作出的征税行为)的行为不服的,应当先向复议机关申请行政复议;对行政复议决定不服的,可以再向人民法院提起行政诉讼。

申请人按照前述规定申请行政复议的,必须依照税务机关根据法律、法规确定的税额、期限,先行缴纳或者解缴税款和滞纳金,或者提供相应的担保,方可在实际缴清税款和滞纳金后或者所提供的担保得到作出具体行政行为的税务机关确认之日起 60 日内提出行政复议申请。

申请人对复议范围第(1)项规定(即税务机关作出的征税行为)以外的其他具体行政行为不服的,可以申请行政复议,也可以直接向人民法院提起行政诉讼。

申请人对税务机关作出逾期不缴纳罚款加处罚款的决定不服的,应当先缴纳罚款和加处罚款,再申请行政复议。

申请人申请行政复议,可以书面申请,也可以口头申请。书面申请的,可以采取当面递交、邮寄、传真或者电子邮件等方式提出行政复议申请。口头申请的,复议机关应当场制作行政复议申请笔录,交申请人核对或者向申请人宣读,并由申请人确认。

(二)税务行政复议受理

行政复议机关收到行政复议申请以后,应当在 5 日内审查,决定是否受理。对不符合规定的行政复议申请,决定不予受理,并书面告知申请人。对不属于本机关受理的行政复议申请,应当告知申请人向有关行政复议机关提出。行政复议机关收到行政复议申请后未按照前款规定期限审查并作出不予受理决定的,视为受理。

对符合规定的行政复议申请,自复议机关收到之日起即为受理。受理行政复议申请,应当书面告知申请人。

对应当先向复议机关申请行政复议,对行政复议决定不服再向人民法院提起行政诉讼的具体行政行为,复议机关决定不予受理或者受理后超过行政复议期限不作答复的,申请人可以自收到不予受理决定书之日起或者行政复议期满之日起15日内,依法向人民法院提起行政诉讼。

行政复议期间具体行政行为不停止执行。但是有下列情形之一的,可以停止执行:①被申请人认为需要停止执行的;②复议机关认为需要停止执行的;③申请人申请停止执行,复议机关认为其要求合理,决定停止执行的;④法律规定停止执行的。

【做中学9—3】 小丽在学习税法时了解到,纳税人对税务机关征税等具体行为不服的,可以申请行政复议。小丽感到法律这样规定,保护了纳税人的合法权益,的确很有必要,但有一点不明白:既然如此,为什么必须先缴纳税款及滞纳金或者提供相应的担保,才能申请行政复议?

解析:实行税务行政复议制度的目的是保护纳税人的合法权益不受侵害。但是,为了防止有些纳税人借行政复议之机,迟迟不缴纳税款,使国家权益受损,税法规定纳税人应当先缴纳税款及滞纳金或者提供相应的担保,再申请行政复议。只有符合几种法定情形之一时,才可能停止执行具体行政行为。这样规定兼顾了纳税人与国家的合法权益。

五、税务行政复议审查和决定

(一)税务行政复议审查

行政复议机构应当自受理行政复议申请之日起7日内,将行政复议申请书副本或者行政复议申请笔录复印件发送给被申请人。被申请人应当自收到申请书副本或者申请笔录复印件之日起10日内提出书面答复,并提交当初作出具体行政行为的证据、依据和其他有关材料。

对国家税务总局的具体行政行为不服申请行政复议的案件,由原承办具体行政行为的相关机构向行政复议机构提出书面答复,并提交当初作出具体行政行为的证据、依据和其他有关材料。

行政复议机构审理行政复议案件,应当由2名以上行政复议工作人员参加。

行政复议原则上采用书面审查的办法,但是申请人提出要求或者行政复议机构认为有必要时,应当听取申请人、被申请人和第三人的意见,并可以向有关组织和人员调查了解情况。

对重大、复杂的案件,申请人提出要求或者行政复议机构认为必要时,可以采取听证的方式审理。行政复议机构决定举行听证的,应当将举行听证的时间、地点和具体要求等事项通知申请人、被申请人和第三人。第三人不参加听证的,不影响听证的举行。

行政复议机关应当全面审查被申请人的具体行政行为所依据的事实证据、法律程序、法律依据和设定的权利与义务内容的合法性、适当性。

申请人在申请行政复议时,依据《税务行政复议规则》第十五条规定一并提出对有关规定的审查申请的,行政复议机关对该规定有权处理的,应当在30日内依法处理;无权处理的,应当在7日内按照法定程序逐级转送有权处理的行政机关依法处理,有权处理的行政机关应当在60日内依法处理。处理期间,中止对具体行政行为的审查。

行政复议机关审查被申请人的具体行政行为时,认为其依据不合法,本机关有权处理的,应当在30日内依法处理;无权处理的,应当在7日内按照法定程序逐级转送有权处理的国家机关依法处理。处理期间,中止对具体行政行为的审查。

(二)税务行政复议决定

行政复议机构应当对被申请人的具体行政行为提出审查意见,经行政复议机关负责人批

准,按照下列规定作出行政复议决定:

(1)具体行政行为认定事实清楚、证据确凿、适用依据正确、程序合法、内容适当的,决定维持。

(2)被申请人不履行法定职责的,决定其在一定期限内履行。

(3)具体行政行为有下列情形之一的,决定撤销、变更或者确认该具体行政行为违法:①主要事实不清、证据不足的;②适用依据错误的;③违反法定程序的;④超越职权或者滥用职权的;⑤具体行政行为明显不当的。

决定撤销或者确认该具体行政行为违法的,可以责令被申请人在一定期限内重新作出具体行政行为。复议机关责令被申请人重新作出具体行政行为的,被申请人不得以同一事实和理由作出与原具体行政行为相同或者基本相同的具体行政行为;但复议机关以原具体行政行为违反法定程序而决定撤销的,被申请人重新作出具体行政行为的除外。

(4)被申请人不按照规定提出书面答复,提交当初作出具体行政行为的证据、依据和其他有关材料的,视为该具体行政行为没有证据、依据,决定撤销该具体行政行为。

申请人在申请行政复议时可以一并提出行政赔偿请求,复议机关对符合国家赔偿法的规定应当赔偿的,在决定撤销、变更具体行政行为或者确认具体行政行为违法时,应当同时决定被申请人依法赔偿。申请人在申请行政复议时没有提出行政赔偿请求的,复议机关在依法决定撤销、变更原具体行政行为确定的税款、滞纳金、罚款和对财产的扣押、查封等强制措施时,应当同时责令被申请人退还税款、滞纳金和罚款,解除对财产的扣押、查封等强制措施,或者赔偿相应的价款。

复议机关应当自受理申请之日起 60 日内作出行政复议决定。情况复杂,不能在规定期限内作出行政复议决定的,经行政复议机关负责人批准,可以适当延期,并告知申请人和被申请人,但是延期不得超过 30 日。

复议机关作出行政复议决定,应当制作行政复议决定书,并加盖复议机关印章。行政复议决定书一经送达,即发生法律效力。

任务六 税收法律责任

一、纳税人违反税收征管法的法律责任

(一)违反税务管理基本规定的法律责任

(1)纳税人有下列行为之一的,由税务机关责令限期改正,可以处 2 000 元以下的罚款;情节严重的,处 2 000 元以上 1 万元以下的罚款:

①未按照规定的期限申报办理税务登记、变更或者注销登记的。

②未按照规定设置、保管账簿或者记账凭证和有关资料的。

③未按照规定将财务会计制度或者财务会计处理办法和会计核算软件报送税务机关备查的。

④未按照规定将其全部银行账号向税务机关报告的。

⑤未按照规定安装、使用税控装置,或者损毁或者擅自改动税控装置的。

⑥纳税人未按照规定办理税务登记证件验证或者换证手续的。

(2)纳税人不办理税务登记的，由税务机关责令限期改正；逾期不改正的，经税务机关提请，由工商行政管理机关吊销其营业执照。

(3)纳税人未按照规定使用税务登记证件，或者转借、涂改、损毁、买卖、伪造税务登记证件的，处2 000元以上1万元以下的罚款；情节严重的，处1万元以上5万元以下的罚款。

(4)扣缴义务人未按照规定设置、保管代扣代缴、代收代缴税款账簿或者未按照规定保管代扣代缴、代收代缴税款记账凭证及有关资料的，由税务机关责令限期改正，可以处2 000元以下的罚款；情节严重的，处2 000元以上5 000元以下的罚款。

(5)纳税人未按照规定的期限办理纳税申报和报送纳税资料的，或者扣缴义务人未按照规定的期限向税务机关报送代扣代缴、代收代缴税款报告表和有关资料的，由税务机关责令限期改正，可以处2 000元以下的罚款；情节严重的，处2 000元以上1万元以下的罚款。

(二)逃避税务机关追缴欠税行为的法律责任

纳税人欠缴应纳税款，采取转移或者隐匿财产的手段，妨碍税务机关追缴欠缴的税款的，由税务机关追缴欠缴的税款、滞纳金，并处罚款；构成犯罪的，依法追究刑事责任。扣缴义务人应扣未扣、应收而不收税款的，由税务机关向纳税人追缴税款，对扣缴义务人处以罚款。

(三)偷税行为的法律责任

偷税是指纳税人采取伪造、变造、隐匿、擅自销毁账簿、记账凭证，或者在账簿上多列支出或者不列、少列收入，或者经税务机关通知申报而拒不申报或者进行虚假的纳税申报的手段，不缴或者少缴应纳税款的行为。

纳税人偷税的，由税务机关追缴其不缴或者少缴的税款、滞纳金，并处罚款；构成犯罪的，依法追究刑事责任。

扣缴义务人采取上述偷税手段，不缴或者少缴已扣、已收税款，由税务机关追缴其不缴或者少缴的税款、滞纳金，并处罚款；构成犯罪的，依法追究刑事责任。纳税人、扣缴义务人编造虚假的计税依据的，由税务机关责令限期改正，并处以罚款。

(四)抗税行为的法律责任

抗税是指纳税人、扣缴义务人以暴力、威胁方法拒不缴纳税款的行为。对抗税行为，除由税务机关追缴其拒缴的税款、滞纳金外，依法追究刑事责任。情节轻微、未构成犯罪的，由税务机关追缴其拒缴的税款、滞纳金，并处以罚款。

(五)骗税行为的法律责任

骗税行为是指纳税人以假报出口或者其他欺骗手段，骗取国家出口退税款的行为。纳税人有骗税行为，由税务机关追缴其骗取的退税款，并处骗取税款1倍以上5倍以下的罚款；构成犯罪的，依法追究刑事责任。对骗取国家出口退税款的，税务机关可以在规定期间内停止为其办理出口退税。

(六)纳税人、扣缴义务人不配合税务机关进行税务检查的法律责任

纳税人、扣缴义务人逃避、拒绝或者以其他方式阻挠税务机关检查的，由税务机关责令改正，可以处1万元以下的罚款；情节严重的，处1万元以上5万元以下的罚款。

(1)纳税人、扣缴义务人有下列情形之一的，依照前款规定处罚：

①提供虚假的资料，不如实反映情况，或者拒绝提供有关资料的。

②拒绝或者阻止税务机关记录、录音、录像、照相和复制与案件有关的情况和资料的。

③在检查期间，纳税人、扣缴义务人转移、隐匿、销毁有关资料的。

④有不依法接受税务检查的其他情形的。

(2)税务机关依照《税收征收管理法》的规定，到车站、码头、机场、邮政企业及其分支机构检查纳税人有关情况，有关单位拒绝的，由税务机关责令改正，可以处1万元以下的罚款；情节严重的，处1万元以上5万元以下的罚款。

二、税务机关和税务人员违反税收法律制度的法律责任

(1)税务机关违反规定擅自改变税收征收管理范围和税款入库预算级次的，责令限期改正，对直接负责的主管人员和其他直接责任人员依法给予降级或者撤职的行政处分。

(2)税务人员徇私舞弊，对依法应当移交司法机关追究刑事责任的，不移交，情节严重的，依法追究刑事责任。

(3)税务机关、税务人员查封、扣押纳税人个人及其所照顾家属维持生活必需的住房和用品的，责令退还，依法给予行政处分；构成犯罪的，依法追究刑事责任。

(4)税务人员与纳税人、扣缴义务人勾结，唆使或者协助纳税人、扣缴义务人实施税收违法行为，构成犯罪的，依法追究刑事责任；未构成犯罪的，依法给予行政处分。

(5)税务人员利用职务上的便利，收受或者索取纳税人、扣缴义务人财物或者牟取其他不正当利益，构成犯罪的，依法追究刑事责任；未构成犯罪的，依法给予行政处分。

(6)税务人员徇私舞弊或者玩忽职守，不征或者少征应征税款，致使国家税收遭受重大损失，构成犯罪的，依法追究刑事责任；未构成犯罪的，依法给予行政处分。

(7)税务人员滥用职权，故意刁难纳税人、扣缴义务人的，应调离税收工作岗位，并依法给予行政处分。

(8)税务人员对控告、检举税收违法行为的纳税人、扣缴义务人以及其他检举人进行打击报复的，依法给予行政处分；构成犯罪的，依法追究刑事责任。

(9)违反法律、行政法规的规定提前征收、延缓征收或者摊派税款的，由其上级机关或者行政监察机关责令改正，对直接负责的主管人员和其他直接责任人员依法给予行政处分。

(10)违反法律、行政法规的规定，擅自作出税收的开征、停征或者减税、免税、退税、补税以及其他同税收法律、行政法规相抵触的决定的，除按《税收征收管理法》的规定撤销其擅自作出的决定外，补征应征未征税款，退还不应征收而征收的税款，并由上级机关追究直接负责的主管人员和其他直接责任人员的行政责任；构成犯罪的，依法追究刑事责任。

(11)税务人员私分扣押、查封的商品、货物或者其他财产，情节严重、构成犯罪的，依法追究刑事责任；未构成犯罪的，依法给予行政处分。

(12)税务人员在征收税款或者查处税收违法案件时，未按照《税收征收管理法》的规定进行回避的，对直接负责的主管人员和其他直接责任人员依法给予行政处分，未按照《税收征收管理法》的规定为纳税人、扣缴义务人、检举人保密的，对直接负责的主管人员和其他直接责任人员，由所在单位或者有关单位依法给予行政处分。

应知考核

一、单项选择题

1. 根据税收征收管理法律制度相关规定，下列各项中，不属于征税主体权利的是(　　)。

A. 税务管理　　B. 税务检查

C. 税款征收　　D. 宣传税收法律、行政法规

2. 根据税收征收管理法律制度相关规定，下列各项中，属于纳税主体义务的是(　　)。

A. 申请退还多缴税款　　B. 宣传税收法律、行政法规

C. 按期如实办理纳税申报　　D. 税款征收

3. 停业、复业登记是针对(　　)征收方式下的纳税人进行的。

A. 查账征收　　B. 查定征收　　C. 查验征收　　D. 定期定额

4. 根据税收征收管理法律制度相关规定，会计账簿、会计报表、记账凭证、完税凭证及其他涉税资料应当保存(　　)。

A. 3 年　　B. 5 年　　C. 10 年　　D. 20 年

5. 根据税收征收管理法律制度相关规定，已开具的发票存根联和发票登记簿应当保存(　　)。

A. 3 年　　B. 5 年　　C. 10 年　　D. 20 年

二、多项选择题

1. 根据税收征收管理法律制度相关规定，下列各项中，属于税收法律关系主体的有(　　)。

A. 征税对象　　B. 纳税人　　C. 海关　　D. 税务机关

2. 下列各项中，属于税务机关权利的有(　　)。

A. 税务管理权　　B. 税款征收权

C. 税务检查权　　D. 税收法律、法规和规章的知情权

3. 任何单位和个人不得有下列(　　)行为。

A. 为他人开具与实际经营业务情况不符的发票

B. 为自己开具与实际经营业务情况不符的发票

C. 让他人为自己开具与实际经营业务情况不符的发票

D. 介绍他人开具与实际经营业务情况不符的发票

4. 下列有关发票管理的说法中，正确的有(　　)。

A. 不得转借、转让发票、发票监制章和发票防伪专用品

B. 不得拆本使用发票

C. 不得扩大发票使用范围

D. 通常发票限于领购单位和个人在本省、自治区、直辖市内开具

5. 纳税人对税务行政机关的下列行政行为不服，可以申请行政复议的有(　　)。

A. 税务机关作出的征税行为　　B. 行政许可、行政审批行为

C. 发票管理行为　　D. 税收保全措施、强制执行措施

三、判断题

1. 关税的征收管理适用《税收征收管理法》。　　(　　)

2. 税务人员在核定应纳税额、调整税收定额时，与纳税人存在可能影响公正执法的利害关系的，应当回避。　　(　　)

3. 企业在外地设立的分支机构,因其不具有法人资格,根据规定可不办理税务登记。（　）

4. 从事生产经营的纳税人应当自领取营业执照或者发生纳税义务之日起15日之内,按照国家有关规定设置账簿。（　）

5. 根据规定,发票应由省、自治区、直辖市税务机关确定的企业印制。（　）

四、简答题

1. 简述税收征收管理的法律关系。
2. 简述税务登记的种类。
3. 简述税款征收的方式。
4. 简述税务机关可以执行的欠税清缴措施。
5. 简述税务检查的形式。

应会考核

■观念应用

对免税优惠政策的理解

王某是下岗工人,申请注册一家小商品经营店,按规定享有一年的免税优惠政策。王某认为既然享有免税优惠就不需要办理税务登记。

【考核要求】

(1)王某的观点是否正确?为什么?

(2)王某应办理哪些税务登记?

■技能应用

旅游公司的税务登记

某旅游公司2020年9月1日领取营业执照,主要经营范围是提供境内外旅游服务,开发经营景区及射击、游戏机等游艺项目。公司有关经营情况如下:

(1)2020年9月,申报办理了开业税务登记。

(2)10月,持有关资料办理了发票领购手续。

(3)12月,景区正式接待游客,取得的营业收入包括门票、索道、观光电车、景区环保客用车等旅游收入和游艺收入,各项收入实行分别核算。

(4)2021年1月,公司组织了一个境内夕阳红旅游团,该团共有游客30人,每人收取旅游费3 500元,公司为每位游客支付交通费1 000元、住宿费500元、餐费350元、景点门票费600元;当月支付员工工资5 000元、汽油费3 000元、过路费600元。

已知:服务业适用增值税税率为6%,城市维护建设税税率为7%,教育费附加征收率为3%。

【技能要求】

(1)该公司申报办理开业税务登记的最后期限是(　　)。

A. 2020年9月5日　　B. 2020年9月10日

C. 2020年9月15日　　D. 2020年9月30日

(2)该公司办理发票领购时,应向税务机关提供的资料是(　　)。

A. 税务登记证件　　B. 经办人员身份证明
C. 法定代表人身份证明　　D. 财务印章或发票专用章印模

(3)关于该公司2020年12月各项收入申报缴纳增值税,下列表述中正确的是(　　)。
A. 门票收入和索道收入按照"服务业——旅游业"申报缴纳
B. 观光电车收入按照"服务业——租赁业"申报缴纳
C. 景区环保客用车收入按照"交通运输业"申报缴纳
D. 游艺收入按照"娱乐业"申报缴纳

(4)该公司2021年1月旅游收入应缴纳的税费金额是(　　)。
A. 增值税1 145元
B. 增值税1 890元
C. 城市维护建设税和教育费附加114.5元
D. 城市维护建设税和教育费附加189元

■案例分析

执法行为的过错分析

某年7月4日,某县级税务局甲集贸税务所了解到辖区内经销新鲜水果的个体工商业户李某打算在月末收摊回外地老家,并存在逃避缴纳7月份税款1 000元的可能。李某系定期定额征收业户,依法应于每月10日前缴纳上月税款。7月5日,甲税务所向李某下达了限7月31日前缴纳7月份税款1 000元的通知。7月27日,甲税务所发现李某正联系货车准备将货物运走,于是,当天以该税务所的名义,由所长签发向李某下达了扣押文书,由该所税务人员赵某带领两名协税人员,将李某价值约1 000元的新鲜水果扣押存放在某仓库里。7月31日11时,李某到税务所缴纳了7月份税款1 000元,并要求税务所返还所扣押的水果,因存放水果的仓库的保管员未在,未能当时返还。8月2日,税务所将扣押的水果返还给李某。李某在收到水果后,发现部分水果已经腐烂,损失水果价值约500元。李某向税务所提出赔偿请求,税务所以扣押时未开箱查验为由不予受理。

【分析要求】

税务所的执法行为有哪些过错?请简要说明。

项目实训

【实训项目】

税务征收管理法的应用。

【实训情境】

税务稽查引发的思考

某市税务稽查局在开展的专项执法检查中,发现甲公司存在以下问题:

(1)甲公司于2020年6月20日领取营业执照,于8月10日接到税务机关通知,责令甲公司于8月15日之前办理税务登记。甲公司认为自己尚未开业,未予理睬。8月22日,主管税务机关提请市场监管机关吊销甲公司的营业执照。无奈,甲公司于8月23日补充完成税务登记手续,被认定为一般纳税人。

(2)由于甲公司一直未经营,经董事长同意,将税务登记证件转借给乙公司使用,被主管税务机关处以0.7万元的罚款。

(3)2020 年 9 月 18 日，甲公司正式经营，对个人消费者出售产品，并开出增值税专用发票。

(4)2020 年 10 月 15 日，甲公司准备内部装修，申请停业登记时，主管税务机关要求甲公司先办理年度所得税纳税申报。甲公司认为自己经营不足一年，又未盈利，故拒绝办理。

(5)2020 年 12 月 5 日，主管税务机关对甲公司再次检查时，重点进行发票使用情况检查。发现甲公司 2020 年 9 月份开出的发票存根联部分已销毁，同时发现甲公司在规定的纳税期限内将部分货款提前转移到股东个人账户上，有逃避纳税义务的行为。经主管税务机关主持工作的常务副局长批准(局长在外地开会)，书面通知甲公司开户银行冻结存款。同时，还发现甲公司在内部装修期间，一直未停止营业，但销售的产品收入却未缴税。税务机关要求其补缴税款，该公司董事长以暴力拒缴，情节严重。

【实训任务】

1. 要求：

(1)税务机关提请市场监管机关吊销甲公司营业执照是否正确？甲公司申请税务登记应提供哪些资料？

(2)税务机关对甲公司处以 0.7 万元的罚款是否正确？

(3)2020 年 9 月，甲公司增值税专用发票的使用是否正确？

(4)甲公司是否应办理 2020 年企业所得税纳税申报？

(5)税务机关冻结甲公司银行存款的行为属于采取什么措施？程序是否正确？甲公司发票存根联的保存是否正确？

(6)税务机关作出补征税款的决定是否正确？甲公司董事长的行为属于什么性质？

(7)逃避缴纳税款罪与抗税罪的区别有哪些？

2. 撰写《税收征收管理法的应用》实训报告。

<table>
<tr><th colspan="3">《税收征收管理法的应用》实训报告</th></tr>
<tr><td>项目实训班级：</td><td>项目小组：</td><td>项目组成员：</td></tr>
<tr><td>实训时间：　　年　　月　　日</td><td>实训地点：</td><td>实训成绩：</td></tr>
<tr><td colspan="3">实训目的：</td></tr>
<tr><td colspan="3">实训步骤：</td></tr>
<tr><td colspan="3">实训结果：</td></tr>
<tr><td colspan="3">实训感言：</td></tr>
</table>

附录一　2019年起实施的个人所得税6大专项附加扣除细则

一、一图看懂6项扣除政策要点

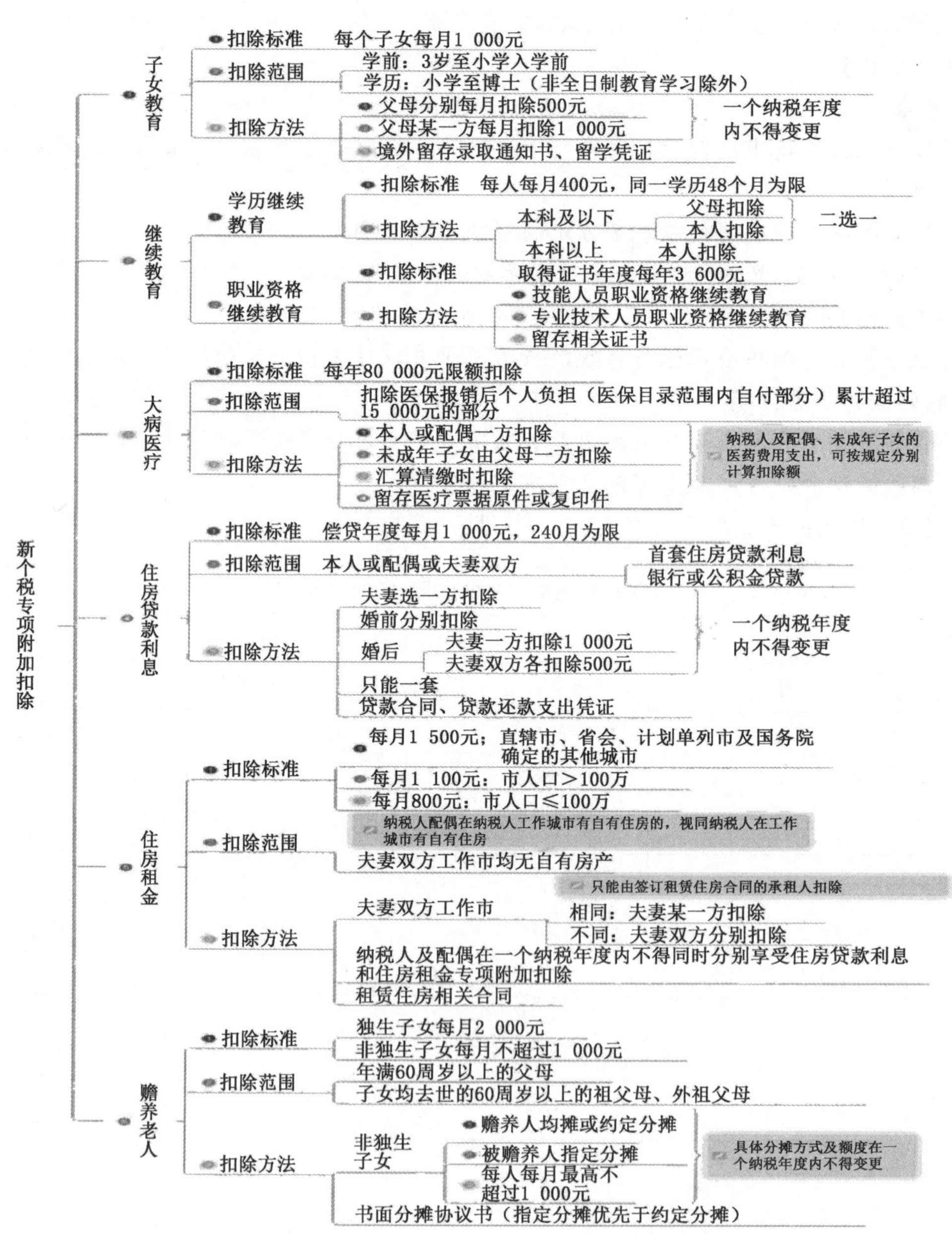

二、税目和税率总表

	课税对象	费用扣除标准					税率
		2006年以前	2006～2007年	2008～2011年8月	2011年9月～2018年9月	2018年10月起	
1	工资薪金所得	中国公民800元	中国公民1 600元	中国公民2008年1～2月1 600元，2008年3月～2011年8月为2 000元	中国公民2011年9月起为3 500元	居民和非居民个人统一为每月5 000元	3%起（见以下税率表）
		（外籍人员4 000元）	（外籍人员4 800元）	（外籍人员4 800元）	（外籍人员4 800元）		
2	个体工商户生产、经营所得	每月800元 全年即：800×12	每月1 600元 全年即：1 600×12	每月2 000元 全年即：2 000×12	2011年9月～2018年9月每月3 500元	2018年10月起每月5 000元	5%起（见以下税率表）
3	对企事业单位的承包、承租所得	每月800元	每月1 600元	2008年1～2月1 600元，2008年3月～2011年8月为2 000元	2011年9月～2018年9月每月3 500元	2018年10月起每月5 000元	5%起（见以下税率表二）
		每年即：800×12	全年即：1 600×12		2018年10月起每月5 000元		
4	劳务报酬所得	每次所得不足4 000元的减除费用800元				2018年第四季不变，2019年起具体待定	2018年第四季度不变，2019年起并入综合所得
		每次所得超过4 000元的减除费用20%					
5	利息、股息、红利、所得		20%（储蓄存款2007年8月15日后孳生的利息所得，税率为5%，2008年10月9日起免征个人所得税）				
6	稿酬所得	每次所得不足4 000元的减除费用800元				2018年第四季度不变，2019年起具体待定	2018年第四季度不变，2019年起并入综合所得
		每次所得超过4 000元的减除费用20%					
7	特许权使用费	每次所得不足4 000元的减除费用800元				2018年第四季度不变，2019年起具体待定	2018年第四季度不变，2019年起并入综合所得
		每次所得超过4 000元的减除费用20%					
8	财产租赁所得	每次所得不足4 000元的减除费用800元					20%
		每次所得超过4 000元的减除费用20%					
9	财产租赁所得	以转让财产的收入额减除财产原值和合理费用					20%
10	偶然所得	体育彩票和社会福利债券10 000元以下免征					20%
11	其他所得						20%

三、6项扣除留存资料

名　称	明细小类	资料留存
子女教育	在中国境内接受教育	无
	在中国境外接受教育	境外学校录取通知书、留学签证等

续表

名 称	明细小类	资料留存
继续教育	接受学历(学位)继续教育	无
	接受技能人员职业资格继续教育、专业技术人员职业资格继续教育	职业资格相关证书
住房贷款利息	—	住房租赁合同、协议等
赡养老人	独生子女,非独生子女均摊	无
	非独生子女约定或指定分摊	约定或指定分摊的书面分摊协议等
大病医疗	—	医药服务收费及医保报销相关票据原件或复印件,或者医疗保障部门出具的纳税年度医药费用清单等

四、注意7点提醒

(1)员工向企业提供专项附加扣除信息的,企业必须按规定予以扣除,不能拒绝。

(2)企业要为纳税人报送的专项附加扣除信息保密。

(3)员工通过填写电子或者纸质"扣除信息表"直接报送企业的,企业和个人都要在"扣除信息表"上签字(章),并且留存5年备查。

(4)员工跳槽过来,在原企业已享受的专项附加扣除金额,不能再次扣除。

(5)员工离职,企业应该在不再发放工资的当月起,停止为其办理专项附加扣除。

(6)员工次年需要由企业继续办理专项附加扣除的,应当在12月对次年享受专项附加扣除的内容进行确认,并报送至企业。

(7)如果员工忘记填报或者填报晚了,可以在当年以后的月份补扣享受。

五、个人所得税税率、预扣率

(1)《个人所得税法》规定的两个税率表:

个人所得税预扣率表一

(居民个人工资、薪金所得预扣预缴适用)

级数	累计预扣预缴应纳税所得额	预扣率	速算扣除数
1	不超过36 000元的	3%	0
2	超过36 000元至144 000元的部分	10%	2 520
3	超过144 000元至300 000元的部分	20%	16 920
4	超过300 000元至420 000元的部分	25%	31 920
5	超过420 000元至660 000元的部分	30%	52 920
6	超过660 000元至960 000元的部分	35%	85 920
7	超过960 000元的部分	45%	181 920

(适用于居民个人取得综合所得汇算清缴。)

个人所得税税率表二(经营所得适用)

级数	全月应纳税所得额	税率	速算扣除数
1	不超过 30 000 元的	5%	0
2	超过 30 000 元至 90 000 元的部分	10%	1 500
3	超过 90 000 元至 300 000 元的部分	20%	10 500
4	超过 300 000 元至 500 000 元的部分	30%	40 500
5	超过 500 000 元的部分	35%	65 500

(适用于纳税人取得经营所得预缴和汇算清缴。)

(2)《个人所得税法》第三条:利息、股息、红利所得,财产租赁所得,财产转让所得和偶然所得,适用比例税率,税率为 20%。

(3)《财政部、国家税务总局关于调整住房租赁市场税收政策的通知》(财税〔2000〕125 号)第三条:对个人出租房屋取得的所得暂减按 10%的税率征收个人所得税。

(4)《财政部、税务总局、人力资源社会保障部、中国银行保险监督管理委员会、证监会关于开展个人税收递延型商业养老保险试点的通知》(财税〔2018〕22 号)第一条第(二)款第 3 项:对个人达到规定条件时领取的商业养老金收入,其中 25%部分予以免税,其余 75%部分按照 10%的比例税率计算缴纳个人所得税,税款记入"其他所得"项目。

(5)《个人所得税扣缴申报管理办法(试行)》(国家税务总局公告 2018 年第 61 号)规定的三个预扣率表:

个人所得税预扣率表一

(居民个人工资、薪金所得预扣预缴适用)

级数	累计预扣预缴应纳税所得额	预扣率	速算扣除数
1	不超过 36 000 元的	3%	0
2	超过 36 000 元至 144 000 元的部分	10%	2 520
3	超过 144 000 元至 300 000 元的部分	20%	16 920
4	超过 300 000 元至 420 000 元的部分	25%	31 920
5	超过 420 000 元至 660 000 元的部分	30%	52 920
6	超过 660 000 元至 960 000 元的部分	35%	85 920
7	超过 960 000 元的部分	45%	181 920

(适用于居民个人取得工资、薪金所得,扣缴义务人预扣预缴。)

个人所得税预扣率表二

(居民个人劳务报酬所得预扣预缴适用)

级数	预扣预缴应纳税所得额	预扣率	速算扣除数
1	不超过 20 000 元的	20%	0
2	超过 20 000 元至 50 000 元的部分	30%	2 000
3	超过 50 000 元的部分	40%	7 000

(适用于居民个人取得劳务报酬所得,扣缴义务人预扣预缴。)

个人所得税预扣率表三

（非居民个人工资、薪金所得，劳务报酬所得，特许权使用费所得适用）

级数	应纳税所得额	税率	速算扣除数
1	不超过3 000元的	3%	0
2	超过3 000元至12 000元的部分	10%	210
3	超过12 000元至25 000元的部分	20%	1 410
4	超过25 000元至35 000元的部分	25%	2 660
5	超过35 000元至55 000元的部分	30%	4 410
6	超过55 000元至80 000元的部分	35%	7 160
7	超过80 000元的部分	45%	15 160

（适用于非居民个人取得四项劳动性所得，扣缴义务人代扣代缴。）

（6）《财政部、国家税务总局关于个人所得税法修改后有关优惠政策衔接问题的通知》（财税〔2018〕164号）规定的按月换算后的综合所得税率表：

按月换算后的综合所得税率表

级数	全月应纳税所得额	税率	速算扣除数
1	不超过3 000元的	3%	0
2	超过3 000元至12 000元的部分	10%	210
3	超过12 000元至25 000元的部分	20%	1 410
4	超过25 000元至35 000元的部分	25%	2 660
5	超过35 000元至55 000元的部分	30%	4 410
6	超过55 000元至80 000元的部分	35%	7 160
7	超过80 000元的部分	45%	15 160

（适用于居民个人2019年后取得全年一次性奖金、中央企业负责人取得年度绩效薪金延期兑现收入和任期奖励、个人按年领取或除特殊原因外一次性领取年金个人账户资金、单位低价向职工售房职工少支出的差价等情形。）

附录二　2019 年 4 月 1 日起实施的增值税税率及政策变化

一、增值税税率变化情况一览表

2019 年 4 月 1 日调整后税率和调整前税率对比

税率变化 应税行为	调整前				调整后			
	税率	扣除率	出口退税率	退税率	税率	扣除率	出口退税率	退税率
应税销售行为或者进口货物	16%				13%			
	10%				9%			
购进农产品		10%				9%		
		12%				10%		
出口货物劳务	16%		16%		13%		13%	
	10%		10%		9%		9%	
跨境应税行为	10%		10%		9%		9%	
境外旅客购物离境退税物品	16%			11%	13%			11%
	10%			11%	9%			8%

1. 2019 年增值税改革调整了哪些税率？

答：2019 年 4 月 1 日起，增值税一般纳税人发生增值税应税销售行为或者进口货物，提供加工、修理修配劳务，销售有形动产租赁服务等原适用 16%税率的，如制造业等行业增值税税率调整为 13%；原适用 10%税率的，如交通运输和建筑等行业增值税税率调整为 9%。

2. 哪些行为 4 月 1 日后适用 9%税率？

答：销售交通运输、邮政、基础电信、建筑、不动产租赁服务；销售不动产；转让土地使用权；销售粮食等农产品、食用植物油、食用盐；自来水、暖气、冷气、热水、煤气、石油液化气、天然气、二甲醚、沼气、居民用煤炭制品；图书、报纸、杂志、音像制品、电子出版物；饲料、化肥、农药、农机、农膜等。

3. 2019 年 4 月 1 日后开票软件中还可以选择 16%和 10%税率吗？

答：可以，原 17%、16%、11%、10%税率继续保留。增值税发票税控开票软件税率栏次默认显示调整后税率，纳税人可以手工选择原适用税率开具增值税发票。

二、2019 年增值税政策

（一）政策放宽了，小微企业税负大降，增值税起征点提至 10 万元

财税〔2019〕13 号：对小微企业推出一批新的普惠性减税措施。调整后，小型微利企业税

负将降至5%和10%，增值税起征点将提至10万元/月。

主要内容有以下几方面：

1. 放宽小型微利企业标准

(1)小型微利企业应纳税所得额标准，上限放宽到了300万元。

(2)调整后优惠政策将覆盖95%以上的纳税企业，其中98%为民营企业。

2. 加大小型微利企业所得税优惠力度

(1)年应纳税所得额不超过100万元的部分，减按25%计入应纳税所得额，税负降至5%。

(2)年应纳税所得额100万元至300万元的部分，减按50%计入应纳税所得额，税负降至10%。

(3)小型微利企业或将实行累进税率，具体还需要相关部门出台文件明确。

3. 增值税起征点由3万元/月提至10万元/月

小微企业、个体工商户和其他个人的小规模纳税人，增值税起征点由月销售额3万元提高到10万元。

4. 允许50%幅度内减征各种地方税种和附加税

允许各省(区、市)政府对增值税小规模纳税人，在50%幅度内减征资源税、城市维护建设税、印花税、城镇土地使用税、耕地占用税等地方税种及教育费附加、地方教育附加。

(二)3月1日起，取消增值税发票认证，勾选认证发票扩大至全部一般纳税人

税总发布《关于扩大小规模纳税人自行开具增值税专用发票试点范围等事项的公告》(国家税务总局公告2019年第8号)，决定：扩大小规模纳税人自行开具增值税专用发票试点范围，扩大取消增值税发票认证的纳税人范围。

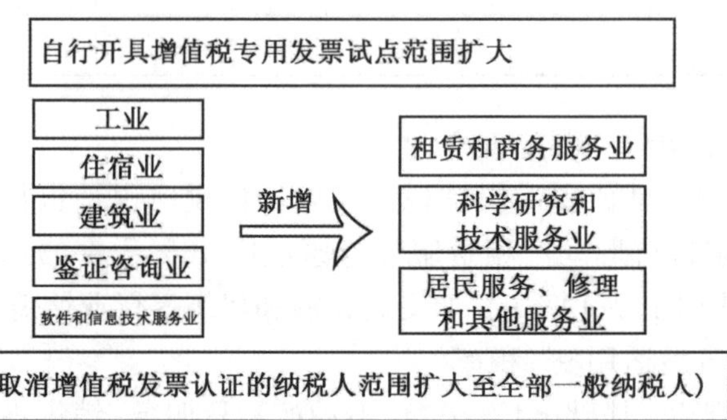

主要内容有以下几方面：

1. 小规模纳税人自行开具增值税专用发票试点再扩大

(1)2019年3月1日前，工业、住宿业、建筑业、鉴证咨询业、软件和信息技术服务业5个行业的小规模纳税人可以自开专用发票。

(2)2019年3月1日后，在原5个行业的基础上，租赁和商务服务业，科学研究和技术服务业，居民服务、修理和其他服务业小规模纳税人也可以自开专用发票了。

(3)8个行业的具体范围，可参见财税2016年36号规定。

2. 勾选认证发票的范围扩大至全部一般纳税人

勾选认证不再局限于纳税信用A、B、C、M级的增值税一般纳税人，而是扩大到所有一般纳税人(包括D级)。

（三）销售其取得的不动产，需开具增值税专用发票的，向税务机关申请代开

（四）按开具增值税专用发票的销售额计算增值税应纳税额，税率为征税率的3%或5%

（五）可勾选认证的增值税发票包括：增值税专用发票、机动车销售统一发票、收费公路通行费增值税电子普通发票

具体实施时间：2019 年 3 月 1 日起。

政策依据：《关于扩大小规模纳税人自行开具增值税专用发票试点范围等事项的公告》（国家税务总局公告 2019 年第 8 号）。

提醒：取消增值税发票认证，由手工扫描需要抵扣的纸质发票，调整为由纳税人网上选择确认需要抵扣的增值税发票电子信息。①不是：增值税发票不需要“确认”。②是：增值税专用发票和机动车销售统一发票，应自开具之日起 360 日内认证或登录增值税发票选择确认平台进行确认，并在规定的纳税申报期内，向主管税务机关申报抵扣进项税额。

参考文献

[1]财政部会计资格评价中心. 经济法基础[M]. 北京:经济科学出版社,2020.
[2]中国注册会计师协会. 税法[M]. 北京:经济科学出版社,2020.
[3]全国税务师职业资格考试教材编写组. 税法(Ⅰ)[M]. 北京:中国税务出版社,2020.
[4]全国税务师职业资格考试教材编写组. 税法(Ⅱ)[M]. 北京:中国税务出版社,2020.
[5]全国税务师职业资格考试教材编写组. 涉税服务实务[M]. 北京:中国税务出版社,2020.
[6]梁文涛,苏杉. 税法[M]. 大连:东北财经大学出版社,2019.
[7]张卫平. 税法[M]. 大连:东北财经大学出版社,2020.
[8]安仲文. 税法[M]. 大连:东北财经大学出版社,2019.
[9]王碧秀. 税法[M]. 大连:东北财经大学出版社,2019.
[10]李贺. 税务会计[M]. 上海:上海财经大学出版社,2020.
[11]王曙光. 税法[M]. 大连:东北财经大学出版社,2018.
[12]国家税务总局,http://www. chinatax. gov. cn.
[13]东奥会计在线. 税法(上、中、下册)[M]. 北京:北京科学技术出版社,2020.
[14]东奥会计在线. 经济法基础(上、中、下册)[M]. 北京:北京科学技术出版社,2020.
[15]李贺. 税法[M]. 上海:上海财经大学出版社,2019.